畸言塵考

織坂幸治論集

花書院

目次

畸言塵考

言語風景論

言語風景論(1)

「言葉」は人間にとって「風景」である。
「風景」が破壊されれば「言葉」も破壊される。人間も滅亡する。

かつて――「言葉」は「風景」から生まれた。「人間」が大自然のなかから生まれたように。そして、「人間」が大自然のなかで美しく育つとき、「言葉」も大自然のなかで美しく輝き、「人間」のこころに美しい「風景」をあたえた。大自然のなかでは、「人間」と「言葉」と「風景」は完全に融けあって、見事ないのちの調和を保っていた。

かつて――詩人や哲人は、大自然の偉大さを、「人間」のこころの優しさを、美しい「言葉」でたからかに謳った。「言葉」は謳われるたびに「人間」のたましいの「風景を、ますます美しく育くみ、かぎりなく豊かにした。

たとえ「言葉」が怒りや憎しみに傷ついていても、「風景」はそれらを慰め、鎮める力を秘めていた。淋しさや悲しさに対しても、耐え忍ぶ勇気をあたえてくれた。決して「風景」は、「言葉」も「人間」も裏切ることはなかった。

だが、いまはどうだろう。

汚染と破壊、戦争と飢餓、憎悪と殺戮、残虐と冷酷、欲望と悲惨、絶望と呪詛、無気力と無関心……果てしなく、くり返される「人間」と「言葉」との裏切り、「言葉」と「風景」との相剋、その状況は、もはや地球が滅亡する以外にはないのである。

人間は、「言葉」を持つことによって「人間」となったが、いまや「人間となったこと」によって「人間失格者」となったのである。おまけに、地球上でもっとも厄介な嫌われ者としての、「地球破壊者」という最低の動物の存在でしかないのだ。


エドマンド・リーチによれば、人間は自然界の大雑草にすぎない。

ローレンツが教えるところでは、人間は自然界のなかでも、もっとも攻撃的な動物で、他の動物を殺すばかりか、戦争によって人間同士を、おなじ類を殺しあう稀にみる生き物である。

小原秀雄がある本で、人間を猛獣の最後のページに置くという卓抜な着想で示しているとおり、万物の尺度どころか、人間を尺度にしようものなら、大自然の均衡はたちどころに崩壊してしまうほどの猛獣なのである。


由良君美『言語文化のフロンティア』講談社学術文庫

ほんの一例にすぎないが、最近とくに新しい学問として注目をあつめている「動物行動学」からみた人間の正体である。かって「万物の霊長」として、また、「言葉を持ち言葉を自在に駆使する」文化動物として、或いは「考える葦」として地上に美しく存在した人間の、誇りも栄光も、もうどこにもないのが偽らざる現状だ。まさに「人間失格者」である。

では、もう一方の「地球破壊者」としての正体はどうであろうか。

有名な米週刊誌「タイム」の一九八九年新年第一週号の表紙である。例年は「マン・オブ・ザ・イヤー」として、世界で最も卓越して活躍した人を選んでいるのだが、今年は『危機に瀕する地球』と題して、崩れかけた地球を荒縄で縛った絵が載せられている。

そして、「炭酸ガスの増加で気温が上昇し、大洪水の起こる危険性」「熱帯雨林の伐採による生態系の破壊」「放射性廃棄物による飲み水と地中の汚染」「化学物質の増加によるオゾン層の破壊」などを列記し、「どんな個人や事件もわれわれのふるさとである地球の岩、土、水、空気の問題をしのぐことはない」と記している。

【ニューヨーク　二十五日　坂井特派員】西日本新聞朝刊

昭和六十三年十二月二十六日付

国連は最近「生態学的難民」という言葉を使い始めた。環境の荒廃からその土地に住めなくなって、流民化した人々のことである。

石弘之『地球環境報告』岩波新書

また、西日本新聞朝刊昭和六十三年十一月二十二日付の『春秋』によっても、「環境難民」という言葉で、その数は全世界では千万人以上に上っている。そして、政治紛争などに伴う、いわゆる伝統的な難民は千三百万人と推定されていて、「環境難民」はそれに匹敵する、のである。

さらに石弘之『地球環境報告』は、人間についてその責任を問いかけている。「急激な生態系の寸断が大地を安定させる自然の機能を崩壊させ、人口増加による土地の荒廃が飢餓や災害を拡大し、人工物質による化学汚染や重金属汚染が地球のすみずみまで及んでいる」ことを体験し、その都度「核戦争がなければ、人類を滅ぼすのは生息環境の破壊ではないか」という警句を思い出し「広域自然破壊も、地球汚染も、これだけ加速してきたのは、せいぜい過去三〇年ほどのことに過ぎ」ず、「人類四〇〇万年の歴史で、一瞬間にも満たない一世代の間に、自分たちの生息環境を危機的な状況まで悪化させてしまった」と。

「人間失格者」と「地球破壊者」としての人間の正体を、引用例であげてみたが、これはほんの一例に過ぎないのだ。

それにしても、「生態学的難民」とか「環境難民」とは何と恐ろしい言葉であろうか。私はこの言葉に初めて出あったとき、「淘汰」と同じ意味の比重をもつ言葉として、全身に鳥肌が立つほどの戦慄を覚えた。このような言葉は、この地上に存在してはならないし、人間がつくるべき言葉ではない。

人間が人間を滅亡に追い込む、それは人間同士の問題として結構だろう。しかし、大自然や他の生き物たちまで道づれにする傲慢は、絶対に許してはならない。

現代の人間の様相は、愚かにして劣、まるで自滅の道を我れ先にと突っ走る鼠の集団そっくりである。走ることを止めるか、全滅するか、二つに一つしかない。

では、ここまで追い込まれてきた人間の狂気とは何であろうか。百五十億年の地球の歴史を、僅か三十年で微塵にしようとする錯乱は何なのだろうか。

それは人間が、「言葉」から「風景」を喪ったからであり、喪った「言葉」の「風景」に気づかないからである。「言葉」のみを追っかけ、追いつき追い越したという人間の傲岸が、逆に「言葉」から追い越され、「言葉」から復讐されているからだ。

遅かれ早かれ地球は滅びるだろうが、この瀬戸際で、人間は喪った「言葉」について、喪った「言葉」の「風景」に気づくことについて、敬虔な反省をすべきである。人間以外の生きものたちの為にも。

「言葉」とは何かを問うことは、「人間」とは何かを問うことであり、「風景」から生まれた人間のこころの「言葉」を問うことである。

「言語風景論」は、喪われた「言葉」への検証と自覚であり、回復されるべき「言葉」への展開としての「人間風景論」でもある。

＊　＊

「言葉」というものは、喪ってみてはじめて、その在りように気づくものである。

意識されずに用いられる「言葉」は、空気のように自らの存在を主張しないからだ。

しかし人間がひとたび「言葉とは」何か、と問いはじめた瞬間から、「言葉」はじつに生き生きと躍動を開始し、徹底的に人間の裏切りを詰問、人間に復讐を仕掛けてくるのである。

「言葉」を喪う——とは、一体どういうことであろうか。私の遭遇した異常な体験を、ひとつの手がかりとして考えてみたい。

昭和四十一年、私がまだ広告代理店のコピーライターをしている頃のことである。初夏の正午に近い時間だったが、街なかを歩き疲れて何気なく空を見上げた私の目に、いきなり飛込んできた光景がある。それは私が見る生まれて初めての異常な光景であった。ビルとビルの谷間を巨大なジュラルミンの塊が音もなく、重量感もなく、私の目の前をゆっくり、実にゆっくりと滑り降りていくのである。（何という不可思議な光景だ！）まるでモノクロの映画、それもスローモーションシーンを見ている状態とそっくりなのである。

私は一瞬立ち竦み、次の瞬間には身体全体が水中に引き込まれてしまった、という実感に襲われた。——突然、街全体が水族館に変容し、目の前を白銀の鯨がゆうゆうと泳いでいる——私は完全に絶句した。息をのむ、白日の戦慄であった。

どれくらい呆然としていたかわからないが、夢から醒めたように我にかえった時、不意打ちに（私の青春は終わった！）という言葉が、背すじを電流のように走った。

以来、十年近く私は言葉を喪ったのである。

言葉を喪うという意味には、病理と心理の面の二つがある。病理の面では、いわゆる言語障害での「失語症」である。心理の面では、言語障害ではないが失語症に非常に近い「失語」の状態である。日常の言葉や言語活動にはほとんど影響はないのだが、言葉がぼんやりしている。ちょうど目がかすんでいる状態とおなじで、言葉の焦点が定まらないのである。

集中して思考をまとめようとするとき、あるいは一つの言葉からもう一つの言葉を組み立てようとするとき、それらの思念や言葉が、思考の中心にむかってこないのである。つまり、自分の言葉が自分の言葉として組み立てられない、自分の言葉として成立しないのである。

もうすこし説明すると、私の異常体験の「異常」さが言葉の限界をはるかに超えているので「言葉」では表現できない、ということへの苛立ちや口惜しさではなく、表現する「言葉」そのものへの不信、「表現」そのものに対する懐疑が、あまりにも大きな比重で意識にのしかかってくるからである。

> ことばについて、ことばで語れば語るほど、ことばそのものが脱落して行くという状態を、私たちはもう経験しすぎるほど経験しています。私たちは、いわばこういうかたちで、やがてはことばの失速状態、失語におちいって行くわけですが、さらに、語られる問題がことばそのものであり、それを語る手段がことばであるという関係によって、加速的に行きづまらないわけには行きません。

「戦後ほぼ八年、囚人としてシベリヤに抑留され、その期間に、事実上失語状態に近い経験をした」

詩人、石原吉郎はさらに「失語と沈黙のあいだ」(『海を流れる河』花神社)で失語について、「それが周囲の人間とは無関係に起る、完全に孤独な出来事だ」とし、それは「自己確認の手段としてのことばを、私たちがうしなって行くことにほかならない」と、鋭い証言をしている。

ふたたび私の異常体験にもどると、昭和四十一年といえば、敗戦後すでに二十一年を経過しているわけで、いまになってみると私の異常体験は、まったく他愛のないものであったろう。

巨大なジュラルミンの塊というのは、ボーイングジェット旅客機のことだし、市街地のすぐそばに空港があるのだから、街なかを低空で降下するジェット機の姿も、日頃見慣れた光景であったはずだ。たまたまその時エンジンを止めて滑降していたので、音がなかったのだろう。

だから周囲の状況は、ごくあたりまえの生活常識にすぎず、私以外の人には、珍しくも恐怖でもない光景だったのである。

にもかかわらず私にとって、あたりまえのはずのジェット機が、突然変異で出現した「異形のもの」と映り、瞬間の白日夢とでもいうべき状態のなかで、言葉を喪うほどのショックを受けたこと、さらに、私の背すじを不意打ちした(私の青春は終わった!)という強烈な意識は、どういう意味をもっていたのか。

常識であるはずのものを、「異形のもの」と感じることと、言葉を喪うこととが重なりあうところに、この異常体験の、「異常」の意味の深さがあるのだ。

「常識であるはず」という観念ほど、人間にとって恐ろしい落とし穴はない。

「常識」は非常識でないことによって「正常」である。だから、「異常」は正常でないことによって、「非常識」である。また、「常識」であることは「正しい」、「非常識」であることは「正しくない」、という図式が定型化されていて、ほとんどの人がそのことを疑わない。むしろ疑うことのほうが非常識であり、異常であり、正しくない、とされている。（こういう時点での言葉はまだ、「自己確認の手段として」役立っている）。

私もまた、私の経験、私の思考についてもおなじような観念で生きてきたわけで、疑うことはあっても、疑うこと自体が、「正」か「否」かの二元論にすぎず、「正」でも「否」でもない世界に徹してまで疑うことはしなかった。

だが、この異常体験によって、思い込みの常識が、一瞬にして否定されたのである。いままで疑いもなく生きてきた日常が、じつは常識でも正常でもなかった、という事実をつきつけられたのである。

私の「風景」から生まれた「言葉」、その「言葉」が育てた私の「風景」――それが私にとっての「青春」であり、私の「世界」であった。それが、生まれて初めて体験した異常な光景によって、私の日常であったはずの記憶の「風景」、つまり「言葉」が破壊されたのだ。（この時点で言葉はもう「自己確認の手段として」の意味を放棄させられている）。

私は完璧に、現代常識の光景から拒絶されたのである。

私が言葉を喪うほどのショックをうけ、（私の青春は終わった！）と、直覚せざるを得なかったのは当然のことであった。そして、このことの意味が正確に把握できるまでには、十年近くにおよぶ失語状態と、「言葉」の回復をまつ根気が必要であった。

「私とは何か」、「言葉とは何か」、「私にとっての言葉とは何か」と、三すくみの状態からはじまって「人間」と「言葉」、「言葉」と「人間」へと、その問いは果てしなくつづくのだが、それらを原初の時点までさかのぼって問うとき、人間という生きものの深層にかかわる「風景」の根源の意味が存在してくるのである。

「言語風景論」は、そういった意味で学問ではない。

喪った言葉に気づくことから、「人間」と「言葉」の関係を原初に還って素直に問いなおすことである。「人間」も「言葉」も、ともに「生きものである」という自覚において考えていこうとするものである。したがって、どの学問の分野にも属したくない論でありたい。

＊　＊

人間は、いつ、生まれたのであろうか。

言葉は、いつ、生まれたのであろうか。

そして人間と言葉は、いつ、どこで、どのようにして、出合ったのであろうか。

地球や人間の誕生については、いろんな分野のデーターがあって、正確な数字はわからないが、地質学、考古学、分子進化学などからの平均数字をとってみると、おおよそのところで、宇宙の大爆発（ビッグバン）は百五十億年前、地球の誕生が四十六億年前後、微生物的生命が生まれたのが約十億年（六億年）、そしてヒト科の誕生が約四百万年前後となるようだ。

このあと、人類の誕生についてはさまざまなデーターや研究がなされているわけだが、言葉の誕生については、ほとんど何もわかっていない。

今日、これほど多くの言語に関する本が、熱心に出版されているにもかかわらず、どの本も、どの学者、研究者も、言葉の発生のこととなると、口をにごし逃げをうつのは何故だろう。本気で取り組めないのだろうか。あるいは、本気で取り組みたくないのであろうか。

言葉のことを考えていると、最後には必ず、言葉の最大の不思議である、その起源の問題にぶつかってしまう。言葉の起源をつきとめることはだれにもできない、ということは考えてみればまったく不思議なことである。人間の所有物で、その起源を明らかにしえないものは、まずないだろう。唯一の例外が、言葉にほかならない。言葉は人間の所有物でありながら、人間には、いつ、どんなふうにして、言葉が彼のものになったのか、説明ができないのだ。

大岡信『詩・ことば・人間』講談社学術文庫

言語学の分野もさまざまあって、「共時言語学」「記述言語学」の起源は古代インドまでさかのぼるにしても、二十一世紀を迎える時代になっても、言葉の起源がわからないのだから、学問の世界というものはまことに不思議な世界である。

ひとつだけ私の興味をひいた言語の起源説がある。

人類言語の起源は何人も興味をいだく問題で、種々の推説が提出された。十九世紀後半に、マックス・ミュラーはそれらにおどけた名前をつけた。《ワンワン説》とは、動物の鳴き声のまねから言語が発生したという説。《ホーホー説》は感動詞に起源するという説。《ヨイトコサ説》は動作と同時に発せられる声に起源するという説である。

服部四郎「言語の起源」平凡社『世界大百科事典』

《ヨイトコサ説》などは、ちょっと涙ぐましくも感動したくなる学説である。しかし、同じ大百科事典のなかに、次のような記述もあるのだから、面白い。

ヨーロッパの諸語の比較研究は、〈祖語〉をさがし求めさせたが、言語発生の初期の状態を現実に見いだすことは、断念しなければならなかった。言語の起源の問題は、文献上の古代言語や現代の自然民族のことばの記述的科学の範囲を越えているとわかり、これを論議することは、言語学者にとっての禁物となっている。

佐久間鼎「言語心理学」

人間が生まれて言葉が発生した、この原初の状況は間違いないであろう。

「ヘッケルは猿と人との中間型に、ピテカントロプス・アラールス（言語なき猿人）と命名した」が、「原人の文化とされる前期旧石器時代の約五〇万年から二〇万年前に核石器と剝片石器があった」（寺田和夫『人類の創世記』講談社学術文庫）ということは、人間はこの頃まで言葉をもってはいなかったが、石器はもっていたのである。

それにしても、石器をもつことは、作るための知恵、使うための知恵がいるはずだから、なんらかのかたちで言葉らしきものはあったに違いない。

ちょうど生まれたての赤ん坊が、言葉をおぼえ、話をはじめていく過程とおなじように、音声や身ぶりは当然のこと、考えるための言葉もあったはずだ。

「人間」と「言葉」、「言葉」と「人間」、この切っても切れない関係の最初の出あいほど、われわれ人間にとって、最高にして最大のドラマはないのである。

言語風景論(2)

「太初（はじめ）に言（ロゴス）あり」


言葉の問題を考えるとき、きまってこの一行が思いうかぶ。

そして私は、なんのためらいもなくこの一行こそ、「旧約聖書」『創世記』の第一章第一行であると、ついこのあいだまで信じこんでいた。まったく、赤面の至りである。

この一行は、「新約聖書」『ヨハネ伝福音書』の第一章第一行なのである。


私が文学に目をむけはじめたのは、敗戦後、最後の予科練から復員・復学、旧制中学を四年で卒業した昭和二十一年であった。

その頃友人Nが、文学というものをまったく知らない私に、同人誌へはいらないかと誘いをかけてきたのである。私は敗戦と、裏切られた信念への欝憤晴らしならなんでもよかったので、すぐに賛成した。

誌名が「ロゴス」だった。私は変な名前だから変更しろといったが、友人Nは頑として「ロゴス」を主張し、「これはギリシア語でコトバという意味なのだ。聖書の冒頭に『太初に言あり』とあるではないか」と誇らし気にいったのである。

「ロゴス」は昭和二十二年の発刊であった。友人Nの意気はひとり盛んであったが、私はザラ紙の入手や、徹夜のガリ版刷り、発行のための僅かな寄付集め（強奪?）などで走り回ることばかりだった。私には文学という問題よりも、「ロゴス」というギリシア語の新鮮さと、誇り高さのほうがすごく気にいって、よく働いた。

「ロゴス」は二年ももたなかった。友人Nは、その後文学から離れてしまったが、私はいまだもって文学から離れられず苦しんでいる。だから、『創世記』「旧約聖書」と『ヨハネ福音書』の間違いも、四十数年に及んでいたことになる。

「元始(はじめ)に神天地を創造(つくり)たまへり」

「旧約聖書」『創世記』の第一章第一行である。

元始（太初）に創造られたのは、「言」ではなく「天地」であったのである。もちろん「天地」とは、原初の「風景」である。「言葉」より先に「風景」が生まれたのである。

「元始に風景あり」である。

「地は定形(かたち)なく曠空(むなし)くして黒暗淵(やみわだ)の面(おもて)にあり神の霊水の面を覆ひたりき」

『創世記』はこうして、元始の混沌とした状態から神が光を、水を、空を、土を、草木を、生き物を、そして六日目にやっと人間を創造した、とはじまっていくのである。

私が神話のなかでもとくに、創世神話に魅かれるのは、そこに宇宙と人類誕生の壮大なドラマが、圧縮された緻密さで語られていることに驚異を覚えるからだ。

神話は宇宙と人類誕生のすべてをものがたる出発点である。

たとえ神話の成立が、ユダヤ人思想の主張を目的にした、『旧約聖書』であり、国家の根本、天皇の基本を明らかにする目的の『日本書紀』であったとしても、語られる「ものがたり」として受けとるとき、実に多くの、現代にたいする暗示が秘められているのである。

「神話」という語は、もともとギリシア語のミュートスからでた訳語で、説得する言葉に対しての、「語られる言葉」あるいは「語られる」そのこと自体なのである。

ところがその後、神話を科学的に研究する神話学が生まれ、いろんな分野にわかれて考察されるようになった。それはいいとしても、現代思想の名のもとに、学説によって刻まれ、歪められ、瀕死の状態にまで追いこまれているのは、断じて許せない。

現代の危機は、まさに神話の喪失によるものだ。

私たちは早急に、神話をもとの神話にかえさなければならない。本来の、生まれたままの姿、なにものにも侵されない姿へ。宇宙にむかって解放しなければならないのだ。

そうすれば、神話の世界からありとあらゆる原初の風景が、人間のロマンが透けて見えてくるはずだ。小賢しい人間の知識や解釈の枠内に閉じこめようとするから、神話は忽ち、妖怪に変化し、手ひどく復讐を仕掛けてくるのだ。それは、過去の歴史をみれば一目瞭然である。

　古代人は常に「現代人」として、自分たちの生をいとなんだのであって、彼らにとって「神話」とは、もっとも「現代的」なあるものであった。　武田泰淳「神話について」『全集第13巻』筑摩書房

西郷信綱も『古事記注釈』第一巻のなかで、『古事記』は「歴史的時間のかなたに現在形である」と述べているとおり、神話はもっとも「現代的」なのだ。「歴史」などという過去の衣装なんか、ちっとも纏ってはいないのだ。なによりもリアリズムなのである。だから、現代詩や現代小説を読むより、はるかに面白い。血沸き、肉躍るのである。

「臣安万呂言(まを)す」ではじまる『古事記』の序はすばらしい名文であるが、「旧辞の誤り忤(たが)へるを惜しみ、先紀の謬(あやま)り錯(まじ)れるを正さむとして」「目に度(わた)れば口に誦(よ)み、耳に払(ふ)るれば心に勒(しる)しき」（倉野憲司校注『古事記』岩波文庫）として完成させた当時と同じ気持ちで神話に接すべきである。

　ここで各国の創世神話をみてみよう。

古代メソポタミア（紀元前三五〇〇年頃）『エヌマ・エリシュ』は原始の水の創世神話として、森羅

万象のはじめには川の水と海の水、雲の水の三神が混ざり合っていて、この混沌とした水の中から神々がつくられたという。

※

エジプトのいろんな創世神話も「万物は原初の水ヌーンから生まれた」としている。

また、『原初の丘』の創世神話では原始の水のヌーンの中にいた太陽神アトンが、自らと他の万物をヘルモポリスの原初の丘でつくったという。

※

紀元前八〇〇年頃のギリシア神話『神統記』には「世界のはじめは形もはっきりしないドロドロとした塊りで、天も地も海もまざり合っていた。これをカオス（混沌）という。このカオスから大地の女神ガイアが最初に生まれ、このガイアから愛の神エロス、暗黒の神エレボス、天の神ウラノス、海の神ポントスが生まれた」（山室静著『ギリシャ神話』社会思想社）

紀元前一二〇〇年頃のインド最古の宗教文献、『リグ・ヴェーダ』には「そのとき（太初において）無もなかりき、有もなかりき。空界もなかりき、その上の天もなかりき……深くして測るべからざる水は存在せりや。……かの唯一物は、熱の力により出生せり」（辻直四郎訳『リグ・ヴェーダ讃歌』）以上の引用はいずれも柳川弘志『生命の起源を探る』（岩波新書）による。

日本の記紀神話のはじめも、やはり天地の創造からはじまるのである。

「天地(あめつち)初めて発(ひら)けし時、高天(たかま)の原に成れる神の名は」

「国稚(わか)く浮きし脂(あぶら)の如くして、海月(くらげ)なす漂へる時」

倉野憲司校注『古事記』岩波文庫

「古(いにしへ)に天地(あめつち)未だ剖(わか)れず、陰陽(めを)分(わか)れざりしとき、混沌(まろか)れたること鶏子(とりのこ)の如くして」

「天先(ま)づ成りて地後(のち)に定まる」

「開闢(あめつちひら)くる初(はじめ)に、洲壌(くにつち)の浮れ漂へること、譬(たと)へば游魚(あそぶいを)の水上(みずのうへ)に浮けるが猶(ごと)し」

一書曰(いはく)「天地初めて判(わか)るるときに、一物(ひとつもの)虚中(そらのなか)に在(あ)り。状貌(かたち)言(い)ひ難し。其の中に自(おの)づからに化(なり)生(い)づる神有(いま)す」

一書曰「天地混(まろか)れ成(な)る時に、始めて神人(かみ)有(ま)す」


日本古典文学大系67『日本書紀 上』岩波書店

「この世の元初りは、どろ海であった。月日親神は、この混沌たる様を味気なく思召し、人間を造り、その陽気ぐらしをするのを見て、ともに楽しもうと思いつかれた」「その後、人間は、虫、鳥、畜類などと、八千八度の生れ更りを経て、又もや皆出直し、最後に、めざるが一匹だけ残った」

「この間、九億九万年は水中の住居、六千年は智慧の仕込み、三千九百九十九年は文字の仕込みと仰せられる」


（『天理教教典』第三章「元の理」より）

中国の創世神話となると、老子のあと前二世紀に書かれた『淮南子』があり、日本の『日本書紀』におおきな影響をあたえたとされているが、それすら各国の創世神話ほどはっきりしたものではないのだから、不思議である。

私の研究不足かも知れないが、「宇宙開闢神話が他の古代民族ほど明瞭に形成されていないのがその特色である」（山崎正一＋市川浩編『現代哲学事典』講談社現代新書）とあるのをみれば、頷けないこともない。

「有物混成、先天地生。寂兮寥兮、独立而不改、周行而不殆」（「物有り混成し、天地に先だって生ず。寂たり、寥たり、独立して改らず。周行して殆からず」）　老子「象元」第二十五

「天地未剖、陰陽未判、四時未分、万物未生」（「天地未だ剖れず、陰陽未だ判れず、四時未だ分れず、万物未だ生ぜず」）　『淮南子』俶真訓

「洞同天地、混沌為樸。未造而成物、謂之太一」（「天地に洞同し、混沌として樸たり、未だ造さずして物を成す、之を太一と謂ふ」）　『淮南子』詮言訓

むしろ、老子や『淮南子』は、創世神話というよりも、天文学や中国民族の宇宙観としてみるべきで

あるのかも知れない。

中国の神話はまた、枯れたる神話の典型のようなものである。その神々は、ほとんどことばをもたない。共工が帝たることを争い、敗れて頭を天柱にふれ、天柱地維がために傾くという壮大な事件でさえも、神々のことばは何も残されておらず、事件としてそのことがしるされているのみである。そこにはロゴスの世界がない。また神々は人間的に行動することもなく、著しく非人間的である。ただ経典の世界においてのみ、神はことばを用いる。

白川静『中国の神話』中央公論社

中国の神話に関して、「枯れたる神話の典型」とか「ことばをもたない神々」「ロゴスの世界がない」という表現は、私にとって強烈なパンチだった。

というのも、私たち昭和一桁生まれにとっての中国は、「文字の国」であり「言葉の国」であったからだ。また、中国の漢民族は紀元前五〇〇〇年頃には、すでに文字をもち高度な文化を発達させていたし、その文字、つまり「漢字」が百済の国（四～七世紀）から日本に伝わり、日本最初の文字となったのだから、「中国」と「漢字」に対する私たちの尊敬と畏敬の念は当然であった。

ところがそれ以上に、白川静の『中国の神話』には「文字・言葉の国であるが故の中国」という、恐るべきもう一つの強烈パンチが秘められているのだ。

それは今回の「天安門広場事件」である。世界中の人間の胸元に突きつけられたショッキングなこの事件は、まさに、人間が言葉を裏切り、言葉が人間を裏切るという「人間」と「言葉」の凄惨な戦い以外のなにものでもない。

「枯れたる神話」「ことばをもたない神々」「ロゴスの世界がない」「非人間的な神々」という表現には、「孤立語」とよばれる中国語の「漢字」の根源にある「宿命としてのあるもの」、つまり、「漢字の言語風景」の在りかたが鋭く示唆されているように思えてならない。

秦の始皇帝が紀元前二一三年に行った焚書と、その翌年咸陽で数百人の学者を坑に埋めて殺した「焚書坑儒事件」さらに、一九六六年以降毛沢東の革命思想が行った「文化大革命」は、「四人組」による文化人大量殺人の「犯罪」にまで発展したことにも深くつながっているはずだ。

創世神話からかなり主題が外れたが、これら一連の中国の思想革命運動は、「言語風景論」の本質の問題として避けてとおるわけにはいかないので、ここで敢てとりあげた。

＊　＊

ひととおり各国の創世神話をみてきたが、元始に神が天地を創造（つく）る『旧約聖書』をのぞけば、元初に「混沌」「カオス」があり、そこから神があらわれ、その神によって天と地がわかれ、森羅万象がつぎつぎに生まれ、最後に人間が生み出される、という「ものがたり」は不思議なほどよく似ている。

それから二三〇〇年、古代人がおなじように直覚した宇宙が、やっと今世紀になって科学の力で解明されるわけだが、そのためには、「天文学、地球物理、地球化学、物理化学、有機化学、生物化学、生物物理、生物学など幅広い知識が必要」（柳川弘志）とされねばならなかったのだ。

創世神話は「人類宇宙論」である。

そして、「人類宇宙論」のはじまりは、「混沌」（カオス）である。

「混沌」は、⑴大昔、天と地とがまだ分かれていない状態。⑵物事の区別がはっきりしないこと。また、そのさま。もやもやしている状態。（『日本国語大辞典』小学館）「カオス」は、ギリシア語で（大あくびをする）という意味だが、「天地創造以前の世界の状態・混沌」（『広辞苑』岩波書店）。もやもやの「混沌」も、大あくびの「カオス」も、その状態はおなじだという古代人の意識の一致は、何を意味するのだろうか。

ここで一応、柳川弘志（生物有機化学・生化学専攻）の『生命の起源を探る』（岩波新書）から、四つの認識段階にわけられた「生命の起源説」を紹介しておきたい。

「ゼロの段階」は、石器や死者の埋葬を知り、「自分自身の存在やその理由について考えていたと思われる」ネアンデルタール人の二〇万年前の「先史時代」

「第一の段階」は、「一般には、古代人は、宇宙がまずでき、次に天と地、すなわち地球が形成され、生命が誕生」したと考えていた「神話と伝説の時代」

「第二の段階」は、アリストテレス（紀元前三八四〜三二二年）が唱えた「自然発生説の時代」（な

んとこの説はパストゥール（一八二二～一八九五年）が否定する十九世紀まで二〇〇〇年にも及んでいる）

「第三の段階」は、生命の起源研究の父といわれるソ連の生化学者オパーリンが、一九二四年『生命の起源』を出版し「化学進化」の概念をとりいれた時代。「彼オパーリンは、原始大気に太陽からの紫外線があたり、アミノ酸や糖のような有機化合物が合成され、原始海洋に蓄積し、温かいスープを形成し、生命はそのスープから誕生したのであろうと考え、いわゆる『原始スープ』の概念を提唱した。また、イギリスの物理学者バナールは一九四七年に発表した論文の中で、『原始海洋中の有機物は微細な粘土鉱物に吸着、濃縮され、その結果、小さな分子から大きな分子に成長する反応などが促進されたのであろう』と、述べている」

「第四の段階」は、生命起源論者の大多数の支持を得ている「地球上の生命は、およそ三十数億年前、原始の海で誕生した」という地球内生命起源説の時代である。そして、分子生物学の発展によってDNA遺伝子が発見された。

現代科学がやっと辿りついた「原始スープ」とは、創世神話における「混沌」であったのだ。

「黒暗淵の面」「ドロドロした塊」「浮きし脂の如く」「海月なす漂へる」「混沌たること鶏子の如く」「州壌の浮かれ漂へる」「どろ海」「混沌為様」などの表現と、「原始地球は表面がドロドロに溶けたマグマの海で、そのまわりは水蒸気や一酸化炭素や二酸化炭素を主成分とする濃い原始大気の雲でおおわれていた」（同書）という表現は、ほとんどおなじである。

さらに、驚くべきことは、創世神話には人間の浅はかさが見落としている「宇宙思想」の根本問題が、じつに周到に用意されているのである。

それは、「混沌」のもうひとつのすがたである。

「夫、混元既凝、気象未効。無名無為。誰知其形」
（「それ、混元既に凝りて、気象未だ効れず。名も無く為も無し。誰れかその形を知らむ」）

『古事記』序第一段

「無名天地之始」

（老子『体道』第一）

「混沌」は宇宙科学においては「原始スープ」であったが、宇宙思想においては「無名」なのである。そしてこの「無名」の意味の深さにこそ、「言葉」のすべての根源があるのだ。

荘子の有名な寓話のなかに「渾沌、七竅に死す」というのがある。

南海の帝を儵と為し、北海の帝を忽と為し、中央の帝を渾沌と為す。儵と忽と、時に相い与に渾沌の地に遇(あ)う。渾沌これを待つこと甚だ善し。儵と忽と、渾沌の徳に報(むく)いんことを謀(はか)りて曰わく、人みな七竅(きょう)ありて、以て視聴(しちょう)食息す。此れ独(ひと)り有ることなし。嘗試(こころみ)にこれを鑿(うが)たんと。日に一竅を鑿(うが)てるに、七日にして渾沌死せり。

注　「儵」「忽」はいずれも迅速の意味で、すばやく機敏なことから人間有為にたとえ、「渾沌」は未分化の総合態で自然にたとえている。

（荘子『応帝王篇』第七　金谷治訳注　岩波文庫）

南海と北海の帝がいつも手厚くもてなしてくれる、のっぺらぼうの顔をした渾沌に、感謝の意をこめて、目と耳と鼻と口の七つの穴をあけてやると、七日目に渾沌は死んでしまったというのである。たとえそれが善意であっても、自然に賢しらな人為を加えると、自然はあっという間に死んでしまうという寓話だ。もちろん、ここでの「渾沌」とは宇宙誕生と同時に生まれた超自然（言葉が生まれる以前の自然）、私が「元始に風景あり」といった超自然のことである。

荘子（紀元前三七〇〜三〇〇年）は、すでにこの時代に、現代文明の恥部を見事にいい当てているのだ。

「原始スープ」と「無名」の「混沌」こそ、すべてのものを生みだす、源泉なのである。神をも生みだす力をもっているのだ。いいかえれば、すべての宇宙生命の母胎であり、そのエネルギーである。だからこそ、「未分化」であり、「無名」なのだ。

「混沌」は、人間のみがもつことのできる原初の「風景」ではなかろうか。人類誕生以前に、すでに用意され準備されている「風景」ではなかろうか。「分れる」こと、「分ける」ことを拒みつづける「宇宙の意志」なのではなかろうか。

古代人は、「混沌」に測り知れぬおそれをいだいた。それは、恐れであり、畏れである。「混沌」は、むしろ「闇」として、古代人の全身全霊にその力を発揮したに違いない。人間は、恐れることによって自らの無力を知り、畏れることによって超自然の生命（言葉）に耳を傾けたのだ。

「闇」は、人間の「おそれ」である。

「おそれ」は、人間の「沈黙」である。

「沈黙」は、無数の「言葉」に満たされた海である。

＊　＊

「元始（はじめ）に神天地を創造（つくり）たまへり　地は定形（かたち）なく曠空（むなし）くして黒暗淵（やみわだ）の面（おもて）にあり神の霊水（れいみず）の面を覆ひたりき　神光あれと言（いひ）たまひければ光ありき　神光を善（よし）と観（み）たまへり神光と暗（やみ）を分ちたまへり」

（『創世記』第一～第四章）


「乾坤（けんこん）初めて分れて、参神造化の首（はじめ）となり、陰陽ここに開けて、二霊群品（イザナキノ命・イザ

ナミノ命。群品は万物）の祖となりき」（『古事記』序第一段）

「天地の中に一物生れり。状葦牙の如し。便ち神と化為る」

一書曰「天地混れ成る時に、始めて神人有す」

一書曰「天地未だ生らざる時に、譬へば海上に浮かべる雲の根係る所無が猶し。其の中に一物生れり。葦牙の初めて泥の中に生でたるが如し。便ち人と化為る」（『日本書紀』巻第一）

いよいよ神の出現である。

神についての問題は、宗教的な比重があまりにもかかりすぎて複雑になるのであるが、「言語風景論」のなかでは、後に「外国語」と「日本語」というわけかたをするので、なるべく単純に「西洋の神」（キリスト教）と「日本の神」というとらえかたにしたい。

神の出現でなんといっても興味深いのは、その登場の仕方と性格の違いである。

まず、「西洋の神」の登場の仕方であるが、元始に神があり、その神が天地を創造するのであるから、天地創造以前から存在していることになる。舞台の幕があがったとき、すでにヤハウェ神は舞台中央にただひとり、スックと仁王立ちに見得をきっているのである。足もとは黒暗淵だが、スポットは神の全身を煌々と照らしている。じつに明快な幕あきであり、男性ドラマのスタートにもっともふさわしい登場ぶりである。
それにくらべると「日本の神」の登場は抒情的であり、女性的である。幕があがると、舞台一面には、もうもうと雲や霧が立ちこめて混沌としている。やがて、雲や霧が晴れるにしたがって、そのなかからぼんやりと神の姿が現われてくる。しかし、ひとりではなく、三柱、次に二柱、次に二柱と十柱（神世七代）の独り神が次々に生まれては身を隠し、やっとイザナギ、イザナミの登場となり、「まぐはひ」のあと国生みのドラマが展開していくのである。

つぎに神の性格であるが、いきなり登場するヤハウェ神は、嵐の神でイスラエル民族の絶対唯一神である。そしてヤハウェ神誕生の背景となったのは、赤道西風の南下と、砂漠化がもっとも激しかったといわれるナイル川のほとりの、わずかな草地（砂漠の縁辺部）であったのだ。
また、ヤハウェの神名は「在る」という意味から変化して、「あらしめるもの」「生かすもの」となり、創造の力をもった全能の神となったものである。だからイスラエル民族にとって神は絶対であり、人間は神によって「あらしめられ」「生かされている」ものであるという論理をもった信仰にまでつながっていくのである。

「一年の三分の二は、文字どおり一滴の雨も降らず、裸の岩山の多いパレスティナ地方で、わたしが味わった孤独感は、ただ重苦しいものでしかなかった。（中略）宗教はここでは、一片の感傷もとどめえぬものであろう。荒野の宗教、ユダヤ教の育った風土は、かくもすさまじいものだった」

赤司道雄『聖書』中公新書

砂漠という非情な「風景」から生まれた嵐の神ヤハウェは、その性格も徹底してドライであり、明晰でなければならなかったのであろう。ユダヤ人は、苛酷な自然との闘いのなかで生き抜くためには、神と「契約」を結び、それを実行するための「律法」を掟とした。「旧約聖書」である。

ヤハウェはエホバとも呼ばれるが、ユダヤ教の神であると同時に、ユダヤ教から発展したキリスト教の神でもある。

キリスト教では、イエスの十字架の死によって結ばれた神と人類の「新しい契約」を「新約聖書」という。

ヤハウェは「新約」の世界で「万物を支配する〈法則〉、ものごとの〈根拠〉、世界の〈理法〉」（丸山圭三郎『言葉と無意識』講談社現代新書）となり、神の言葉としての「ロゴス」となるのである。

日本の神々は、西洋の神にくらべて悲壮観がないのが嬉しい。人間とおなじように失敗もすれば、嫉妬もする。しかも、女神を口説いたり、さまざまな恋物語をくりひろげたり、『古事記』の神々は、たくましく美しい。

和辻哲郎は「古事記の芸術的価値」（『文芸読本　古事記』河出書房新社）のなかで、「古事記の調子にはお伽噺的な無邪気な愛らしさがある。透明で、朗らかで、子供のやうに罪がない。最初に描かれる原始性交の如きさへもさうである」と述べている。

「汝身者如何成。答白吾身者、成成不成合処一処在。爾伊邪那岐命詔、我身者、成成而成余処一処在。故以此吾身成余処、刺塞汝身不成合処而、以為生成国土。生奈何。伊邪那美命、答曰然善。

「汝が身は、如何か成れる」ととひたまへば、「吾が身は、成り成りて成り合はざる処一処あり」と答へたまひき。ここに伊邪那岐命詔りたまはく、「我が身は、成り成りて成り余れる処一処あり。故、この吾が身の成り余れる処をもちて、汝が身の成り合はざる処にさし塞ぎて、国土を生み成さむと以為ふ。生むこと奈何」とのりたまへば、伊邪那美命、「然善けむ」と答へたまひき。

（『古事記』岩波文庫）

なんという見事な口説きであろう。簡潔にして格調たかきことは、「古事記の気品は『貴とさ』と『卑しさ』との対立を絶した天真な心の、無意識の貴さ」（和辻哲郎）にある。私など、足もとにも及ばぬところである。

日本の神々の、この余裕はどこからきているのであろうか。中国の「著しく非人間的な神々」とくらべものにならぬほどの、「人間らしさ」の原点となるものは何であろうか。

それははっきり、豊かな自然に恵まれた日本の「風景」にある、といえるだろう。

キリスト教が「ロゴス」を中心とする人間自覚の生き方であるとすれば、日本人は自然を中心とした精神自覚の生き方であるのだ。

また、人間は神々に対しても無邪気であるが、神々も人間に対して寛容である。『日本書紀』のなかでも神は、「神」「神聖」「神人」「人」（カミの振り仮名はないが、「便ち人と化為る。国常立尊と号す」とある。異伝五）と、四通りの表現がみられる。しかも、「神人」と「人」は、神と人間とがほとんど同格にあつかわれていて、驚きである。

もともと、『古事記』の神に対する考えは、「神」と「命」を区別し、「神」は宗教的、「命」は人格的意義として使いわけられているのだが……。

「迦微（かみ）に神ノ字をあてたる、よくあたれり」（『古事記伝』巻三）といった本居宣長は、神についてつぎのように記している。

> 「さて凡て迦微（かみ）とは古御典（いにしへのふみども）等に見えたる天地の諸（もろもろ）の神たちを始めて、其を祀（まつ）れる社に坐（おはす）御霊（みたま）をも申し、又人はさらにも云はず、鳥獣（とりけもの）木草のたぐひ海山など、其余（そのほか）何にまれ、尋常（よのつね）ならずすぐれたる徳（こと）のありて、可畏（かしこ）き物を迦微とは云なり、（中略）抑（そもそも）迦微は如此（かくのごと）く種々（くさぐさ）にて、貴きもあり賤しきもあり、強きもあり弱きもあり、善きもあり悪（あし）きもありて、心も行（しぐさ）もそのさまざまに随（したが）ひて、とりどりにしあれば、（中略）さらに人の小（ちいさ）き智（さとり）以て、其の理（ことわり）りなどちへのひとへも、測（はか）り知らるべきわざに非ず、ただ其尊きをたふとみ、可畏（かしこ）きを畏（かしこ）みてぞあるべき」

（『古事記伝』巻三）

このように、日本の神々は「すぐれたる徳のありて、可畏き物」であれば、善悪貴賤、強弱を問わず「神」なのであるから愉快である。

「元の理」においても、月日親神は、混沌は味気ないので「人間を造り、その陽気ぐらしをするのを見て、ともに楽しもうと思いつかれた」のである。

日本の神々が、この古代のおおらかさを喪いはじめるのは、人間がずる賢くなってからである。とすれば、神と人は一体であり、「神人」という表記はもっとも正しい神についての表現であるといえよう。

ヨーロッパを歩くことによって日本再発見をした立原正秋は、『風景と慰藉』（中公文庫）のなかで、「日本は神なき社会だといわれているが、考えてみると、この水と緑の豊かな風土でどんな神が必要なのだろう」と、神が絶対必要であった西欧の風土から、美しく豊かな日本の風土に思いを馳せているが、逆説ながらも本居宣長の神意識とおなじなのではなかろうか。

言語風景論(3)

砂漠で誕生した嵐の神ヤハウェ神と、海原に大八島国と山川草木を生んだイザナギ・イザナミの神の性格は、唯一神と多神へとわかれ、神たちの視点も「見下ろす視点」と「見上げる視点」とに大きくわかれた。

> 砂漠の世界では、人は、一点にいて生活することはできない。意識のなかでは常に鳥の高さで広域をみとおしていなければならない。……砂漠の民の視点は、「上から下へ」であろう。
>
> 森林のなかでは、人は地表の一点に定着している。人は、まわりの樹林と真上の天をみあげる存在である。
>
> 鈴木秀夫『森林の思考・砂漠の思考』ＮＨＫブックス

創世神話における神たちの最初の視点は、西洋、東洋を問わずどちらも天からの位置、つまり俯瞰の視点であった。

その頃の地球は、最後の氷河期であるヴェルム氷期（今から七万年前）が二万年を頂点として気温が上昇し、地球から砂漠がなくなり森林と草原の時代を迎え（一万年前）人類も農耕生活をはじめた状態であったといわれている。

地球の状態がそのまま現在までつづいていれば当然、神も人間も風景も言語も、おなじであったかも知れない。

しかし、高温期が五千年前に終わりはじめる頃からふたたび乾燥化がはじまり、三千年前頃には、アフリカからアジアにかけて現在とおなじ状態の乾燥地帯ができたとされている。

つまり、このときから砂漠地帯と森林地帯がはっきりわかれたのであり、神も人間も風景も言語も、別々になったのである。

砂漠の神は、そのまま天にとどまることによって、唯一神となった。天地万物のすべてを神自身の意志で生み出し、動かし、神に近い人間ですらその意志に叛くことはできないのだ、という超越者としての存在を示したのである。

「上より来たるものは凡ての物の上にあり、地上より出づるものは地の者にして、その語ることも地の事なり。天より来たるものは凡ての物の上にあり」　『ヨハネ伝福音書』第三章第三十一節

砂漠のなかでは、どんな小さな一点でも見逃すことはできない。砂漠は一瞬にして地形を変え、位置

や方向を消し去ってしまうからだ。砂漠のなかで見通しを失うことは、即、自己を見失うことであり、死を意味することになるのだ。

自己の存在を確認する、あるいは自己を意識することとは、一体どういうことなのだろうか。すくなくともこの時点では、自己以外の大きな力、「他者」の存在に気づくことであろう。砂漠のなかの芥子粒にひとしい自分を知ることは、自己の力の限界を確認することであると同時に、人間そのものの限界を確認することである。

「参った。とうてい人間わざでできるものではない」という自己確認が、「人間は自分ひとりでは生きられない。神の力によって生かされているのだ」となり、超越者の存在を認めざるを得ない思想を生みだすことになるのだ。

神は人間に、人間の能力や知性や行動が、いかに危やふやであるか、いかに罪ぶかいものであるかを思い知らせることによって、神の意志を絶対化し、神自身の存在を確保するのである。

神はつねに天地万物の創造主であり、全能であり、善であり、正義なのである。人間のように、すぐ裏切ったり絶望したりはしないのである。

つまり、「見下ろす視点」とは、一方通行の視点である。人間が人間の限界を徹底して認識すると同時に、超越者としての神が全能であることを認識させられるという、「認識の二重構造」からなりたっているのである。

そして、「見下ろす視点」は「認識の二重構造」によって、二元論の基礎をつくり、さらに神と人間の差別意識から「罰する視点」という恐ろしい思想をも生みだしたのである。

「旧約」における神と人間との愛は、「神が人間を選び愛するから、人間も神を愛さなければならない」という、求めるから応えなければならない契約の愛なのである。そして、モーセの十戒となる「戒律」を生むのである。

人間はこの「戒律」を破ることはできない。もし破って、他の神々に仕えたり、裏切り行為をすれば、たちまち人間は滅ぼされてしまうのである。


「恐らくはエホバ汝らにむかひて怒りを発して天を閉ぢ給ひ雨ふらず地物を生ぜずなりて汝ら其のエホバに賜はれる美地(よきち)より速かに滅亡せるに至らん」

『申命記』第十一章第十七節

『出エジプト記』第二十章のモーセの十戒のなかで「汝わが面(かほ)の前に我の外(ほか)何物をも神とすべからず」（第三節）と神は命令し、「汝の神は嫉(ねた)む神なれば我を悪(にく)む者にむかひては父の罪(つみ)を子にむくいて三四代におよぼし」（第五節）「エホバはおのれの名を妄(みだり)に口にあぐる者を罰(つみ)せではおかざるべし」（第七節）と掟のきびしさと罰の恐ろしさを断言している。

祝福と呪い、生命と死、光とやみ、この二元的な道が、聖書によって「律法」と名づけられた神の心である。十戒の「戒め」はその代表である。

北森嘉蔵「予言者とイエスと使徒」平凡社『思想の歴史3』

＊　＊

日本の神々となると、神々というぐらいだから独神（身）ではない。「記紀神話」の初めに登場する独り神たちは、なんの行動もせず、あらわれてはつぎつぎに身を隠すのである。

国生み、神生みの大事業は結婚した夫婦神によってなされるのであるが、その結婚式場となるのは、天の原ではない。矛先からしたたり落ちた潮が積もりかたまってできた淤能碁呂島であり、式場へは「天降り」しなければならなかったのである。

また、ニニギノ命の天孫降臨も「天降り」であり、その後ずっと神々は地上にとどまるのであるから、「いたく騒（さや）ぎてある道速振（ちはやぶ）る」地上とはいいながらも、よほど住み心地がよかったのであろうか。それとも、「人間を造り、その陽気ぐらしをするのを見て、ともに楽しもうと思いつかれた」（『天理教教典』第三章「天の理」）からだろうか。

いずれにしても日本の神々は、ヤハウェ神のように天にとどまるより、人間とおなじ地上でくらすことを望んだようである。

「世界とは、その人間がぐるっと回って見えるものがすべてである」（鈴木秀夫　同書）

「風景とは、いうまでもなく、地に足をつけて立つ人間の視点から眺めた土地の姿である」

中村良夫『風景学入門』中公新書

地上へ天降った神々の視点は、「見下ろす視点」から逆に、「見上げる視点」に変わったのである。人間の視点と同じ位置になった、つまり、人間と同化できる存在となったのである。

日本の神々が、「地上から眺める風景は、視点の位置によって変幻自在、まことに不安定で頼りないけれども、味わい深い。……地上の視点には、その場所かぎりの人間の風景が映る」（中村良夫　同書）のを好むのは、心から地上と人間が好きだったに違いない。

「変幻自在」「不安定で頼りない」「その場かぎり」ではあるが「味わい深い」人間の世界は、そのまま現代日本人の性格そっくりである。神々もまた、天からの「見通しのよい」世界より、「見通しは悪い」が「味わい深い」生活が気にいったのであろう。

では、見通しは悪いが味わい深い生活とはどんな生活なのであろうか。そこに日本の神々から古代人、現代人に至るまで引きつがれてきた、日本独特の「言語風景」の原型があるのかも知れない。

生の恵みの豊かな森林のなかにあっては、人間は道に迷うことによって、かえって、桃源郷に至るという世界であり、そこでは、人間の判断は、かえって愚かであると考える余裕のある空間である。

（鈴木秀夫　同書）

また、「森林の民にとっては、自我が宇宙の中心であり、本質であり」「時間は無限であり、万物流転、すべてのものはくり返している」。だから、「森林には、生が充ち満ちている。生への道か滅への道か思いわずらう必要がない。生と滅を区別する必要がない。人間が、これだと思った道から迷うことによって、かえって桃源郷を発見する」（鈴木秀夫　同書）のである。

このような思考は、砂漠の唯一神でなければならない神と人間との関係、そして、「祝福と呪い、生命と死、光とやみ」という二元論のなかでの愛の思考とは、まったく反対の世界である。

ここで私は、西洋と東洋の「言語風景」の差異というものの発生、あるいはその原型をかなり明確なかたちでみることができる。

ひと言でいえば、「二元論に対する思考の差異」ということである。

西洋では論理が思考の中心である。砂漠のなかの芥子粒ひとつである自己を生かすためには、明確な論理、あらゆるものの見通しが絶対必要なのである。

ロゴス（理性）やピスティス（信仰）の立場にしても、彼等の生き方、考え方は、個人の判断と責任という人間中心主義をとる。そこから生まれる自我の自由、権利、主張、確立は一歩あやまれば、「一方通行の視点」となり、「問答無用」の思考となる。

その結果、神によって創られ選ばれた自分が生き残るためには、人殺しも当然であり、正義であるという論理にまで発展してしまうのである。

西部劇やギャング映画のなかで、極悪非道の殺人者たちが殺戮のあとで、「アーメン」と神に祈るのである。私はこういう場面を見せつけられるたびに、ひどく不可思議な気持ちに襲われたものだったが、ここにも一方通行の、殺人すら正義という「生き残りの論理」が堂々と、生き残っていたわけなのである。

ついでにいうと、現代の宗教戦争も、麻薬戦争も、お互いに妥協のない一方通行の「生き残りの論理」の結果に外ならない。

橋本峰雄は、『「うき世」の思想』（講談社現代新書）のなかで、西洋の思考について、「キリスト教のように超越的な唯一神をたてて彼岸と此岸、『神の国』と『地上の国』とを絶対的に断絶させる文化」といい、「肯定と否定のみの西洋的ロゴスの論理」といっているが、西洋では二元論に対する思考が「反対・対立」という概念で明確に単純化されているからである。

だから、「生と死」「罪と罰」「祝福と呪い」は、真っ向から反対、対立し、決して交叉することはない。日本の場合は、二元論に対する考え方は現代でもかなり呑気で、曖昧である。というより、思考の幅がはるかに広いといったほうがいいのかも知れない。

「生が充ち満ちている」森林の世界では、「生も死も」「罪も罰も」平等、おなじ意味としての意識となるのである。「反対・対立」ではなく「オーバーラップ」してしまうのである。非常にスムーズに交叉してしまうのである。

これは日本の神々が地上に天降り、人間とおなじ視点をもつことによって、「両方通行」の思考が成立したからではなかろうか。

「神も人も」「苦しみも悲しみも」おなじ意味の意識となり得るのであろう。インドで発生した仏教が中国を経て、最後に伝わった日本で直ちに受け入れられ、いまなお驚異的な繁栄を示しているのもその故ではなかろうか。

心と物はお互いに依存しあって存在するという「物我一如」、あるいは「身心一如」の仏教思考では「主観と客観」「精神と肉体」という西洋二元論の対立はない。それぞれがお互いに助けあい、オーバーラップしあうことによって、宇宙は滅びることもなく永遠に流転するのである。

「見下ろす神の視点」では「生き残りの論理」が二元論を対立させ、「見上げる神の視点」では「生き永らえの論理」が二元論を対立から解放させた、といえるのではないだろうか。

＊　＊

ここでしばらく、神の視点をずらして、神の座である「天」について考えてみたい。

ユーラシア内陸遊牧民族に共通の一神教的な天の崇拝の特徴として、第一に、天空そのものを神とみること。第二に、この神すなわち天は世界秩序の摂理の力であること。この上天神には人格神の要素が稀薄であり、人格化して表象される場合には、原則として女性ではなく男性、母ではなく父として考えられる。石田英一郎「文化圏的歴史観――上天の父神と大地の母神」（『文化人類学ノート』）

キリスト教における「天」は、罪びとである人間にとって近寄ることも、憧れることもできないほどの厳しい神の座である。

ノアの子孫たちが「天にとどく塔」を建てようとしたとき、神は怒り、人間たちの言葉が通じ合わないようにしてしまったのである。

神を畏れぬ人間たちの在り方と、神の座である「天」までも侵そうとする人間たちの傲慢さを、決して許すことはできなかったのだ。

また、人間はあくまでも人間であって、いくら善行を積んで死んでも、絶対神にはなれないのである。「神と悪魔」「善と悪」「天国と地獄」の二元論の世界は、神と人間を徹底的に峻別する。「天国」においても、この世の終末に人間はやっと「最後の審判」にかけられ、許された者のみ天国へはいれるが、許されない者は永遠に地獄へおちなければならない。永遠に救われないのだ。

キリスト教の「天」は、「罰する神の座」であり、人間にとっては「最後の審判」がおこなわれるためにに存在するもののようだ。


東洋の「天」に対する考え方は、神の在り方が異なるように、インド、中国、日本とそれぞれにかなりの差がある。

東洋でもっとも早く文化をもったのはインドで、紀元前三〇〇〇年頃にはすでにインダス文明が栄えていた。

が、前一五〇〇年頃、アーリヤ人の侵入と定住によってインダス文明は崩壊し、ヴェーダ時代となる。このアーリヤ人の最古の思想、宗教といわれるのが「リグ・ヴェーダ」であり、ここでは神々の座は「天界」「空界」「地界」とわけられ、それぞれに十一神、全体で三十三神が存在するとされている。

神々は極度に擬人化され人間によく似ているが、いずれも天地創造の神ではない。

アーリヤ人がガンジス川流域に進出してから、天界の神々の存在よりも、「宇宙」への関心が強くなる。前六〇〇年〜前三〇〇年の間に、ウパニシャッドの哲人たちが活躍し、あい前後して仏教が興る。

ウパニシャッドは、いろんな哲人の思想を集大成した諸文献のことであるが、ここではブラフマン（梵）とアートマン（我）が宇宙の原理として思索される。

ブラフマンとは「宇宙の根源」であり、アートマンとは「自分自身の根源」であるというウパニシャッド哲学は、人間の本体を小宇宙とし、自分自身を知ることによってブラフマンとアートマンが一致し、大宇宙の原理が理解できるというものである。

この「梵我一如」の思想は、神が宇宙を創造するのではなく、宇宙の根本原理を「唯一物」という一元論でとらえるものである。

「諸神は、宇宙の展開よりのちなり」（「ナーサッド・アーシートヤ賛歌」）というように、神々を宇宙の創造主や、人間を支配するものとして考えなかったのである。

ウパニシャッド哲学と前後して前五〇〇年頃に仏教が興るわけだが、仏教もまた主観・客観の二元対立を一元論としてとらえることによって、より宇宙観に支えられたものであるといっても過言ではあるまい。

私なりに極論すれば、インドの「天」は神々より離れ、より人間に近づきながら「宇宙」との一体をめざして「空」へ到達していったのではないだろうか。


中国の「天」となると、インド哲学よりもっと強烈な現実思想に裏付けされているようだ。

中国では殷代（前一三〇〇年頃）祖先神を「帝」といっていたが、「天」が用いられはじめたのは周代（前一〇〇〇年頃）で、「天帝」「上天」は天にいます神を意味していた。

古代中国の思想では、殷の時代から「天」と「地」との二つの世界があり、これらは対立するものとして考えられていた。インドにくらべると、この考え方は二元論に属しキリスト教によく似ている。

「天と地」の二元論から、「陰と陽」の二元論になるわけだが、この思想には「乾燥した気候の大平原に生活する風土のもとに生まれた必然性が含まれている」（貝塚茂樹「黄河文明のあけぼの」平凡社『思想の歴史2』）ことからもキリスト教発生の風土とも非常に近い。

また、中国二元論の基礎的性格は、感覚的な殷民族と政治・道徳的であった周民族の複合文化によるものだ、といわれている。

天上の世界を支配するのは「天」という上帝とされ、上帝を祭ることによって「地」を支配するのが「天子」である。つまり、「天子」は「天」の意志を聞く仲介者であり、シャーマニズムにつながる日本の巫女とおなじ役割を果たしていたのである。

ところが、都市国家をつくった周王朝の成立によって、神の世界と人間の世界が分離され、神は人間界から遠ざけられて呪術的世界を喪い、「天」は政治・道徳の根源であると考えられるようになったのである。

日本では、崇神天皇の御代に、天照大神を祭る巫を別の巫にゆだねて、天皇みずからは現実世界の王となり、呪術的世界から解放されたといわれている。

「孔子（前五五一～前四七九）から「天」は主体化され、自己欺瞞と罪に対する戒めとなり、徳性の自覚と文化の伝承が「天」によって与えられた政治と道徳の根源となった」「孟子は天与の性を仁義礼智とし、墨子は「天」の信仰を深めて宗教的色彩を濃厚にし、老荘は無為自然の大道として哲学化し、荀子は「天」を自然と見て天と人を分離した」（友枝龍太郎「天」講談社現代新書『現代哲学事典』）

中国の「天」は、思想の中心にありながらも時代と哲学によってさまざまに変化していく。

そして、中国の「天」は儒教によって周代の都市国家における家族主義とむすびつき、政治・道徳の支柱となり、「天命」「運命」を通じて神を持たない「人間中心主義」「形式主義」へとつながっていくのである。

陳舜臣は『日本人と中国人』（祥伝社）のなかで、「儒教は中国で生まれた思想の体系、もっと適切にいえば、生活規範の体系です。とうぜん理念にはちがいないのですが、中国にあっては、儒教は生活でもあったのです」といい、「国家は官僚組織そのもので、その組織を守ってきたのが儒教のイデオロギーです」ともいっている。

また、「中国では神がいないので、どこまでも人間がはいりこんでくる」「この人間の力によせる信仰が、人間至上主義をうんだ」として、この根から「形式主義」が生まれたといっている。
簡単にいうことはできないが、古代中国の「天」は、神そのものであったが、儒教による「人間中心主義」によって、政治・道徳、そして人間生活の規範となってしまったといえよう。

日本の「天」となると、世界の中でいちばん「曖昧であり呑気」である。中国から仏教が伝わるまで、「天」という言葉も思想もなく、「天」はすべて、「あめ」「あま」と呼ばれていたようである。「記紀神話」でも「天地」は「あめつち」であり、「天(あま)つ神」「天照(あまてらす)大神」「天(あめ)の沼矛」「天(あめ)の安の河」「天(あめ)の石屋戸」といわれるとおり、「あめ」「あま」の呼び名はいたるところにつけられている。

> 古代人によれば、天も海も同一のものであった。これをともに「あま」とよぶ。……物質的な事実など、どうでもよかったとさえいえるだろう。心に直覚されるものによって物体をみとめた、ということである。真実は、事実よりはるかに事実だったのである。
>
> 中西進『神々と人間』講談社現代新書

まさに、そのとおりだと思う。農耕民族であり、海洋民族でもある古代人にとって、豊かな食べ物を与えてくれる意味では、天も海もおなじでよかったのである。と同時に、海を眺めるとき、はるかな水平線上では見た目そのままに天と海がむすばれ一体となっている、と信じたのであろう。

天と海とを同一視するこの非自然科学的な直覚が、日本人に、神々と人間とを「天降り」のなかで直結させる可能性を創ったのであろう。

そして、「心に直覚されるものによって物体をみとめる」ことが、「風景」が「言葉」を生むことであり、「言語風景」の原点でもあるのだ。

言語風景論(4)

文化は、分化である。

天と地が、神と人が、光と闇が、それぞれが「分かれ」ることから、それぞれの世界が、そして人間の世界がはじまるのである。


ずいぶん前に見たテレビ番組だが、ひどく感動したことがある。それは、環境破壊をテーマにして、アマゾン森林の乱伐と焼き払いをレポートしたものであったが、その時シャバンテス族のベンジャミン酋長が、取材者にむかっていった言葉だ。

「白人、土地ワケタ」

ベンジャミン酋長はそのあと、ひどく悲し気な顔付きで、「白人は自然を分割しようとしている。私たちにとって土地はひとつ、分割できるものではない」と、抗議した。

私はその瞬間、「文化は分けられないものまで分けるのか」という叫びを、はっきりと聞いた。そして私の胸はしたたかにシャバンテス族から抉られたのである。

「分ける」ことは、「分かる」ことである。

と同時に、「分ける」ことは「名づける」ことであり、「差別」することでもある。

「白人、ウソツキ。インディアン、ウソツカナイ」。私たちは西部劇のなかでこの台詞を、ごく軽い気持ちで聞きながしていたが、ベンジャミン酋長の発言によって私たちの怠惰な精神はまぎれもなく鞭打たれたのである。西部開拓というのは、インディアンの土地を分けることであったのだ。分けられない土地、分けてはならない土地を、文化の名のもとに強引に奪ったということなのである。

人間の文化や文明というものは、いってみれば「分ける」ことの歴史ではないか。「分ける」ことから始まって、分けて、分けて、差別化し、更に細分化していった果ての残骸に過ぎないのではないか。

現代文明の行きづまりや荒廃をインディアンたちは、既に見抜き、そのことを人類のためにひどく怖れていたのである。

「文化や文明は、ウソにすぎない。虚構でしかないのだ。私たちは決して、白人などを恐れていたのではないのだ。そのウソの果ての地球破壊を怖れていたのだ」と。

＊　＊

「神光あれと言たまひければ光ありき　神光を善と観たまへり　神光と暗を分ちたまへり　神光を昼と名け暗を夜と名けたまへり」

（『創世記』第一章三節）


「分ける」こと、「分かる」こと、「名づける」ことが、この『創世記』では見事に語られている。夜のあと、水、天、地、海とつぎつぎに「分け」られていくのだが、宇宙全体を「分ける」ことによって「名づけ」名づけることによって「分か」っていく過程が、実に明確に示されている。

あるものを「分かる」ためには、自分の認識や知識の範囲にまで、あるものを「分け」なければならないということである。そして、「分ける」ことは、それぞれに違ったものの名前を知ることであり、名前が分からなければ、ある体系や類型（自分が知っている）にそって名前を探し当てなければならないということである。

したがって、「分ける」ことと「名づける」こと（名前を知ること）は、表裏の関係にあるといえよう。

もう一つ、「名づける」ことの問題点として、「名づける」ことには二とおりの作用があるということだ。その一つは、存在しなかったものに名前をつけること、そしてもう一つは、既存のものにレッテルを貼ることである。

「神光あれと言たまひければ光ありき」というのは、まだ存在しなかったひかりが〈光〉という言葉によってはじめて存在することをあらわしている。

一方、「神光と暗を分かちたまへり」というのは、既に存在している暗に〈やみ〉というレッテルを貼ることをあらわしているのである。

レッテルを貼るということが分かりにくいかも知れないが、生まれたての赤ちゃんが、言葉をおぼえていくときの状態を思ってみればよい。赤ちゃんにとっての「チチ」や「ハハ」は、はじめての言葉であるが、その呼び方、つまり名称はむかしから存在しているのだ。だから、赤ちゃんは、父を見て「チチ」という名前のレッテルを貼ることによって、「ハハ」ではない「チチ」が分かるのである。

ここではまた、「名づける」ことが「差別」だということがよく分かるだろう。「名づける」ことによって区別が生じ、差異が生じるからである。さっきの例のように「チチ」が分かることは、「チチ」が「ハハ」ではないという区別（差別）をすることなのである。逆ないい方をすれば区別（差別）することによって「ハハ」は「チチ」ではないのである。

文化は、分化である。

分化は、差別である。

ここではじめにもどって、「分ける」ことと「分かる」こと――私の名づけによる「分け学」についての考察にはいりたいのであるが、その前にもう一度、近頃珍しく面白いテレビ番組を紹介しておきたい。

このテレビ番組は、例のごとくわいわいがやがやの娯楽クイズものである。内容は、あるものの全体像をバラバラにしておいて、フイルムを逆回転させ、その途中で最初の全体像を当てるというもの、つまり、バラバラに分解されたものから最初の形なり状態を推理するゲームなのである。あるときはメロンジュースであったり、あるときは人文字であったり……その原形の面白さや複雑さによって当り外れの解答も面白くなる仕掛けになっているのである。

私もはじめの頃は面白半分で見ていたのだが、ちょっと見方をかえれば、これもベンジャミン酋長とおなじような痛烈極まりない現代批判ではないか、ということに気付いたのである。

バラバラをモトのものへ――。モトのものをバラバラにして、ふたたびモトのものへ――。なんとこれは、「分け学」そのものなのである。

しかも、「分け学」があまりにも過信を持ちすぎたために見失った視点の罪深さを、見事にも指摘しているのだ。

つぎつぎに分化され、細分化されていったものから、原初のものへの復活が、果たして簡単にできるであろうか。しかも的確に。

細分化されればされるほど、その断片の一つ一つが、実に重要な意味をもたされ、かけがえのない役割を担わされるのは当然のことでる。さらに、完璧に原初の姿や形にもどされるためには、断片の一片たりとも紛失は許されないのである。末端の一つが狂ったがために、原初への手がかりは失われ、原初そのままでが狂ってしまうからである。

推理や思考法の一つとして、「個々の具体的事実から一般的な命題ないし法則を導き出すこと。特殊から普遍を導き出すこと」(『広辞苑』岩波書店)という帰納法がある。

現代科学ですら究明できないものや、手のほどこしようのないものに対しては、これに頼る外はない方法論である。いわゆる「仮説」をたてるということだ。

ところが、発掘され補修された古代遺品の甕や壺を見ればわかるように、紛失されたものの部分は石膏でつぎ足されながら復元されているが(甕や壺という形が既に分かっているから)、全く原形が分からないものであったとしたらどうなるのであろう。あらゆる知識や経験からの推理、思考に頼って「仮説」をたてる外に方法はないであろう。

だが、果たしてその「仮説」は間違っていないのか。

天理ぢてんシンポジウム『博物学と「元の理」』のなかで荒俣宏は、「……科学といえども、実は個人の営為なのです。ある公理とか定理があったとき、それは自然が与えるのでなく、最初に誰か個人が考えたわけであり、その意味では非常にプライベートな思考にほかなりません」と述べているように、科学の定理や公式においてすら、間違いではないというものはないのである。人間の自信過剰から生みだされる身勝手な過信、誤信はとんでもない危険を孕んでいることを知っておかなければならない。

その例というわけではないが、私はこのテレビ番組から更に、「進化論」は、実は「退化論」ではなかったか、という思いに突き当たったのである。

なぜなら、「進化論」は一八五九年に発表されたのだから、宇宙に地球ができて約四十六億年、人類が誕生して約四百万年を経過していることになる。とすれば、現在の状態から原初へとさかのぼる以外に手はないのである。

分かれたものからモトへ辿る、つまり、「進化」したものから「退化」したものへ向かって進まねばならないのである。逆回転の思考とおなじだからなのだ。

「進化論」は人類にとってすごく大きな思考の変革をもたらした。ダーウィン自身も、社会的影響をおそれために一八三八年の着想を二十一年も遅らせ、一八五九年に発表したといわれている。

「単純生物より出発して、突然変異を繰り返し生物は変化して来た。その突然変異には方向性はない。その環境に最も適したものが生存し得る」というのがダーウィンの、「進化論」の基本命題である。

この「進化論」は発表後、キリスト教の「創世記論」と真っ向から対立したのは有名であるが、そのほかに、「単純生物より出発して」ということと、「進化論」の「進化」と「進歩」を混同させることによって、ダーウィンに関係なく、今日に至っても「進化論」を悪利用している連中が多いのは許しがたいことである。

もっとも卑劣な悪用例は、人間の「万物霊長論」と「人種差別論」である。「生物の最も進化したものは人間である」「その人間のなかで最も進歩しているのは白人である」という論理である。

また、「進化」と「知能」をむすびつけた、「知能指数」という詐欺思想で、大金を荒稼ぎしている教育者たちの悪徳利用ぶりである。

しかし、ダーウィン自身は、「進化」という言葉は自分では使用しなかったようであるとして塩沢千秋は、「彼は『変化を伴う由来』の言葉をつかい、進歩の意味を含む進化なる言葉の使用をさけた」また、「進化と進歩の混同をおそれていた」（『「元の理」進化論・その試み』ぢてんブックレット32号）と述べている。

私はこの文章に出あって初めてダーウィンへの「進化」に対する私の苦々しい思いは一度に消え失せたのである。ダーウィンは、「進化」という言葉を使っていなかったのだ。しかも、「進歩」との混同をおそれ二十一年も発表を遅らせていたのである。

「進化」という言葉は当時、生物用語として別の意味で使われていたのだが、ダーウィンの理論を説くためにハーベート・スペンサーが使用したのであり「彼にすべての責任がある」（塩沢千秋　同書）とのきびしい指摘がある。

私自身、「進化」と「進歩」の混同を今日までダーウィンのなかにみていたわけで慚愧に耐えないが、そもそも、「進歩」という言葉は百年前まで、日本語にはなかったのである。

進歩の思想は、歴史が一方向に向かって流れているという意識のもとに生まれる。万物が永遠に流転をくり返していると考える世界では生まれない。（中略）その流れが神によって動かされているが故に、人間は、人間に与えられた自由意志をその歴史の方向にむけて努力をするという世界のなかで、その努力の成果の評価を含む「進歩」という概念が成立する。

鈴木秀夫『森林の思考・砂漠の思考』ＮＨＫブックス

さらに彼は、「その進歩思想は、一方において、進化論的な知識によっても支えられていよう」と述べ、「人間が猿から進化したのは人間の歴史のなかの一方向的な進歩であると認めている人間が殆どである」といっている。

日本人がキリスト教文明に接するまで日本には「進歩」の概念も言葉もなく、しかも、百年前の訳語であったとは、まったく迂闊であったと同時に、恐ろしいことである。

＊　＊

「わかれ」はもともと「一つであった」ものの分かれであり、別れである。伝統的な考え方では、本来別々であったものが一つになることはない。一つになり得るものは、かつて一つであったもの、しかも現在分かれているものである。

おもちゃが「わかる」ためには、分解し、各々の部品がどんな原理で結びつけられているかを知らねばならない。「わかる」とは、その分類の体系を理解することであり、古来より人は「分ける」ことで、自分をとりまく全宇宙での事象をわかろうとしてきたのである。同時に、分類の仕方が認識の仕方を決めてきた。

坂本賢三『「分ける」こと「わかる」こと』講談社現代新書

前者が「分かれ」の論理であり、後者が「分かる」の論理である。

「分かる」ために「分ける」のだが、その「分け」方となると、簡単ではない。それは古代ギリシアが成立した頃から問いつづけられた問題であるからだ。

「分かる」ために「分ける」ことは、哲学への第一歩なのである。そして、「言葉」への問いの第一歩でもあるのだ。

ギリシア哲学のそもそもの発生は、宇宙や人間にとってのいちばん最初のものは何であったか、という発想であった。つまり、この世界の「始め（アルケ）」のもの、「始源」とは、という問いからであった。

それはまた、「神話」という実存の世界から「ロゴス」という認識の実存世界への「分かれ」であり、出発であったのだ。

その最初の問いが「始源」であり、現在の「分かれ」て存在するもの、「多様」からの逆回転思考による原初への遡行と復元への問いである。

天と地、神と人、光と闇、空と海、というように、「分かれ」る前の「始源」への問いは、また「分け」

方の思考をもつぎつぎに発見していったのである。

ヘシオドスは『神統記』のなかで、始源は「カオス」である、とした。この未分化のものを「カオス」とする発想は、中国や日本とおなじである。

中国では、「物有（あ）り混成し、天地に先だって生ず」（老子）「天地に洞同（どうどう）し、混沌として樸（ぼく）たり」（『淮南子』）となり、日本でも天地（あめつち）・陰陽が分かれていない状態（未分化）を、「混沌（まろか）れたること」（『日本書紀』）として「混沌」を始源としている。

ギリシア自然哲学の祖といわれるタレスは始源を、湿ったもの、みずみずしいもの、生命の源でもある「水」とした。

ついで、現在の多様に対しての「始め」は何であったかを意識的に探ろうとした始めての人アナクシマンドロスは、始源を「限定されないもの（ト・アペイロン）」とした。

アナクシメネスは始源を、薄くなると火、濃くなると風、雲、水、土、石になる「空気」とし、無定形のものが、稀薄化と濃厚化によって万物が生じるとした。（鈴木照雄「万物のはじめを求めて」）

エンペドクレスは、四つの原素、土・水・火・空気の結合・分離であるとして、一つのものからの分かれと多くのものからの結合が一つのものとなる、つまり逆回転的な発想をもっていた。

ピタゴラスは、音階や天文の研究から「数」をその始源とした。

ヘラクレイトスは、万物流転を唱え、動の世界における「対立の調和」から、「火」を始源であるとした。「たたかいは万物の父であり万物の王である」は彼の有名な言葉である。

デモクリトスは、アトム（分けられないもの）が相互に関係し合っていて、その分離と結合によって消滅と生成を説明し、配列と位置によって多様性を説明する「アトム論」を唱えた（坂本賢三　同書）。プラトンは、身体の部分の複合が本来の姿ではなく、分かれる前の「一」が本来の始源の姿であるとした。

以上がギリシア哲学の発生をうながした始源についてであるが、これらの発想こそ、西洋と東洋の「分け学」の分かれの出発点となり、ロゴスについても大きな影響を及ぼす問題点ともなっていくのである。

「分け学」の基本となるものは、その始源にある。そこで、その「分かれ」の始源についての発想を整理してみると、東洋の発想である「混沌」と、プラトンの「一」とする二つの考え方に落ち着く。

まず、「混沌」について考えてみると、「混沌」からの「分かれ」はない。

「混沌」は、分けられないもの、ギリシア語の「ト・アペイロン（限定されないもの）」とおなじだからである。

しかし、「一」を生じる前の状態であることは確かである。「分かれ」の原則が必ず「一」からであることはないのだ、という発想なのだ。

老子がいう「道」である。

「道は一を生ず。一は二を生じ、二は三を生じ、三は万物を生ず」（四十二章）「天下の物は有より生じ、有は無より生ず」（四十章）ということである。そして、老子にとっての「混沌」は「無状の状（じょう）、無物の象（しょう）という。これを惚恍（こうこつ）という」（十四章）ものであり、「道」であり、「無」でもある。だから「分かれ」の始源は「一」ではなく「一」の前にある惚恍とした「無」、つまり「道」なのである。

この老子の「無」の発見は、東洋における「ゼロの発見」であろう。インドで、数字の位取りの単位として発見された「ゼロ」より、「惚恍としたゼロ」という精神の高みのほうが、はるかに深い意味をもっている。

また、万物斉同の哲学を説いた荘子は、言葉と「一」について徹底した思索を重ねた人であると思う。「天地も我れと並び生じ、而して万物も我れと一たり。既已（すで）に一たり、且（はた）言あるを得んや。既已にこれを一と謂う。且言なきを得んや。一と言とは二たり。二と一とは三たり」（金谷治訳注『斉物論篇第二』岩波文庫）

金谷訳注をさらに簡単にすると（万物の多様もわが存在と一体である。すでに一体であるからには言葉はありえない。しかし、一体であるといったからには、言葉がないでは済されない。対象としての一とそれを表現した言葉の一とで二となり、その二と、もとの未分の一とで三となる）。

荘子は、「万物」が「一」であるとしている。そして、言葉がなければ「一」であるものが、言葉があって言葉で説明するから「一」が「一」ではなくなり、「一」が三、つまり、「多数」になっていくといっているのだ。

荘子はすでに、前三七〇年頃に言葉のもつ毒について、現代では及びもつかぬほどの鋭い指摘をしている。

では、西洋における プラトンの「一」からの「分かれ」はどうであろうか。

プラトンは『饗宴』のなかで、人間は本来、男女両性の「一」つの存在であったのだが、神々に反逆するように心おごったのでゼウスが「一」を「二」に切り離したといっている。

また、プラトンは「一」を最高のものとし、「理念」と呼ばれるイデアを完全で最高の「美」と「善」として「一」と同等のものとした。プラトンにとっての最高善は「一」であり、宇宙の始源である「神」でもあるのだ。

だから、『創世記』の神は絶対唯一である「一」であり、「一」から天地万物が「分かれ」ていくのである。

東洋と西洋の文明の違いは、実にこの「一」に対する発想の違いに外ならなかったのである。

そして、現代における西洋文明の行きづまりこそ、「分かれ」の原則を、「神」とともに「一」においたからではなかったのか。東洋のように「忽恍としたゼロ」においておけば行きづまることはなかったのでは。東欧諸国の自由民主化への動きこそ、その典型的なあらわれではないのか。

「一」からの分け方には二つある。一本の木から枝が分かれ出るような例の「分離」と、「一」を「二」に分ける「分割」である。

坂本賢三は、「むしろ、多様は二から始まると考えるほうが合理的である。対立する二つのものであれば、相互作用や組み合わせによって無限のものが導出できることになる」(『「分ける」こと「わかる」

こと』）として、「一」からの「分かれ」の困難さを述べている。

それは、「一」からの「分かれ」をいうときには、必ず「一」以前の始源を説明しなければならないからだ。ヘーゲルは「ザイン」（「存在」ではなく、ただ「ある」ということ）によって、「一」から「二」への分かれの論理を示したが、実際には「二」から「多」へ「分かれ」るとしたほうが便利なのである。その典型が「陰」と「陽」から作られた『易』である。

「分け方」については、四つを規準にした東西南北・春夏秋冬や、五つの五感・五欲、七つの七賢人・七色、十の十戒・十方・十進法などがあって、それぞれの思想や習慣が「分か」って面白い。

＊　＊

いよいよロゴスのあらわれによって、神話との「わかれ」がはじまる。


理性がめざめ、その結果ロゴスが形成されていくとき、必然的に神話はロゴスにさらされる。現実（真理）と神話との素朴な、即自的な一致は、当然ロゴスの批判をうけなければならない。

鈴木照雄「万物のはじめを求めて」平凡社『思想の歴史1』

鈴木照雄はさらに、「神話とロゴスは本質的に敵対的なものであり……神話とロゴスのかみあいは、神話の権威と神通力をロゴスが剝奪していくことであり、より端的にいえば、神話そのものの否定であり、かわって、ロゴスが積極的に自己を主張し、自己を呈示することである」と述べている。

ロゴスは現代、簡単に「理性」とか「言葉」とかいわれているが、それ以前に神と人間との凄まじい「分かれ」の闘いがあったのである。

それは、神ではない人間が登場したからである。

ホモ・サピエンスと呼ばれる新人類。神ではないことを自分自身で自覚できる動物。人間観にささえられたロゴス的人類の登場ということである。

アリストテレスは、最初の哲学者たちのことを自然研究者（プュシオロゴス）とよんでいる。自然（プュシス）をロゴス的に探求する者という意味である（鈴木照雄　同書）。

ロゴスによる自然の探求とは、宇宙の原理を求めること、つまり宇宙の始源（アルケ）にむかっての問いかけにほかならなかったのである。

ロゴスを「真なる知」として認識したのはヘラクレイトスである。彼は、知恵をもって「人間理性の理法」を認識し、宇宙の理法として客観的に存在するロゴスを人間の精神に内在させ、さらにそれをロゴスに転化させたのである。

つまり、原始宗教（神話）における感情的思考から、人間としての自己の存在を意識させ、自己主張をする理性的自我というロゴスを目ざめさせたのである。

「私はわたし自身を探求した」とは、彼の言葉である（以上ヘラクレイトスについては鈴木照雄の「万物のはじめを求めて」を要約）。

こうしてロゴスは古代ギリシアの発展期に、ホモ・サピエンスの世界（「人間が人間であるゆえんはその理性活動にある」）を成立させたのである。

この後ロゴスは、神話からの勝利を得て一つは神学から歴史へと、もう一つは宇宙論から存在論へとさまざまな展開をみせていくのである。

哲学の歴史のなかで、哲学の舞台がイオニアやイタリアの植民市からアテナイへ変ったとき、ソクラテスによって哲学の対象も、「自然」から「人間」へと変化した。

「万物の尺度は人間である」といったのはソフィストの代表であるプロタゴラスであるが、ソクラテスは「無知の自覚」に徹した哲学をひろめ、人間の生きるということは「よく生きることだ」という精神の正しさを主張した。

ソクラテスの強力な精神的影響をうけたのがプラトンである。プラトンはソクラテスが求めた倫理的な事がら（勇気、節制、正義など）についての普遍をイデアに求め「よく生きる」ことを正義の原型、理想とするイデア論にまとめあげた。

つづいてアテナイの哲学の最後を飾るアリストテレスは、プラトンの思想をうけいれつつもイデア論を否定し、古典ギリシア哲学の集大成をつくった。（以上ソクラテス、プラトンについては加来彰俊の「ポリスの思想家たち」平凡社『思想の歴史1』を要約）。

ここで、ロゴスの原点でもあり、哲学思想の二大潮流でもあるプラトンとアリストテレスの思想についても少しふれておきたいことがある。

それは、タレスに始まったイオニアの自然哲学が、プラトンのイデアによって否定され、さらにアリストテレスによって再び肯定されたということ。

そしてそのことが、西欧思想の根源となる「二元論」を確立させると同時に、ギリシア的なロゴス思想を体系的に展開さした「目的論」をも確立したということ。アリストテレス（前三八四年頃〜三二二年）とプラトン（前四二九年頃〜三四七年）は、ギリシア人の自然観にある二つの考え方、「変化するものと変化しないもの」、「動くものと動かないもの」という対立的なものに思想をあたえたということである。

プラトンは、エレア派の祖パルメニデスの「感覚をしりぞけてロゴスの判定に従え」にもっとも近いイデア論を唱え、「イデア界と現象界、理性と感性、価値と存在、精神と肉体を峻別して前者に優位をおいた」（泉治典「プラトン主義」『現代哲学事典』）のである。プラトンのイデア論は、感覚によってではなく純粋思考によって真実を捉えようとするものであるが、この思考が自然の否定となり、「二元論」の原型となったのは興味ぶかいことである。

一方、アリストテレスはプラトンのイデア論に鋭い批判を加え、否定された感覚と経験を信頼し、これを分析、整理して諸学問を体系的に組織化した。

アリストテレスはプラトンの自然哲学の否定を、もう一度元にもどしたのである。

「それ自身は変化しないで、いっさいの変化の根底にあって、変化の根拠としてはたらくもの、そういう極理念（神）があってはじめて全体のロゴス的均整が保たれるという論理」（新田義弘『哲学の歴史』講談社現代新書）の、目的論的自然観ないし世界観を確立した。

アリストテレスのロゴスの学としての論理学は、自然学と数学と第一哲学（神学）の三つに分けられるが、その考え方は中世のキリスト教的世界観のなかにうけつがれていく。

＊　＊

太初に言ありき、言は神と偕にあり、言は神なりき。

『ヨハネ伝福音書』第一章第一節

新約聖書『ヨハネ伝福音書』の著作の年代は、紀元一世紀末か二世紀の初頭とされ、ヨハネはギリシアのロゴス哲学の影響をつよく受けているといわれている。「ギリシアの自然哲学は、宇宙の原理を求めることをその共通の出発点としている。そして、この原理を宇宙の理法ともいうべきロゴスと表現した」（赤司道雄『聖書』中公新書）ことから、「イエス・キリストを、ギリシア哲学で諸現象の中心の『原理・法則』とされていた『ロゴス』そのものであったのだと訴えている。その『ロゴス』が肉体となってこの世に具現したのがイエスだったという」（新井智『聖書』NHKブックス）のである。

ギリシア哲学の「ロゴス」の変遷と、キリストの存在のとらえ方の変遷を、実に巧みに重ねあわせたのが、『ヨハネ伝福音書』といえよう。

それはまた、キリスト教が世界の宗教となるためには、信仰の論理化が絶対必要であったからでもあるが、それ以上に、私にはキリストを売り出すための仕掛けの面白さが生々しく伝わってくるのである。次の、わずか一行に。

　太初に言あり、言は神と偕にあり、言は神なりき。

なぜ、「太初に言あり」としたのであろうか。

唯一神は宇宙創世以前から存在しているのだから、当然この一行は「太初に神あり」である筈だし、「神と偕に言あり、言は神なりき」とつづくべきであろう。私はこの疑問のなかにこそ、人間キリストを「神の子」にしなければならなかった『ヨハネ伝福音書』の著者の、凄まじい執念とパラドキシカルな説得術の迫力をおぼえるのである。

まず、「太初に神あり」とすれば、「神」が絶対唯一であるからには、「神」と同格のものは存在しない、または存在してはならないことになるからである。

そこで、人間キリストを「神」と同格にするためには、「人間でありながら人間ではない」性格を是非とも作りださねばならない。

しかも、それは「神」に匹敵する強烈な性格でなければならないのである。

この至難の問題を著者は「ロゴス」を用いることによって、ものの見事に解決したのである。

「ロゴス」＝「宇宙の原理」＝「神」＝「肉体化」＝「神の子」＝「キリスト」という、論理を組み立てたのである。

「太初に言ありり」は、唐突で不自然であるが、ここには著者の周到な計算がみえる。「ロゴス」を「神」の横に並べて置く無茶を敢ておかし、すぐあとに間髪を入れず「と偕に」というレトリックを使って、あっという間に「ロゴス」を「神」と同格にしてしまうのである。まさに、手練の早業である。

それにしても、「と偕に」というレトリックは、不可能と矛盾を一挙に説得させるのであるから、なんという大胆不敵な論理であろうか。

極端ないい方をすれば、「と偕に」というレトリックが発見できなかったら、『ヨハネ伝福音書』は生まれなかったであろう。「と偕に」には、それほどの魔力があるのだ。

さらに、「と偕に」の同格意識を強力に受けついでいる「言は神なりき」には、キリスト教の総仕上げともなる大問題が含まれている。

それは「ロゴス」と「神」の同格は説得できても、「ロゴス」は「神」であるとは云い得ないという問題である。

しかし、著者は敢て明確に「言は神なりき」と断言するのである。凄まじい執念の大見得である。

さきほどの「ロゴス」の論理をふり返ってみると分かるように、「ロゴス」は「神」の「肉体化」を通じて「キリスト」へと到っている。

「ロゴス」＝「キリスト」。

これこそ人間キリストを「神の子」とし、「神」と同格化する論理ではないのか。

だが著者は、それだけでは不十分であるとして、キリストに、「原罪を背負った人間の救済者」という決定的な役割をあたえるのである。

ここで完璧に、「神」は「絶対一」であると同時に「悪や罪」を背負うことなく存在できるわけである。また、キリストも「人間の救済者」という役割によって、堂々と「神」と同格であることが許されるのである。

まさに、一挙両得の論理である。

「彼（ヨハネ）の思想の大きな特徴は、明確な二元論だ。信仰的二元論と言ってもよい。光と闇、真理と偽り、生と死、信仰と不信仰が対立し、最後まで貫かれている」（新井智　同書）わけだが、ここでまた「分け学」の問題がからんでくるのである。

坂本賢三は、「対立するのが二分割の代表である」として、対立から「対（つい）」がうまれ、「人間はなんでも対にして物事を考えてきたようだが、その起源はよくわからない」（『「分ける」こと「わかる」こと』）といっているが、私は、「対」の利便さと「よくわからない起源」を、『ヨハネ伝福音書』で発見したのである。

その解答の一つは、『ヨハネ伝福音書』の著者が、「一」つまり「神」からの「分かれ」を、「分離」と考えず「分割」としたことである。

なぜなら、「分離」とすればすべての「分かれ」たものは、「一」つまり「神」に帰納してしまうからである。宇宙の最高善である「神」は、「分かれ」損なって「悪」となったものまでの責任をとることは、絶対できないのだ。

そこで考えだされたのが、「分割」の思考だ。「一」を「二」に割く。割かれた一つずつは半分となり完全ではなくなるが、この半分のそれぞれを独立させれば「対」とすることができるのである。「対」にしてそれぞれに責任を割当れば、「絶対一」である「神」の責任と尊厳はそのまま保たれるわけである。

『ヨハネ伝福音書』の著者は、ここのところを「と偕に」というレトリックで正当化したのである。「神」と「ロゴス」を同格にして、「ロゴス」に「神」の責任をおしつけたのである。

解答のもう一つは、対立するから「対」であり、「対」であるから無限の組あわせができる「二元論」をギリシア哲学とともに巧妙にとりいれたことである。そうすることによって、「善と悪」、「罪と罰」などと、つぎからつぎへと対立する「対」をつくっていったのである。

それはまた、「一」からの「分かれ」がいかに困難であるかとして、「むしろ、多様は二から始まると考えるほうが合理的である」(坂本賢三　同書)というロジックを生みださせ、自分に都合のいいほうを「善」とする方法をも正当化していったのである。

「分割と責任転嫁」、「対立と多様化」。

これがまさしく、西欧の合理思想といわれるものの実体であり、「二元論」というもののまぎれもない正体ではなかろうか。

「ロゴス」は以上のように、哲学思想と宗教思想の展開のなかで、さまざまに発展変化していきながら、「言葉」「議論」「計算」「比例」「尺度」「理法」「理性」「定義」「概念」「思想」などの複雑な意味をもったものとなるのである。

言葉の本質を「ロゴス」に求めたハイデガーは、「ロゴス」の動詞である「レゲイン」に注目して、「述べる、言う、物語る」という基本的意味から「とり集めて目の前に置く」こと、そして「とり集める」といっても乱雑に集めるのではなく、一定の尺度に従って多種多様な異物を一つのカテゴリーに括ることであるという（丸山圭三郎『言葉と無意識』講談社現代新書）。「ロゴス」はこのようにして、一定の秩序をもって「とり集める」という意味から、「言葉」という意味に近づいていったのである。

ロゴスの語がやがて「話す」という語意で用いられるときに、一つ一つの単語が文法的秩序にしたがって、全体としてまとまった統一的な意味を形作るという点に、この語のもつ「一つに集める」という意味が生きている。

新田義弘『哲学の歴史』講談社現代新書

ハイデガーは、「森羅万象をカテゴリー化して意味あるものと見ることができるのは人間だけである」（丸山圭三郎　同書）とし、ロゴスとしての言葉に、「名づける」ことの意味を含め「言葉と存在」の関連に思いをめぐらしていたのである。

やっとここで、文化は、分化であり、差別である——という最初にもどるのである。「分かる」ためには「分け」なければならないが、「分け」るためには「とり集めて目の前に置か」なければならない。そして、そうすることが「ロゴスの言葉化」となり、「ロゴスの存在化」となって、「ロゴス」となる。

つまり、「ロゴス」が「言葉」という意味を持たされたときから、「ロゴス」には二つの力が働き始めるのである。

「ロゴスの言葉化」というのが、世界の分節化（名づけること＝差別化）であり、「ロゴスの存在化」というのが、名づけることによってそのものを理解する（分かる）ことなのである。

「分ける」と「分かる」の関係は、ただ単に「分ける」だけでは「分から」ないのであって、「分けた」ものを「もう一度組み立てる」ことが、本当に「分かる」ことである。

「分析することで原理に到達し、そこから再構成してみてはじめて、『わかった』ということになるのである」（坂本賢三　同書）。

言語風景論(5)

脊椎動物門、哺乳綱、霊長目、ヒト科、ホモ属、サピエンス種。

動物界、脊椎動物門、哺乳綱、霊長目、真猿亜目、狭鼻下目、類人類上科、ヒト科、ヒト属、ヒト種。


これが正真正銘の「わたし」である。

「あなた」である。

そして、人類であり、人間とよばれるものの正体である。

前者が「動物分類学」、後者が「生物分類学」における分類名である。

私はこの分類名を見た途端、異常なショックを受けた。大袈裟ではなく、不意を突かれたのである。

いきなり、目の前に鏡を突き付けられ、「これがお前なのだ。お前の正真正銘の姿なのだぞ」と、一喝されたのである。

この分類名は、なんと恐ろしい鏡なのであろうか。

人類とよばれる人間が、疑いもなく信じ込んできた鏡に、ある日突然、自分の姿ではない自分の姿がうつしだされたのであるから。

私は改めて「鏡」というものの恐怖に直面したのである。

「鏡」とは、一体、何なのか。

「鏡」は本当に、うつすものの姿を真実にうつしだしているのだろうか。

もし、「鏡」がうつすものの正体を正直にうつしだしていなかったら、どうだろう。

「鏡」にうつってきた人間の姿が、実は、本当の人間の姿でなかったとしたら——。

これは笑いごとではない。もの凄い恐怖なのである。人間は、いまだかつて「鏡」にうつされた顔以外に、自分の顔を見たことがない。手や足の部分は自分の目で見ることができるが、顔や背中は見ることができないのだ。

他人に聞いて想像するか、「鏡」を見て信じ込む以外に、自分の顔や背中を確認する方法はないのである。

——古代人は自分の顔をもたなかった。

人間の歴史がひっくり返りそうな一行である。

鏡のない時代、古代人は動物や他人の顔は知っていても、自分の顔はまったく知らなかったのである。

もちろん鏡のはじまりは水鏡であったのだが、「うつる」ことの意味がわからなければ、自分ということは確認できないのである。

「鏡に映った姿を人間が平然と見ることができるようになったのは、実にごく近ごろのことである」（水野清一『世界大百科事典』平凡社）とあって、「ごく近ごろ」がいつの時代なのか不明だが、鏡にうつることの理屈が納得できるまでにはかなりの年月がかかったことであろう。

——鏡によってはじめて人間は自分の顔をもった。

これもまた人間の歴史をくつがえすくらいの一行である。

鏡のない古代人の時代が現在まで続いていて、お互いが自分の顔を知らなかったら、まさに人間の歴史は想像もできないくらいに変わっていたであろう。

ここに二つの物語がある。

能にもなっている「松山鏡」という有名な民話だが、越後の国松山で母をなくした娘が、母から貰った形見の鏡にうつる自分の姿を、母だと信じて慕いつづけたという話。

また、狂言の「鏡男」では、夫から京みやげに貰った鏡を見た妻が、自分の姿を夫が連れてきた女だと思い込み、鏡を打ち砕いてしまうというもの。

いずれも、鏡を知らないことが主題となっているが、この二つの物語の奥底にも「鏡」についての、思いもかけない恐ろしさが隠されているようだ。

そのひとつは、自分の顔かたちを知らないことへの恐怖。もうひとつは、自分の顔かたちを知ったことへの恐怖。そして、もっとも恐ろしいのは、「鏡」を知ったときから疑いもなく「鏡」を信じきってきた、ということへの恐怖である。

「鏡」についての恐怖を、もうひとつの異なった視点から捉えたフランス映画がある。

詩人ジャン・コクトオが一九四九年に製作した映画「オルフェ」（日本公開は一九五一年）である。ギリシア神話の『オルフェ』を映画化したものであるが、詩人のイマージュをこれほど見事に結晶させた作品はない。当時でもアヴァンギャルド映画のひとつの頂点であった。

なかでも、オルフェが鏡を通り抜けて恋人のいる「死の世界」へ行くシーンは、一種異様な現実感がみなぎっていて、私はそのスリリングな迫力に圧倒されてしまった。

さらに強烈な感動を受けたのは、「生」と「死」の世界の境界が「鏡」であったこと、しかもその「鏡」の役割が「生を通り抜ける死への入口」であったことである。

なんと大胆な、戦慄すべき発想であろう。いままた改めて感動しているのだが、コクトオはこの映画で「鏡」への発想を、姿見という単なる道具から、「死への入口」という思想の次元にまでたかめたのである。

つまり、「ナルシズムからシュールへの入口」と、いう表現でもあったわけだ。

コクトオは「鏡」についての恐怖を、道具から思想への転換において見事に解決したのである。「鏡」の裏側を見つめることによって、そして、「鏡からの反射」を「鏡への吸収（通り抜け）」に転換することによって――。

「鏡」には、二重、三重の恐怖が張りついている。

私の姿はいま、分類名という「鏡」の前で、人間から新人類へ、旧人類へ、原人類へ、猿人類へと次々に変化していっている。

いってみれば、私の姿は「生物誕生」までの約三十億年を遡っているのである。

「鏡」の向こう側は子宮のトンネルである。

私はオルフェのように鏡の中に入って、子宮のトンネルを遡行し、ふたたび鏡のこちら側へ帰ってこなければならないのだ。果たして、うまくいくかどうか。

だが、それでなければ私の「言語風景」は発見できないのである。

＊　＊

宇宙は、一五〇～二〇〇億年前ビッグバンとよばれる大爆発によって始まったといわれている。

地球は、約四十六億年前大爆発を起こした超新星からつくられた。

海は、三十八億年前に存在していた。

生命は、およそ三十億年前に原始の海で生まれたと考えられている。

最初の生命が誕生したころは、大気中に酸素は存在せず、オゾン層もなく、陸上では存在しえなかった。

生命はなぜ海でうまれたと考えられるかというと、現在の生物の組成と海の組成が、非常に似ているからである。

生命誕生から十七億年前までは、細胞の中に核をもたない原核生物（細菌やラン藻）が栄えていた。

十三億年前には、人間を含めて共通の祖先の、細胞の中に核をもった真核生物が現われた。

六億年前は、多細胞生物の時代である。

四億二〇〇〇万年前頃になると、すべて海棲生物になってしまう。

四億年前には、陸上生物が現われた。

三億五〇〇〇年前は、両生類の時代。

四〇〇～六〇〇万年前、人類の祖先がチンパンジーのような猿から分れたといわれている。

柳川弘志『生命の起源を探る』岩波新書

宇宙誕生から人類誕生までの歴史をざっと要約したものである。

こんどは地質年代別に見てみよう。

古生代（五億年から二億年）簡単な構造の無脊椎動物が生まれ、魚類、両棲類、爬虫類の最古のものが出現する。

中生代（二億年から七〇〇〇万年）爬虫類の全盛時代で、鳥類も発達した。哺乳類の原始的な形態が生まれ、霊長類の最古の祖先もこの中にまじっていた。

新生代は、哺乳類が多数の形態に分化し進化をとげた時代であり、その中に最も大脳の発達した霊長類がまじっている。新生代は第三紀と第四紀に分けられる。
第三紀（七〇〇〇万年から二五〇〇万年）北アメリカに最古の霊長類、ヨーロッパの中央部に類人猿がいた。気候は現代よりも温暖で、激しい造陸、造山運動があり、火山活動もさかんであった。アルプス、ヒマヤラ、ロッキー、アンデス山脈などがつくられた。哺乳類、霊長類の時代とよぶことができる。第三紀は、始新世、漸新世（古第三紀）中新世、鮮新世（新第三紀）に分けられる。
第四紀は、前半を更新世（最新世、洪積統ともいう）後半を完新世（現世）という。この時代は人類の時代であるが、氷河時代とよばれることすらある。

寺田和夫『人類の創世記』講談社学術文庫

いよいよ次は人類の登場である。

「鮮新世の初期（約五〇〇〇万年前）人類が人類として地上に出現したと推定してよいだろう」（江原昭善）といわれているが、人類出現の年代にはかなりの差があるので、ここでは単純に考古学における「化石人類」の年代で紹介しておきたい。

猿人――更新世初頭から前期（約三〇〇〇万年から五〇〇万年前）に生存。アウストラロピテクス群とホモ・ハビリス群に属する。いずれも直立歩行したことは確かで、頭蓋の容積は現在の人類の三分の一であるが、類人猿にくらべるとはるかに大きく、歯形・歯並びはかなり人類的である。礫石器とよばれる非常に粗末な石器を用いていたことから、文化をもった生物としての人類と認められている。

原人——更新世中期（約五〇万年から二〇万年前）ピテカントロプスやシナントロプスが代表的。頭蓋容積も現在の人類の三分の二ぐらいになっており、手の親指も他の指に対向して動き、洞穴に住み、種々な獣類を捕食し、石器とともに、火を使用した。

旧人——更新世後期前半（約二〇万年から四万年前）ネアンデルタール人と先ホモ・サピエンス。頭蓋容積は、現在の人頭とほぼ同じで、石器はかなり進んだ技法による打製石器を用い、埋葬や熊祭りのような宗教的習慣をもっており、精神面でも進歩の兆しがみられる。

新人——更新世後期（約三万年前）ホモ・サピエンスに属して、現在の人類と同一種。加圧剥離法という特殊な技法を発明して精細な打製石器を作る。骨角器をはじめて製作使用。弓矢、投槍、銛などで大量の獲物を手に入れた。絵画・彫刻などもつくった。それらは動物の繁殖や豊獲を願う狩猟者の呪術に関連したものと解されている。

化石人類はすべて狩猟採集者で、まだ農耕、牧畜などの生産技術はもたなかった。

田辺昭三「化石人類の歩み」（『現代用語の基礎知識』）

以上、かなり駆け足で、大ざっぱではあるが、地球誕生と人類誕生の歴史をみてきた。これは不必要と思われる部分かも知れないが、これからの論考の裏付けとして、あるいは下敷きとして、ぜひ記しておきたいのである。

＊　＊

宇宙が生まれて、地球が生まれるまで約百五十四億年。

地球が生まれて、最初の生命が誕生するまでおよそ十六億年。

地球が生まれて、人類（猿人）が誕生するまで約四十五億九五〇〇万年。最初の生命誕生から約二十九億九五〇〇万年。

なんと壮大なドラマであろう。

なんと荘厳な感動であろう。

たとえ現代の科学がそのドラマや感動を、どのように分析し解明しようが、最初の生命誕生こそ、人類にとっては「永遠の神話」であり、「永遠のものがたり」なのである。

同時に、そのドラマと感動のなかに厳然と存在する「最初の生命から生まれた人類は宇宙と一心同体である」ということの意味を、改めて、重く深く肝に銘じ直さなければならない。

最近とくに、近代科学についての批判や反省が叫ばれているのは、デカルト的な合理主義思想が「神話」をおろそかにし、「生命」を宇宙から切り離してしまったからである。

もちろん、私たちが現代に生きているかぎり、科学の恩恵を十分に受けているわけだから、科学の知を否定するのではない。十分の感謝は当然のことである。

しかし、逆のことも考えれば、科学の被害も十二分に受けているのである。だからこそ、その被害を最小限度にくい止める知恵がぜひ必要になってくるのだ。

そのためには、近代科学の知というものに、「宇宙」と「生命」の共時性の実存を、早急に示さなければならないのである。


人類の誕生をどこから始めるかは、それぞれのテーマや主張によって異なってくるが、私は約三十億年前の、最初の生命誕生にまで遡りたい。

なぜなら、最初の生命こそヒトを含めた全生物の生命なのだからだ。

そして、その生命は海という混沌から生まれ、何十億年の地球の激変とともに自らも進化を遂げ、やがて人類へと到達するまで必死に自己主張をくり返してきたのである。

その間、単なる細胞からの進化とはいいながらも、激動してやまない地球生成のまっ只中を同時に生きのびてきた。その生命とその力こそ、人類の原点であると確信するからである。


今日の地球と生命は太古の昔から両者の協力でつくられてきたといえる。（中略）イギリスの科学者のラブロックは、地球の大気、海、大陸が生命と共に一体となって生きているという意味で、それを「ガイア」と名づけた。ガイアはギリシャ神話でカオス（混沌）から生まれた大地の女神の名前である。

（柳川弘志　同書）

生命の不思議は、宇宙とおなじリズムをもち、常に宇宙と照応し、交換しあっていることである。そのことは、現代科学が証明してみせる前、すでに紀元前、ギリシア哲学やインド哲学は確信をもっていた。

古代ギリシア人は、生命のことをプシュケー（精気・魂）とよび、プラトンとプロティノスはプシュケーを霊魂一元論としてとらえ、人間と宇宙の霊魂はおなじであり、人間の生命は宇宙の生命に連なるとした。

また、インドのウパニシャッド哲学は、「梵我一如」の思想を説き、人間の本体を小宇宙とし、大宇宙の原理と一致させた。

いずれにしても、宇宙と人間の生命とは、きってもきれないつながりのなかで、共同の生成をつづけているのだ。

我われの身体は地球のすべての要素を閉じこめているし、原子の海を細胞の中に閉じこめてもいる、地球の誕生からの歴史を内臓しているといってもいいわけです。

市川浩『宇宙と照応する人間』ぢてんブックレット40号

「生命とはなにか」を問うことは、私にとっても一生の問題であるし、その問いは答えのない問いかも知れない。

ただ、「言語」とも、「風景」とも、深く関わりあっていることだけは確かである。

したがって、ここでは最初の生命誕生を、宇宙との共時性において、もう一度の確認をしておきたいのである。


では、最初の生命はどのようにして生まれたのであろうか。

地球が誕生して最初の生命が生まれるまでの数十億年は「科学進化」の時代といわれ、この時期は原始大気中の物質が化合と分解、凝固と融解をはてしなく、くり返していた物理と科学の世界であった。地球の「科学進化」の時代こそ、最初の生命誕生を生みだすための辛くも長い準備期間であったのである。この時のエネルギー源は、太陽光、放電、海底熱、火山熱、宇宙線、放射能、衝撃波などといわれている。

こうして地球の内から、あるいは宇宙からのエネルギーの供給によって、原始の海に蓄積されたスープが炭素化合物の増加をうながし、窒素も加わって無機物のなかから有機物を生みだしたのである。

そして、この有機物のあるものが周囲からのエネルギーを吸収し、成長し、代謝能力をもち、自己増殖をする生命となったのである。


生命の最小単位は細胞である。その入れ物の細胞膜は主として脂質とタンパク質からできている。

生命の第二の特性は自己複製、自己増殖することである。この地球上に約一〇〇〇万の生物種が存在すると考えられているが、すべての子供は同一種の親から生まれる。

第三の特性は自己維持機能をもっていることである。いいかえれば、代謝をするということである。生命を維持するために自己を構成している成分を、酵素と呼ばれるタンパク質の触媒作用によって合成、分解し、エネルギーを生みだすのである。酵素はすべてDNAの情報に基づいて合成される。

第四の特性は進化する能力をもっていることである。

（柳川弘志　同書）


初期の生物は、藻類やバクテリアのような単純な単細胞生物で、細胞の中に核をもたない「原核生物」であった。

それが分裂をくり返し、自己増殖をしていくうちに、遺伝物質を包みこんだ核をもつ単純細胞生物である「真核生物」が現われた。約十五〜三億年前で、人間を含めた共通の祖先といわれるものである。

江原昭善の『人間性の起源と進化』（ＮＨＫブックス）によると、この「真核生物」は、別の仲間と結合して遺伝物質を交換し合いながら子孫を増やす「性生殖」を行なうようになった。そしてこの「性生殖」は遺伝子の組み合わせ如何により失敗も多かったが、何よりも新しい適応力を備え、進化の速度を上げるのに不可欠のメカニズムであり、生物は単純細胞生物から多細胞生物へと進化し、その加速度をいよいよ上げていった、と述べている。

また一方、生命活動に密接な関係をもつ地球の環境は、ラン藻の繁殖によって酸素が大気中に放出され、酸素が増えてくるとその酸素を使って成長できる生物が出現し、さらに酸素からオゾンがつくられ、やがて地球の周りにオゾン層が形成されると、太陽からの強力な紫外線が遮られるようになったのである。

これまでが地球最初の生命誕生のあらましであるが、ここでもう一度、前記のギリシア神話から名づけられたという「ガイア仮説」について強調しておきたい。

イギリスのジム・ラブロック（生物物理学者）の「ガイア仮説」は、「地球の大気圏は生物圏によって、調整され、地球の無生物と生物が、一つの大きな制御系として恒常性を持つ」という学説で、「全体と部分が生物と環境が、有機物と無機物が、過去と現在が、互いに入り組み、入れ替わり、すべてのものと結びついて、時と共に流れを形造る潮流のごとき生命観とでもいえよう」（長谷川敏彦『共生的進化論とガイア仮説』ぢてんブックレット32号）というわけで、科学の枠を超えたところで、現代思想に深い影響を及ぼしているからである。

地球誕生と生物誕生のドラマこそ、まさに手に汗握る激動のドラマである。

もし私が映画監督であったら、この古生代から人類誕生の新生代までを、最高の映像技術を駆使した大スペクタクル映画を製作するのだが……。

それにしても、現代の映画人が誰一人、このような映画を作ろうとしないのは不思議でならない。なにもかもが細分化され、スケールの大きな構想を持てなくなった連中ばかりしかいないのであろう。

登場人物がいなくても、バクテリアやヤツメウナギ、始祖鳥、恐竜、マンモスなどのバラエティあふれる演技陣がいくらでも揃っているではないか。

ことの序でにいっておきたいのは、映画にかぎらず現代の芸術すべてがまったくつまらない、なっていないということである。ただ、うす汚れているばかりで、下品である。

しかも、この芸術家連中がしたり顔して、こともあろうに地球汚染の問題までを云々しているが、とんでもないおカド違いである。自分たちがふりまいている「芸術汚染」を一掃することのほうが、よほどの急務である。

創造力も持たない芸術や芸術家などは、全滅したほうがはるかに地球のためになる。

宇宙の、地球の、生物の創造力は、はるかに熾烈である。生物は地球の変動とともに多様化はしたが、それに伴った死滅、絶滅の犠牲も大きい。

先カンブリア紀は約二十億年の間、海に原核性藻類とバクテリアに満たされていたといわれている。ところがある異変によって、藻類を食べる真核性動物が現われ、約六億年前の多細胞の時代、つまりカンブリア紀が始まり、ここから地球と生物の本格ドラマが展開していくのである。

まず、海で覆われていた地球の水底に激しい地殻運動が起きて高低ができる。その一部が隆起して陸地が生まれる。そしてこの陸地の周辺の浅海にクラゲ、三葉虫、アンモナイトなどの真核性細胞をもつ生物が現われ、種の多様性を発揮する多細胞生物の時代を作るのである。

約五億年前、脊椎動物のサカナが海水中に出現する。

このサカナこそ、われわれの大祖先なのである。

私たち人類も、それを含む霊長類も、哺乳類の仲間であり、その哺乳類は鳥類や爬虫類や両生類や魚類とともに、脊椎動物に含まれている。……脊椎動物はサカナが出発点であり、私たち人類も解剖学的には、形を変えたサカナである。

（江原昭善　同書）

地球の変化は生物の環境をつぎつぎと変え、生物は環境の変化にしたがって繁栄と絶滅のドラマをくり返し進化していくわけだが、そこには非情といいながらも「お互いさま」という関係がうまくできあがっているようでもある。

マグマの上に浮かんだプレート上の陸地は二十箇所くらいあり、ぶつかったり、離れたりしながら移動していて、そのたびに境目では深発地震や火山、造山運動が起こっている。

原始大陸といわれるパンゲア大陸は、三億年から四億年前に陸地の衝突と合体によってできたものだが、陸地周辺の浅海に棲息し繁栄していた浅海棲動物はこのとき絶滅する。

生物の変化のなかで、大量絶滅事件の最大規模のものは、二億二五〇〇万年前の二畳紀終りに起こったもので、海の生物の半数が死滅してしまった。しかし、この絶滅によって他の新しい生物が繁栄するチャンスと空間が与えられ、魚類、爬虫類などの大型生物が出現してくる。そしてこの頃から原始大陸は再び分離する方向に動き始める。

第二の規模のものは七〇〇〇年ほど前の、白亜紀後期に起きた絶滅で、総ての科の二十五パーセントが滅び、陸上に君臨していた大型動物恐竜とその一族は一掃され、哺乳類の支配となる。

植物も裸子植物が後退し、現在の被子植物が急激に栄えだす。また、世界的に海が退き陸地の上昇が起こる。アルプス、ヒマラヤなどの多くの大山脈がこの頃完成する。

ヒトの進化のための舞台ごしらえもこの時期になされた。

地質学上の最後の絶滅は、人類の出現に最も影響のあった二〇〇万年ほど前に始まる、第四紀更新世の大氷河期時代に起きている。

更新世の二〇〇万年間には、六回の氷河期と、五回の温暖な間氷期があったと記録されている（この回数は場所によって異なる）。〈註〉更新世の中央ヨーロッパには古いほうから、ギュンツ、ミンデル、リス、ヴュルムの四つの氷期が数えられている（寺田和夫）。

氷河期には水が氷として陸上にとどまり海水量が減少、間氷期には氷河が溶けて海水量が増す。この海水準の繰り返しでマンモスなどの大型哺乳類が滅び去っている。

塩沢千秋『「元の理」進化論・その試み』ぢてんブックレット32号
約二百億年前に宇宙、約四十六億年前に地球、約三十億年前に最初の生命、約五百万年前に最初の人類が誕生した。

そして、動物の進化に二億年、ヒトの進化に二〇〇万年といわれているが、ここに宇宙のできごとを一年間に換算した面白いデーターがある。

一月一日午前〇時……ビッグ・バン
　　〇時二十五分……原子誕生
二月～三月……星雲を生じ
五月一日頃……銀河系ができる
九月……太陽系が誕生
九月二十五日頃……地球に生命誕生
　　進化がすすみ
十月九日頃……単純藻類
　　バクテリアが出現
十一月十五日頃……性生殖をおこなう
　　有核細胞がみられ
十二月初旬……脊椎動物のサカナの仲間が陸上にはいあがり
十二月三十日正午頃……恐竜が地球を制覇
　三十一日正午頃……霊長類が誕生

というわけで、人類が誕生したのは三百六十五日のうちの、最後の九十秒前だったのである。
江原昭善『人間性の起源と進化』NHKブックス

爬虫類時代が終わると、哺乳類、霊長類時代の幕あけとなる。約七〇〇〇万年前の第三紀である。この第三紀は、約六〇〇〇万年間つづくのだが、その間には第四紀の氷河期も含まれていて、人類誕生へむけてのクライマックスシーンでもある。

初めの頃の造山運動でアルプスなどの大山脈ができ、海は後退し、アジア・ヨーロッパ・アフリカの旧大陸は陸続きになっていて、原始的な哺乳類が三大陸を自由に往復していた。始新世の中期にかけて海の水かさが増え、三大陸は古地中海や大湖などで分断される。ふたたび、造山運動でピレネー山脈が出現、海は後退する。インド亜大陸はユーラシア大陸とぶつかりその下にもぐり込むが、その分だけヒマラヤ山脈は高くなる。この様な地球上の変化は漸新世までつづく。気温は中新世の頃から次第に下がり、乾燥期がつづき、漸新世をつうじて森林が後退、疎開林を生じ、更に草原、砂漠へと変っていった。

霊長類は中世代（約一億年前）の終り頃、ある種の原始食虫類から進化し、あるものは空中生活に適応したコウモリ類のような翼手類となり、あるものは地上でハリネズミ類となり、また地中のモグラ類、水中のカワウソ類となった。

そのなかで、とくに樹上を生活空間に選んだグループがいて、これがツパイ類に似た霊長類の祖先である。

ツパイ類は、からだが小さく、夜行性、雑食性で、からだと同じくらいの食物を摂り、体熱の放散も大型動物より大きい。

江原昭善『人類』改訂版 NHKブックス

以上が、地球に人類が登場するまでのドラマである。

と同時に、人類が「言葉」を持つまでのドラマでもあるのだ。

私たち人類は、激変する地球の風景のなかで、あるときは原生動物である、魚類であり、両生類、哺乳類であったわけである。

だから、私たち人類はそれぞれの姿や生活において、それに適応した「言葉」を持っていて、お互いに交信しあいながら生き延びてきたはずである。

そしていま、それは「生命の記憶」というかたちで私たちの脳に焼き付けられ、引き継がれているのだ。

この「生命の記憶」こそ、「言葉」を「言葉」たらしめる「言語風景」にほかならないのである。

約五〇〇万年前、類人猿から分れて人類が誕生したといわれている。猿人と呼ばれ、最古のヒトといわれているアウストラロピテクスである。

おどろくことには、彼らの足には土ふまずがあり、私たちとおなじように歩き、ヒザを揃え立つこともできた。彼らはすでに直立歩行であった。

しかも、彼らの指は類人猿よりはるかに器用で、最古の石器である礫石器を作ったり、動物の骨や木の枝を武器がわりに使っていたのは確かとされている。

また、火を使用したかどうかはまだわかっていないが、人類最古の住居とでもいうような、石をつみかさねて風よけにしたと思われる遺構も発見されている。

彼らは喋る「言葉」こそ持たなかったが、人類としての文化を確実に築き始めていたのである。

言語風景論(6)

西アフリカ・ギニア共和国の森林のなかで、野生のチンパンジーが、石を上手に使って木の実を割っているシーンをＮＨＫテレビで見た。

石を使うチンパンジーの撮影に成功した初めての映像ということであった。なるほど、右手で木の実を石の台の上に置き、左手に持った手頃な石で（かれはなぜか左利きであった）堅い木の実を割っている姿は、猿人や原人とよばれる私たち祖先の原始人にそっくりである。

いや、原始人をとおり越して、むしろ現代の私たちの姿そのもの、という実感にあふれていた。

とくに、黙々と木の実を割っているチンパンジーの、あの俯き加減の姿勢を見ていると、思わずジーンと目頭が熱くなってきたのだった。

なぜ、あんなにも淋しい姿なのだろうか。

木の実を割って食べることは、空腹を満たすことであり、当然のことながら喜びでなければならないはずなのに、きわだって淋しい姿だったのは、なぜだったのか。

私は何日も、その淋しさを考え続けていたところ、突然、萩原朔太郎の次の一行が強烈に甦った。


父は永遠に悲壮である。


そうか、そうだったのか、と私は一瞬にその淋しさが理解できた。

そう、チンパンジーの世界でも、オスは淋しいのである。しかも、「チチ」とよばれるオスは、永遠に悲しく淋しいのである。

まさに、あの姿の淋しさは、オスの、「チチ」の、孤独そのものであったのだ。

いま改めて思い出してみると、あのシーンの、チンパンジーが果たしてオスであったか、「チチ」であったかはっきりしないが、私があの背中に孤独そのものをヒシヒシと感じた以上、メスではなく、まぎれもなくオスであると確信するのだ。

一心に能面を彫りつづける姿のような、あの背中に貼り付いた孤独の塊こそ、人類、いや人間のオスが誕生と同時に背負わなければならなかった、男の根元の精神、つまり男の本質そのものであったのだ。私は、まるで私の「たましい」に出合ったような興奮にとり憑かれていた。あの淋しさこそが、まさしくヒトの原型でもあったのだ、と。

だが、興奮から醒めてみると、さらにもうひとつの見逃してはならない、淋しさ、孤独の意味に気がついたのである。それは、あのチンパンジーの孤独に、「人間になろうか、なるまいか」という、迷いの孤独があったことである。

もし、チンパンジーが、あのやりきれない淋しさによく耐えていたら、あの強烈な孤独に耐え抜いていたら――、「直立二足歩行・道具・言語」といった人類の方向へは向かわなかったはずだ。あの時点で踏み止まっていさえすれば、人類は誕生しなかったのだ。人間同士の殺し合いも、地球破壊への文明文化もあり得なかったのだ。

ひたすらに、あの孤独に耐えていれば――。だが、人類の祖先は、あの孤独を極端に嫌った。孤独に耐えるかわりに、孤独を拒否し、孤独に徹底して逆らったのである。

「直立二足」で歩き、「道具」を作り、大脳や咀嚼力の変化によって「言語」を喋り、自分の祖形である自然にむかって、挑戦をはじめたのである。

サルからヒトへ――

ついに私たち人類の祖先は、孤独からの逃走を果たすため、地球破壊へむかっての道を、全速力で疾走しはじめるのである。

＊　＊

地球における最初の生命の誕生は、約三十億年前といわれているが、最初の人類誕生となると、資料の数ほどに意見がわかれているというのが現状である。

一般的に間違いないといわれているのは、約三〇〇～一〇〇万年前のアウストラロピテクス、つまり猿人である。

ここで問題となるのが、「人類とは」という人類の条件である。

ついこの前までは、その条件は、「直立二足歩行」「大脳の発達」「道具の使用」ということであったが、最近では、その状態は類人猿時代にすでにあり、人類誕生の決め手とするには甚だ頼りないとされている。

まったく門外漢の私にしても、三種の神器のように「直立二足・大脳・道具」だけをふりかざした人類誕生説は、大まかすぎて納得できないし、反対である。

なぜなら、前記で示したように、チンパンジー（類人猿）時代に、淋しさや孤独といった精神（抽象意識）らしきものが生まれつつあった、あるいは、生まれたとさえ思えるからである。

約七〇〇〇万年前の、最古の霊長類まで遡る必要はないが、約一四〇〇万年前頃には人類の一員とみなされるラマピテクスの仲間たちがおり、一方では約四〇〇〇万年前に繁栄をみせて無数の枝に分化していった、約一二〇〇万年前のヒトニザル類がいるのだ。

このヒトニザル類はオレオピテクスであり、人間とよく似た骨盤を持ち、二足歩行の可能性も十二分にあるといわれている小型類人猿なのである。

とにかく、何度読み返しても一向にはっきりしないのが、類人猿と人類との関係であるが、『人類の誕生』（今西錦司他『世界の歴史1』河出書房）と、『人類の創世記』（寺田和夫）を私なりにまとめてみると、およそ次のような状況になる。


約七〇〇〇万年前、もぐらに似た最古の霊長類があらわれたあと、各種の原猿類（原始ザル）が無数に出現し、分散し、絶滅していったが、そのなかで生き残って次の段階へ進んだのがラマピテクスと、大型・小型の類人猿である。

ラマピテクスは類人猿のなかで、もっとも人間に似ている原猿人とされながらも、「二足歩行」の証拠が不十分で、まだ最初の人類だとはみなされていない。

大型の類人猿はドリオピテクス群であり、小型の類人猿がオレオピテクスといわれるヒトニザル類で、類人猿と人類の誕生にもっとも重要な役割を果たしたものである。

かれらは、二千数百万年前頃二つに分かれ、それぞれの道をたどっていった。今西錦司は、スイスの人類学者ヒルツェラーの発言を紹介している。

オレオピテクスは、ヒトニザル類であるだけでなく、正確には人類と呼ぶべきものだ。それは現在の人類の直系の祖先ではないにしても、遠い昔、われわれ人類と籍を分けた分家にちがいない。

くり返していいたいのは、人類誕生が従来どおりの進化の原理である「突然変異」や、「自然淘汰」、「直立二足歩行」などといったもので解きあかされるものではないということである。

もちろん、学者でさえ解けないものが私に解けるわけはないのだが、生物としての生命体であるからには、人類誕生の謎を解く手がかりが、「どこかに」、「なにか」があるに違いないのである。そのためには、思いがけないまわり道や、非学問的な視角が必要なのだ。

こうしていま、類人猿と人類の分岐点に立ってみると、簡単に「サルからヒトへ」ということすら疑問に思えてくる。

果たして、「サルからヒトへ」なのであろうか。

もしかしたら、「サルとヒトへ」なのかも知れないのだ。

＊　＊

人類誕生の年代を、私は私なりに、原猿人とされるラマピテクスと、少し後のヒトニザル類のオレオピテクスの時代、つまり新生代第三紀の中新世終り（一四〇〇〜一二〇〇万年前頃）としておきたい。理由を簡単にいうと、類人猿と人類のちがいとされる、「感覚・思考・頭脳・言語・意識」という、いわば「生理から自我へ」の大転換の問題がこの時代に大きく横たわっているからである。

新生代第三紀のはじめの始新世時代（約五八〇〇万年前頃）は、地球の気候は現在よりもずっと温暖であり、哺乳類、霊長類にとってもっとも理想的な時期で、それぞれがお互いに、さまざまな展開をとげた時代である。

ところが中新世（約二五〇〇万年前頃）から気温は次第に下がって乾燥期がつづき、鮮新世を通じて豊かだった森林が後退し、疎開林ができはじめた。疎開林はさらに草原となり、草原は遂に、砂漠へと変化していったのである。

この地球の、思いがけない砂漠化現象は、華やかであった哺乳類、霊長類の生活環境を一挙に変えてしまったのである。

豊かな森林の生活からサバンナの生活へ――。いきなり天国から地獄へ突き落とされたのである。このいちばん苛酷な時期が、ちょうどラマピテクスやオレオピテクスがいた一四〇〇〜一二〇〇万年前頃で、類人猿と人類の祖先が分岐しようとする時期にあたっているのである。

なんと恐ろしい自然の出来事であろうか。地球の砂漠化、霊長類のサバンナ生活、これらの現象は、私には決して偶然の出来事とは思えないのだ。「なにか」がある。大自然によって仕組まれた決定的なドラマが、「なにか」の意志によって演出された、という気がしてならないのである。「突然変異」では片付けられない、地球の進転と大自然の意志による必然である、とさえ断言できそうだ。

「森を追われたサル」「木から降りたサル」「裸のサル」などといわれて、ここから「直立二足歩行」説がはじまり、人類誕生へつながっていくわけだが、その前提として、類人猿たちとしばらく付き合っておきたいのである。

それは、「サルからヒトへ」なのか、「サルとヒトへ」なのかを確かめたいからである。

『人類の誕生』(今西錦司他)のなかの「サル社会に原籍をもとめて」という項目は、比較社会学的な立場から「サル社会」の行動や生活様式が詳しく報告されている。

そこで面白いのは、「サル社会」のあり方が「人間社会」によく似ているどころか、まるであべこべで、「人間社会」が断わりもなく「サル社会」をお手本にしていて、そっくりそのままの「サルまね社会」であるということだ。

しかも、「人間社会」のほうが、「サル社会」の秩序ある合理的な組織や、社会づくりより劣っていることを思い知らされるに及んでは、まことにお粗末、赤面の至りである。

はじめに、「霊長類の社会と昆虫類の社会のちがいは生活単位が『群れ』である」こと。

そして「『群れ』と人間の『家族』とはたいへんなひらきがあるが、生活共同体という共通項から、『世帯』ということばをあてはめると、『群れ』も『家族』もひとつの『世帯』となって、サル社会から人間社会への進化は『世帯の進化』というふうに考えられないこともない」ということを、まず念頭においていていてもらいたい。

森林からオープンランド（草原）で生活するようになったサルたちは、「危険の防衛から『群れ』をつくり、そのために強力なリーダーを必要とし、統制のとれた社会組織をつくる」わけである。ニホンザルの場合は、「ふつう二〇頭から一五〇頭といわれていて、『群れ』は、中心部と周縁部のふたつの部分からなる同心円状の社会構造を持ち、中心部は、リーダーとメスと子どもからなり、周縁部は、若いオスが占めて」いる。

つまり、「メス集団を中核にして、オス集団が外部からこれをとりまいている」母系社会なのである。そして「ニホンザル社会のもっとも基本的な社会秩序は、『階層的序列』と『順位制』であり、オスの場合リーダー・サブリーダー・ナミオスとなり、メスの場合には、メスガシラ・中心メス・ナミメス・周縁メス」となっている。

ナミオスやナミメスというのは、人間社会のなかの小心なサラリーマンや、下町のオバチャンたちであろう。しかし、メスガシラとなると、俄然、貫禄が感じられるし、その組織のあり方はなんと、江戸城を我がもの顔で仕切った春日局率いる「大奥」そのものといっていい。

「ニホンザルの性行動は、群れによって性交期はちがうが、オスは性交期以外でもよく自慰行為をしているし、メスはだいたい一年中排卵しているらしい。また、性交期には、オスがメスを奪いあってすさまじい争いをするというようなあさはかなことはしない。一時的に一夫一妻的な関係となり、結婚と離婚をくりかえす」のでうまくいっているそうだ。しかも、ナミメスやナミオスの「性関係は無秩序ではあるが乱婚ではない」という。

なんとも理想的であって、羨ましい限りである。人間社会も、どうせ「サルまね社会」なんだから、ここまで徹底するべきではないのか。

「ニホンザルの文化的行動は、(文化とは、ある社会のなかでみずからの手によって創られ、個体に分有され、社会によって伝承される生活様式)有名な『イモ洗い』や、砂まみれのムギを海へ投げ入れ、浮かばせてとる『砂金採集法』、一種の期待反応である『おちょうだい』、『水で泳ぐ』、『温泉に入る』などがあり」、「生活と密着した適応行動だが、対象に対する価値づけが行動を規定しているという点から(略)道具使用や物質的文化と関係の深い現象だろう」ということとなる。

これこそ、類人猿と人類にとって見逃すことのできない、精神のかかわりの、最大の問題点である。

こんどはゴリラの社会だが、「ニホンザルの同心円型の社会を土台として、類家族という独立した社会単位を形成し、友好的な近隣関係によって地域社会が成立している」。

「性行動は、機械的な結合といったニュアンスからぬけきれなかったニホンザルよりも、かなり情緒的な愛の演技があり、しかも、性交のスタイルも五種類ほど」あるといわれている。

「ゴリラ社会の特徴は、ひとことでいうと、重々しく、紳士的で、しかもメランコリックでさえある」ともなれば、ずいぶん私たちに近づいてきたような気がするが、さらに人間に近いチンパンジーの社会は、どうであろうか。

「チンパンジーの社会は、ばらばらになり、分解するということが日常である社会だ」という。

予想もしなかった社会だけに驚きであるが、ちりぢりばらばらになってしまうのではなく、「『ひとつ』の『全体』という大型集団、つまり、『群れ』ではなく、三頭とか五頭とかの小集団が、くっついたり離れたりしながら、広い範囲においては大集団を形成している」ということである。

この、「離合集散」をくりかえす「分解型社会」は、考えるまでもなく私たち人間の社会、「その個体の意志しだいで自由である」社会とまったくおなじではないか。

また、「離合集散」という意味には、想像もできないほどの深い心理的なものが秘められているのである。

チンパンジーはだから、「離合集散することによって、発達したあいさつ行動をとり、そのパターンも確認できただけでも七種類あるが、まだかなりのあいさつがある」といわれるほど、自分と他との区別ができる能力を備えているのである。

「あいさつ」は、すでに言葉である。しかも「身ぶり言語」のなかでも、もっとも発達した意識による言葉であり、人間でも二歳近くに成長しないとできない行動である。

つぎに、「チンパンジーには、他のサルや類人猿の社会では、分配などというおだやかな行動によって価値あるものの所有権が、一頭から別の個体に移るというようなことはあり得ない」とされている分配行動をおこなうし、「ものを分けあたえるという行動の正反対の、ものを請うという行動も見られ」るのである。そして、「この分けるという心が育っていなかったら、バンド（群れ）内、あるいは家庭内の分業は訪れなかったにちがいない」とさえいわれるのである。

さらにもうひとつの行動には、「道具を使う」ことと、「道具を持ち運ぶ」ことができるという大きな特徴がある。「チンパンジーは、指さきでシロアリの塚に小さな穴をあけ、折りとった小枝をそのなかに差し込み、枝に噛みついたシロアリを釣りあげる」のであるが、その行為には「道具を使うことのほかにも、トリックを知っている、時間待ちができる、という理屈を心得ている」意識のはたらきがあるわけだし、「ものを持ち運ぶという行動には、単なる道具の使用という段階にとどまらず、道具の製作という領域に足をふみこんでいることを示す」意識がはっきりみえるのでもある。

ごく最近の出来事で、霊長類研究所のチンパンジー二頭が、二重ものカギを開けて脱出したし、そのうちのメスの「アイちゃん」は、「九」までの洋数字をほぼ理解し、人間同様に数を数える能力を持っていることが発表（西日本新聞一九九〇年七月十六日朝刊）されたし、同新聞七月二十二日付では、ピグミーチンパンジーのオスの「カンジくん」は、ヒトの話し言葉を聞き分けることができる。さらに、同新聞七月二十四日付では、「アイちゃん」が、ヒトの横顔は苦手だが、正面の顔なら人間より早いスピードで見分けができることを報じている。

チンパンジーは、これほどまでに知恵があり、学習することの楽しさを知っているのである。ニホンザルよりゴリラ、ゴリラよりチンパンジーと、かれらは私たちにより接近してきているのだ。或いは——SFではなく、私たちがかれらから追い越される日が、もうそこまできているのかも知れない。

＊　＊

人類が分岐しようとする時期の類人猿たちについてながめてきたが、人類に辿り着くまでには、オスとメスという大問題がある。人間でいえば、男と女の世界である。

生物はすべて、個体維持と種属維持というふたつの運命を背負わされている。

（と同時に）生物の「種」は、オスとメスというふたつの基本的な属性からなりたっている。

（今西錦司　同書）

オスとメス、男と女——永遠に解決しない、ということでこれほど興味尽きない関係はないし、はかりがたいテーマもない。

ふたたびニホンザルの社会にもどって、かれらのオスとメスの関係をながめてみると、はっきり、オスとメスは異質のもの同士であることがよくわかる。

つまり、オスとメスは始めっから別々の性質であり、どこまでいっても相容れあうことのない性格と世界によってできあがっているのである。

したがって、オスもメスも、お互いのことがわかり合えることはあり得ないし、もともと一緒に生活することは自体がひどく間違っているのだ。なぜか私は、確信をもってそういい切れるのである。長年の、いやというほど身に沁みついた経験からも——。

『人類の誕生』（今西錦司他）を参考にまとめてみると、もともと哺乳類の社会では、「シカのように、オスとメスは別々の群れを作って生活しているが、性交期には別居生活をやめて、一時的に接触する。しかしオスの役目が終わるとさっさと離れ去ってしまう」ものが多いそうだ。

ところが霊長類になると、「オスとメスは、種属維持のため」「生活の形式さえも変えてしまう性の相違のなかで、たいへん困難であるお互いの、異なった生活を統合しながらひとつの社会をつくって」いくわけだから、なかなかうまくいく筈がないのは至極当然のことである。

オスの属性は、「自主性、独立性、積極性、優位性であり、もともと単独生活が（思春期になると周縁部へ出ていく）本性である」。

そして、若いオスたちは「青年期のはじめに、ナミオスという社会的地位をあたえられ、リーダーを中心とする中心部をかこんでの防衛にあたら」されるのである。

人間社会の軍隊でいえば、名もなき「一兵卒」、やくざの世界では、タマといわれるその他大勢の「一組員」にあたり、いずれも一旦ことある場合には命を捨てなければならない立場に立たされるのだ。「男はつらいよ」である。

リーダー、サブリーダー以外のナミオスたちは、すべてが無名の労働者であり、防衛要員というわけで、「順位制という優位、劣位の関係を秩序系にまで高めた社会体制」の確立は、類人猿のほうが人間よりはるかに早かったのである。人間はどこまでいっても「サルまね」しかできない宿命を、すくなくともこの時点から背負わされているのだ。


メスの属性は、「集合性、依存性、連帯性、親和性、であり成長してもナミオスのように周縁部にはいかず、ずっと中心部にのこる。そして『群れ』を成立させる母体となる」。

その社会階層は「優位な家系の中心メスによって構成され」ていて、メスガシラとナミメスとは、はっきり峻別されている。生まれつき身分の低いメスは、いくら美人でも玉の輿には乗れないのだ。

メス同士は「オスにみられるような順位関係の調整がないので、しょっちゅうトラブルをおこしている」そうだ。これまた、陰険な嫁姑の関係にそっくりだし、陰惨で激しい女同士のケンカには、身の毛もよだつ憎悪がみなぎっていて、男ではとうてい理解できない世界であることも、周知のとおりである。

「オスの存在を主張するのが力であるとすれば、メスの存在を規定しているのは、血のつながり」であり、「力による秩序が順位制であるなら、血による秩序は『血縁制』というべきだ」ということになる。

そして、「メスはみずからの属性によって、集団をつくり、生殖―出産―育児を中心に『血縁制』による優位関係から見事な母系社会」をつくったのである。

オスがサル社会の構造を支える階層的秩序づくりに夢中になっている間に、メスはゆうゆうとその中心に「メスの座」を築いていたのである。

オスはまさに、「育児なし」の「意気地なし」というわけだ。

オスはいつの時代でも、メスからちゃっかりしてやられている。人類の歴史はオスがつくりあげたようにみえるが、じっと目を凝らしてみると、その裏に、裏の裏に、かならずメスのふてぶてしい姿が浮かびあがってくるものだ。

冒頭でいったように、オスは生まれたときから孤独を背負い、救いようもなく永遠に悲しく、淋しいのである

だがここに、オスの宿命をまるごと抱えて生きる「ヒトリザル」がいる。この「ヒトリザル」は、長いあいだ謎の存在であったのだが、いまではかなりの生態がわかってきている。

「かれらは、たった一頭で山を放浪している孤独なオス」である。しかもオスというもののすべてが「ヒトリザルになる運命を持っている」というのだ。

私はこの「ヒトリザル」の存在を知ったとき、感泣した。

かれらは、私のあこがれの、一匹狼（猿）である。
アウトサイダーである。ヒッピーである。旅鴉（猿）である。
「男（オス）の中の男（オス）」一匹。風の吹くまま気の向くまま、当ても果てしもない旅人（猿）渡世である。
あるいはまた、夕陽を背にしたアウトロー。荒野をさすらうガンファイター。そして外人部隊に身を投じたヤクザな男たちである。

——私の活動写真の、あこがれのヒーローたちに、つい面影を重ねてしまったが、現実の「ヒトリザル」たちは、そんなに恰好のいいものではないようだ。

「ある期間は王座に君臨したリーダーも、その末路では、ヒトリザルになって姿を消す場合が圧倒的に多い」というし、「群れを追いながら群れにはいろうとスキをうかがっていたり、性交期には群れに近づき、性のいとなみからあぶれたメスと性交する」といった工合で、オスの弱さや、だらしなさ、ずるさも持ちあわせているらしい。

しかし、いずれにしても「ヒトリザル」の存在は、不幸なオスの宿命そのものであるが、一方では「他の群れの血の運搬者」といった「外婚（群れ内は血族婚）や、よその群れの習慣を伝える」重要な役割も果たしているのである。

＊　＊

アウトサイダー、ヒッピーの「ヒトリザル」について、オスの持つ典型的な性格をみてきたが、ユーゴスラビア生まれのブランコ・ボークンは、「人類は劣等な状態、それも独特の劣等な状態から出発したに違いない」として、この「ヒトリザル」に「劣等」という強烈なスポットをあてている。

『堕ちたサル』の著者ブランコ・ボークン（香原志勢・佐々木藤雄訳　思索社）は、人類進化の歴史を化石や野生の動物、未開人などを通じて探求するあらゆる学問を危険だと指摘し、これまでの人類の起源や進化に関する多くの理論を「素朴な机上の空論以外の何物でもない」として、実に歯切れのよい、しかも説得力のある論を展開している。

彼の論拠とするところは、「自然の論理にくみすることによって自分自身をできるだけ人間の論理から遠く離し、人類の過去や現在をより客観的に解釈しよう」という点にある。彼は、人間を万物の霊長にしたり、なにごとも人間優位とする仮説に鋭く反論する。そして彼は次の一点から出発するのである。

人類のはじまりは、ある種の類人猿にみられた未熟な生殖本能に根ざしていた。

ブランコ・ボークン

ヒトリザルを「劣位のサル」とし、人間を「類人猿に遅れをとった」劣等なサルという彼の説に、私も強い共感を憶える。

彼はまず、人間のオスの原型を、「人間や類人猿の祖先の集団の外縁には、つねに劣位のオスの群れが存在していた」とし、その理由を、「これらの個体は、自分たちの生殖本能が初期の段階で発達を止めてしまっていて、他との競争に耐えるほどには成熟していなかったため」であるという。

と同時にメスについても、「父親の弱い生殖本能を受けつぐことになった発情不十分な未熟なメスたち」を「単なる模倣によってオスを誘惑する異常な存在」、しかもオスにとっても階層制社会からも「迷惑がられ、集団からも追放された存在」とし、この劣位のオスとメスの結合こそが、やがて人類誕生への第一歩となるとしている。

だが、「これらの無能力な劣位のサルたちは、ひとつの建設的な特質をもっていて、かれらはどんな新しい情勢、どんな新しい生活をも受けいれた」のである。

そのもっとも大きなもののひとつが、「交尾期に関係なくいつでも性交をおこなえる」ということであり、もうひとつは、「どんな苛酷な環境にもすぐ順応することができた」ということである。

劣位であったが故に、本能を持つことができず、その代りに脳が発達し、生活に即応する知恵が生まれたのだと、私も考える。ダーウィンも『人類の起源』のなかで、「人間にとって、比較的下等な動物の出身であることは、非常な利点であったかもしれない」と述べている。

性の問題は、私が好むと好まざるにかかわらず、人類誕生の最大のキイポイントである。いや、キイワードである。ボークンも、「本来、生殖本能は、生存本能よりはるかに強い主要な本能であり、生存は生殖本能を助けるにすぎない」といっている。

さらに、「人間は生殖本能を欠如した唯一の種」であるとし、「すべての人間の生誕の背後には、いかなる高貴な生殖本能も、種に対するいかなる高邁な感情も存在しない」ともいいきっている。

その結果として、劣位であり生殖本能が弱いサルたちは、「模倣」によって交尾を憶え、「交尾を模倣する」ことに喜びを感じるようになった。そして、「模倣は人間の特殊化した能力となった」という。「模倣は不完全な存在である人間が完全さを求める行為」であり、「模倣がうまくいくと、不完全な存在だけが体験しうる成就の感覚としてのオルガスム的喜びがうまれる」のである。これは性的行為に限らず、であるが、特にセックスにおいては、「成就の判断基準、完全さの道具、つまり満足の手段」となったのである。

「人間の生殖が維持されたのは、本能の結果ではなく、性交を模倣し、その模倣がうまくいったときに味わった快楽」によってであり、オスの喜びを知ったメスが、「オスをつなぎとめておく唯一の方法が性的な快楽にあることを理解」したからである。そして、「メスの誘惑にもとづく同意に根ざした、乱婚の生活」がはじまり、「性的快楽にもとづいた最初の人間社会は女性によって支配されていた」ということになるのである。

つまり、オスの好色をメスがうまく利用したのである。ずっと今日までもそうだが。

ここで本能について簡単にふれておくと、人間は他の動物のように本能を持たないのである。だから他の動物からいうと人間は劣位であり、それ故に、他の動物と違った特殊化の道を歩まなければならないのだ。もし、人間に本能があったたら、特殊化はしなかっただろうし、サルのままであっただろう。

もともと本能は、動物たちにとってのブレーキ、つまり自己抑制の働きをする役目をもっている。だから動物たちの闘いは、人間よりはるかにスマートである。かれらはケンカを仕掛けられても、自分の力を誇示する行為（マウンティング）によって、いつも平和的に解決する。自分の優位性が相手にわかれば、攻撃はしない。人間のように、怒りを攻撃にすりかえるような卑怯なことはしない。同種間での、汚く、醜く、残忍な殺し合いはしないのだ。相手があやまれば、あっさりと許してやるのである。

動物の世界での生殖本能は、「個体の数が種の存続自体を危うくする地点まで増加すると、いつでも減じるか、停止する」が、「性的快楽と精神を発見した後の精神的満足に根ざした人間の生殖は」ブレーキをかけるどころか、さらにエスカレートし、人口は増えに増えつづけたのである。

ところがこのことは、マイナス面も、プラス面もあわせて、人類誕生にすごく重大な影響を及ぼしたのである。

マイナス面では、性的快楽からの乱婚によってオスは攻撃用の犬歯を失ったが、プラス面では、人口増加による多様なタイプの人類がうみだされ、苛酷なサバンナでの環境にも生き残ることができたのである。

＊　＊

オスの淋しさ、孤独の影をとおして、霊長類たちの色々な生態や、生活、文化などをみてきたが、ここでもう一人、人類心理学の立場からユニークな「進転の原理」を説いた小沢直宏の、心理発達の起源と変遷をのぞいておきたい。

小沢直宏は『家族心理の源流』（竹内書店新社）のなかで、「『進転の原理』とは時間、空間に内在する力である」といっている。

そして、「人類心理（自我）の生成は、ビッグ・バン以来の『進転の原理』に基づいた秩序と法則によるもの」であるとし、人類の進化は「突然変異」や「偶然」ではなく、必然であるのだという。

彼は、ビッグ・バンから生まれた宇宙の、進転の流れを、「物質」から「生物」、「生物」から「人類」という三つの次元でとらえるのである。

そして、進転の流れには各段階とも原則があって、新しい進転が起こる場合には、その前の段階の存在が極限にまで達し、「存亡の危機に瀕していなければならない」としている。

ビッグ・バンによって生まれた「物質」の次元では（クオーク↓素粒子↓原子というステップをふんで↓元素が生成され、次の「生物」の次元へ進転するが、その時にはもう「物質の進転」は完結しているのである。

「生物」の次元では、ウィルス↓リケッチア↓バクテリア↓原生動物という進転の流れがあり、その完結と同時に次の次元である「人類」の、猿人↓原人↓旧人↓新人という進転の流れに移るのである。

この進転は、原則どおりあくまでも前段階をふまえることが前提となっていなければならない。つまり、「生物」は「物質」の存在が、「人類」は全ての「物質」並びに「生物」の存在が前提となって、はじめて生成されるのであって、どの段階においても飛び越したり、順序が入れかわったりは決してしないということである。

私たちがいままでにくり返しみてきた、宇宙から地球、地球から生物、そして人類誕生への流れはすべてこのように秩序正しく「進転の原理」によって進められているのである。だから、人間のなかには宇宙生成の次元からの「物質」「生物」の要素すべてが含まれているのだ。すべての「風景」も、である。

以上が進転の原理と仕組みであるが、これをもうひとつの視点（宇宙のタテの進転）から捉えると、「物質」「生命」「人類」となり、「生物」の次元が「生命」（動物）となって段階による進転の流れも、微生物→無脊柱動物→脊柱動物となる。

さらに、「生命」（動物）の進転を各段階にわけると、生存を維持しようとする『微生物』は、「生命」→「生命本能」→「エネルギー産生本能」に、『無脊柱動物』は、「運動本能」→「生殖本能」→「習性本能」→「免疫本能」に、『脊柱動物』は「睡眠本能」→「動物愛本能」→「危険察知本能」となる。

小沢直宏の『家族心理の源流』『深層心理の構築』（竹内書店新社）からの要約はかなりむずかしいが、「深層心理」が構築されていくためのステップとして理解していただきたい。というのも、この進転の原理と流れが人類誕生と「言語風景」のベースとも、核ともなるところだからだ。

霊長類以前の哺乳類は、「生命」（動物）の段階では、「『物質』の他に動物特有の実体（以下、生命＝

本能という）によって構成されて」いて、自分に対する意識はまったくない状態である。いわゆる、生命と本能がピッタリ重なり合っている状態なのだ。

ところが、「人猿は霊長類であるにも拘わらず森林を主体とした生存圏をとらずに、草原のような平地を選択することを余儀なくされた為に、『生命＝本能』では生存維持がむずかしくなり、『進転の原理』によって『無自我』が生成され、以来、人猿は猿人となり『人類の進転』が開始された」ということになるのである。

いまのところ私たちは、まだ霊長類のサルたちのところにいるわけだから、人猿・猿人についてはあまり触れずにおきたい。だが、これからの展開をわかりやすくするためには、「人類の進転」における各段階だけは是非知っておいてもらいたいので、ここで示しておこう。

「物質」「生命＝本能」次元という異なる二種類の実体を土台としてその上に構築された「人類の進転」は、『猿人』段階で、「無自我」→「客観自我」→「主観自我」、『原人』段階で、「親愛自我」→「自己愛自我」→「同胞愛自我」、そして『旧人』段階で「伴侶愛自我」→「異性愛自我」→「闘争自我」→「恐怖自我」となっているのである。

さて、「生命＝本能」という無意識の状態から、環境へ適応するため「進転の原理」によって「無自我」が生成されたということは、生命誕生以来の重大事件なのである。というのも、この重大事件を裏返すと、いままで動物次元にいたものが、動物次元の法則からはみ出す存在になったので、動物次元から脱出しなければ生存が危うくなり、動物次元以外の存在にならざるを得なくなった、そしてそのためには

「無自我」の生成がなされねばならなかったからである。

結局、「無自我」をもったものたちこそ、動物からはみだした「あぶれもの」ということになるのだ。そういう意味で、かれらはアウトサイダーの「ヒトリザル」であり、ボークンのいう「劣位のサル」とおなじ仲間たちということができるのである。

では、「物質」「生命＝本能」の進転の完結によって生成された実体の「無自我」とは何なのか。「『無自我』とは『性的エクスタシー』を充足することを目的とする実体である」。そして「動物は『生命』を維持するだけの存在であるが、『無自我』を具えた猿人は、発情期という決まった生殖の機会を超越して年がら年中性行為を行い（略）性的充足を得る」ことができるのである。

「無自我」を具えた猿人というのは、「生命＝本能」だけであった人猿が「無自我」の生成によって猿人になったということである。

また、性的充足を目的とする「無自我」は、「『生命』を維持することとは何等関係ない」といい、「生殖本能」との関係については、「『生殖本能』自体は性的エクスタシーを感得するものではないことは自明」であり、「『無自我』が性的充足を得る結果誘発されて『生殖本能』がはたらき出すことになる。だからこそ、『無自我』は『生殖本能』の上に生起されたのである」とする。これもまたボークンのいう「未熟な性」や「模倣の性」とおなじ考え方なのである。

つづいて彼は、「生命」維持とはまったく関係のない性的充足を得る「無自我」の生成によって、人類（猿人）は「動物とは、はっきりと訣別した存在」となり、ここから「人類の進転」がはじまるのだという。

だが、まだ問題はある。「無自我」だけの性欲の充足では、外敵のなかでの種の生存維持は不十分で、もっと頻繁な性欲と確実な生殖が必要となってくる。そこで「進転の原理」は「客観自我」と「主観自我」を生成させてその充足にあたるのである。

「客観自我」は、知覚作用を司る「習性本能」の上に生起され、主自我の対象を意識することをその仕事とする。

「主観自我」は、行動を決定する「睡眠本能」の上に生起され、その任務は、主自我の目的欲求を実際に意志して実現させることである。

いいかえると、頻繁に性欲を充足させるためには、「異性の性器等を意識化できる『客観自我』が必要となり、それによって性欲が湧出されたとき間違いなく性行為を行って充足させる意志と行動を『主観自我』が果たさなければならない」のである。

その結果、「『客観自我』が何度でも性欲の対象を前駆意識すれば、『無自我』は何度でも性欲を湧出できるようになったし、さらに、『主観自我』によって何度でも性行為を行って性的エクスタシーを充足させること」ができるようにもなったわけである。

もともと「無自我」だけの性欲は、「何等かの拍子に異性の性器などに触れなければ湧出できなかった」

ものだったし、性的エクスタシーを得ても、確実な生殖にはむすびつかなかったのである。

「客観自我」「主観自我」の生成によってやっとここに、「猿人は性欲の充足に関して、意識系と意志系が完璧に具備されたことになり、エロスの心理機構が確立された」ことになるのである

言語風景論(7)

「性」という問題は、昭和一桁生まれの私にとって、真正面から面と向かって取り組むには、あまりにも困難な問題である。正直いって苦手である。できることなら、目を逸らして黙って通り抜けたいところである。

ところが、「言語風景論」のなかで、最も重要な「人類誕生」の主役となるのが「性」の問題であってみれば、避けて通るわけにはいかないようなのである。

私の「性」は、もの心つく五、六歳頃から、ひた秘しに秘されたものだった。口に出すことは勿論のこと、想像することさえ汚らわしいものだと教え込まれた。

「仏教の性を卑しみ、儒教の女性をさげすむという発想」(樋口清之)が、「女性と性」を徹底して不浄なもの、厭らしくて淫らなものであるという考えを、男たちに植えつけたのである。「男女七歳にして席を同じうせず」であり、妹と並んで歩くことさえ咎められた時代であった。

小学校五、六年生になると、「性」のタブーはますます厳しくなったが、何人かの早熟なものたちは平気で禁を犯し、いろんな「性知識」を手に入れては、まるで宝物を見せびらかすように自慢しあうのだ。その都度、私の「性」は、羨望と惨めさのなかでいじけて臆病になっていった。男としての自信喪失感に歯ぎしりするばかりであった。

当然、私の「性」はなま半可な知識とともに、うす暗い四畳半の世界に閉ざされ、じっとりと汗ばむ雰囲気のなかで、妄想だけが歪に巨大化していった。

私の「性」は、神秘な悪魔となり、怪奇な化け物となって暴れ回ったが、幸か不幸か、小学校六年生の時に第二次世界大戦が始まったのである。

もはや、「性」どころではなかった。すべてが軍国主義のなかに投げ込まれた。日毎にスパルタ教育は激しさを増し、私の歪んだまま抑圧された「性」は、絶え間ない殴打によって「死」へと向かわされていった。

中学四年、私は海軍の甲種飛行予科練習生を志願、入隊したものの「翼なき飛行兵」であった。しかし訓練は、即戦型の兵を作るため、より徹底して厳しく「死」の恐怖だけが四六時中直前にあった。

私の「性」は、ここで完全に行き止り、「死」と入れ代わってしまった。男としての自信ある「死」

となったのである。

入隊半年で敗戦。満十五歳の「性」も「死」も、強烈な台風一過の感であった。そして、「死」が消え去ると再び「性」が、猛烈に私の心に甦ったのである。

敗戦を境に、「性」は明るく解放され自由になったが、私の「性」は依然としてうす暗く、不自由であった。むしろ、映画や小説などで「性」が謳歌されるたび、不愉快で不潔な思いばかりがして、腹が立つだけだった。

なかでも、人生のすべてが「性」であるとか、人間の行動や思想のすべてが「性」に還元されるとかいった考え方に出会うたび、得体の知れない思いにゾッとした。フロイトなどには見向きもしなかった。「性」が解禁になればなるほど、未熟な私の「性」は頑なに反撥し、三流の女郎屋を中心にひねくれては、苦手意識のなかへ埋没してしまうのであった。私の「性」は、大人にならぬままフラストレーションのなかで堂々めぐりの錯覚をつづけ、いつの間にか「性」意識の外側に偏見思考を錆つかせてしまっていたのである。

ところが、「言語風景論」のなかで神話の大らかな「性」にふれ、「人類誕生」の分岐点における霊長類たちの生活、文化をみつめたとき、私の「性」意識は一変してしまったのである。

「人類誕生」のキイワードこそ、「性」であったからである。「性」以外の何ものでもなかったからである。

しかもその「性」は、交尾期とまったく関係なしにおこなえる「フリーセックス」であり、本能をなくした落こぼれのオスザルにしか感受できなかった「性的エクスタシー」に外ならなかったからである。

私は、人類にとっての「性」がこれほどまでに深く鋭く、肉体と精神にかかわっていたとは思いもしなかったのである。目から鱗が落ちたのである。

私の偏見に満ちた「性」意識は、還暦をもって、やっと解禁になったのである。

まさに、「遅すぎた性」への開眼ではある。

＊　＊

私は、石を使うチンパンジーの姿から、オスの「存在としての孤独」をひしひしと感じた。そして、その孤独が落ちこぼれといわれる「劣位のオスザル」へと投影され、最終的に人間の男の存在へ重なりあったことを確信した時、私は「オス」の、「男」の、抜きさしならぬ永遠の悲劇を肯定せざるを得なかったのである。

「オス」は、「男」は、「父」は、永遠に悲しいのである。

B・ボークンは『堕ちたサル』（思索社）のなかで、群れの外縁にいる「劣位のオスの群れ」の存在を、生殖本能が未熟であったため競争に耐えられない意志喪失状態のオスであるとし、「無規律で好色だが発情不十分なメスとのセックスを時折楽しみながら群れを追っかけていく以外にはなんの能力もない存在だ」としたうえで、このサルたちにこそ、「われわれ人間の最初の祖先を探し求めることができるであろう」といっている。

また、小沢直宏は『人類心理の起源』（玄同社）で、性的エクスタシーを志向し充足する実体を「無自我」とし、その「無自我」は当初人猿のオス（同時に猿人の男）に生起され、以来男が女を襲うのがパターン化する一方で、女は男を待つのが通例となったと述べている。（織坂注　小沢直宏の人類の歴史に従って人猿をラマピテクスとする。以下、「言語風景論」では猿人をアウストラロピテクス群、ホモ・ハビリス、原人をピカテントロプス、シナントロプス、旧人をネアンデルタール人、新人をホモ・サピエンスに属する化石人類クロマニヨンとする）

……一匹のオスは丁度あるメスと交尾中であった。その時、そのオスの身に、物質や生命の原理とは似ても似つかない作用が突如はたらいたのである。いきなり人猿のオスは、性的エクスタシーを感得したのである。〝人猿のオス〟から〝猿人の男〟。（小沢直宏）

人類の誕生である。

人間の誕生である。

小沢直宏がいう通り、この大宇宙には後にも先にも奇跡は三回しか起こらなかったのである。第一は「ビッグ・バン」、第二は「生命の誕生」、第三は「最初の猿人の男の身に起きた事件」である。

落ちこぼれのオスザルが、落ちこぼれであったがために初めて感じた性的エクスタシー。なんと恐ろしい一瞬だったことであろう。まさに、晴天霹靂の出来事である。

私もこの出来事を知ったとき、落ちこぼれザル同様に、稲妻に脳天を一撃されたのである。「人類誕生」の瞬間に立ち会えた！　という実感に全身が痺れたのである。

第一、第二の奇跡には実感というものは感じられないが、この第三の奇跡に身震いする程の実感が感じられたのは何故だろうか。果たして、私一人だけなのであろうか。

ただ一匹の落ちこぼれのオスだけに感受された、性的エクスタシーとは。

そして、メスザルには感受できなかった、性的エクスタシーとは。

私はここで、「人類誕生」に集約された二つの重大な事実を、私の仮説として問題提起しておきたいのである。

性的エクスタシー感受の重大な第一の意味は、それが落ちこぼれのオスにしか感じられなかったということである。落ちこぼれのオスというのは、「生殖本能が初期の段階で発達を止めてしまっていて、他との競争に耐えるほどには成熟していなかった」（B・ボークン）オスザルのことなのである。

それが何故、性的エクスタシーを感じたのか。

私はこの第一の意味を、「本能破壊」と解くのだ。

なぜなら、動物の生殖本能は、種族維持というブレーキによって調整されており、それ以上の能力、つまり、性的エクスタシーを感受することの必要性は、どこにもないからである。

『生殖本能』自体は性的エクスタシーを感得するものではないことは自明」（小沢直宏）であり、性行動そのものもニホンザルの場合でも、「機械的な結合といったニュアンスからぬけきらない」（今西錦司他『人類の誕生』）ものなのだ。だから、動物にとってのセックスは苦痛ではないにしても、決して快楽ではあり得ないのである。

にもかかわらず、性的エクスタシーを感じたということは、完全に動物としての「本能」が破壊されたことを意味する以外にはないのである。

さらに私の考えをもう一つ、ここにつけ加えておきたい。

それは、この性的エクスタシーこそ、人類の「意識」、「自我」の始まりであり、それはとりもなおさず「言語」の始まりでもある、ということだ。

第二番目の重大な意味は、「本能破壊」がもたらした人類の「脳」に対する、想像を絶する影響である。いいかえれば、「本能破壊」によって人類は、完全な「動物失格」者となってしまったということである。

創造性は人間だけに異常に発達した特性であり、それだから、人間は現在の文明、文化を築くことができたのである。その原因は何かといえば、一言で、人間の大脳だけが、他の動物と異なって、異常に巨大化したからだといえる。すなわち、人間は大脳の奇形化動物であり、人間の特別な創造性はこの大脳の奇形化によって生じる当然の結果であったのである。

大木幸介『脳内麻薬の精神活動』「イマーゴ」特集「脳という宇宙」青土社

この奇形的に巨大化した大脳こそ、性的エクスタシーが引き金となって「本能破壊」をおこなった結果ではなかったのか。

つまり、性的エクスタシーの強烈な刺激があまりにも大きかったので、未熟な性（未熟な本能）は未熟であるが故に耐えきれず、一瞬にして、爆破されてしまったのである。

が、またその瞬間に、「脳」は爆破のショックによって奇形的に巨大化したのである。いい具体例ではないが、小さなニキビをつぶした途端、物凄く大きく腫れあがったのと同じ現象である。

とすれば、この「ビッグ・バン」にもひとしい「脳」の巨大化現象が、決してスムーズにおこなわれた筈はないのである。あの凄まじいクレーターのように、「脳」はその瞬間に深手のキズを受けたに違いないのだ。

このキズの深さは測り知れないブラックホールとなり、人類の意識の底辺に錐のように突き刺さっては、思考の流れを分裂させ、攪乱しつづけるのである。

だから人類の「脳」が、以後いかに発達しようが、この時の「脳」の芯に灼きつけられた焼印は、人類が滅亡するまで消えることはないのだ。

しかし、人類はここに誕生したのである。

第三の奇跡である性的エクスタシーの感受によって「本能破壊」と、「奇形脳の巨大化」と、「意識の生起」という三角関係のなかで、動物と人類との変換劇が演じられてしまったのである。

落ちこぼれのオスは、「動物失格」の人類の男となり、深い孤独と悲劇のキズを背負って、人間への道を歩みつづけねばならなくなったのである。

＊　＊

他の動物と違う人類の巨大化した奇形脳、つまり性的エクスタシーを感じる脳は、どのようにしてつくられていったのであろうか。

動物の進化に従って脳はできあがっていくわけだが、まず、現在でも原始的な動物といわれているカイメンやサンゴには脳どころか、動く必要がないので神経も筋肉もない。すこし進化したクラゲやナマコなどの腔腸動物になって初めて原始的な神経と筋肉が発生するが、まだ脳の原形すらない。

さらに進化した軟体動物（イカ、貝）や節足動物（エビ、クモ）になって、やっと立派な神経と筋肉になり、この時、体中に散在していた神経細胞が、体の中心部の神経節に集まって、初めて小型の脳がつくられるのである。この小型の脳は、人間の巨大な脳にたいしてリトルブレインとよばれ、節足動物では体節ごとにある。

つぎに進化した脊椎動物（魚類、両生類、爬虫類、鳥類、哺乳類）となると、リトルブレインは体の背面に集まって脊髄という一本の長い脳となる。その前端が急激に進化して人間の脳、ビッグブレインになるのである。

だから脳は、脊髄の前部が進化とともに発達し肥大化していったものなのである。

ところが、動物の体は進化の段階において、それぞれの生態様式にあわせて構造を変えることができたのだが、脳だけは改造できなかったのである。

「爬虫類の脳の上に下等哺乳類の脳を、その上に高等哺乳類の脳を積み上げてきた」（江原昭善『人間性の起源と進化』NHKブックス）のである。

江原昭善はP・D・マクリーン教授の脳の図を、一番下部から、R複合体・爬虫類脳、その上部を大脳辺縁系・旧哺乳類脳、一番上部を新皮質・新哺乳類脳と紹介している。また、爬虫類脳を自動車のシャーシにたとえた教授の文章を、「動物が生きるための基本的な中枢がこの部分に集中していて、あとの脳は運転手がいなくてアイドリングしている自動車のようなもので、進行もしなければ行き先もない状態に似ている」と引用している。

大木幸介は、『脳から心を読む』（講談社ブルーバックス）のなかで、人間の脳をそれぞれの機能をもった八つの脳にわけている。

まず、『人間の脳』として「大脳新皮質」、『動物の脳』として「大脳辺縁系」「大脳基底核」「視床下部」、『運動の脳』として「小脳」、『生命の脳』として「脳幹」、反射だけを行い単なる連絡路になってしまった「脊髄」、そして最後は『ホルモンの脳』としての「脳下垂体」である。

脳については改めて紹介するが、ここで最も見逃してはならないことは、人間の脳がいくら巨大化しても、その基底はあくまでも動物時代の脳であるという、実に恐ろしい事実である。『爬虫類脳』は、「攻撃性、順位性、儀式性、性などの衝動源」として、『旧哺乳類脳』は、「喜怒哀楽の情緒の発振源」（マクリーン教授）として、今現在の私たちの脳の奥底に生きつづけているのである。

では、この脳の本質をふまえて、ふたたび「人類誕生」を演出した「性」の問題へもどろう。人猿、ラマピテクスは人類的要素がまったくない純然たる動物であった。そして環境の変化から森林で生活できなくなり、いわゆるオープンランドでくらすようになった。だが、地上での生活は危険がいっぱいであり、次第に絶滅への道を辿りつつあった。

ちょうどその時である。一匹の交尾中のオスに、閃光のような性的エクスタシーが走ったのは。小沢直宏（以下「　」内は『人類心理の起源』による）はそのことを、「史上初めて『無自我』が生起した」といい、その「『無自我』を有することになった猿人は、『生存を維持すること』以外の目的を有することが可能となった。それは性的快楽を求めることである」というのだ。

前章の「無自我」がまた登場するわけであるが、「無自我」とは、「性的エクスタシーを志向し、充足する実体」ではあるが、そのままでは「『性欲』を湧出すること」はできない実体でもある。したがって「『無自我』を『意欲』させるいかなるきっかけもないときは、前期猿人は厳密な意味で人猿同然の存在でしかなかった」というわけである。

そこで性的エクスタシーが閃き、人猿のオスが猿人の男になることによって、生存を維持するだけの

『生命の原理』(本能、織坂注)から、生存を充足する『人類の原理』へと一歩進んだのである。

「『人類の原理』とは、『自我系』が自らの目的を充足させるためには『対象』が必要となり、もはや動物ではないのだから、その『対象』は自然環境ではなく『人類』ということ」になるのである。

つまり、「無自我」の生起によって、「自我系」が人類というすごい対象に気づいたのである。このことは、人類にまがりなりにも自分以外に、自然とは別個の対象(人類・もの)があるという「他者意識」が生まれたということである。

この「自我系」が生まれたことで、まず「客観自我」が生起される。「客観自我」は「知覚作用を司る『習性本能』の上に生起され、主自我の対象を意識すること」をその仕事とする。というわけで、「客観自我」の出現によって、「何等かの拍子に異性の性器などに触れるなどしなければ湧出できなかった性欲が、客観自我が何度でも性欲の対象を前駆意識すれば」その都度「無自我」は触らなくても異性の性器が意識化でき、性欲を湧出できるようになったのである。

ところがまだまだ問題はあって、「無自我」が「せっせと性欲を湧出して充足せんとしても、実際に行動を起こす主体がなかったから」性行為はなかなか都合よくはいかなかったらしい。

その不便をみかねて次に生起されたのが、「主観自我」であり、「行動を決定する『睡眠本能』の上に生起され、その任務は、主観自我の目的を実際に意志して実現させる」ことである。性行為を行って充足させるという、意志と行動面の役割を果たすものなのである。

ここで完璧に、「性欲の充足に関して、意識系と意志系が具備されたことになる」のである。

「客観自我」が異性の性器を前駆意識（客観自我が意識すること）さえすれば直ちに「無自我」は性欲を意欲し、「主観自我」がすぐ行為を行って充足させることができるようになった。そのお陰で、猿人は驚くほどに「無自我」を充足させ、滅亡の危機をのりこえたのである。

意識系と意志系の機能が際限なく作動するシステムが構成されたことは、人類だけの知能が限りなく累積されてゆく存在となる基盤となった。ものを客観的に見、あたまの記憶力がつき、無限のバリエーションに対しても即座に判断を下し、実現させる能力を具備させる礎石となった。（小沢直宏）

それにしても、人類最初の前駆意識の対象となったのが「異性の性器にほかならなかった」とは。また、性的エクスタシーの感受が、なぜメスではなくオスであったかということは、「無自我」の充足の仕方の違いであり、「男は射精することによって充足できるが、女の場合は受精とは関係がなく、射精されたならば必ず充足するといった因果関係はない」という、極めて冷ややかな関係でしかないことである。

＊　＊

オスが男になった「性」の問題は限りなく深い。ブランコ・ボークン（以下「　」内は『堕ちたサル』香原志勢・佐々木藤雄訳による）は、小沢直宏と違った捉え方で「人類誕生」における「性」を「劣位のオスザルたちは模倣によって交尾をやってのけた」とし、「やがてわれわれ人間の祖先は交尾を模倣することに喜びを感じるようになった」といっている。

模倣は、不完全な存在である人間が完全さを求める行為である。模倣がうまくいくとオルガスム的な喜びがうまれる。オルガスム的な喜びは、不完全な存在だけが体験しうる成就の感覚である。

B・ボークン

そして、「徐々に人類は模倣的な種となっていった。模倣は人間の特殊化した能力となった」というのである。

辛辣ではあるが的を射た、実にユニークな発想である。私たち人間の生活は、二十世紀の終りになっても、生まれて死ぬまで何一つとしてオリジナルなものはないのである。前にも述べたように、サル社会のサル真似から一歩もふみ出してはいないのだから。

「人間によってなされる行動を自発的に真似しようとする動物は存在しない」（ダーウィン）とは、私たち人間にとって、なんと痛烈な一言であろうか。

「人間の生殖が維持されたのは、本能の結果ではなく、性交を模倣し、その模倣がうまくいったときの快楽によってである」「不完全の感覚をもった動物である男性は性交に自己満足を、いいかえれば成就の感覚を見出した」

B・ボークン

私はここにも、「人類誕生」における男の悲劇と、深い脳のキズ痕をみるのである。

それにしても男の「性」は、なんと幻想や幻影に満ちあふれていることであろうか。「無自我」を充足させるためには、異性の性器を前駆意識させる「客観自我」が必要であり、「模倣の成就」がなければ満足を得なかったりする男の「性」は、現代に至って、「人間の性は、正常異常を問わず、本能にではなくすべて幻想に支えられている」という「性的唯幻論」(岸田秀『ものぐさ精神分析』中公文庫)を生みだすのである。

さらに、「男は射精によって充足する」「男性は性交に自己満足を」といった感覚(生理)の在り方は、この時点から歴然と、男(オス)と女(メス)を切り離してしまったのである。

男と女の相違は、やはり始原においての「性」への関わり方によるものであり、それは単なる「性器」の違いという次元を越えたところの、認識の差異に由来するものと思われるのである。

その出発点にあたるのは、小沢説の、「初めに男の『客観自我』が女性性器を前駆意識するのであって、決してその逆ではない」ということである。

このことはまた極めて重要な問題点であって、以後、男の認識の方向は、「客観自我」によって客観事実を「対象」として捉え、意識化すること、つまり「世界を把握しようとする科学的態度の根源的姿勢」へと導かれることとなるのだ。

さらに、「客観自我」の前駆意識によって発生した「無自我」を充足させるため、「主観自我」はあらゆる手段を考えねばならなくなり、「縦横に『考える』ことが自在に」できるようになるのである。その結果、男の「主観自我」は、「与えられた未知の条件の中でも、目的を貫徹しようとする、思考・想像・決断力などの能力を比較的強く発揮するようになった」という。

ボークン説は、男のセックスを「模倣成就の喜び」とすることから、「セックスは、成就の判断基準、完全さの道具、つまり満足の手段となった」という見方をしており、そのことが「強姦や売春、性暴力、それに性的倒錯への道をひらくことになった」という。

だが一方で、「女性以上に不完全な存在である男性は、より激しいオルガスム的な喜びを経験する」ことを「性」以外にも体験するようになった（もともとボークンのオルガスムは「性」のみではなく「模倣の成就」だから）として、スポーツ、戦争へ向かうという。そして、「模倣は努力を必要とする」ことから、「模倣はなすべき行為である」という男独特の意識を引き出している。

この「なすべき行為」こそが、劣位のサルたちの仲間がふえてきたときに、「人類の最初の、そしてもっとも重要な行為をなしとげた」のである。「かれらは中心集団から、権威から、自然の秩序（サル社会の原理、織坂注）に『反抗』したのである。それ以来、「かれらは集団から離れ、独立した生活、性的自由の下で性的快楽を楽しむ」ようになったという。

人類のこの最初の一歩、適者の権威にもとづく秩序に対する反抗は、人間の古い脳に大きな痕跡を残すことになった。ホモ・サピエンスに至って人間の精神が活発に働きはじめたとき、その精神を形づくるもととなったのがこの痕跡である。

B・ボークン

以上で、「人類誕生」の男の心理（小沢）、および行動（ボークン）をみてきたが、いずれにしても未熟な性のオスが、人類へのスタートをきったということは間違いないのである。

そしてそれは、「落ちこぼれの（劣等）脳」であったがために実現できたことであり、実現できたがために、人類最初の脳に、人類が人類である以上消えることのない深いキズを刻み込んでしまったのである。

そのキズこそ、オスの「性的エクスタシー」であり「模倣の成就」なのである。

では、女はどうであったのだろう。

小沢説はまず、女の「客観自我」は「男性性器に対して、男性が女性に対するほど関心がない」として、それよりも「男に能う限り前駆意識されよう」としたという。だから、「直立二足歩行が可能になったのは、男より女のほうが断然早かった」のであり、「男に意識される（受け身）が第一義であるから、女の「客観自我」は最大限の努力で体毛を消失せしめた」ともいう。

また、女の「主観自我」は「女としての肉体的特徴を顕現させ」、「男の意識の対象として目立つような条件づくり（化粧の習慣など）を怠らなかった」かわりに考え方も、「男のように新たな状況に於いて問題解決をしようとする基本的態度はもち合わせていない」のだという。

したがって、猿人段階の女は「客観自我」の方に力点が注がれていて、「体毛の消失、乳房の隆起、肌の柔らかさ等々、意識面では忍耐力、新たな運命に対する適応力が勝れていく傾向を見せる」のだといっている。

ボークン説では、「われわれ人間の祖先のメスは、妊娠を契機として、とりわけ子どもの養育を通して種族保存本能を獲得」するのと同時に、「オスをつなぎとめておく唯一の方法が性的な快楽にあることを理解し」「誘惑にもとづく同意に根ざした、乱婚の生活」をもたらしたとする。

「同意に根ざした」というのは、メスの「性」も未熟であり、魅力がなかったからである。オスが快楽を感じる前までは、「性的な反応をよびおこす匂いも伴わない誘惑は、自然の秩序に反するもの、異常なものとしてオスにとっては迷惑な行為」でしかなかったのだ。

にもかかわらずメスは、オスを誘惑し獲得したのである。まずメスは、「独特の直観によってオスの中からもっとも組しやすいオスをかぎだす能力を発達させた」わけだが、このためにメスは、「自然の運動の法則、最小抵抗の法則に従う、つまり、もっとも誘惑しやすいと思ったオスだけに魅力を感じるようになった」というのである。

ひどく身につまされる説ではある。

＊　　＊

「人類誕生」のドラマはいまみたとおりで、傷だらけの人類登場となったが、以後延々と、人間としての歩みをつづけねばならないわけで、その第一歩は、なんといっても「直立二足歩行」である。人間の条件として「直立二足歩行」は絶対とされているが、その原因については、「言語の発生」と同様に世界中の学説は、まことに頼りなく曖昧模糊としていて、どの説も気の抜けたビールのようなものである。

ちなみに、『人類の誕生』（今西錦司他）の引用説を紹介させてもらうと、

○氷河期の寒さのため、森林が縮小したので、サルが樹上から地上におりねばならなかった。

○人類の祖先は体が大型化して木からおりたと推定している。

○人間の祖先は、雪や氷でおおわれた地面を歩いたり、海岸に住んで、浜辺や水中で歩きまわったため自然と二本足で立つようになった。

○草原に進出した人類の祖先が、敵を早く発見するために視界を広くする必要から立ちあがった。

○子どもや食物を運ぶため二足歩行をはじめた。

○手を使用する必要がいよいよ高まり……手の自由な使用が二足歩行を誘発した。

ということで、これらの説にはなんの根拠もないし、説得力もない。お粗末の限りではないか。では肝心の『人類の誕生』説はどうかというと、足の骨格や歩行のメカニズムを紹介するだけで、これまた核心を外れてのらりくらりと、逃げ回るばかりである。

そして挙げ句の果ては、「人間がなにが原因で直立二足歩行を開始するようになったかについては、

明確な答えが出されていないが、どうして道具を使用するようになったかは、動機が容易に想像される」ということで、「道具使用」へと体を交わしているのにはガッカリである。

人類文化史の第一巻として書かれた寺田和夫の『人類の創世記』（講談社学術文庫）も、詳細な化石のデーターや世界人類学者の学説を紹介はしているが、「直立二足歩行」には、まったくといっていいほど触れていないのは何故だろうか。

私と同様にB・ボークンも、道具や武器を使用する両手の必要性からの説や、獲物発見説にいらいらしながら肯定しようとはしない。

それにしても何故、私が「直立二足歩行」にかくもこだわるかといえば、「直立」姿勢が人類の脳に与えた影響があまりにも大きいからである。

「直立二足歩行」が「手の使用」や「道具の製作」を可能にした原因結果などより、人類の根源となる「精神」の問題が内在していることのほうが、最重要だからである。

だから「直立二足歩行」に関しても、私なりに専門学術書などにかかずらうことなく、小沢説・ボークン説を高く評価しながら展開していくことにする。

小沢説からみてみると、本来生物の進化は生存が有利になるよう導かれていくことを原理としているのに「直立二足歩行」は、「生存維持に不利で、進化への逆行、退化」といってもいいという。それなのに、何故立ち上がったかという原因を、男と女の場合に分けて次のように考察している。

女の場合、「女の『性欲』は幾ら湧出しても充足されるとは限らない」し、たとえ「男に挑まれ、性行為をして男が充足しても容易に充足できず、そのために『性欲ＵＴＥ』（意欲が達成されない状態の実体をＵＴＥとよぶ）がうず高く残った」として、「『性欲ＵＴＥ』は、『客観自我』に充当されるので、少しでも多くの男に前駆意識されるよう『客観自我』がはたらいた結果、直立し、直立時間を長くすることを可能にした」という。

いいかえると、女の直立の理由は、「男が女の性器を前駆意識しなければ性行為のプロセスが始まらなかった」ことと、「立ち上がったときにしか女の性器が見えないことを」女自身が知ったからである。つまり、「立ち上がる回数と男に襲われることとの相関関係を」おぼえたからである。

それからというものは、「女は直立している時間をできるだけ延ばそうとして」男を誘惑したのである。小沢直宏は、「直立二足歩行はまず女から始められた」といいきっている。

女に対して、男の場合は非常に単純で、「女の直立におくれて、見えるようになった性器を見るために立ち上がった」のである。

勿論、天敵発見のため男女とも立ち上がったが、長時間とか歩行とかには関係なかったということらしい。がそのとき男は天敵よりも、女の性器の方をいち早く見つけたのであろうか。いや、まてまて、ひょっとしたら見せつけられたのかも知れない。

やがて「直立二足歩行」は、人類の性交体位を哺乳類の後背位から、前方体位へと変えたのである。

つぎにボークン説である。

ボークンも亦、「直立二足歩行」を自然の原理に反した不自然なものであるとしながらも、その理由に鋭い考察を示している。

「直立姿勢は人間の選択によるものではなく、人間に押しつけられたものだったのである。それは、新しい脳の余分の重量（おおよそ八〇〇グラム）によって強いられることになったといっていい」というのである。

四本足でのサバンナ生活の場合、たとえわずかな重量であっても、いろんな疲労と重なって非常に大きなものになる。となると、「その重量に耐えるために人間は直立して脊柱の上の頭のバランスをとるか、肩の筋肉を少なくとも二倍半に発達させなければならなかった」が、人間は前者の直立を選んだとしている。それに近い考え方として、ダーウィンの言葉を『人類の起源』から引用している。

「人間の脳の重量や頭蓋骨が次第に大きくなったことは、殊に人間が直立姿勢をとりつつあったときには、それを支える脊柱の発達に影響を及ぼしたに違いない」

ここで、ボークンが特にユニークなのは、直立したために血床と血液の循環が悪くなり、不快を感じるようになったことをとりあげ、「人間は、脳に対する血液の循環が以前より困難になったとき、新しい脳の存在に気づいた」といっていることだ。

石ころに躓いて始めて石ころの存在がわかるわけで、調和のとれていた機能組織が壊れたことによって、自己意識（原始の）が生まれたという説は、大変に優れた着想といわねばならない。

「直立二足歩行」は、人類にとって不利な面ばかりである。天敵発見の目の位置は樹上にくらべて低くなるし、逃げ足にしても四本足には適わないのである。一歩前進というより、三歩後退なのである。奇形的な「脳の巨大化」も「性的エクスタシー」と同様に、「本能破壊」へつながっていく一本道でしかない。

だが、この不利な一本道こそ、人類への道なのである。

言語風景論(8)

湾岸戦争は、まぎれもなく人類滅亡、地球壊滅への第一歩である。人間の奇形化された巨大脳の傷痕が、一挙に噴出したというべきである。

地球誕生から約四十六億年、その歴史のなかのわずか五〇〇万年の歩みしかもたなかった人類のために、いま、地球と地球上のあらゆる生物たちは全滅しようとしている。

天安門事件の鄧小平、リトアニアにおけるゴルバチョフ、湾岸戦争のフセインとブッシュ、これら四人の顔ぶれは、いずれも同一、たぐい稀なる殺人鬼である。同類殺戮にしか快感を覚えない狂人達である。私は開戦と同時に、アメリカの発表のなかで「われわれ死傷者の数は○○名だろう」という言葉を聞いて慄然とした。ブッシュは、開戦前から味方の死傷者の数を当然の犠牲として、いち早く計算し割り出しているのだ。まさに殺人ゲームだ。私は戦争の狂気と、ブッシュ、フセイン、ゴルバチョフ、鄧小平らの狂気が、ここにおいて二重に重なり合っていることに言い知れぬ恐怖を覚えるのだ。

彼らの脳は完全に破壊されている。さらに、破壊された脳の「言語風景」もまた、完全に破壊し尽くされている。彼らの脳には、もはや人類の共通項としての「言語風景」はなく、あるのは動物以下の言語光景でしかない。

彼らはモンスーン言語（中国）、ツンドラ言語（ロシア）、砂漠言語（アラブ）、コンクリート言語（アメリカ）で、それぞれの正義を叫びつづけているつもりだろうが、彼らは石や砂の「ことば」を投げ合っているに過ぎない。彼らの言語は「ことば」の機能を拒絶し、「ことば」の意味を掠奪し、自らの狂気がつくりだす言語光景に盲進しているだけだ。もはや人類の「ことば」では止めようがないのではないか、という恐怖を覚える。

言語光景、それは言語が生みだされると同時に人類が持ちつづけてきた美としての風景を、映像という疑似風景にすり替えたものなのだ。

したがって、そこには「こころ」がまったく無い。映像は「ことば」の意味を風景から駆逐する。脳のキズがまどろこしい思考を放棄するように、映像はあらゆる「ことば」の風景をすり替えるのだ。

彼らの言語光景には、空を覆う戦闘機と爆撃機、海を圧する無敵艦隊、地上には陸軍が誇るミサイルと戦車群、そして、それらが撃ち合い、炸裂し、炎上するシーン以外にはなにも映らないのだ。いや、決して映してはならないのだ。それは、殺戮が映像にとっての美であり、美学であるからだ。

さて開戦以来、情報合戦といいながら各社のテレビが戦争の映像を映しつづけた。そして、何十人もの正体不明の評論家どもがよってたかって、面白お可笑しく「まるでテレビゲームのようだ」などと喋りまくっていた。ところが、時間が経過するにつれ、取材の情報がいかに当てにならないかということがわかってきてからの彼らの表情や態度は、まことにお粗末極まりないものだった。

それは当然としても、限られた映像を放映していたわけだが、その表現は巧妙に各社各様に仕掛けられ仕組まれたものだった。われわれはただ、一方的に受け取らされるだけである。しかも映像は秒単位のなかで、一定の時間枠にむかって走り去っていく。ここでも、われわれは立ち止ることはできないのだ。つまり、映像に対しては、「ことば」が言語として機能しないのだ。思考（ことば）が、秒単位の映像に追っつけないのである。

映像と言語についてはいずれ詳しく論ずるが、ここではひと言、映像は「ことば」をかくすことによって映像となり得る、とだけいっておこう。

狂人同士の湾岸戦争について、さらに、いっておきたいことがある。

それは今回の戦争が、ドイツだけでも最低十万人の善良な市民が殺されたといわれ、ヨーロッパ全土で数百万人の人びとが魔女として殺された中世の「魔女裁判」と同じではないか、ということである。

宗教と合理主義の名のもとに行われた大量殺戮を「正当」といい、「正義」という異常さそのものがそっくりであるということだ。

岩井寛は『境界線の美学』（造形社）のなかで、「異常と正常の間における境界の幅は、異常と正常の本質的なあり方と社会的背景の相関によって決定されてくるように思う」といっているとおり、「正常心理にはそのときの社会の多数が納得するところの社会常識の存在が必須のものになってくる」という恐るべき状況があることだ。

つまり、「魔女裁判」の恐怖はこの時代においては「殺された方が異常であり、殺した方が正常であるというパラドックスが当然」のこととしてあったということである。

「多数が納得する社会常識の存在」が、異常であることの恐ろしさ。そして、殺戮者のすべてが、これを「正義」として利用することの恐ろしさ、である。

「正義」とはなにか。

西欧の「正義」の概念は、プラトン、アリストテレスを経て、トーマス・アクィナスに至ると、「正義の根拠を『神』に求めたが、古代ギリシア思想のなかにもキリスト教のなかにも『正義は強さである』という思考が潜在している」（岩井寛『人はなぜ悩むのか』講談社現代新書）という。

まさにそのとおりであるのは、ヘラクレイトスが「戦いは万物の父である」といい切っていることからも明らかである。ブッシュ、フセインの、お互いに一歩も譲らぬ「強さ」の姿勢、そして最後には「神」を担ぎだしてくるポーズ、顔が違うだけでハラのなかは全く同じである。狂気と正義が結びつけられ、「神」までが我欲の座にまで引きずりだされて戦争の道具にされていることの事実を、われわれは徹底的に追及しなければならない。

とすれば、今回の戦争の責任は、かっての大東亜戦争時の日本国民と同様に、アメリカの国民にも、イラクの国民にも、いや全世界の人びとにもあるのだ。ブッシュやフセインを称賛する「社会常識の存在」に誰一人として気づかなかった責任、気づいても否定しなかった責任が。むろん、私にもあるのだ。

平和のための解決策は、戦争の原因のなかにある。それは人間の胸のなかにあるのではなく、人間が作り上げた世界のなかにある。

マイケル・W・フォックス『動物と神のあいだ』小原秀雄訳　講談社

＊　＊

「人類誕生」のドラマは奇形化した巨大脳の出現によって、オスには「性的エクスタシー」という性への「快楽」意識を、メスには「直立二足歩行」という性への「誘惑」意識をもたらしたが一方では、そのことの代償として「動物本能の破壊」を通して、さまざまなキズ跡を脳に残した。

なかでも前章で取りあげたボークンの、「人間の精神が活発に働きはじめたとき、その精神を形づくるもととなった大きな痕跡」つまり、「適者（大自然、織坂注）の権威にもとづく秩序に対する反抗」というキズ跡は、われわれが生き延びている限り、消え去ることはないほど深いものなのである。なるほど、考えてみれば人類誕生から今日の湾岸戦争に至るまで、「適者の秩序に対する反抗」は人間だけの行為である。交尾期のない性、性的エクスタシーの感受、不自由な直立二足歩行、奇形化した巨大脳、自我意識の生起、それらの最終結果としての、人類同士の殺し合いまでの歴史を辿れば、すべてはこの原点のキズ跡に帰着していくのである。

反抗と自立の探究は、つねに人間の特性、いいかえれば劣ったものの特性の本質だろう。（中略）人間が試みた反抗の大半が成功裡に終わることになったのは、それが平等の名の下に闘われたからである。平等は不合理である。不合理は、それが攻撃性を伴うものであるが故に、合理的なものよりも強いのである。劣ったものは秩序を破壊することによってのみ成功を自分のものとすることができる。

ボークン『堕ちたサル』思索社

私はこの痛烈なメッセージを、再び四人の狂人どもに投げつけてやりたい。「神」や「正義」を殺戮の楯に振りかざしてまで、おのれの劣位を正当化し、優位化しようとする人間の狂気にむかって。そして、われわれ自身の怠惰にも。もはや、人類の脳は奇形化した巨大脳から「奇形脳の巨大化」へと、加速度で逆回転しているのだ。たとえ、戦争が終わっても。

人類最初の第一歩としての「反抗」を示したわれわれの祖先は、ゴリラやチンパンジーの社会（群れ）からますます遠ざかり、漸新世の温暖な気候のなかで乱婚の快楽生活を満喫、遊び暮らしては仲間をふやし、ヒッピー社会を形成していった。

漸新世は人類の祖先と類人猿が社会（群れ）こそ離れ、違っていても、お互いが森林で平和に暮らしあった時代である。そして、すくなくとも一五〇〇万年つづいたといわれる乱婚の快楽生活は、われわれ祖先の古い脳に強く焼きつけられた。しかし一方では、人類のオスだけがこの生活のために攻撃用の犬歯を失ってしまうのである。なんと、フリーセックスを楽しむ現代のヤングにそっくりではないか。

それにしても、ボークンがいうとおり、われわれの祖先はこの時点で「類人猿に遅れをとった」のである。

だが、その結果として人類は、実に多様なタイプをうみ出せたわけで、幸か不幸か、動物本能が失われても、どんな危険な環境におかれても、全滅することなく生き延びてこれたのである。

そのことは中新世の時代になって、気候に大変化が起こり、森林地帯の大部分が砂漠になってしまった時に、見事に証明されたのである。

気候の大変化にいち早く反応を示したのは、生存本能をもった動物たちである。なかでも、ゴリラやチンパンジーは生活空間の減少に敏感に反応し、なわ張り意識（動物としての反応）のもとに、われわれ祖先を森林からサバンナへと追放したのである。

人類が森林からサバンナへ出た理由として、直立二足歩行で両手が自由に使えるようになったからという説が多いが、では、なぜ、食料もない危険なサバンナへ、しかも不便な二足歩行で出て行くというのだろうか。そのことについての納得のいく説明は、ほとんどなされていない。気候のせいでとか、木から降りたサルとかいう説明の仕方は、人間のつまらないプライドによるものでしかない。

人類は確かに、森林から追放されたのである。

ボークンはなわ張り意識について、人類は乱婚生活のなかで、攻撃本能もなわ張り意識も持つ必要がなかったし、持たなかったと述べているが、私も同一意見である。気候も食料も乱婚生活も充分すぎる環境のなかで、所有や争いごとといったものは何の意味もないことであっただろう。

人類がなわ張り意識を持つようになったのは、人工の武器を最初に持ったホモ・サピエンスの時代からである。つまり、道具の発見からである。道具が人類に与えた幻想と狂気（凶器）については後で述べるが、私は人類の意識が確立されたのも、道具の発見からではないかと思う。

さて、さまざまな脳のキズ跡のなかでも最も強烈なのは「性的エクスタシー」による快楽生活であるが、その影の部分におけるキズも鋭く深いのである。

それは、類人猿たちから「遅れをとった」「追放された」というキズ（記憶）である。このキズこそ、人類の無意識という闇のなかに澱として存在しつづけ、いつ噴出するかわからぬ狂気を孕んでいるのである。

ボークンは、「『楽園』の観念は、動物が決して直面することのなかった、人類だけの屈辱的な体験があってこそはじめてうみだされたものなのである」といっている。

　人類は堕ちたサルなのである。（中略）人間の祖先、わがアダムとイヴは楽園から追放された。ただ一つの違いは、歴史的にみて、かれらは全能の神によって追放されたのではなく、より優れた類人猿によって追放されたのだ、ということである。

ボークン

＊　＊

　ビッグ・バンから奇形的巨大脳の発生まで、私はやっと「言語」が生まれてくる直前までの道程を辿ってきた。

　かなり長い道程であったが、この言語発生以前のドラマ、いいかえれば深層の記憶に刻みこまれたすべての葛藤こそ、「言語風景」を生みだす母胎であり、人類の言語を「ことば」として形成していく始原のものとなるからである。

　私はやっと辿りついたこの「言語発生の入口」で、新しく『深層記憶』という用語を提示し、意識以前における記憶の問題について私の考えを述べておきたい。

「太初（はじめ）に記憶あり」

　記憶は、意識や自我の問題にくらべてあまり熱心に論じられていないが、私はまず、人間は「理性の動物」であるよりはむしろ「記憶の動物」である、といい直したほうがいいとさえ考えている。もし、人間に記憶がなかったら——。

これは大問題である。もし、人間に記憶がなかったら、自分が自分でなくなってしまうのだ。われわれは生まれ落ちて以来、気づかないだけで、記憶という基盤の上に存在しているのだ。なぜなら、もし記憶がなかったら、記憶喪失や記憶障害の例をもちだすまでもなく、自分自身も、他人も、時間、空間、そして感覚もすべてがわからなくなってしまうからなのだ。

記憶は、実に複雑な仕組みと働きによって、人間の存在と精神に深く関わっているのである。それは記憶が、脳だけにかぎらず、筋肉にも、器官にも、細胞にもすべてに存在しているからだ。さらに、親から子、子から孫へと引きつがれていく遺伝子にも分子記憶があり、三〇億の情報が書きこまれたＤＮＡのテープが人体のなかには六〇兆も存在しているのだ。まさに、われわれの身体は記憶だらけといわねばなるまい。

私の『深層記憶』に触れる前に、まず、私の意識、無意識感について若干の考え方を示しておきたい。わたしの意識、無意識感は、フロイトやユングに近いものではあるが、これら二つの意識の関係を二項対立という立場では捉えないし、また、病理学的にも捉えたくない、という点で違っている。

フロイトは、人間の精神生活が意識だけでなく無意識によっても大きく支配されているとして、その根源に性的エネルギーを考え「リビドー」と名づけ、さらに深層心理のなかで、心的過程を意識・前意識・無意識とし、人格構造をイド（エス）・自我・超自我の三つの領域からなるとした。

これに対してアドラーは、フロイトの性的リビドー説に反対、性よりも器官劣等による劣等感（コンプレックス）を無意識の根底においた。

ユングもまた、フロイトのリビドー説に反対し、原初的リビドーを根源として元型・影・個人的無意識、さらに心の深層に個人を超えた集合的無意識を考えた。

いずれも人間の心のなかの無意識の存在を重要と考えたわけだが、フロイトは精神分析学、アドラーは個人心理学、ユングは分析心理学という精神病理学からのアプローチであるため、私の捉え方とは違ってくる。

私は、先程もいったように、意識、無意識をまず二項対立の関係から解き放ちたい。

西欧知が、がんじがらめにされてきた二項対立の思考、つまり、意識の反対側にあるものが無意識、ロゴスの反対がパトス、肉体と精神、さらには善と悪、神と人間といった対立の立場には立ちたくないのである。

もう一つは、意識、無意識を重層的な層構造としても捉えないということである。

したがって、私の場合の意識と無意識はいつでもイコール関係にあり、同次元に存在しながら絶えず交流し、心の全体像をつくっているのである。だから、意識の反対が無意識ではなく、意識以前が無意識でもない。

私が新しく提示する『深層記憶』とは、「意識以前（無意識ではない）の記憶であり、無意識にむかって感覚的、体験的に反応し働きかける記憶」のことである。

「記憶」とは、臍の緒の切れる以前から、つまり生まれながらにしてそなわったものです。それは、三〇億年もまえの〝原初の生命球〟の誕生した太古のむかしから、そのからだのなかに次から次へとり込まれ蓄えられながら蜿蜒と受け継がれてきたものであります。

三木成夫『胎児の世界』中公新書

＊　＊

三木成夫は記憶について、「『憶』のメカニズム」といい、「本来、生命的なもので、人間のいわば意識的な次元をはるかに超えたもの」であり、「わたしたちのからだを構成する六〇兆といわれるどの細胞の原形質もすべて、この三〇億年になんなんとする〝憶の日記帳〟を大切に保管している」と述べ、胎児の世界を人類の「生命記憶」として捉えている。

胎児の世界――まさに、それは無意識の世界へむかって感覚的、体験的に反応し、語りかける『深層記憶』そのものの世界ではなかろうか。

私はこの『胎児の世界』を読んだとき、なんと残酷なと思いながらも、ついには深い感動を受けた。著者自身も、「見てはならない」母胎の世界の神秘に光を当て、「してはならない」ヒトの胎児の心臓に注射針を差し、墨を流しこんで成育過程の観察をつづけたことを「狂気に近い実証の精神」といっているほど、それは凄絶な実験であったに違いない。

巻頭歌

胎児よ
胎児よ
何故躍る
母親の心がわかって
おそろしいのか

夢野久作の『ドグラ・マグラ』の詩である。夢野久作はドグラ・マグラに「幻魔作用」という字を当て、その内容を「一種の脳髄の地獄」といっているが、現代の精神病理学を徹底的に痛罵したその先見の叡知には、ただただ驚き感服するばかりである。

なかでも圧巻なのは、「絶対探偵小説」と銘うたれた論文の『脳髄は物を考えるところに非ず』と、『胎児の夢』である。

私は『深層記憶』の展開に、この偉大な二人の先達、三木、夢野の著書を大いに参考にしていきたい。

人間の胎児は、母の胎内にいる十か月の間に一つの夢を見ている。

その夢は、胎児自身が主役となって演出するところの「万有進化の実況」とも題すべき、数億年、ないし、数百億年にわたるであろう恐るべき長尺の連続映画のようなものである。（中略）

その天変地妖の中に、生き残って進化して来た元始人類から、現在の胎児の直接の両親に到るまでの代々の先祖たちが、その深刻、痛烈な生存競争や、種々雑多の欲望に馳られつつ犯して来た、無量無辺の罪業の数々までも、一々、胎児自身の現実の所業として描き現わして来るところの、驚駭と戦慄とを極めた大悪夢でなければならぬことが、次に述べる通りの「胎生学」と「夢」に関する二つの大きな不可思議現象を解決することによって、直接、間接に立証されて来るのである。　夢野久作『胎児の夢』の書き出しである。以下痛快無比な饒舌で「胎生学」と「夢」についての博識が展開されていくのだが、ここで彼の「胎生学」と三木の胎生実験を比較しながら『深層記憶』の世界を探ってみたい。

現代医学とバイオテクノロジーの発達によって、人間はいまや、足の爪先から脳のすみずみまで切り刻まれ、分析される羽目になった。それどころか、伝統的な生と死の基準さえ変えられてしまった。「人類は出産をもって誕生とし、心臓の停止、呼吸の停止、瞳孔の散大の三徴候を死の判定としてきた」が、いまや、「受精卵の状態を誕生、脳死を死とすることで、誕生と死の時期が操り上げられた」（イミダス『人体アトラス』集英社）のである。

当然、このことは人間の生死観すら変えてしまうだろうが、人間の成長は、受精卵と呼ぶたった一個の細胞からスタートすることには、まず間違いないのだ。

子宮に着床した受精卵は、分裂と増殖を繰り返しながら胎児への道を歩みはじめるのだが、この過程のなかですでに、「人類の最初の祖先である単細胞の微生物から、人間にまで進化して来た先祖代々の姿を、その進化して来た順序通りに、間違いなく母胎内で繰り返して来る」のである。

「まず魚の形になる。

次にはその魚の前後の鰭を四足に変化さしてはいまわる水陸両棲類の姿にかわる。

次には、その四足を強大にして駈けまわる獣の形態をあらわす。

そうしてついには、そのしっぽを引っこめて、前足を持上げて手の形にして、後足で直立して歩きまわる人間の形……普通の胎児の姿にまで進化してからオギャアと生まれる」 (夢野)

右の順序を、さらに詳しく三木の報告でみると受胎して

二十七日目には、エラがまるで魚のようにはっきりと見える。尻尾も長く足が少し出ている。巨大な心臓には心房と心室があり、肝臓があって、頭には早くもおでこが見える。

三十二日目から三十八日目までの一週間の変化では、首の付け根のエラ孔がしだいにきえて、なんと耳たぶが出来てくる。ヒレのような手には、しだいに五本の指が見えてくる。大脳と鼻の始まりであるところの、一対の前脳胞と、目玉と密接な関係をもつ中脳胞が見え（三

十二日目)、口の上半分に目と鼻、口角の下に左右一個ずつの耳孔の感覚門が大きく口を開き(三十四日目)、前頭葉の始まりと手の指のあきらかなきざしを見(三十六日目)、剝き出された巨大な双の眼球、隆起が豊富な鼻腔、上顎下顎とほとんど完成した口、五本の手の指がはっきり見える(三十八日目)

四十日目から四十五日目には、エラの血管が肺の血管に変わり、心臓も二つに分れて、原始の霊長類として出発するにふさわしい顔となり、

七十日をピークにやっと、人間の赤ん坊のおもかげに移っていく。そして、

百二十日目頃から法的に人間として認められる(埋火葬許可証が必要となる)。

となっている(三木成夫、中公新書および、ぢてんブックレット22号『特集・生命の記憶』より)。

三木は三十二日目の顔を見た瞬間、「フカだ!思わず息をのむ。やっぱりフカだ……」と驚愕し、三十六日目の顔を、「わたくしの心臓は一瞬とまった。爬虫類の顔がそこにある」と仰天し、三十八日目の顔には、「それはもう毛だものの顔だ。はやもう哺乳類の顔になっていたのだ……」と凝然となっている。

そして、「胎児は、受胎の日から指折り数えて三十日を過ぎてから僅か一週間で、あの一億年を費やした脊柱動物の上陸誌を夢のごとくに再現する」と実感している。

また、三十二日目の体長アズキ粒大の状態を、「ちょうど鰓と原始肺が共存するデボン紀の初期、上

陸と降海の二者択一を迫られた古代魚類の時期」といっているのも、実に面白い。

三木はこの報告の最後を、「胎児は母親の胎内で十月十日、こうした遠い祖先の悠久の歩みを〝からだを張って〟なぞり、復習し続けてきた。それは私たち一人一人の〝生命記憶〟となって、文字通り骨の髄まで浸み込んでいる……。ものスゴい自然の摂理というものだろう」とし、「古代インドの唯識論から現代のユングにいたる、いわゆる、『意識下』といわれる世界の生物学的な基盤は、この『胎児の世界』をおいて外にはあり得ないのではないか」と結んでいる。

億年の眠りを覚めていまここに

私に孫が生まれた時の実感と感動である。孫だからという意味ではなく、胎児自らが生にむかって悪戦苦闘し、ひとつの生命を得たということの、その健気さと勇気においてである。

それは私の感動として、三木報告の、とくに三十二日目頃からの胎児の成育ぶりには目をみはるものがあると同時に、この時点で大脳、鼻、目、口、そして耳がほぼ揃うということは、私にとっても凄い驚きであった。

脳と感覚器官の同時成立と同時進行、私はこの激動の状態のなかにこそ、確信をもって『深層記憶』の発生の現場をみるのである。

ここで、記憶についてもう一度振りかえってみると、記憶には、細胞の記憶、組織の記憶、筋肉の記憶、器官の記憶、個体の記憶、そして分子の記憶という、いくつもの記憶があり、それらが身体全体にくまなく張りめぐらされているということ。また、これらの記憶は勝手放題に動くことのないように、脳によってうまくコントロールされているということである。

私がここで最も注目したいのは、先ほどの脳を中心とした感覚器官の同時発生ということである。つまり、感覚と記憶と脳が同時に直結されつつあるということだ。

そしてこのことが、私に大胆な仮説をたてさせる。

「意識以前には記憶しかない。しかもその記憶は、感覚器官によってのみ脳に刻みこまれる」ということと、「言語以前における『記憶』は、脳と感覚をむすびつける『ことば』である」ということである。

かなりの極論かも知れないが、私自身の経験からしても、器官や身体全体の皮膚感覚が、それぞれの知覚をもっていることが私にはよくわかるからだ。

ちなみに私の例を挙げれば、私の詩作品には、「胃の腑で考える」とか、「皮膚の思考」とか、「骨の記憶」とかいった表現がかなり多い。そして、私自身もその表現については納得し、素直に信じているのだ。

意識、認識についてはこれからの問題であるが、私なりに「意識以前の記憶はあくまでも感覚が中心であって、その感覚を中心にした知覚こそが、私のいう『深層記憶』なのである」といっておきたい。

ところでここに「出生前（しゅっしょうぜん）心理学」という興味深い心理学がある。

チェコ生まれの医学博士で、精神科医でもあるT・バーニーの『胎児は見ている』（小林登訳　祥伝社）

がそれである。バーニーはその前書きのなかで、「胎児は、見、聞き、感じ、さらには母親の思考や感情を読み取ることさえでき、胎生六ヵ月目ごろ（ひょっとするともっと早く）から、積極的に精神的な活動を行っている一己（いっこ）の人間である」と述べている。

そして、胎生一ヵ月になるころに、振動や音に対する反応を示すように教えこむと、驚くほど複雑な条件反射活動や、習熟応答を始めることがあきらかになったという。

さらにこの研究は、「好き嫌いや恐怖とかいった胎児の自我の発生も、一部は条件反射の所産によるということも教えてくれる貴重なものである」といっている。

また、ノーベル医学・生理学賞を受賞したジョン・C・エックルスと、心理学教授のダニエル・N・ロビンソン共著の『心は脳を超える』（大村裕　山河宏　雨宮一郎訳、紀伊國屋書店）にも、「胎児は母親の音声が急に変わると手足を動かしたり、心拍数を変化させたりして反応するので、確かに母親の声を聞き分けていると推定することができるし、機械的な刺激にも早くから反応する」と書かれている。

これらの研究や論文は、私の『深層記憶』について、核心に迫るほどの示唆を与えてくれるのである。というのも、個体（一匹の動物、ひとりの人間）の記憶には、「意識にのぼらないで起こる反射活動（条件反射）と、その活動が複雑な運動である場合には条件反応」（高木貞敬『記憶のメカニズム』岩波新書）と名づけられた記憶があって、前者を「努力しない記憶」（ニオイをかいだだけで腹が鳴る）、後者を「努力する記憶」（学習・訓練）といわれている、という。

このことは、私の詩作品例の裏付けともなるし、胎生一ヵ月目（三十八日目）の頃の胎児にはすでに、二つの記憶をもっているということの裏付けにもなる。一億年前からの「努力しない記憶」と、もう一つは胎教などによって自我発生にめざめていく「努力する記憶」である。

言語風景論(9)

私はいま、「記憶」ということについて、ひどく興奮している。それは、かつて猿人が突如として感受した、あの「性的エクスタシー」にも似た、強烈な興奮である。

さらにいえば、いままで何気なく使い捨ててきた「記憶」という言葉にさえ、改めて新鮮な輝きを感じ、胸ときめく魅力を覚えているのである。

その理由は、私が前章で指摘したように「記憶は人間の全存在に関わる問題であるにもかかわらず、現代のあらゆる学問分野のなかであまりにも微視的にしかとり扱われていない」からであると同時に、「記憶ほどに生き生きとして、人間を人間たらしめている存在もない」からである。

「性的エクスタシー」(無自我)誕生以来、誰からも見落とされ見逃されてきたその「記憶」が、まるで処女地のように初々しく、いま私の眼前に、無言の可能性を秘めて出現しているのである。

私は、人間の知能が果てしなく混迷する現代思想のなか、「記憶」を糸口として意識(言語)の縺れを辿っていけば、いままでに解き明かせなかった、人間の精神の謎が明晰に解けるはずであることを確信する。また「記憶」こそが、人間の正体を限りなく正当に評価してくれるカギであることを確信する。

新しく提示した「深層記憶」という用語も、その一つである。

「記憶」という大きな問題提起をふまえて、前回提示した「深層記憶」をもう一度おさらいしておくと「それは意識以前(無意識ではない)の『記憶』であり、無意識(意識と同次元にある意識)にむかって、感覚的、体験的に反応し働きかける『記憶』である」ということだ。

ここで断っておきたいのは、私がいう無意識とは、「意識の反対側にある無意識、つまり二項対立の関係にある西欧知の無意識ではない」ということ。また、意識、無意識という構造も、「病理学や心理学的な重層構造をなしていない」ということである。

したがって、「深層記憶」とは、「意識と同一次元に存在しながら、意識(言語)によってまだ犯されていないところの『純粋記憶』であると同時に『純粋無意識』」なのである。

「純粋無意識」とは「純粋意識」という意味であるが、これは哲学概念としてフッサールが使用しているので混乱を避けるため「純粋無意識」とした。それと、「意識以前」という表現は、意識の前、つまり前意識ということではなく、「意識（言語）に犯されていない状態にある」という意味であることを、さらに念をおしておきたい。

「深層記憶」をもうひとつ別の角度から説明すると「言語発生以前のドラマのすべてを刻みこんでいる記憶」であるということ。そして、それはまさに、「『言語風景論』の母体をなすものであり、人類言語を形成する始原のもの」でもあるのだ。

そういった意味では、「あらゆる存在を生み出す可能力（種子）を貯えている」インド仏教思想の、『阿頼耶識』（アーラヤ識）にもっとも近いし、「身体の自然帰属性という」見方からすれば、フッサールやメルロ＝ポンティの現象学にも近いということができよう。

とにかく「深層記憶」は今後、言語発生の現場において、「記憶」とともに幅ひろい展開をみせていくことになるのである。

＊　＊

胎児の世界を、夢野久作は「万有進化の実況でもある胎児の夢」として捉え、三木成夫は「人類の生命記憶」として捉えたことは前述のとおりである。

また、胎児の成育段階における変化についても報告をしたが、今回はさらに、私の提示する「深層記憶」という視点から胎児の世界へもう一歩ふみこんでみたい。

「人間は受精卵と呼ぶ、たった一個の細胞からスタートする」

私たちのからだは、細胞という単位から成り立っている。誕生直後の新生児の細胞数は約三兆であるが、成人では約六〇兆個になっているといわれている。しかも、その一つ一つの細胞すべてが何らかの特徴をもっていて、無性格な細胞はまったくないということである。そして、細胞が集まって「組織」とか「器官」の単位から「個体」を構成していくわけだが、その形は一糸も乱れず秩序正しく並んでいるという。

細胞を顕微鏡で最初に観察したのは、イギリスのフック（一六六五年）である。多細胞類の細胞は「真核細胞」とよばれ、細胞膜で囲まれた内部にふつう一個の核がある。この細胞の生きている部分で核と細胞質からなる「原形質」は、物質交代、エネルギー変換、構造形成などの生活作用を行っている。「原形質」の七十％〜八十五％は水で、残りはたんぱく質（約十％）、DNA（約〇・四％）、RNA（約〇・七％）、脂質（約二％）、その他の有機物（約〇・四％）、無機物（約〇・七％）となっている（太田次郎　イミダス『生物』集英社）。

ここで問題なのは、「原形質」の表面を囲んでいる「細胞膜」であって、この「細胞膜」は、「細胞同士の接着や認識に重要な役割を果たす」という、実に神秘的な機能をもっているのである。「この膜は知能をもっていてある物を吸収し、それを別の形に変えるという、いい換えれば考える膜」（荒俣宏ぢてんブックレット32号）といわれるものなのである。

も少し詳しくみてみると、「細胞膜は脂質とタンパク質からできており……現在の生物の細胞膜は厚さが七十五オングストロームほどであるが、その中に種々の機能をつかさどる分子が整然とモザイク状に集合、配列しており……情報を伝達する機能……自己と非自己を識別する部位をもっている」（柳川弘志『生命の起源を探る』岩波新書）のである。

つまり、すべての多細胞には、「同種の細胞を集合させ、他種の細胞とは離れさせるのに働く物質である『細胞接着物質』と、細胞が特定の物質や細胞を見分ける、つまり同種か異種かを見分ける能力である『細胞認識』」（太田次郎）があるという、二つの驚くべき性質がそなわっているのである。

そして、「多細胞動物の細胞には、実験的にバラバラにしておいても、かならず再集合し、もとと同じ組織、器官といった高次の建造物を構築する性質がある」という、一九〇四年に発表されたウィルソンのカイメン実験から、つぎの二つのことがわかったのである。

細胞には、「どれが自分と同じ、どれが自分とは他人であるかを確実に区別している、としか思えないような『選別』の現象と、細胞同士はひとたび衝突すれば、それは単なる出会いではなく、二度と離れないようにくっついてしまう『接着』という性質がある」（岡田節人　改訂新版『細胞の社会』講談社ブルーバックス）ということである。

細胞が「接着」するために行なう、自他の「選別」行為というものは、もう、まぎれもない認識行為である。

ここでは認識論はさておいて、認知性の記憶について、エックルスとロビンソン（共著）が『心は脳を超える』のなかで述べている「記憶がなければ意識はありえず、意識がなければ記憶はありえない」の引用から、「意識」を、「認識」とおきかえてみれば充分ではなかろうか。

「細胞は記憶し考える」

私が漠然と考えつづけてきた細胞に関する仮説が、分子レベルでのさまざまな実験の結果をとおして、ここにおいて明確に証明されたといっても過言ではあるまい。

＊
＊

夢野久作は、『胎児の夢』のなかでいちはやく、細胞について注目した稀有な作家である。

彼は、「人体を組織している細胞の一粒一粒の内容は、その主人公である一個の人間の内容よりも偉大なものである。否。全宇宙と比較されるほどのスバラシク偉大複雑な内容、性能を持っているものである」という。

また、「胎児の姿を繰り返して進化させて、人間の姿にまで仕上げて来たあるものの偉大、深刻なる記憶作用が、完成した人間の細胞の隅々までも、明瞭に刻み付けられているのである」といい、「その細胞一粒一粒の記憶力の凄まじさ。相互間の共鳴力、判断力、推理力、向上心、良心、もしくは霊的芸術の批判力等の深刻さはどうであろう」と、「細胞に関する従来の学者の考え方が、全然間違っていること」を指摘しているのは嬉しい限りである。

彼はこのあとつづけて、人間の「肉体」を解剖学方面から観察し、「精神」を心理学方向から捉え、つぎのような明確な答えを出している。

すべての細胞はその一個一個が、われわれ一個人の生命と同等、もしくはそれ以上の意識内容と、霊能を持っている一個の生命である。だから、すべての細胞は、それが何か仕事をしている限り、……その労作し、発育し、分裂し、増殖し、疲労し、分解し、消滅して行く間に、その仕事に対する苦しみや、楽しみをわれわれ個人と同等に、否それ以上に意識している……。

引用は長くなるが、学者以外で細胞に関する理解をこれほどまでに検討した例をみないし、記憶・意識・夢に関連しても大きなヒントを与えてくれるという意味で、もう少し彼独自の論説を紹介しておきたいのである。

彼は、「胎児」と「夢」に関する不可思議現象の本質や正体についても、細胞と時間という立場からその解決を見出すのである（時間については別途に紹介する）。

彼は、人間の全身が眠っている時に、体内の一部の細胞の霊能が何かの刺激で眼をさまし、「その眼覚めている細胞自身の意識状態が、脳髄に反映して、記憶に残っているもの」を「夢」であるという。つまり、先ほど引用したような「細胞の発育、分裂、増殖に伴う、細胞自身の意識内容の脳髄に対する反映」が「夢」の正体であるという。

換言すれば、夢というものは、その夢の主人公になっている細胞自身にだけわかる気分や感じを象徴する形象、物体の記憶、幻覚、連想の群れを、理屈も筋もなしに組み合わせて、そうした気分の移り変わりを、極度にハッキリと描き現わすところの、細胞独特の芸術ということができるであろう。

夢野久作

私が夢野久作をとおしてくどいようにいっていることは、

「細胞の一粒一粒に記憶がある」

ということと、

「細胞の記憶は、『ある意識』をもっている」

ということである。

ここで問題なのは、細胞の記憶がもっている「ある意識」とは何か、ということであるが、いま私がはっきりいえることは、それは「言語意識ではない意識である」ということである。

にもかかわらず、「ある意識」であることに間違いないのは、分子レベルでも証明されているように、細胞には立派な「認識」能力があるからである。

かなり分かりにくいが、もう一度確認してみると、細胞の「記憶」と「意識」と「認識」は、「ある」レベルで共通であるということだ。同次元に存在する言語意識以前の意識、つまり私が「深層記憶」と呼ぶものである。さらに念を押しておきたいのは、「深層記憶」は、意識の前後関係にあるものではない。したがって、層構造をなすものではないということである。そこで私は大胆な仮説として、

「記憶は細胞そのものである」

「細胞は記憶そのものである」

といいたいのである。

細胞はすべて記憶の塊なのである。したがって、細胞の「意識」「認識」は脳によって「考えられる」ものではない。直接、「細胞自身が考える」のである。夢野久作がいうところの、「細胞自身だけにわかる気分」ということになろう。

＊　＊

三木成夫は、「記憶」という文字のもつ本来の意味について、「憶を記す」ことであり、この「憶」とは『説文解字』にあるように、寒くも暑くもない、また空腹でも満腹でもない、過不足のない状態を象(かたど)るものであるとして、われわれのからだは、体温のことや胃袋のことを一々考えなくても、ひたすらにこの快適な「憶」にむかって生きつづけているのだという(『胎児の世界』中公新書)。

そして、毎日のこのようなからだの状態は、意識するしないにかかわらず、〝いつもの〟調子として自らの肉体に「記」されて動いているのであって、いいかえれば自分の肉体の原形として体得されることとなるのだという。

記憶とは、おのれの至適条件を肉体に銘記する、それは「原形体得」のいわば根原の形態となる。その生命的な推移の故に、ひとびとはこうした本来の意味での記憶を「生命記憶」と呼ぶ。

（三木成夫『原形に関する試論』ぢてんブックレット32号）

彼は記憶を「憶のメカニズム」といい、人類の「生命記憶」といい、そしてそれは日本古来から〝おもかげ〟と呼ばれるところの「原形」だというのである。

彼はつづけて、「『原形』とは、われわれの肌を通して肉体の奥深くにまで滲透し、もはや抜き取る事の出来ぬ程に根を下ろしたもの」として、人間の根源の「憶裡の形象」であるという。そして、「一般に知覚と言われるものの、それは根底を成すのでなければならない」と述べている。

彼の『原形に関する試論』は、「人体解剖学の根底をなすもの」という副題がついており、ゲーテ形態学〝植物メタモルフォーゼ〟からの深い洞察によるもので簡単に要約できるものではないが、「記憶」「知覚」「からだ」「こころ」との関わりから避けて通るわけにはいかないので、敢て要点のみを整理しておきたい。

まず彼は、「人間のからだには、外なる容姿をとっても、また内なる構造をとっても、そこにはまさしくそれぞれの『原形』が見られる」といい、「原形」は「『個々のかたち』の中に、自らその像を結ぶであろう『根源のかたち』」であるという。

つまり、「原形」には二つの本質的な要素があるというのだ。その一つは「個」や「類」と呼ばれている「外なる容姿」であり、もう一つは「こころ」や「精神」であるところの「内なる構造」である。だが「外なる容姿」は「原形」には間違いないのだが、「内なる構造」によってつくられるものであるから「根源のかたち」ではない。従って究極の「原形」というのは、あくまでも「内なる構造」としての「根源のかたち」、即ち「おもかげ」であるというのだ。

猿には猿の、人間には人間の「おもかげ」があり、それははっきりと峻別されているわけだが、では、その「根源のかたち」がどのようにして「外なる容姿」をつくりだすのであろうか。

彼はそれを「原形の体得」という言葉で表現し、「われわれ人間は、そうした歴史の果てしない流れを、いわば歴代の祖先の肉体を介してその遥か彼方の源からこれを体得し続けて来たと言う事が出来るのではなかろうか」といっている。

体得とは身体で憶えることである。つまり身体に「憶を記す」こと、「おのれの至適条件を肉体に銘記する」こと、「本来の意味での『生命記憶』」であること、そして最終的にそれは「累積された回想像」としての、「根源のかたち」となるものであるのだ。

これこそ私がいう「記憶」であり、この「記憶」をつかさどるものこそ「細胞」なのである。しかも、この原形の体得はあくまでも生後の出来事ではないのである。生前の「胎児の世界」で、楽しい夢として、あるいは恐ろしい夢として、細胞の一つ一つに刻み込まれるのである。

原形の体得と言うものは、生前すなわち遥かに遠い祖先の彼方から、もっともっとわれわれの生命に直結した、それも夥しいものごとに就いて行われて来たのでなければならない。このからだには、代の上に代を重ね乍ら、絶えず外界からおのれの肉体に至適の条件を取り入れて、いわば血肉に変え

て行く根源的な同化の機能が備わっているのであるから……。　三木成夫

以上、それぞれの視点は異なるが、夢野久作の「細胞記憶」と、三木成夫の「生命記憶」は、「原形の体得」という点において一致をみるのである。

つまり、夢野の「胎児の姿を繰り返して進化させて、人間の姿にまで仕上げてきたあるもの」が三木の「原形の体得」ということであり、夢野の「細胞一粒一粒の記憶力の凄まじさ」や夢における「細胞自身だけにわかる気分や感じを象徴する形象」が、三木の「憶を記す」や「憶裡の形象」に相当するのである。

また私が、細胞の記憶がもっている「言語意識ではないある意識」つまり「深層記憶」が、夢野の「細胞自身だけにわかる気分」、三木の「いつもの調子」であり「おもかげ」ということになる。

そして、そのいずれもが、「細胞」によって成り立っていること。

さらに、その「細胞」は、「気分や感じを象徴する形象」や「憶裡の形象」によって強烈に刻み込まれた『記憶』の存在を除いてはあり得ないのである。

＊　＊

われわれ人間のからだには、器官の構造やその機能のなかに、新旧入り交じった祖先のおもかげが宿されていると三木成夫は『胎児の世界』で述べている。そして、その世界をもっとも生ま生ましく見せ

てくれるのが、古代の海水をはらんだ「母胎の世界」であり、それを、おのれの身をもって再現して見せてくれるのが「胎児の世界」であるという。

夢野久作もまた、『胎児の夢』のなかで、「人間の精神と肉体とを同時に胎生し、作り上げて行く『細胞の記憶力』の大作用」のことを、「胎児を創造するものは、胎児の夢である。そうして胎児の夢を支配するものは『細胞の記憶力』ということになる」と説明している。

前章で「出生前心理学」(T・バーニー『胎児は見ている』小林登訳　祥伝社)のごく一部を紹介したが、ここでは「胎児は、考え、感じ、記憶する」ことを、実験例をとおして夢野久作や三木成夫の論説とくらべてみたい。

実験の報告によると胎児は、胎生二ヶ月で「原始的なボディ・ランゲージを使っている」そうで、とくに嫌がるのは母親の腹を突っつかれることだそうだ。

胎生四ヶ月になると「眉をひそめたり、目を細めたり、顔をしかめたりすることができ」、五、六ヶ月目には「触覚が発達し、とくに味覚が発達」「胎児は始終〝聞き耳〟を立てている」という。

視覚については、他の感覚より発達が遅い(子宮内は暗い)が、四ヶ月目から「光に対してひじょうに敏感になる」そうで、この頃には「胎児は自分の感覚によって周囲の環境に反応する能力を示し」「母親の思考や感情をすばやく読み取り、どのメッセージに反応し、どのメッセージを無視すべきかを判断、最終的にはメッセージが伝える内容を記憶」する。そして、このような事実から「学習するのに必要な基本条件が前もって胎児には備わっている」というのである。

「胎児に意識が芽生えるのは胎生七ヶ月から八ヶ月にかけて」であるとして、「胎児といっても、脳の神経回路は新生児とほとんど変わらないくらい進歩しており」「脳皮質が十分に発達していて意識を支えることができるようになっている」という驚くべき報告もある。

胎児の記憶に関しては研究者によって「胎生三ヶ月を過ぎると、胎児の脳の中に記憶した痕跡のようなものが時たま現われ始めるようになる」とか、「胎生六ヶ月から」とか、「胎生八ヶ月から記憶することができる」と違ってはいるが、「胎児が記憶し、その記憶を留めておくことができるということだけは疑いない」とされている。

また、その後数週間すると、「脳波がはっきり現われ、胎児が眠っているのか起きているのかが明瞭に区別できる」ようになり、八ヶ月過ぎると「REM睡眠」があらわれるそうである。

最後に、「神経は細胞である」、「脳もまた細胞である」ということを確認しておこう。


神経は電線ではありません。それは細胞です。しかし非常に特別な形をし、非常に特別な機能を発揮するようになった細胞です。神経の回路は多数の細胞のはりめぐらせた〝網目〟です。　岡田節夫

神経や脳が細胞であるということは、うすうす知ってはいたものの、こうはっきりと目の前に突き付

けられてみると、改めてドキリとせざるを得ない。

なるほどそういえば、「単細胞のあたま」とか、「肌で感じる」「肌が合わない」などというい方も、決していい加減な表現ではなく、まったく正しいことになる。

「神経の細胞というのは、長い長い腕をもっています。この腕はあちこち動きながら、見事なレイアウトのもとに、きまった場所に到達」「見事な厳密さをもって、腕へ、足へときまった筋肉だけに入っていき、動物の調和のとれたからだの動きを可能にする」（岡田節夫）のである。

動物の個体を「動く物」にしている、この神経からのびる長い腕が「神経繊維」といわれているものである。

ここで私は突然、ごく最近の新聞記事をハッと思い出したのである。その記事は、世界で初めて星の誕生の観測に成功したもので、名古屋大理学部天体物理研究室の福井康雄助教授らのグループによるものである。

それによると、星が生まれてくる姿はいままで考えられていたような「もくもく雲」状ではなく、「カエルの卵」のようなひも状の構造であったというのだ。

「星が誕生する現場は、いずれも分子ガスがひも状に分布しており、その中で特に高密度の領域は粒々となって、ちょうどカエルの卵のような構造になっていることが明らかになった」（西日本新聞　朝刊平成三年五月十一日付）。

私がこの記事に不思議な感動を憶えたのは、星の誕生が神経繊維とおなじ状態ではないか、ということである。

宇宙のドラマも、細胞のドラマも、おなじではないか、ということである。

星も人間もおなじ……人間のすべての細胞にはこのようにして、宇宙そのものがとり込まれているのである。

脳も細胞が集まってできている。

脳を物質の種類から分けると、(1)伝達物質として働くアミノ酸類。(2)伝達物質や調節物質として働くアミン類。(3)おなじく伝達物質や調節物質として働くペプタイド類。(4)脂肪酸の類（久保田競他『脳の手帖』講談社ブルーバックス）となっている。


人間の脳を構築する情報伝達細胞は、いずれの脳でも、ホルモン分泌細胞、原始的な無髄神経細胞、進化した有髄神経細胞の三者で構成される。しかし、実際には、神経細胞は自分自身で栄養をとれないため、神経細胞へ栄養を血管から供給する栄養細胞（脳内ではグリア細胞）が加わり、四種類の細胞となる。

大木幸介『脳から心を読む』講談社ブルーバックス

彼はまた「人間の心の三成分、知、情、意の源泉はそれぞれこれら三種類の細胞にあると考えている」という。

「記憶は細胞そのものである」

「細胞は記憶そのものである」

そして「記憶と細胞の関係は表裏一体の関係である」というのが、私の「深層記憶」へのアプローチである。

言語風景論⑽

「人間の生は記憶にはじまり記憶に終わる」


記憶について深入りすればするほど、果てしない魅力に惹きつけられるのはどうしたことであろうか。ついつい、右のような惚れ言葉までを捧げたくなってしまうのである。

前章では、「記憶と細胞」の関係を、「胎児の記憶」や、人間の根源のかたち「おもかげ」によって眺め「深層記憶」へのアプローチとしたが、本章は更に一歩深めて「記憶は脳を超える」という、私のテーマに迫ってみたい。

それは何度もいうように、「脳」に関する研究は異常なくらいおこなわれているのに、人間存在のもっとも根本的な「記憶」の研究は、まったくといっていいほど省みられてないからである。そしてそのことに誰も気づこうとはしない、いや、したがらないからである。

いまや脳研究は、「脳信仰」といっていいほどにまで、その成果をひけらかしている。「脳」を唯一神に祀りあげ、「脳は人間にとって全能である」とさえいっているようだ。

これは言語道断である。断じて許しがたいことである。

私は「記憶」によって、この新興宗教的な「脳信仰」の危険性を厳しく批判しなければならない。その宣言が、「記憶は脳を超える」である。


脳科学の最先端をいく、脳数理工学の甘利俊一は、「記憶というとわからないことだらけですけれど……とか、「記憶はむずかしくて、研究がなかなか進まないですね」(『脳科学の現在』中公新書)と嘆いているが、それが記憶研究のいつわらざる現状であろう。

だが一方では、哲学者の西脇与作は「現在、記憶は心理学でも脳科学でも最大の謎として関心の的である」(『記憶としての進化物語』「イマーゴ」特集=記憶・青土社)として、現在の記憶研究のあまりにも学問的に狭い範囲からの脱出を試みたいという。彼はそのシナリオを、「自己意識から記憶を頼りに自らに関係する起源を跡づけること」によって書いてみたいと考えている。つまり、記憶をタイムスリップさせることによって、過去はもちろん、現在、そして未来までを展望しようというのである。この方法は、私の「言語風景論」の立場とまったくおなじなのである。

記憶は極めて近い過去にまでしか遡れないが、身体は相同概念によって記憶よりさらに過去に遡ることができる。器官や組織、体制を物質化された記憶とみなすことによって、過去への旅を続行できる。そこでは、生物の各部分は進化の因果連関のなかで、記憶の結晶としてわれわれの記憶の生みの親としての役割を果たすことになる。

西脇与作

西脇は記憶を、身体（器官や組織、体制）へ還元することによって生命の結晶まで遡りたいというのだ。これもまた、わたしの「記憶＝細胞」あるいは「深層記憶」とおなじ考え方である。彼の記憶遡及のシナリオは、「私の起源から歴史、文化の現在の意味を探る」ということで高く評価したいし、期待も大きい。

それというのも、私にとっても言語以前の記憶については、外界と個体、脳と身体、器管と神経、そして感覚と知覚などなどの問題が複雑極まりなく絡みついていて、更に私を悩ましく待ち受けているからである。

＊　　＊

「記憶は脳を超える」

やはり、記憶からの戦いの第一歩は「脳」にたいしてである。そしてそれは、脳研究への厳しい批判でなければならぬ。

おなじみの夢野久作は、「絶対探偵小説　脳髄は物を考えるところに非ず」（『ドクラ・マグラ』）のなかで、古今東西の学者たちの脳髄に、「脳髄が、脳髄ソレ自身の機能を、脳髄ソレ自身にわからせないようにわからせないように努力している」のがわからないのかと鋭く問う。そして、「今日までの科学者の学説、論文の中に、脳髄の作用を的確に説明し得た文献がただの一編もないのは何という不思議な現象であろう」と嘆き、それは、「宇宙万有の神秘をドン底までも考えつくして来ている脳髄が、脳髄自身のことだけをタッタ一つ考え残している」からだという。

なるほど、まことに奇っ怪な理論だが、実はその通りであると、納得せざるを得ない魅力がある。そういわれてみると、「そもそも私たちは、脳が考えることに従って生きているのであろうか？」という疑問を改めて投げかけざるを得ないのである。

ここで非常に面白いのは哲学者の中村雄二郎が「イマーゴ」特集＝記憶（一九九一年七月一日発行）の討議のなかで、「〈脳で脳を考えるというのはどういうことか？〉というのはきわめて現代的な問いになる」と発言していることである。

ぜひ、夢野に聞かせてやりたいものである。さて、彼はここに天才であるアンポンタン・ポカン博士を登場させ、「物を考えるところは脳髄ではない……物を感ずるところも脳髄ではない……脳髄は、無神経、無感覚の蛋白質の固形体（かたまり）に過ぎない……」と断言させる。

われわれが常住不断に意識しているところのアラユル欲望、感情、意志、記憶、判断、信念なぞいうものの一切合財は、われわれの全身三十兆の細胞一粒一粒ごとに、絶対の平等さで、おんなじように籠っているのだ。そうして脳髄は、その全身の細胞の一粒一粒の意識の内容を、全身の細胞の一粒一粒ごとに洩れなく反射交感する仲介の機能だけを受持っている細胞の一団に過ぎないのだ。

夢野久作

さらにつづけてアンポンタン・ポカン博士はいう。「眼の球ばかりで物を見ることはできない。耳ばかりで音は聞えない。その背後（うしろ）には必ずや、全身の細胞の判断感覚がなければならぬ。同様に脳髄が、脳髄ばかりで物を考えたり、感じたりすることは不可能である。その背後には必ずや全身の細胞相互の主観、客観がなければならぬ」と。

私がアンポンタン・ポカン博士と、手を握り肩をたたきあって共感するのは、「全身の細胞そのものが脳髄だ」という主張である。つまり、手や足、目や口、皮膚や内臓などのすべては、脳髄の変化した形である、ということだ。

ここに私は、敬愛するアンポンタン・ポカン博士に尊敬の意を表して、私の真説を披露しておこう。「細胞が細胞である由縁は、細胞が記憶という力によって生かされているからである」と。

またアンポンタン・ポカン博士は、脳髄を自動式、複式反射交換局という電話交換局に例え、「全身三十兆細胞の意識や判断や感覚を反射交感するための交換台であり中継台に過ぎない」とする。

これはベルグソンの、「脳髄といえども、一種の『中央電話交換局』の役割を果たすものにすぎない。すなわち通話の申込みを受けてそのまま相手方にそれをつなぎ、或は『話中』の場合は待たせるだけのことであって、受け取ったものに何物をも附け加えるわけではない」（淡野安太郎『ベルグソン』勁草書房）という比喩とおなじである。

ここでベルグソンの『物質と記憶』に少しふれておきたいのは、「如何なる意味においても、脳髄は記憶の内容または心像を貯蔵するようなことはないであろう」ということと、「再認が決して脳髄の中に眠っている記憶を機械的に呼び起すことによってなされるものでないことを発見した」「われわれは、記憶が決して脳髄の状態から結果するものではあり得ないことを、明かにした」（淡野安太郎）という考えについてである。

ベルグソンの哲学は実に難解で、「純粋記憶」「知覚」「精神」などについては後述するが、もう一つ私の考えている「記憶」にとって、見逃すことのできない彼の論述があるので、これからの方向づけのために提示しておきたい。


「かくして精神の本性としての記憶は……」

「そして『意識』とは、『記憶』を意味するのである」

いずれも淡野安太郎の『ベルグソン』からの引用であるが、私の「記憶＝細胞」説を更に一歩進めるにふさわしい説である。つまり、「記憶＝細胞＝意識＝精神」という方程式がうまく成立しそうなのである。

さて、脳が全能ではないという厳しい批判は、「物を考える脳髄」の罪悪を暴きだすことによってアンポンタン・ポカン博士はつぎのように告発する。

人間が「脳髄は物を考えるところである」と思い込んだ時から脳髄の罪悪史がはじまり、それは左の五項に尽きるというのである。

「人間を神様以上のものと自惚れさせた」

「人間を大自然界に反抗させた」

「人類を禽獣の世界に逐い返した」

「人類を物質と本能ばかりの虚無世界に狂い廻らせた」

「人類を自滅の斜面（スロープ）へ逐い落とした」

アンポンタン・ポカン博士の告発はまだつづく。

「人間世界から『神様』をタタキ出し、次いで『自然』を駆逐し去った『物を考える脳髄』は、アラユル武器を考え出し殺し合いを容易にし、医術を開拓して自然の健康法に反逆し、器械を走らせ世界を狭くし、光を工夫して太陽と月と星を駆逐し、唯物文化を創造し……アルコールと、ニコチンと、阿片と、消化剤と、強心剤と、催眠薬と、媚薬と、毒薬の使い方を教えて、不自然の倒錯美をホントウの人類文化と思い込ませた」罪を許すことはできないと、私と同様の論旨の刃を脳信仰に突き付けるのである。

以上のようなアンポンタン・ポカン博士の告発に加えてもう一つ、私が不安で不安でたまらない脳研究に対する心配がある。

それは当然のことながら、正常の人間の脳を使っての実験はできない。従って、人間の脳の実験となると、損傷した脳か、異常のある脳でしかない。では、これらの脳から引き出されてくる脳研究の結果から、果たして正常な脳の機能が理解できるのだろうか、ということになるとどうであろう。私がもっとも不安なのはそこで、現代の脳研究の風潮のなかには、知らず知らずのうちに「正常」と「異常」の逆転がおこなわれているのではないか、とさえ思えてならないときがあるのだ。

「『記憶は恐らく脳皮質の中に蓄積されている』ことを論証するために引き合いに出される事実上の議論は、悉く記憶の局所的疾患から引き出されている」というベルグソンの言葉を脳研究への一つの警鐘としておきたい。

と同時に、私の危惧が当たらなければ幸いであると願うのみである。

＊　　＊

人間のからだは約六〇兆の細胞から成り立っており、その細胞の一つ一つには特種な物質や細胞を見分けたり（選別）、同種の細胞を集合させたり（接着）する能力がある。そしてこの細胞の選別・接着は明らかに一つの「認識」ではないか、ということはすでに述べた。

そのことから私は、「細胞は記憶し考える」「記憶＝細胞」という仮説のもとに、「記憶」に関するいろんな角度に迫っているわけだが、アンポンタン・ポカン博士の論文との遭遇によって、意をおなじくしさらに勇気づけられたことはまことに嬉しい限りであった。

脳についての研究や興味は、遠くギリシアの時代から今日まで延々と引きつがれているのだが、脳の働きが科学的にしらべられるようになったのは、十九世紀になってからのことである。従って、脳にはまだまだ未知の部分やナゾが多いのは当然のことである。がしかし、一方では脳の殆どがわかったような研究発表や学説があるのも事実である。しかし、これもまた局在、局所的なシステム論や実験報告であり、全体的総論はないのだから先程の不安はいつまでたっても解消されないのである。

要するに、脳と記憶、脳と意識、脳と心などの問題はなにひとつ明確でないのだから、「人間は脳についてまだまだ無知である」ことを自覚して、脳への目をむけてもらいたいのだ。

脳に関しての紹介は、時実利彦の『脳の話』『人間であること』（岩波新書）『心と脳のしくみ』（講談社学術文庫）、久保田競他『脳の手帖』大木幸介『脳から心を読む』（講談社ブルーバックス）、三上章允『脳はどこまでわかったか』（講談社現代新書）、イマーゴ『特集＝脳という宇宙』（青土社）、イミダス『人体アトラス』（集英社）からの要約であることをはじめに断っておく。

脳をつくっている主な細胞は「神経細胞」（ニューロン）と呼ばれ、約一〇〇〇億個ある。神経細胞はまちがいなく生体を構成する細胞の一種であるが、細胞体の何倍、ときには何百倍も延びた突起をもつ特殊な細胞であり、脳の情報処理を担う機能素子である。

神経細胞には、信号を受信するための数多くの突起（樹状突起）と、信号を発信・伝達するための一本の突起（軸索）がある。

神経細胞は、突起によってほかの神経細胞と接着し、複雑にからみあいを作って、神経系を組み立てている。この接着する場所をシナプスという。

シナプスは、脳の可塑性を保つために、新しくできたり消えたり、あるいは神経細胞の表面を移動したりして、めまぐるしく変化する。脳の可塑性というのは、脳の神経回路網が一度でき上がってしまえば、もう形も機能も変らないというのではなく、育てられた環境条件や、学習によって変わり得る〝やわらかさ〟を持っているということである。

そして、シナプスを介して神経細胞の連鎖を次から次へ伝わっていく信号の流れが、とりも直さず脳の働きであり、私たちの心の姿である。また現在では、このシナプス部分における伝達の効率の変化する過程が学習であり、その変化の結果が記憶であるといわれている。（私としては、こうはっきりいえない）。

神経細胞には、興奮性シナプスと抑制性シナプスがあり、それぞれのシナプス電位の方向は逆で、お互いに相殺しあう。神経情報というのは、この活動電位（インパルス。入力信号によって変化する一瞬の電位で約千分の一秒）の集まりのことで、脳が活動するためには、神経細胞が興奮することがぜひとも必要である。

身体の中の細胞で、この興奮や抑制の作用があるのは神経細胞と筋肉の細胞だけである。そして興奮と抑制というのは、外の世界を感じたり、からだをうごかしたりするために、脳が使っている制御用の最も基本的な信号である。

脳を構成する神経細胞以外の細胞としてグリア細胞がある。星のように短い突起を出しているグリア細胞には、星状グリア、稀突起グリア、小グリアの三種類があり、その数は神経細胞の約三倍もあって、神経細胞のすきまを埋めている。

星状グリアの最も大切な機能は、脳内で突起を出して神経細胞と血管の細胞の間を連絡し、血管からの栄養を与えることである。と同時に、脳にとって必要でない物質や有害な物質を通過させない機能（血液脳関門）の一部も受け持っている。つまり、グリア細胞は、栄養の運搬役として、あるいは清掃役として、神経細胞の働きを助けているのである。

なお、神経細胞がこわれたら、決して再生しないが、グリア細胞は増殖する能力があり、神経細胞のこわれたあとを穴うめすることができる。

つぎに、脳の構造である。

大脳は、海から陸に上がった爬虫類の陸上運動に応じて増加し、哺乳類、とくに人間になって奇形的に巨大化した脳である。大脳は、左右一対の半球状の塊りと、これをもとにつないで脊髄と連絡する棒状の脳幹という部分からできている。

脳幹は、間脳、中脳、橋、延髄に区分されているがはっきりした境界はない。生命維持に重要な自律機能を調節する部位があり、心拍、血圧、呼吸などの中枢がしられている。中脳から延髄にかけて中央部に、神経細胞と神経線維が網状になった網様体があって、意識を支える仕組みとして、重要な役割をしている。

間脳は、たくさんの核の集まりであって、視床上部、視床、視床下部（大脳辺縁系の活動を支える中心的存在。性欲の中枢、食欲の中枢、体温調節の中枢が左右対称に二個ずつ並んでいる）、視床腹部、視床後部（視覚、聴覚の感覚神経路を中継する外側、内側膝状体）に区分されている。

小脳は、運動の発現や姿勢の調節の仕組みに重要な役割をしており、分担する働きによって二つの部位にわけられる。一つは主に、身体の平衡を司る部位で古小脳、もう一つは小脳半球で、筋肉の緊張や筋肉群の協同運動の調節を行っていて新小脳と呼ばれる。

つぎに、大脳の機能、働きや仕組みである。

人類誕生のキイワードは、交尾期をもたない「性」であり、そのきっかけを劣位のオスザルに「性的エクスタシー」として感受させたのが、人類だけに発達した奇形化した巨大脳（大脳）である。（詳細

は⑺章を参照）

大脳は巨大に発達した「新しい脳」と、動物の時代からあった「古い脳」に分けられる。そして「古い脳」はさらに、いちばん古い旧（原）皮質と、それよりは少し新しい古皮質とに分けられるが、これをまとめて「大脳辺縁系」と呼ぶ。古皮質は「海馬」と呼ばれている場所などで記憶には大変重要な場所である。

人間だけに巨大化した大脳は、左右の半球に分れその表面を厚さ二・五〜三・〇ミリの皮質という構造で覆われていて、これが「大脳皮質」と呼ばれるものである。人間のすべての精神活動はこの大脳皮質に密集している一四〇億の脳細胞の複雑微妙な働きによってかもしだされている。そして大脳皮質はその大半が新皮質である。

大脳皮質は、前頭葉（運動と創造と思考と情操）、頭頂葉（触覚と認知）、側頭葉（聴覚と記憶）、後頭葉（視覚）の四葉に分けられる。

また、大脳の働きは感覚をうけとり運動を起こす働きと、それよりも高級な働きとに分けることができ、高級な働きに関係しているのが「大脳連合野」である。

大脳連合野は、運動野・体性感覚野・視覚野・聴覚野の四つの脳領域をのぞいた大脳の新皮質の領域のことで、人間の心の働きが行われているのが、この連合野なのである。

大脳連合野はさらに細分され、前頭葉の前部を占める前頭前野（前頭連合野）、運動野の前にある運動連合野、頭頂葉にある頭頂連合野、後頭葉にある後頭連合野（視覚前野ともいう）、側頭葉にある側頭連合野の五つに分れ、それぞれが独特の機能を担っている。

前頭前野は、新皮質のうち人間でもっともよく発達していて最高次の機能をもつといわれている。注意、思考、意欲（活動性）、情動、短期記憶の場所で、約一三五億（新皮質の九十六パーセント）の神経細胞をもっている。ここに障害があると、自発行動が減り周囲に無関心、短時間に起こった物事の時間的順序の記憶がそこなわれる。また、左大脳半球前頭前野には、特別に、ことばをしゃべるのに必須の「ブローカの運動性言語野」があり、ここも食事のための口や顎は動かせても、話すことができなくなる。

運動連合野は、あらかじめ順序のきめられた運動をするとき、その運動のプログラムを作成して、それを運動野へ伝える働きをするが、ここが侵されると一連の順番動作ができなくなる。

頭頂連合野は、体性感覚に到達した皮膚の感覚情報を受信して、それを自分を中心とした空間的な位置や働きの情報に変換して、手足の関節運動を制御したり、またそうした情報を視覚情報と結びつけ、手足や体の運動を視覚で制御したりする。ここの障害では、字が書けなくなる（失書）計算ができなくなる（失計算）、いま見ている指が何という指かわからなくなる（手指失認）などが起こる。また右大脳半球で、頭頂連合野と後頭連合野と側頭連合野の三つが互いに接近する場所は空間認識に関わっているので、ここが損なわれると、自分の周囲の空間や奥行きの知覚、視野の半分、自分の体の左半分の存在が意識にのぼらなくなる。

後頭連合野は、視覚野で受信した光信号を分析、総合することによって、いろいろな高次な視覚機能を行っている場所である。ここに障害があると、目の前の物体の名や色の名がいえなくなる。

側頭連合野のなかで、聴覚野の近くの領域は、「ウエルニッケの感覚性言語野」と呼ばれ、聞いたり、話したりした言葉を理解するための領域である。障害があると、喋ることはできるが、内容がわからなくなる。また聴覚性の短期記憶が貯蔵される場所でもあり、聞いて憶えたことはすぐに忘れてしまう。


以上、ごく簡単に脳について説明したが、これらのことは今後の「記憶」や「意識」や「精神」などの下敷きになる重要な部分である。

また、脳研究が飛躍的に進んだのは脳波の発見からであることも一言つけくわえておきたい。

脳波は、十八世紀末、イタリアの解剖学者ガルバニーがカエルの実験で、筋肉や神経から生物電気が発生するという考え方を提案したのがきっかけである。それから八十年後イギリスの生理学者ケイトンは、脳細胞も活動すれば電気を発生すると考え、やっと一九二九年ドイツの精神科医ベルガーによって論文が発表され認められたのである。

脳波は、そのパターンによって意識の水準を客観的に示すので、意識の仕組みや眠りの研究に幅ひろく活用されていることは周知のとおりである。ちなみに、脳波の電圧は一万分の一ボルト以下である。

いままでみてきたように、脳の機能は一様でなく、現在の脳研究においても、場所によって異なるという考え方の機能局在論と、大脳を一個の全体として考察する単一論、そしてより高次の機能は局在しないとする全体論が対立せざるを得ない問題をかかえているのである。

中心溝を境にして、前方の帯状の領域は筋肉運動を司る運動野で、後方の大脳皮質には体性感覚をはじめ、いろいろな感覚野がある。

＊
＊

体性（からだの）感覚は、視、聴、嗅、味、前庭（内耳）内臓覚以外のことで、その受容器の多くは皮膚や皮下組織にあって、接触や圧迫、振動、温度や痛みといった皮膚の感覚を支配している。

これに対して、内臓覚と呼ばれている特殊な感覚がある。窒息感、空腹感、渇感、空閨感、排便、排尿感などで、これらは基本的生命活動に緊密に結びついており、嗅覚や痛みの感覚と一緒にして、原始感覚とも呼ばれている。

また、感覚は普通、意識にのぼるものだけが問題にされているが、意識にのぼらないで、いろいろな刺激をうけいれている受容器がたくさんあることを、特に留意していてもらいたい。

時実利彦（『人間であること』岩波新書）は、私たち人間の身体には機能的に、外部環境との間で細胞膜を通して物質やエネルギーの受けわたしをしながら、身体の内部の状態（内部環境）をできるだけ恒常に保つように仕組まれている（生体恒常状態＝ホメオスタシス）外部に開いた系であり、内臓感覚や複雑な本能、情動行動はホメオスタシスを保障するための、意識にのぼらない「声なき声」であるといっている。

「声なき声」としての内臓感覚は――私はこれを「内臓記憶」と呼ぶ――まさに三〇億年の記憶を刻

みこんだ「無意識でない意識」であるところの細胞記憶であり、「深層記憶」のもっとも顕著なものであると考える。


三木成夫は市川浩との対談（『宇宙・人体・都市』ぢてんブックレット22号）のなかで、「この内臓というものはあくまでも宇宙と共鳴し、共振するものだと思います」といい、体壁系の接触感覚と一応は区別しながらも、「内臓は宇宙を感覚するのではなくて、あくまでも観得する」ものだという。

また、市川浩もそれに応じて「内臓感覚は主客身未分のようなあいまいな感覚……そういうものは、われわれに生きているという感覚をもたらすひじょうに基本的なもんではないかという気がするのです。一種ホライズンというか、地平の感覚です。そういうものがあって、はじめて自分の存在感とか、この空間に根づいているとか感じられる。それが感覚の基層で、それがあってはじめて見たり、聴いたり、触ったりすることが意味をもってくるというか、気づかれていくという感じがするんです」と答えている。

さらに面白いのは、三木の「本来は、庭というものは、ある意味では感覚系の世界、目玉の感覚系を満足させるようなもの」ではないかといい、市川が借景と坪庭について「景色を借りる（借景）、つまり宇宙を借りるということなんです。そういうことからいえば庭というのは、宇宙を内臓する入口といいますか、目ですよね。……（坪庭は）ひじょうに狭いわけで、家のなかに宇宙を内臓する、日本でいえば自然を内臓するということです。そういう意味でも感覚系であり、身体が家になってすべてを内臓しているわけです」と語っていることである。

「声なき声」としての内臓感覚は、宇宙を内臓して共鳴、共振する細胞記憶であり、体壁系とともに人間の全身に生きている「深層記憶」なのである。

脳だけ取り出して、脳がわかれば精神がわかるなんてことはぜったいありえない。目とか神経というのは、世界へと開かれていて、宇宙まで広がっている。……脳はその回路のなかでいきているわけです。……脳だけで心があるわけじゃなくて、そういうものが全部つながって心というものがある……。

市川浩

日本人の発想は内臓感覚的であり身体感覚的であるといわれるが、東洋全体の発想が宇宙観（自然）のなかでおこなわれていて、心の働きは脳ではなく心臓とか、肝臓、腎臓、胆臓に宿るというのである。例をあげれば、「肝心かなめ」、「肝胆相照らす」、「腹を割る」、「臍下丹田」などがある。

唯識思想の「阿頼耶識」とか、「神は心に、魂は肝に、精は腎に、魄は肺に、志は脾に宿るという陰陽五行説では、脳の存在は全く無視され、心臓をはじめ、内臓のいろいろの器官に、精神の座を求めていた」（時実利彦『脳の話』岩波新書）のである。

＊　＊

唯識思想はインドにおこった宗教思想で、「識（しき）」つまり人間の心の意識を徹底追求した思想であり哲学であるが、これを次章で紹介するまえに、「もう一つの記憶」と呼ばれるプライミングについてふれておきたい。

普通、記憶という場合には、過去に経験したことがらを憶えていて思い出すこと（再現意識）をいうのであるが、プライミングは、再現意識がなくて、ふと何気なく思い出したり、そのことを口に出したりする現象のことである。

「プライミングとは、促進するという意味で、以前にある経験をしていると、再び同じか似たような状況においては、その経験か類似の経験が反応として出やすいことをいう。この場合、重要なことは、反応する際に以前にもそのようなことをしたという再現意識がないのが特徴である」（太田信夫『記憶のつめあと』「イマーゴ」特集＝記憶）。

従来までの記憶の研究は、再生や再認など再現意識を伴う記憶がほとんどであったが、それを否定する形でプライミングはここ十年ほど前から、記憶でない記憶である「もう一つの記憶」として、俄かに注目を集め組織的に研究されている、といわれている。

プライミング記憶の第一の特徴は、意識下で情報処理が行われること。第二は、非常に忘却しにくい、すなわち記憶が長持ちすること。第三は、刺激の物理的知覚的側面が決定的な役割を持っていること。つまり意味より刺激そのものをそのままで記憶すること。第四は、系統発生的にも個体発生的にも早くから形成され、遅くまで崩壊しないこと。人間に関していえば、一、二歳で形成され老人になっても衰えないということである（太田）。

以上四つの特徴をみたが、私がいちばん興味深いのは第四の特徴である。これはもう少し研究がすすめば、おそらく「声なき声としての内臓記憶」や、「深層記憶」にまで遡ることができるという確信がもてるからである。

われわれは、抽象化された意味やイメージも持っており、それを活用しているが、その他に、意識に昇ることはないけれど無数の経験が『生のままで』どこかに記憶され、後の行動に影響を与えていることも確かなようである。そしてこのような記憶は、再現意識を伴う記憶（顕在記憶）をコントロールすることはあるが、顕在記憶とは独立である。すなわち、われわれの意志ではコントロールできないところにある記憶といえよう。この世に生を受け、生きてくる過程の中で、知らず知らずのうちに形成され、われわれの行動に影響し、左右しているもの、それがプライミングで示される潜在記憶である。

太田信夫

まさに、「言語風景」にふさわしい記憶ではないか。

言語風景論⑾

――はじめての読者に――

『言語風景論』は、「海」八号（平成元年・一九八九）から、その都度書き下ろしの長編評論であり、既に二年半を経過、通算十回を越した。

論はまだ序論であり終論までにあと何年位かかるか私自身にも不明であるが、とりあえず十一回目に入る前に、いままでの簡単なまとめをしておきたい。

＊　＊

「言葉」は人間にとって「風景」である。

「風景」が破壊されれば「言葉」も破壊される。人間も滅亡する。

かつて――「言葉」は「風景」から生まれた。「人間」が大自然のなかから生まれたように。そして、

「人間」が大自然のなかで美しく育つとき、「言葉」も大自然のなかで美しく輝き、「人間」のこころに美しい「風景」をあたえた。大自然のなかでは、「人間」と「言葉」と「風景」は完全に融けあって、見事ないのちの調和を保っていた。

かつて——詩人や哲人は、大自然の偉大さを、「人間」のこころの優しさを、美しい「言葉」でたからかに謳った。「言葉」は謳われるたびに「人間」のたましいの「風景」を、ますます美しく育み、かぎりなく豊かにした。

たとえ「言葉」が怒りや憎しみに傷ついていても、「風景」はそれらを慰め、鎮める力を秘めていた。淋しさや悲しさに対しても、耐え忍ぶ勇気をあたえてくれた。決して「風景」は、「言葉」も「人間」も裏切ることはなかった。

だが、いまはどうだろう。

汚染と破壊、戦争と飢餓、憎悪と殺戮、残虐と冷酷、欲望と悲惨、絶望と呪詛、無気力と無関心……果てしなく、くり返される「人間」と「言葉」との裏切り、「言葉」と「風景」との相剋、その状況は、もはや地球が滅亡する以外にはないのである。

人間は、「言葉」を持つことによって「人間」となったが、いまや「人間となったこと」によって「人間失格者」となったのである。おまけに、地球上でもっとも厄介な嫌われ者としての、「地球破壊者」という最低の動物の存在でしかないのだ。

書き出しである。あえて長い引用をしたのは、『言語風景論』の問いも答えも、すべてこのなかに含まれているからである。したがって、世界中の人間が素直に右の「書き出し」を理解してくれれば、『言語風景論』は即、完結である。だが人間は無目的的に「核兵器」を開発しコンピューターによる「人脳づくり」にうつつをぬかし、バイオによる「人間づくり」に嬉々としているのだ。しかも、詩人も哲人もそのことに対しては無表情である。

何故か。何故だ。

私はそのことのために、完結した『言語風景論』からあえてふたたび、「人間」と「言葉」と「風景」にむかって出発しなければならないのだ。

「言葉」を問うことは「人間」を問うことであるが、果たしてそれだけで、その問いは完全であるのか。「人間」には「人間以前の風景」があったように、人間が生みだした「言葉」にも、生みだされる「言葉以前の風景」があったのではないか――。

私にとって、この出発点の位置がなかなか決まらなかった。それは、「言葉とは何か」という、実に簡単な問いには、「人間とは何か」という問いと同じ比重がかかっているからである。さらに、「言葉」の問題を言葉で書くことの至難さは火を見るよりもあきらかである。どこから斬り込むか。斬り込み方によっては、私が無慚に斬り殺されることもまたよく分っているからである。

しかし、いつまでもぐずぐずしてはおれない。人類がいつ滅びるか、もう焦眉の急である。人間の言葉が奇形の巨大脳を破壊し、破壊された奇形の巨大脳が、ＤＮＡまでも、もて遊ぼうとしているからだ。

一回四〇〇字詰で約三十枚前後であるが、連載の一回ごとに小テーマをつくり、ビッグ・バンから人類誕生、言語の発生、言語の展開までを辿るわけだから、書く方も読む方も大変である。とにかく、未知の世界を手探りしながらの一歩一歩であるし、おまけに、生来の不勉強が祟って読む本のことごとくが難解である。さらに、私の意図が伝わりにくいことも重なって申し訳ないが、今後ともよろしくおつきあいをいただきたい。

また、引用が多いとのお叱りもあるが、私なりの引用の面白さを考慮していただくのも一興ではないだろうか。

あわせて、引用する方々の敬称を略させていただいていることも、この機会にお詫びします。

＊　＊

第一回目（1章）は、「喪った言葉に気づくことから、『人間』と『言葉』の関係を原初に還って素直に問いなおす」こと、そして「『言葉』を問うことは『人間』を問うことであり、『風景』からうまれた人間のこころの『言葉』を問うこと」であるというスタートラインの設定である。

第二回目（2章）は、「太初に言（はじめにロゴス）あり」を通じて世界の神話から、それぞれの「神」の登場ぶりを眺め、西洋の明確な神と東洋の「混沌」とした不明確な神とを比較した。

第三回目（3章）は、西洋の砂漠の神と東洋の森林の神の「視点」を、『見下ろす視点』と『見上げる視点』として考察。

これは人間の「目」と「目の位置」こそが、人間の存在を際だたせ民族思想の原点ともなっていることへの伏線でもある。

第四回目(4)章)は、『文化は分化である』ことを「ヨハネ伝福音書」のロゴスとの関係でとらえてみた。同時に「分ける」ことが「分かる」ことであるとする『分け学』からの、西洋における「一」と東洋における「一」の発想の違いを示した。

第五回目(5)章)は、ヒトの正体をビッグ・バンから生命誕生まで、激変する地球風景と進化風景のなかで辿ってみた。人類が「言葉」を持つまでの記憶のドラマである。

第六回目(6)章)は、人類誕生のきっかけをエピソード的にまとめてみた。果たして、『サルからヒトへ』なのか『サルとヒトへ』なのか。また、好色な「オス」とそれを利用する「メス」について。

第七回目(7)章)は、「性」を中心に人類誕生を検討した。落ちこぼれのオスザルが「性的エクスタシー」を感受したことによって脳に意識が芽生え、まぎれもなく人類が誕生した(あくまでもこのサルは、サル社会からはみ出した奇形ザルに限られるのだが、これをサルと呼んでいいのかどうか。私は奇形ザルはすでにサルではなく、ヒトであると信じているが……)。また一方では、この「性的エクスタシー」こそ、ヒトの脳の深いキズあとであり、決定的な人類の証でもあるということ。

第八回目(8)章)は、『太初(はじめ)に記憶あり』としての人類の脳は、「奇形化された巨大脳」であること(人間が最も自覚しなければならない原点)、そして人類は母の胎内で億年の記憶を『深層記憶』(私の用語)として刻みこまれることを「胎児の世界」「胎児の夢」から提示した。

第九回目(9章)は、「深層記憶」へのアプローチを、『記憶は細胞そのもの、細胞は記憶そのもの。記憶と細胞は表裏一体である』。

つまり、「深層記憶」は、『言語発生以前のドラマのすべてを刻みこんでいる記憶であり、その人間の記憶は細胞の記憶に外ならない』という主張。

第十回目(10章)は『記憶は脳を超える』という立場から、「脳は物を考えるところではない」ことをふまえて、現代の唯脳的「脳信仰」への警告を示唆した。

＊　＊

『深層記憶』(8章)の概念を定義する前に、私の意識、無意識に対する考え方を整理しておきたい。

私の意識、無意識は、現在考えられているような二項対立的な立場(意識の反対が無意識)や、重層的構造としての捉え方(意識の下層が無意識)をとらない。とくに無意識は、従来の概念(意識のないこと)や意識喪失の場合の無意識ではなく、「無意識という意識」として捉えるのである。したがって、私の場合の意識と無意識は「平行な関係」、つまりイコール関係にあり、「同次元に存在しながら絶えず交流し、こころの全体像をつくっている」とするものである。

「無意識という意識」を従来の無意識概念から区別するためさらに、『純粋無意識』の概念を提言(9章)ベルグソンの「純粋記憶」、フッサールの「純粋意識」との混乱を避けた。

『純粋無意識』とは、意識と同一次元に存在しながら、言語（による意識）に犯されていないところの純粋意識。いいかえれば、言語発生以前のドラマのすべてを刻みこんでいる記憶。

『深層記憶』とは、「純粋無意識」にむかって、感覚的、体験的に反応し働きかける純粋記憶。人類言語を発生、形成させる始原のもの。

＊　＊

「邪馬台国」論争というのがある。わずか二千五十文字足らずの記述をめぐって、国をあげての派手な論争は、いつ終わるともなく延々とつづいている。

私は脳のことを調べるたびに、いつもこの論争を思い出す。というのも、現代の「脳研究」も古代の「邪馬台国」論争も、発想の根はまったくといっていいほどよく似ているからだ。つまり、両者の共通項は、「おらが国自慢」的発想そのものだからである。おらが国にもっとも都合のいい推理組立の面白さ、クイズ的謎解きの興奮、やれ畿内だ、やれ九州だ、沖縄だ、と声張りあげての論争ぶりは、「脳研究」の分野においても、瓜二つの現象をもたらしている。

デカルト以来の近代科学が「人間の生命」という問題にぶつかった時、人間の「脳」をめぐっての論争ぶりはご承知のとおり、分子生物学・神経生理学・神経解剖学・精神病理学・脳外科学・脳数理工学・精神分析学・認知科学・運動生理学・遺伝学……と、ざっと挙げてもこれだけだが、この何倍もの専門分野における論述（論争ではない？）が、やれ右脳、やれ左脳、やれ前頭葉、新皮質……と、これまた賑やかに展開されている様は、「ムラ起こしゲーム」の「おらが国自慢」的発想とおなじで楽しい限りだ。さらに、私にとって興味深いことがもうひとつある。それは、ひとつの素材がこのように多種多様にわたって論争され論述されることの、怖ろしさと面白さである。ひとつの言葉、ひとつの文章から広がっていく複雑多岐な想像と解釈、まさに詩と小説の世界そのものではないか。

さて前章で、「記憶でない記憶である『もう一つの記憶（プライミング）』」とは、「意識に昇ることはないけれど無数の経験が『生のままで』どこかに記憶され、後の行動に影響を与えていることも確かなようである」（太田信夫）ということを取り上げたが、驚くべきことには、十九世紀末のフロイトによる「無意識の発見」以前、約一六〇〇年前に唯識思想が、「阿頼耶識（あらやしき）」として追求しているのである。

＊　＊

唯識思想は、紀元後三、四世紀ごろ、インドに興った大乗仏教思想で、世親（ヴァスバンドゥ・四〇〇〜四八〇）の『唯識二十論』と『唯識三十頌』とによって完成された思想である。

唯識とは文字どおり「唯（た）だ識（しき）のみ」という意味である。「識」とは、広義には我われの精神活動一般つまり「こころ」をいう。したがって「こころ」という存在物以外には何も存在しない、というのが唯識の根本的意味である。

横山紘一『唯識思想入門』第三文明社

唯識とは文字通り、唯だ識のみ、ということである。識とは認識の識のことだが、ここでは感覚・知覚の総称としておこう。つまり我々の世界は、自己も含めて、感覚・知覚そのこと以外には何もないというのである。そしてこのことによって、物や自我の実体は存在しない。……いわば、識が描き出している映像があるのみで、固体的・実体的な物や自我は存在しないというわけである。

竹村牧男『「覚り」と「空」』講談社現代新書

唯識思想は唯心論にもっとも近いが「唯だ心のみが存在する」という意味だけではなく、「あらゆる事物は心が作り出した影像にすぎない」（横山）という禅定体験から生みだされた認識哲学であり、外的現象と内的精神（主観と客観）を、存在、認識、実践の三つの領域において追及する宗教哲学でもある。そしてその意識の構造、またその弁証法的認識は、近代哲学の出発点になったデカルトの「心身二元論」（物心二分法）をも孕んでおり、私にとってもデカルトを超えるほどの魅力を憶えさせるものである。

仏教の流れを大まかに眺めてみると、ゴータマ・ブッダの生存時代から入滅数十年を原始（初期）仏教というが、一〇〇年を経ったころ教団において激しい論争が起こり、諸部派対立の時代を迎え部派仏教（小乗仏教）が成立する。この部派仏教はあまりにも戒律を重視し、もっぱら修行と禁欲によって自己のみの完成を目指す立場をとったため、その反動として在家信者を中心とする大乗仏教が興ったのである。

大乗仏教は「空」の立場から縁起を説き、大衆の救いを第一に考える菩薩の思想を強調した。『般若教』に基づく「中観派」と、『解深密教』に基づく唯識思想の「瑜伽行派」である。

この大乗仏教の二大哲学学派の「中観派」は龍樹（ナーガールジュナ・一五〇～二五〇頃）を祖師とし『中論』を根本聖典として、「あらゆる事物・事象の存在性を徹底的に否定する『空』の思想を論理的に組織大成した」（横山）。

一方の「瑜伽行派」は弥勒（マイトレーヤ）、無著（アサンガ・三九五～四七〇）、世親が「この思想の大成者であり、アサンガの『摂大乗論』、ヴァスバンドゥの『唯識三十頌』などを根本聖典とし、唯識は唯だ識が現したのみであるとして、阿頼耶識を含む八識をたてつつ、世界のあり方、輪廻の様相、修道のしくみなどを説明しようとする」（竹村）のである。

さて、この唯識思想を中国に伝えたのが、孫悟空が大活躍するあの『西遊記』で有名な三蔵法師として知られる唐の高僧、玄奘（六〇〇～六六四）である。そして玄奘の弟子、慈恩大師窺基（六三二～六八二）が確立した学派が、「法相宗」で、日本には留学僧たちによって奈良時代に伝えられ、南部仏教の一つとして繁栄をみるにいたったのである。

インドのあらゆる宗教、哲学に共通する普遍的な問いは、「自己の究極とは何か」というもっとも近代的な問い、いやむしろ「人間とは何か」という、人間の根源的な問いを探求することにあるとされている。

「自己とは何か」とは、なんと恐ろしい問いであろうか。なぜなら、それこそ刃のむけ方次第では自分自身がズタズタに斬り裂かれてしまうからである。

唯識思想の本質は、仏教の根本理念である「苦からの解脱」を、実践（修行）を通して「覚る」ということには違いないのだが、その「覚り」に対する姿勢、理念は驚嘆するほど近代的であり論理的なのである。迷いの世界である現象的な存在や自我という存在を徹頭徹尾追求し、解体に解体を重ねることによって真の知慧を「自覚」しようというのである。

西欧の近代自我は、デカルト（一五九六～一六五〇）によって「われ思惟す、ゆえにわれあり」という意識哲学として出発したが、その行きづまりは「心身二元論」を超え得なかったところに、なお今日でも出口はみつからないのではないか。

ところが唯識思想は、最初から自己や物に対して「実体」を認めようとしなかったのである。「実体」があるように思うのは、心のなかの「識」がつくりだしたものであって、それらは映像や仮の現象に過ぎないし、そういうことを考える自己という存在もまた幻である、というのである。

このように唯識は先ず、人間の「識」を徹底分析することから出発する。そして事物の実在を否定する。つぎにその事物の実在を誤って認知する自己、および自己の存在をも否定する。そして一切は何の本性ももたない「空・無自性」で仮現（幻）にしか過ぎないとし、そのことの「自覚」によって真の自由が得られるとするのだ。

唯識に私がもっとも魅力を覚えるのは、その超近代的といっていいほどの論理にある。つまり存在や認識を確認することによって存在や認識を否定し、さらに唯識思想そのものさえ否定するという、否定の否定論理が展開されるのだが、そこに私は、主観と客観、物と心という二元対立をはるかに超えた東洋思想の本質をみることができるからだ。

また、「覚り」についても、「苦からの解脱」によって自己が救われるという狭義な悟りではなく、知慧の「自覚」というはるかに宇宙的な精神のありようによって自己をみつめることができるという思想に感銘するのである。

いずれにしても、唯識思想もデカルトも「自己とは何か」からの出発は同じであったが、唯識は「実体なき意識」を徹底分析することによって「心身二元論」を克服し、デカルトは意識を「精神」と「物体」に分けたうえ、なおそれらを「実体」として捉えたことによって「意識そのもの」を見失ってしまったといえはしないか。

東洋と西欧の「自我発見」によって、人間の内的世界への探求が始まったわけだが、それにしても唯識の方法論は西欧を一歩も二歩も上回って、人間の根源である心の風景を的確に捉えていたのである。

あらゆる事物は心の本体たる識の働きにもとづく仮現にすぎない。この根源の識はすべての現象を蔵するものであるから蔵識（阿頼耶識）と名づけられる。この識が行動を縁として現象する時に現実世界の諸々の表象が現われる。この表象は意識の面であり、これに対してその根源にある蔵識は無意識の面である。世界は無意識の面と意識の面からなりたっている。

……世界は無意識が行動を通じて意識となり、その意識は六識によって対象界を構成し、自意識によって自我を構成するという構造をもつ。

末木剛博「唯識」『現代哲学事典』講談社現代新書

唯識派の人びとがこの頃すでに「性」（事物の本質）と「相」（現象としての事物の相（すがた））との区別を知っていたこと、つぎに「意識」（表層心理）と「無意識」（深層心理）をはっきり認識していたこと、さらに原始仏教以来の「六識」の奥底に二つの意識を加え「八識」としたことはまさに画期的なことである。「唯識の『識』とは、この自己の『こころ』のことである」（横山）という「識」は、感覚としての五つの「五識」と、知覚としての「意識」（六識目）、潜在的自我意識としての「末那識（まなしき）」（七識目）、それらの七識をすべて生みだす根源体としての「阿頼耶識（あらやしき）」（八識目）に分けられる。

まず、感覚としての「五識」は、眼識・耳識・鼻識・舌識・身識の五つで、「根の各器官に拠って、色・声・香・味・触の各境（対象）を感覚する。ともに現在のみに働き、ともに直接的な認知を行ない（推理等はしない）、必ず第六意識と倶に起こる」（竹村牧男『唯識の構造』春秋社）ところの「識」である。またこの五感覚の認識を「現量」といい、あるものを感覚した瞬間の認識、つまり言語（あるものと判断する）以前の、経験であるというのだ。

「アリストテレスも『デ・アニマ』（精神論）のなかで、これら五つの感覚は常に真である、と指摘しているように、仏教でも、前五識の感覚は、事物そのものを把握して誤ることがないと主張する」（横山）

ように、私もまたここに「記憶」の本質が宇宙に放つひとつの閃光をみるのである。それは、五「感」が、五「識」として捉えられているからである。唯識は感覚を意識として認めているのである。

ここで詳細は述べないが、私が前章までに問題提起してきた「細胞記憶」や「純粋無意識」（言語に犯されていない意識）と等しくその認識は合致するのである。またさきの考察で検討するが、二元分裂以前の「事」の思想を説くマッハや、西田幾多郎の「純粋経験」、ベルグソンの「純粋記憶」とも分かちがたくむすびつくものである。

六識目は「意識」と呼ばれ、「各五感の識の認識内容を、各名言（言語）に拠りつつ整理して、世界の輪廓を型どり、ものの世界を築きあげていく」（竹村）意識であり、言葉によって自覚される世界や日常性のなかの自己意識である。

次の七識、八識の発想こそが、唯識の思想を現代においてもなお輝かしつづけている由縁のものである。

その七識目にたてられたのが「末那識（まなしき）」である。「我執の働きをもつ識。意識が世間的常識や様々な思想・イデオロギーを学んでいく中で、自己というものの観念を作りあげ、その自我に執著する。我々には、意識の如何にかかわらず、先天的・恒常的に働いている我執が存しているのである。そういう厳しい自己反省の中から、意識とは別に、特に末那識がたてられた」（竹村）のである。

「自我執著意識の根源的錯覚とは、『自己という実体が実存する』とみることである。自分の心、あるいは肉体を眺めて、これは自己であると考えるのは意識閾下にある先天的ないし生理的とでもいえる根源的自我意識」（横山）のことである。

我執はあらゆる迷い、即ち煩悩の源であり、それは我癡「我は実体ではないという道理をしらない無知。「無明」のこと」、我見「実体でない我を実体と考える誤った考えのこと」、我慢「誤って考えられた実体としての我を頼んで高慢になること」、我愛「誤って実体と考えられた我を保持しようとする」四つとされ、別名「染汚意（ぜんまい）」といわれる（「　」内は末木剛博）。

「末那識」を『深層自我識』とする岡野守也は、『唯識の心理学』（青土社）のなかで、四つの根本煩悩の「我見」について次のようにいう。

> 人間は、我がないということに無智であるだけではなくて、もっと積極的に我があるという見解を抱く。……この〈我見〉は、単に意識・認識の誤りというのではなく、無意識の構造・深層構造であり、いわば認識のパラダイムなのである。これは、〈深層の自己イメージ〉といってもいいし、コンプレックスのもっとも強力なものとしての〈深層自我〉といってもいいだろう。
>
> 岡野守也

いわゆる「潜在意識」である。フロイトのリビドー、アドラーのコンプレックスに相当するものであろう。

唯識では、いままでの「五識」と「意識」と「末那識」をまとめて、「七識」（七転識）という。そしてこの「七識」を生みだす根源体、つまりわれわれの生命を維持する根源体を「阿頼耶識」というのである。

八識目の「阿頼耶識」について、横山紘一の『唯識思想入門』を要約すると次のとおりである。

(1)存在的側面としての阿頼耶識

①あらゆる存在を生みだす根源体である。自己をとりまく自然界（器世間）、自己の肉体（有根身）、感覚・知覚・思考などの主観的認識作用（諸識）はすべて根源体であるこの阿頼耶識から変化して生じたものである。このように阿頼耶識はそのなかにあらゆる存在を、可能態として、いうなれば〈種子〉の状態として貯蔵している。

②また阿頼耶識はさまざまな経験の影響が貯えられる場所である。レンズを通して入ってくる風景のすべてが印画紙の上に刻まれるように、精神的あるいは肉体的活動のすべては即座にその影響を種子として阿頼耶識の中に植えつける。植えつけられた種子は阿頼耶識の中である期間貯えられ、成熟し、その結果さらに新たな存在を生みだすにいたるのである。

(2)認識的側面としての阿頼耶識

阿頼耶識は〈識〉であるから、認識対象と認識作用をもつが我われの意識で経験できない（不可知）

ほどかすかなものである。

阿頼耶識は意識の領域にはのぼってこない深層心理ではあるが、意識の根源体として、あたかも、暴れ狂う河の流れ（暴流）のように、決して休止することなく活動しつづけている。

認識対象は阿頼耶識の中に貯えられている、一切諸法を生む可能力（種子）と、阿頼耶識自体が変化した、我われの肉体（有根身）および自然界（器世間）とである。

「阿頼耶識」は、潜在意識（七識）のもうひとつ奥にある、私たちの意識にはのぼり難いかすかな意識である。したがって、まったく意識をもたない「無意識」と断定することのできない意識である。にもかかわらずそれは人間が生きている間、意識の根源体として私たちの心を生かしつづけ、個の相続という役割を果たしている「識」なのである。

個の相続というのは、私たち人間の生まれ変わりのことであるが、「阿頼耶識」は個のなかで生きつづけると同時に、個を超えても（死）次の個（生）をとおして生きつづける「識」なのである。

もういちどここで唯識の「識」とは何かということを確認しておくと、「自己の『こころ』のこと。自己の心的活動のこと。したがって、感覚・知覚・意志・思考などの具体的心理活動を総称したもの」（横山）である。

だから、個（自己）が生きるということは、「こころの働き」によって生かされているということになるのだ。自己の肉体も存在も、自己をとりまく自然という環境も、すべて「自己のこころの働き」によって成立しているのである。（だが唯識思想はそれも仮現に過ぎないとするのだが、それはもう少しあとの展開にしたい）。

では、その「自己のこころ」はどう生きつづけているのであろうか。

まず、「阿頼耶識」のなかに過去を秘めた「種子」が形成される。この「種子」は植物の種とおなじで「阿頼耶識」のなかで保持されるが、なにかのきっかけでやがて発芽する。その発芽した「種子」はふたたび「七識」に影響を与え、影響を受けた「七識」が次の「種子」を形成し、円運動をくりかえすのである。

これを「現行熏種子（げんぎょうくんしゅうじ）　種子生現行（しゅうじしょうげんぎょう）」という。

「種子」とは、「過去の経験の潜伏状態であり、未来の経験の原因となる」（竹村）もの。また、「阿頼耶識の中にあって、自己の果を生み出す功能（くのう）（力・能力）差別（しゃべつ）（特殊な・勝れた）で、『自己を生み出す特殊な力』ということになる。……いわばエネルギーのように、一つの力である。しかもそれはもえ盛る火のような顕在的エネルギーではなく、原子核にひそむ潜在的・精神的エネルギーである」（横山）といわれるものである。

「熏習（くんじゅう）」とは、まったくの白紙（無記）になんらかの香りがしみつくように、「経験（七識の活動）が何らかの形で心の深層に印象づけられること」（竹村）である。

「現行」とは、「種子としての潜在的エネルギーが阿頼耶識の中で具体的に芽をふき、顕在的活動エネルギーに変化して日常の諸経験となって現われる」（横山）ことである。

私たちはこの「現行」によって、物を見たり、もの思いにふけったり、泣き笑いしたりしているのである。

阿頼耶識はまさに、「人間の『こころ』や『肉体』を作り出すと同時に、我われのまわりに存在する山川草木までをも作り出す」（横山）のである。つまり、表層意識を作りだす根源の深層意識なのである。

私にとって唯識思想の頂点となるものは、「阿頼耶識」と「種子」の関係である。というのも、経験を熏習された「種子」は、「記憶保持体としての」「潜在的な記憶そのもの」（横山）と断定できるし、その意味からまぎれもなくそれは「ＤＮＡ」ということもできるからである。

また、「種子」を貯える「阿頼耶識」は、これまたまぎれもない「母胎」ということができる。したがって、「阿頼耶識」と「種子」の関係は、「深層記憶」のなかにおける「胎児」と「子宮」の関係とまったくおなじなのである。

そしてこの関係は、「無始以来の熏習」といわれ、「初めなき永遠のむかしから絶えることなくつづいてきたし、未来永劫にわたってつづくかも知れない現象」（横山）なのである。

いってみれば、人類誕生以来の生命体に三〇億の記憶が刻みこまれていて、それが個から個へと相続されていくということなのである。

……蔵識（阿頼耶識）から一切の意味現象が生ずるのであるが、さらにこれらの意識現象が蔵識に影響を及ぼし記憶の形で蔵識の中に貯えられる。したがって蔵識は過去におけるあらゆる意識現象を無意識的記憶として含んでおり、それが次の行為を媒介として次の意識現象に影響をあたえるのである。それ故無意識と意識とは相互に原因となり結果となりあって依存しあうものである。　末木剛博

唯識仏教は、命根とか生命の連続とか記憶などの問題を、人間の生命の深層の動きとして捉えなおしていった。それを阿頼耶識と呼ぶ。

われわれの感覚・意識の行動が潜在せる阿頼耶識の中にその痕跡を残していくのである。……経験を新しく記憶していくのである。自覚的な行動も記憶していくが、自覚のなかった経験も同じように記憶し蓄積されていく。

一つの生命は、そのように人類や種族の無限の経験を内臓して生まれてくる。決して過去を切断した生命的存在はあり得ない。過去から離れた無色透明な生命はないのである。

太田久紀『胎児の世界と「倶舎」「唯識」』ぢてん22号

仏教はキリスト教とちがって、時間を直線的に捉えない。神のような絶対者ももたない。そして実在するものは「何ものかの流れ、それも果てることなく円環内を永遠に流れつづける流れ、さまざまな精神活動の一大潮流」（横山）である、とするのである。

「阿頼耶識」でもうひとつ見逃してはならない大切なことは、前述のようにその認識の対象が「個の相続」だけでなく、「種子」「有根身」（肉体）「器世間」（自然界）の三つをも対象としているということである。

つまり、「身体と環境を保持している」こと、「心的世界と環境とその交流点となる身体の、すべてを包含して自己は真に自己である」（竹村）といっていることだ。

自己は、心が身体器官と環境世界を通じて「一つの焦点」において交流する時はじめて、「事の総体」として「具体的な自己」なのである。故に、「自己は世界大」となるし「世界が自己となる」、そして「無数の焦点」において交流すればそこに「多個の世界」がある、と竹村はいう。

これは、個が個を超越して「全体」（多個）となるときこそ、初めて真の個が自覚できるということである。

「心身一如」の世界であろう。だから「全体」という思想において、二元的な両義性が克服されるのである。この問題は「身体論」として以後展開していくときに詳述するが、唯識はそのことをまた実践（修行）において実現していくのである。

＊　＊

唯識は、単なる理論だけではない。必ず実践を伴うことによって完成する思想である。

自我と存在の姿は仮にしか存在しないということが、全身―全心的にわかることが、修行の出発点でもあり到達点でもあるというのが、唯識の主張であり……主客対立図式の根本的否定といってもいいだろう。

岡野守也

唯識は理論と実践によって、「『識』を『智』に転換」（横山）し究極的真理へと到達するわけだが、その「覚り」は前述したように自己が「救われる」という消極的なことではなく、自己の「自覚」という積極的な行動を通して真理へ到達するということなのである。

究極的真理とは、「自己が真理に成る」（横山）ことである。「阿頼耶識」を転ずることを「転依（てんね）」というが、その転依を通して、「自己を根源から清浄なるものに変革すること」（横山）が「自己が真理になる」ことであり、「覚者」になることである。したがって「覚者」になるということは自らが「仏」になるということを意味するのである。

仏教のすごさは、「真理」を絶対の理想概念として捉えないことである。

神を究極の真理とするキリスト教においては、人間が神となることは絶対できない。つまり、人間が真理そのものにはなれないのである。ところが唯識は、心を転依（変革）することによって、自らが「真理」つまり「仏」になることができる、というのである。

しかし何度もいうように、この「覚り」は修行することによってしか得られないのであり、頭のなかの観念だけではその万分の一もわかることはできないのだ。

だからこそ「覚り」の最終段階は「自己＝世界」（竹村）の真理を得、その心を生きることができるのである。

竹村はつづけて『唯識の構造』のなかで、「迷いから悟りへは、我・ものともなる対象への執著・実体への誤認を遮し、透脱の主体のままに、真実の自己の現成のままに生きるということでなければならない」とし、ここに「破産した主―客二元論を超克する、真の主体性の哲学がある」という。

以上が、到底要約することのできない唯識思想のあらましであるが、これをひとつのベースとして、今後はそのときどきのテーマにしたがって折にふれ紹介をしていきたい。

最後に、『唯識三十頌』がいかに偉大な詩であったかを改めて納得しながら、「阿頼耶識」を「生命情報の世界」として捉える岡野の『唯識の心理学』のことばを引用して本章のしめくくりにしたい。

唯識学は、私たちに、自分でも知らなかった自分の心の深みの地図・見取り図を見せてくれる。そして、その心の深みに、まず自我の根があり、さらに全人類、全生物にまで関わる、生命情報の世界があり、それを根こそぎにし、つきぬけた時、さらなる心の深みが無我であることが覚られる、と告げるのである。

岡野守也

言語風景論⑿

「言葉」を問うことは「人間」を問うことであり、それはまた、人間の「言葉」（こころ）を生み出した「風景」を問うことである、というのが『言語風景論』の出発点である。

その出発点にしたがって私は、前章までに、地球の生成、生命の誕生、そして言語以前の人類の「深層記憶」（脳や細胞について）を、人類そのものや、言語発生に至る背景として展開してきた。なぜなら、人間をつくりあげる言語が、ただ単なるコミニュケーションのための記号に過ぎないものではないからである。あるいは記号論のように、明快に論理的に分析できるものではないからである。さらに、人類を発展させた、あらゆる要素を、あらゆる角度から検討しなければならないからである。

そこで今回からは、前章までの考え方を下敷きとして、さらに不十分な問題点を補いながら「言語以前」から「言語発生」への歩みを辿っていきたい。

＊　＊

今年（一九九二年）の四月から、ＮＨＫＴＶで「人間大学」という番組が始まった。そのなかに養老孟司の『ヒトはいつから人になるか』という講座がある。すでにご承知の人も多いと思うが、この講座は人類の誕生を解剖学の立場から検討していくわけで大変に興味深いものがある。

なかでも私がいちばん面白いと思うのは、『ヒトはいつから人になるか』というタイトルである。つまり、「サルからヒトへ」ではなく、あくまでも「ヒトから人へ」というその発想である。

私もこの点については第六章で、「果たして、『サルからヒトへ』なのであろうか。もしかしたら、『サルとヒトへ』なのかも知れないのだ」と書き、「サルからヒトへ」説に大きな疑問を投げかけているのだ。もちろん、人類も霊長類であり、そのはじまりは類人猿であることに間違いはないだろう。しかし、冷静に考えてみると、果して類人猿はサルなのだろうか、あるいはヒトなのだろうか、というごく単純な問題にぶつかるのである。

『堕ちたサル』（思索社）の著者B・ボークンは、「科学者は、なぜわれわれ人間の祖先が類人猿の祖先から分かれ、独自の進化の道を歩むようになったのかという点については、少しも説明してくれない」といい、われわれの祖先に影響を与え人類をこの世に送りだすもとになった「異常」（この異常こそが類人猿からの分離、人類としての独自性のもとである）についても何も教えてくれない、というのである。

この単純かつ最大の疑問は、いきなり、「突然変異」となり、「脳の異常発達」となり、「二足直立歩行」、「道具の使用」と結びついていくのであるが、それは問題のすりかえというものであろう。結論的に結びつけられ、責任転嫁によってうまく騙し打ちされたようなもので、私もまた納得できかねるのである。

人類は一体、いつ頃から類人猿とわかれ、人類独自の道を歩きだしたのか、ということについては現在でもまだわかっていない。だから、本当のところ、「サルからヒトへ」という説は甚だしい誤解や錯覚であるのかも知れない。もし、「サルからヒトへ」説が正しいとすれば、なぜ、二〇〇万年以上も経過した現在、「サルはサル」であり、「ヒトはヒト」でありつづけるのか、という素朴な疑問にここでも突き当たってしまうのである。

私ひとりがいつまでもそのことにこだわることはないのだが、学者たちが誰も答えてくれなければ、無性に気がかりなのである。では、「お前はどうだ」ということになるわけだが、私は私の仮説として「サルとヒト」説を唱えたい。つまり、「サル」と「ヒト」はおなじ霊長類で、しかも、姿形がお互いにそっくりであるにもかかわらず性格がまったく違う、ということである。

「サルとヒト」が、あまりにもよく似過ぎているから、「類人猿起源」説や「サルからヒトへ」説、「裸のサル」説などなどが、「耶馬台国」説とおなじように面白がられるのではないか、とさえ思えるのだ。私は第六章で群れから離れてくらすアウトサイダー的、あるいはヒッピー的存在のオスザルを「ヒトリザル」として紹介した。さらにB・ボークンのいう「劣位のサル」を落ちこぼれの奇形ザルとして紹介したが、このオスザルたちこそ、「サル」からのわかれでなく、すでに「ヒト」であった、といえるのではないか。

したがって、サルそっくりの似姿であったばかりに、仲間的扱いも受けただろうし、その結果、徹底的に嫌悪され憎悪されたに違いない、と私は考えるのである。「サル」に似過ぎたばかりの、「ヒト」のとんだ災難といってみたくもなるのである。私はそれ以外には、「サルからヒトへ」説の決定的な理由となるものはないのではないか、と思えてならないのである。

念のためにハクスレーの「類人猿起源」説に反論した、イギリスの生物学者マイバートの説を引用しておこう。

彼は『人間とサル』のなかで、「ある種の霊長類だけが独占的に人間に似ているのではなくて、人間はすべての段階の霊長類に一様に似ている。だから、人間―類人猿―サル―原猿類を直線的なはしごの上に配列して進化を説くのはまちがいである」（今西錦司他『世界の歴史1　人類の誕生』河出書房）といっている。

これから私は私なりに、「サルとヒト」説にしたがっていくわけだが、（なぜなら、ムリしてまで「ヒト」を「サル」に近づけたり、結びつけたりする必要がないからである）慣習上、「猿人」「原人」「旧人」「新人」という表記は今までどおりとする。


さてもうひとつ、人類の「道具使用」についての問題提起がある。それはここにも「サルからヒトへ」説のような、危やふやな疑問点が存在するからである。ずばり、ひと言でいえば、「石器の使用」と「道具の使用」はその意味するところがまったく違う、ということである。

学者たちは、いとも簡単に「石器の使用」が人類最初の「道具の使用」だとしているが、それはとんだ大間違いであり、しかも、「道具の使用」という本質の意味合いからも大きくかけ離れているのだ。

私たちもまた、ついうっかり「道具の使用」の年代ばかりに注意を引きつけられていて、「道具」という意味と「使用」という意味については、なにひとつ知らされていないのである。それは無意識的になのか、意図的になのかはわからないが、ここではっきり指摘しておかなければならない問題点である。

「道具」とは何であるか。岩波の『広辞苑 第二版』によれば、「②その道に使用する一切の器具。物を作り、また事を行うのに用いる器具の総称」とある。とすれば、礫石器と呼ばれる石塊の「石器」は、果たして「道具」であるのか、ということになろう。

つまり、「道具」とはごく単純にいっても、何かを使用する目的のために、意識的に、しかもその素材をもっとも適切有効に工夫して作ったもの、ということになるだろう。したがって、天然の、そこに転がっている石ころや木片をただちに「道具」などと呼ぶ学者はいないだろうし、それを握ったり、打ちつけたり、投げつけたりしたからといって、そのことを「使用」というようないい方はできないはずである。

「使用」とは、「つかいもちいること」(同前)であり、ただ漠然と使うことではなく、ある目的にそって、ある意図のもとに、その目的を達成させるために用いることである。だから、どんなに大雑把にいっても、類人猿のものの使い方と、ヒトのものの使い方はあきらかに違うのである。ヒトの場合には、はっきりした目的意識がはたらくと同時に、使うにあたってのさまざまな創意工夫がある、ということになる。

ここで問題となるのは、「道具の使用」という言葉の解釈の問題などではなく、「道具を使用する」ということは、どういう意味があるのかということだ。

「人間はホモ・サピエンスの段階に到達する以前、つまり抽象的な思考が可能となる以前には、かれら自身の道具をつくることは一切なかったと考えたい」というB・ボークンは、その理由を次のように述べている。

道具をつくるためには人は道具製作機ないし製作具を必要とする、という点にある。道具製作具をもつためには、人は発達した脳を、抽象的な思考の可能な脳を必要とする。……道具とか武器をたずさえることは、あらかじめの予測を前提としている。抽象的な思考そのものである予測は、したがってホモ・サピエンスの出現以前に開始されることはありえなかった。

B・ボークン

江原昭善も『人間性の起源と進化』（NHKブックス）のなかで次のようにいっている。

道具を作るということは、少なくともあるレベル以上の知能が要求されるし、同時に未来を予見する能力があることも暗示している。さらに道具は、ある場合には言語と同じ働きさえもっている。

江原昭善

「道具の使用」という意味を問うのは、まさにこの点である。つまり、「道具」とは、「目的と意図と手段を反映した」ものであり、それを使うということは、「目的に適したものを選択するという予見と知能」（江原）が必要となる、ということである。

「目的と意図と手段を反映」し、「目的を選択する予見と知能」とは一体何なのか。そして私が、執拗に「道具使用」の奥底に潜んでいる意味を追い求めるのはなぜか。

それこそまさに、「道具」が「言語」そのものと同じ機能をそなえているからである。

江原昭善はつづけて、「目的とそれを達成するための道具の関係ができ上がると、道具を見ただけで目的がわかり、その道具をもったものの意図が理解される」と述べ、「ひとつの道具がふたりのあいだで、意味を伝達する言葉と同じ機能をはたしていることがわかる」ともいっている。

極端ないい方をすれば、「道具の使用」とは、言葉を喋ることとおなじ次元である、ということなのだ。そして言葉を喋るというのは、ヒトの時点においてはあり得なかったかも知れないが、すくなくとも、言葉以前のコトバがなければ、道具を作ることはできなかっただろうし、使用することも不可能であった、ということができるのだ。

もっと極端にいえば、「道具」はすでにこの時点で「言語」であった、といえよう。したがって私は、「道具の使用」時点と「言語の発生」時点は同時であった、と確信をもっていえるのである。

目で意味がわかる視覚言語、そして動作で意味がわかる身ぶり言語と同様に、「道具も視覚言語と同じ機能を果たし得ることがわかる」（江原）というように、「言語」はすでに当時において、「道具＝言語以前のコトバ」として発生し存在していたのである。

「サルとヒト」、「道具の使用」という単純な表現のなかの隠れた（隠された）意味についての私の見解を示したが、要するに、この次元においてすでに言葉は「言語以前のコトバ」として、意識は「言語以前のイシキ」として、人類の身体のなかに準備されていたのである。

もちろん、旧人類（約二〇万年から四万年）以降ということになれば、「かなり進んだ技法による打製石器を用い……精神面でも進歩の兆しがみられる」（田辺昭三「化石人類の歩み」『現代用語の基礎知識』）ことになり、ヒトとしての道具使用という意味において、「道具の使用」という表記は正しいことになるのであるが。

＊　　＊

小沢直宏は、「人類心理学」によって、人類の歴史とともに具備されてきた人類心理生成の根拠を究明しようとする（6）章）。

それにはまず、小沢は『進転の原理』を、第一のビッグ・バンの「物質」次元から、第二の「生命」次元、第三の「人類」次元という三つの流れのなかで捉え、「人類心理（自我）の生成は原理に基づいた秩序と法則によるもので、突然変異や偶然ではなく、すべて必然である」とする。

従来の進化論では、「物質」と「生命」と「人類」の関連性についてはほとんど興味を示されてないのだが、小沢はその三つの関連と流れこそが『進転の原理』であり、いささかも狂うことのない秩序と法則であると、説得力ある主張をするのだ。

小沢はこの三つの次元の進転は、九つの段階と○（ゼロ）（別格）段階という必然の流れのなかで、一つの次元が最高次に達すると、前次元の存在が前提となって次の次元へと展開していく、というのである。

第一次元ビッグ・バン「物質の進転」
（物質だけで構成されている）
Ⅰ段階　時間・空間
Ⅱ段階　素粒子
Ⅲ段階　原子
○段階　放射性元素
Ⅳ段階　元素
Ⅴ段階　化合物
Ⅵ段階　酸・塩基
Ⅶ段階　炭化水素・アルコール類
Ⅷ段階　糖・脂肪・蛋白質
Ⅸ段階　核酸

第二次元「生命の進転」

（「物質」次元の上に動物特有の実体「生命＝本能」によって構成されている）

Ⅰ段階　「生命」（自己複製を生成し、全般的に生命を維持しようとするはたらき）

Ⅱ段階　「生命＝本能」（生命維持に必要な器質に遺伝子を組み込み、各本能のニードを一手に引受ける）循環器系

Ⅲ段階　「エネルギー産生本能」（生命維持に必要な生物エネルギー及び本能のはたらきに必要なエネルギーを産生供給する）呼吸器系、消化器系、排泄器系

Ⅳ段階　「運動本能」（生命維持に必要な生体移動や食物捕獲）運動器系、平衡器系

Ⅴ段階　「生殖本能」（多細胞動物における自己複製を産出するはたらき）生殖器系

Ⅵ段階　「習性本能」（生命維持に必要な外界及び内界を知覚するはたらき）感覚器系

〇段階　「免疫本能」（異物が生体内に闖入したとき排除するはたらき）免疫機構

Ⅶ段階　「睡眠本能」（生体維持に必要な外界及び内界の情報選択決定―動物意志―のはたらき）中枢神経系

Ⅷ段階　「動物愛本能」（生体防衛、胎生、授乳、子が成長するまでの世話）体毛（羽毛）受胎系、授乳器系

Ⅸ段階　「危険察知本能」（外敵から生命を防衛するはたらき）生命防衛のための非器質的機能

第三次元「人類の進転」

（「物質」、「生命＝本能」次元の存在が前提となってその上に、人類特有の素材―自我―によって構成される）

Ⅰ 「生命」

Ⅱ 「生命＝本能」

Ⅲ 「エネルギー産生本能」

Ⅳ 「運動本能」

Ⅴ 「生殖本能」――「無自我」Ⅰ最初の猿人に生起、生存維持以外の目的を有すること、つまり性的快楽を求めることが可能となる

Ⅵ 「習性本能」――「客観自我」Ⅱ中期猿人に生起し、「無自我」の充足、つまり異性の性器だけ選りすぐって前駆意識できる

○ 「免疫本能」

Ⅶ 「睡眠本能」――「主観自我」Ⅲ後期猿人に生起し、「無自我」及びそれ以外の目的欲求を充足させる実現系の「自我」

Ⅷ 「動物愛本能」――「親愛自我」Ⅳ「自己愛自我」Ⅴ「同胞愛自我」Ⅵ「伴侶愛自我」Ⅶ「異性愛自我」○

Ⅸ 「危険察知本能」――「闘争自我」Ⅷ「恐怖自我」Ⅸ

以上が『進転の原理』と、その流れである。

そしてこの流れのなかで、第二次元の最後である「危険察知本能」の例外となった人猿が、第三次元の猿人、つまり人類の第一歩をふみだし、本能の上に「無自我」「客観自我」「主観自我」を励起させるのである。

「危険察知本能」の例外というのは、草原へと追われた人猿の防衛本能が、森林の生活で身につけた防衛能力を放棄せざるを得なくなってしまったということである。

私の仮説をふくめて、「人類の進転」をまとめてみると、それは、あまりにもその姿がサルに似過ぎているヒト（人猿）が生まれたため、サル仲間から徹底的に嫌われ、森林（樹上）から草原（地上）へと追放されてしまった、ということから始まる。

この追放されたヒトは、止むなく地上生活をするわけだが、本能を失った防衛対策では危険から身を守ることはできない。そこでヒトは、目の位置を少しでも高くして敵を発見しなければならなくなり、立ち上がる姿勢をとるようになる。このことは、二足直立歩行（この時点ではまだ歩行することはできない）と、視覚中心の感覚系を発達させる原因となるのだが、本能の限界であると同時に、本能以上の能力を必要としなければならないことでもあるのだ。

小沢はこの状態を、「危険を覚悟しつつ地上生活を断行した結果、人猿が今にも絶滅の危機に瀕していたとき……『危険察知本能』が本能というより殆ど〝無意識様〟のはたらきをすることになったことによって、人猿は『人類の原理』である猿人に飛躍する基礎固めを完了したものと考えられる」(『生命の進転』暁書房)と述べている。つまり、ヒトは瀕死の状態に追いつめられることによって、人類への飛躍が可能な態勢におかれた、というのである。

さて、一方でヒトのオスは、このような危機に瀕しながらも、「生殖本能」から逸脱した交尾期のない性をくりかえしていた。そして、ひとりのヒトのオスが交尾中に「性的エクスタシー」を感得するのである。

小沢は、「その時、そのオスの身に、物質や生命の原理とは似ても似つかない作用……第三次元の実体である「無自我」が生起され……〝人猿のオス〟から〝猿人の男〟になったのである」という。

〝人猿のオス〟から〝猿人の男〟へ。これが、「人類の誕生」である。

人類誕生はこのように、「本能」の限界に立たされたヒトのオスに、いままでの次元になかった新しい能力を発生させたのである。だが、もう一方では、「危険察知本能」の喪失、「生殖本能」からの逸脱、という二つの反自然現象を生みだした。ある意味でいえば、そのことは「異常」や「狂気」の沙汰でもあったのである。

そしてそれこそ、(ひとりの)オスにあたえられた、命がけの、自然への反逆という精神であり、宿命という命綱であり、オスの永遠の悲しみであったといえよう。

私は、人類誕生における「無自我」発生の意味を、「動物本能の破壊」と「性的エクスタシーの感受」としたうえで、それはとりもなおさず「人類の自我意識の始まりであり、言語の始まりでもある」、と同時に、「人類の脳に深く刻みこまれたキズ跡」(7)章) であるとしたのである。

いいかえれば、「自我」や「意識」はつねに、その深層において「破壊と反逆」という「脳のキズ跡」によって裏打ちされているということである。「人間」というものが、一歩間違えば奈落の底に陥ち込むという崖っぷちに立たされているのも、当然といえば当然の結果かもしれない。

人類は猿人段階において、第三の実体である「無自我」をもつに至ったのである。もちろん、この段階での「無自我」は「言語以前のコトバ」以前の、自覚できないほどの「イシキ」である。

さて、この「無自我」が、人類の意識系と意志系の機能を生みだすのであるが、それをごく簡単にまとめておこう (6)(7)(8)章を参照)。

まず「無自我」は、「性的エクスタシー」を充足することを目的とする実体であるが、きっかけがない限り「性欲を湧出する」ことはできない。そこでそのきっかけをつくるべく、「知覚作用を司る『習性本能』の上に生起されたのが『客観自我』」である。このことによって、「客観自我」が性的きっかけ、つまり異性性器を「イシキ」(小沢の前駆意識) さえすれば、容易に「無自我」は「性欲を充足できるようになった」のである。

ところが、それだけではまだ不完全で、目的欲求を実現させるための「イシ」(小沢の前駆意志) が必要となり、「行動を決定する『睡眠本能』の上に意志し、行動する実体としての『主観自我』が生起」するのである。

ここではじめて、人類誕生以来の、「完成された形での最初の心理機構、いわゆる『エロスの心理機構』

が確立された」（『人類心理の起源』玄同社、『深層心理の構築』竹内書店新社）のである。

つまり、「無自我」が性欲の充足を目的とすれば、「客観自我」が、対象であるところの異性性器を「イシキ」して「無自我」に意欲を促し、それを「主観自我」が「イシ」して行動し、実現する、というわけである。

これからの展開のために、ここで改めて、小沢が「人類心理学」で用いる、誤解をまねきやすい用語について説明をしておきたい。

「生命」は、「生存を維持するに当たって、根源的・原初的・未分化的はたらきを遂行」する。

「本能」は、「自らに与えられた特殊な任務だけを遂行」する。

「生命＝本能」は、「第一次元の実体である『物質』を意の如く使いこなすことができる強い影響力を」もつ。

「自我」は、「『本能』の上に生起した第三次元の実体」である。

「無自我」は、「最初の猿人に生起した『自我』の呼称であり、従来の自己の中心をいう自我とは全く別の意味」である。そして、「第二次元の実体である『生命＝本能』を意の如く使いこなす」ことができる。

「性欲」については、「従来の人が信じて疑わなかった如く、本能のなせる業ではない。『性欲』は『無自我』が自らの目的を欲求したときに発せられる『意欲』」である。

そして、「意欲」とは、それぞれの「自我」の目的実現をめざすために、いちばん「はじめに目的にむかって歩み出すべく志向する」実体であり、当然、「無自我」の場合の『意欲』は「性欲」となるのである。したがって、「心理機構が作動するに当たって、その心的エネルギーを供給するのは『自我系』が意欲したことによって湧出される」ということになる。

「生命の原理」とは、「生存を維持する」ことである。

「人類の原理」とは、「充足する」ことである。そのために「自我系」は「対象」が必ずなければならず、「その「対象」は動物の如く自然環境ではなく人類」なのである。もちろん、「無自我」の場合は女性である。

「客観自我」とは、「無自我」の意欲する「性欲の対象を認識するために生起された」実体である。この認識のことを「前駆意識」というが、私は「言語以前の意識」として、今後「イシキ」という使い方をする。

「主観自我」とは、「無自我」の目的欲求を「実際に意志して実現させる任務」をもって生起された実体である。この意志を「前駆意志」というが、「イシキ」と同様に私は、「イシ」と呼ぶ。

意識系の「客観自我」と、意志系の「主観自我」が具備されたことによって、まず、「人類だけの心理機構、つまりエロスの心理機構が完成」し、それにしたがって、今後つぎつぎに自我系の実現が可能となっていくわけである。

言語風景論⒀

人類の「道具使用」という次元に、最もスポットをあててみたい欲求にかられるのである。なぜなら、人類が人類として独立するあらゆるドラマがこの次元に含まれていると確信するからである。猿人から人猿へ、サルとヒトへ、この次元に起きた飛躍的な出来事が、動物次元と人類次元をきっぱりと分けてしまったと考えられるからである。

前章で私は、人類の「道具使用」の奥底に潜んでいる意味について、「道具はすでにこの時点で言語であった」、そして「道具は言語そのものと同じ機能をそなえている」、さらに「極端ないい方をすれば、道具使用とは言語を喋ることと同じ次元である」といった。それは角度を変えていえば、この次元ではすでに、「言語以前のコトバ」「言語以前のイシキ」が、人類の「深層記憶」のなかに準備され、その芽生えをまっていたということである。

そこでもう一度、人類の「道具使用」までのながれを簡単に整理、展望してみたい。

まず、「言語以前のイシキ」についてであるが、これは小沢直宏がいう人類特有の「自我系」、つまり「動物本能（生命本能）の上に生起した生存維持以外の目的を有する第三次元（人類）の実体」である。

もちろんここでの「自我」というのは、現在使われている「自己の中心をいう自我」とはまったく別の意味であって、第二次元本能（動物）の上の第三次元（人類）に生起した実体のことである。

ではこの第三次元の「自我系」の実体とはなにかというと、第一次元の「物質の原理」（「物質」だけで構成されている）が必然的な『進転の原理』によって、第二次元の「生命の原理」（「物質」次元の上に動物特有の実体である「生命＝本能」によって構成されている）へ進転を遂げ、さらに第三次元の「人類の原理」へと展開した実体、つまり、本能に生きるだけのことから本能以外にも生きることができるという、一歩ふみだした生（実体）のことである。

小沢は、「生命の原理とは生存を維持すること」、「人類の原理とは充足すること、そのために自我系は対象が必ずなければならず、その対象は動物のもつ自然環境ではなく人類である」として、動物次元から人類次元への進転を説き、「自我系は自らの目的を人類なる対象との関係を成立することによって充足することになった」という。

この時点から人類は独立するわけだが、もう一つここで念を押しておきたいことは、この第三次元の「自我系」のきっかけを作ったのが、落ちこぼれのオスザルが感受した「性的エクスタシー」であるということ。そして、「物質や生命の原理とは似ても似つかない作用」（小沢）である「性的エクスタシー」こそ、私が繰り返しいう、人類意識の起源であると同時に、人類の脳に深く刻みこまれた永劫の罪深きキズ跡でもあるということである。

人類は決してスムーズには誕生しなかったのである。

人類誕生が読者にとって幸であったか不幸であったかは知らないが、すくなくとも私にとっては悲劇であった。それは、「エクスタシー」という「性のキズ跡」をもった単純なるオスと、「オスをつなぎとめておく唯一の方法が性的な快楽にあることを理解した」（B・ボークン）賢いメスとの熾烈な闘いに、そして、人類を対象とした「個対個」の戦いにつながっていくからである。

とにもかくにも、「性的エクスタシー」をきっかけとして生起された最初の「自我系」は、性欲だけにむけられた「無自我」であった。そしてこの「無自我」は、性欲がたやすく湧出・充足できるための必然として、異性性器が意識化できる「客観自我」と、エクスタシー充足の実現系としての「主観自我」を生起させたのである。

以来、「客観自我」は知覚作用をとおして対象を意識する働きを、また、「主観自我」は目的欲求を実現させる意志と行動力を司る任務を受け持つことになるのである。つまり、人類だけの心理機構といわれる「エロスの心理機構」（小沢）が完成をみるわけである。

このように、小沢が「エロスの心理機構」の完成を、三つの「自我系」の発生時点に設定したこと、と同時に、その発生の原点をオス（男性）の「性的エクスタシー」充足だけにむけられた「性欲」（意欲）としたことは注目に価する（小沢はこの時期を約五〇〇万年前から約一四〇万年前までの、約三六〇万年の間と計算している）。

「無自我」は能う限り充足することを志向する性質を本来的に有している。もしそれを〝悪〟というなら天然自然の性質が〝悪〟なのである。このように「無自我」が充足することを志向するア・プリオリな性質を「性欲」と称する。「性欲」は「無自我」が自らの目的を欲求したときに発せられる「意欲」である。

小沢直宏『人類心理の起源』玄同社

こうして人類における「イシキ」の発生は、オス（男性）から始まったのである。そしてこの「性欲」は、なにひとつ恥らうことのない、実に堂々とした、しかも知性を秘めた、男性シンボルの実体なのである。

ところで、ここでもう一ついっておかなければならない問題がある。それは、いかに男性の「性欲」が知的で堂々としていても、すべてが充足できるかというとそうではない、ということである。つまり、対象が異性（女性）という人類であり、「生殖可能な異性全てが、いつでも性交為をすることが可能になるとは限らない」（小沢）ということである。その結果、拒絶されたり、逃げられたりするのは、当時も現代もまったく同じなのである。

しかし、「人類の原理」は、「目的が実現されなくなった場合、次の機会に実現を期して、エネルギーを保存しておくことができる」ようにはからうのである。そして「このように意欲（性欲）が達成されない状態の実体を『未処理エネルギー』と呼称、略して『UTE』と称する」（小沢）のである。さらに、フロイトのリビドーは、「実体の構成要素が本能か心理的要素なのか釈然としないが『UTE』の場合は、

『自我系』が意欲して充足されないまま〝時間を停め置かれている心的エネルギーの状態〟と定義することができる」と述べ、「『UTE』を溜め置く心的空間を『深層心理』と称し、『UTE』は『自我系』と『本能系』の中間的実体ということになる」（同前）としている。

このテーマについてはいずれ、フロイトの欲望と欲動や、ユングのコンプレックスの時点で詳細しなければならないが、「UTE」が自我系意識の発生時において意欲と表裏の関係にあったということは、見逃すことのできない重大な問題である。


さて、人類の「道具使用」に至るまでのながれを「自我系の発生」にそってみてきたが、それと同時に発生したもう一つの、行動としてのながれがある。

ラマピテクスと呼ばれる人類の祖先たちは、生活の場を森林からサバンナへと追われた。B・ボークンはそれについて、交尾期のない性に快楽をおぼえた「劣位のサルたち」（人類の祖先たち）が、乱交に夢中になっている間に類人猿たちに遅れをとり、森林の減少と食料難に際して追放されたのだ、という。乱交にふけったあげく、犬歯を失い、動物本能を失い、ゴリラやチンパンジーの祖先たちの進化の道といちじるしく異なった道をすすんだわれわれ人類の祖先たちが、邪魔者、あるいは異端者としてサバンナへ追放されたのは、至極当然のことであったろう。

だが、ここでわれわれ人類の祖先たちは、ふみ止まったのである。

いやむしろ、あえてサバンナの生活に挑戦したのである。

もちろん、犬歯を失い、外敵からの逃走方法をも失ったわれわれ人類の祖先たちは、餓えと共に外敵の犠牲になっていったが、一方、乱交の効果が意外にも人口の増加をもたらしたおかげで、逞くも生き残ったのである。

乱婚によって種々様々な人間のタイプが生まれたことは、人類が生き残るうえで、有利に働くことになった。……この生存能力の欠如は、かれらを他の特性に適する方向にむけることになった。すなわち即応性がそれである。

B・ボークン『堕ちたサル』思索社

いまやわれわれ人類の祖先たちは、自分たちの欠点を唯一の支えとして、子を増やし、家族を増やし、仲間や集団を増やし、サバンナに膨大な人口を築きあげたのである。

ここで、われわれ人類の祖先たちが獲得したものは何であったか、ということになる。つまり、「道具使用」以前に備わった特長とは何かである。私なりの方法でつぎのように列挙してみると、まず、「心理面」では、

◎「交尾期のない性」……人口増殖と性格の多種多様性、そして即応性をもたらした。

◎「性的エクスタシーの感受」

○「性生活」の快楽性……模倣と遊びの発見。

○「自我系」の発生……意識系・意志系の確立と自然との分離を促した。
◎「UTE」……欲求不満と強烈な自意識（心的エネルギー）をうみだした。

「行動面」では、
◎「サバンナ生活での雑食性」……アゴの軟化によって発声能力が容易になった。
◎「外敵発見のための二足直立姿勢」……メスによるオスへの性的誘惑がもたらした、血族的種族保存本能による母性愛と、母系家族の確立。
◎「一足直立における両手の自由性」……脳の発達と技術能力を促した。
◎「一足直立による視覚の発達」……脳の発達と知覚の発達を促した。
以上のとおりとなる。

＊　　＊

われわれ人類の祖先たちはこの時点ですでに、動物以下の欠点を最大限に活かし得る能力を身につけていたのである。とくに、心理面での「自我系」における「客観自我」の意識系、「主観自我」の意志系の機能システムの発達は、自然に対する離別とともに、人類だけの独自の道を歩かせることになったのである。

そこで、人類の「道具使用」に至るまでの、私の仮説はこうである。
類人猿たちからサバンナへと追放されたわれわれ人類の祖先たちは、かなり悲惨な生活を強いられたに違いない。動物本能を失ってしまったかれらは、食物についても手近にある草や虫に限られたであろうし、肉などとなると、他の動物たちの食べ残しか、みむきもされない腐った獲物の残骸でしかなかったろう。

餓えに追いこまれたかれらは、遂に、自分たちで獲物を倒さなければならなくなったのである。最初の方法は、獲物の泣き声や姿かたち、その動作などを真似することで獲物に気づかれないように近づき、石ころや棒きれで倒したに違いない。そして、小さな獲物から大きな獲物になるにしたがって、かれらのバンド（群れ）が次第に集まり、やがて共同の生活が営まれ、原始社会が生まれたといえよう。

この共同体がもっともユニークな存在であったのは、なんといっても乱交によって生まれた、かれらの性格の多種多様性であったろう。かれらはそれぞれの得意とする分野でグループに別れ、分業によって共同生活を維持していったわけであるが、そのなかに手の器用なグループがいたはずである。そして石器は、かれらの手によって次々に改良され、あたかも手の延長でもあるかのように、使いやすく作られていったのは事実である。

ここで前章の、「道具使用」の意味、つまり「道具製作具をもつためには……人は抽象的な思考の可能な脳を必要とする」（B・ボークン）、「目的に適したものを選択するという予見と知能」（江原昭善『人間性の起源と進化』ＮＨＫブックス）を必要とする問題点、いわゆる「道具製作は言語以前のイシキであり、道具使用は言語以前のコトバである」（織坂）に戻るわけである。

レヴィ＝ストロースの『野生の思考』（大橋保夫訳　みすず書房）は、工作と思考（「神話的思考」）の問題を「ブリコラージュ」として巧みにとり扱っている。

「ブリコラージュ」とはフランス語で、ふつう「器用仕事」と呼ばれている仕事のことで、日本風にいえば「日曜大工」のような意味合いのものである。また、「ブリコール」（器用人）とは、「くろうとちがって、ありあわせの道具材料を用いて自分の手でものを作る人のことをいう」のである。

レヴィ＝ストロースは、ブリコールとブリコラージュの関係を、「『もちあわせ』の道具と資材で何とかするということが仕事の規則である」といい、そのためにブリコールは、いままでの「もちあわせ」のすべてを調べあげ「道具材料と一種の対話を交わし……資材が出し得る可能な解答をすべて並び出してみる」ことをしなければならないという。そして、この作業のプロセスを概念と記号の関係として捉え、ものを作ることは、「類推と比較を重ねて作業する」こと、「ものと『語る』」だけでなく、ものを使って『語る』」ことだといっている。

このことは、ものを作る過程における思考のあり方を示しているわけだが、人類の道具製作のあり方をよく暗示しているのではなかろうか。

言語以前の状況のなかで、「ものと語る」「ものを使って語る」ことは、ものを一種の概念や記号におきかえて、それらを比較したり、組み合わせたりすることと同じことであろう。コトバを使わない「自問自答」「ものとの対話」——これらは「内言とよばれるイシキ」ではなかろうか。

もちろん、この時代コトバはまだ発生していなかった。だが、「身ぶり言語」というものがあったことは確かである。したがって、各人が自分なりの概念をこころのなかにいくつもつくりあげていたはずで、その概念に共通したものが、「あいさつ」や「好き嫌い」の身ぶり（言語）として用いられていたであろう。そして、すでにいくとおりものコミュニケーションがスムーズにおこなわれていたことも確かである。

そのなかで、石ころや棒きれが手に握られ、獲物を仕止めるためのものとしての意味をもち始めたとき、人類たちは、それらをそれぞれのシンボル（記号）としてみつめだしたに違いない。つまり、「もちあわせ」の道具材料という素材が、一語、一語に相当する「分節言語」の役割をはたしていたといえよう。

この「身ぶり言語」と「シンボル」の組み合わせによって、人類たちの行動や表現の範囲はとてつもなく拡大されていき、当然のことながら対象を捉える捉え方も急速に変化していったということができる。

そしてこれらの意味を私は、「コトバこそなかったが、道具の製作と使用を現実化することによって、コトバを話す思考能力がかれらに充分備わった」と、よみとるわけである。

「ロゴス」には「言葉・議論・計算・比例・尺度・理法・理性・根拠」（丸山圭三郎）などの複雑多様

な意味があるが、ロゴスの動詞「レゲイン」には、「集め」「比量し」「秩序立てる」（中村雄二郎）という意味がある。丸山はつづけて「レゲイン」の意味をハイデガーの「とり集めて目の前に置くこと」とし、「ただ乱雑な集積をつくるのではなく、一定の尺度に従って多種多様な異物を一つのカテゴリーに括ることであるのだから、それは〈秩序化〉と〈統一〉をも含む概念と言えるだろう」（『言語と無意識』講談社現代新書）といっている。

もともと「言葉」といわれるロゴスには、これだけの複雑な意味があるのだが、よくよく考えてみれば、「言葉」そのものが機能的、構造的に複雑なのである。

世界の言語化というのは、世界を言語によって分節化することであるが、これを逆からいえば、分節された言語を「集め、比較し、秩序づけ」ることによって世界を表現する、ということになるのである。「ブリコラージュ」に例えてみれば、〈「もちあわせ」の道具と資材〉を多種多様に分節されたもの、つまり『分節言語、記号』として、〈何か〉を『概念、イマージュ』として、〈作ること〉を『集め、比較し、選び、秩序づけする』こととみなせば、これはもう、はっきりいって、われわれ現代の思考法であり言語表現法とまったく同じなのである。

この次元において、われわれ人類の祖先たちは、動物たちとキッパリ訣別したし、あわせて自然とも決定的に離別したのである。

＊　＊

言語発生までには、最大の難関である「意識」の問題がある。というのも、人類の「道具使用」が、最初の「自然のままの素材」から「用具としての素材」へ、さらに「用具を作る道具としての素材」へと移行していくわけだが、その移行の過程こそ「意識」の進行過程そのものなのであるからだ。

「エロスの心理機構」として発生した「主・客観意識」も、自然対象から生物対象へと移行することによって変化していくのである。

「ブリコラージュ」によって作られる道具も、単純なものからより利用価値のたかいものへと進んでいくわけだが、その最終段階では、作られた道具を見ただけで、なんのための道具であるかを、よみとることができるようにまでなるのである。

目的とそれを達成するための道具の関係ができ上がると、道具を見ただけで目的がわかり、その道具をもったものの意図が理解される。……ひとつの道具がふたりのあいだで、意味を伝達する言葉と同じ機能をはたしていることがわかる。

江原昭善

道具はすでに、「身ぶり言語」から一歩すすんだ「視覚言語」としての役割を果たしているといえるのだ。いいかえれば、道具は意味を伝える「言語媒体」にまで到達しているのである。

ヴェ・ペ・イアキモフも『人類起源』のなかで、「……つまり意識は、動物の進化のうちにこそその根を持ちながら、人類への移行をもたらす道具行動の発展の進むなかで生ずるのである」と述べている。「言語」と「意識」の問題は人類が存在する限り論じられるであろうが、私はかなり乱暴単純に、「言語は意識であり、意識は内言である」と定義している。

チャン・デュク・タオの『言語と意識の起原』は、両者の関係を「道具の生成」（第二部）という立場から、実に詳細にわたって論述した労作である。それを簡単に要約することはできないが、彼が「適応労働の運動」とよぶ「意識と道具生成」の関係を眺めておきたい。

彼はまず、最初に第一部で、「人類のまさに発端から、すなわち最初の用具（outil）の登場――それの生産は、すでに、それを生産した主体の頭のなかにまえもってそれのかたちを思いうかべていることをふくんでいる――から意識を出発させることが自然であるように思われるかもしれない」（花崎皋平訳　岩波現代選書）と書き、「意識は、なによりもまず、その『直接的現実』、すなわち言語――身ぶり言語、話しことば言語――において研究されるべきである」と述べ、「言語は、そもそもの始まりとしては、類人猿の水準から出発する適応労働の運動そのものの上に成立する」として、エンゲルスの、「まず最初に労働、その次に、そしてそれと同時に、言語」（『自然の弁証法』）という言葉を引用している。また彼は、原初的な行動の最初にあらわれた形態を「指示の身ぶり」として、「主観の客観に対する〈志向的〉関係を客観の〈原初的な意識〉として定義」している。

これは小沢の「自我系」意識の発端が「性的」であるのに対して、「労働」という違いはあるが、「指示のあたえ手受け手」という行動における意識のあり方は、そう変らないのではあるまいか。

彼は、「指示の身ぶり」の意味を次のように説明する。「自分を指すと同時に他人への指示でもある」ことから、「各人は、他者のうちに、おなじ身ぶりをする彼自身に似た存在をみているか、あるいはまた、彼は、他者を〈別の彼自身〉としてみている」わけで、「交互に、この二重の役割においてたがいを認めあう」のである、と。

これは自己意識と他者意識の重要な論点であるが、ここでは、マルクスの、「人間は、自分自身を、まず第一には、他の人間のうちに、ちょうど鏡にうつしてみるように、みるのである」（『資本論』）という引用だけにとどめておきたい。


さて、彼はそういう意識の状況のなかで、「道具の生成」を次のような段階にわける。

その一、猿たちによって偶発的にあらわれる〈自然的道具〉は、適応労働の習慣によって常用化され、〈準備された道具〉となる。

その二、労働の習練はただちに指示の信号の意識化をみちびき、〈感覚的確信〉としての意識の原初形態を産む。

その三、〈加工された道具〉（カファン式）は、一面では〈不在の生物対象の表象〉（意識の進歩によって獲物を想像することができるようになり、目の前に獲物がいなくても道具そのものへ注意がむけられるようになる）を前提しており、他面では〈道具的形態の融合表象〉（類型的なモデルに仕上げる）を前提としている。

その四、〈生産された道具〉（オルドヴィアン式）は、閑暇の時間内（余裕の時間）でなされ、〈不在の生物的状況の表象〉をふくみ、他面では道具形態の〈類型的表象〉をふくむ。

そしてその五、シェレアン期にあらわれる〈用具〉（両面加工石器）は、ピテカントロプスの〈誕生〉をしるしづけるものとなるのである。


〈用具は〉疑いようもなく生産行為の所産であり、その作者は〈ヒト〉属に分類されなければならない。なぜなら人類を人類として定義するものは生産労働であるから……。　チヤン・デュク・タオ

彼は以上のことを通じて、「各階梯に特徴的な物質的諸活動から出発して、その階梯がふくむ精神的水準を推論することができた」と述べている。


私は「道具使用」という問題についてずいぶんこだわってきたが、それはいちばん問題となる「人類としての原点」が、この次元でほぼ確立をみることになるからである。

その一つは、「道具」と「意識」と「言語」と「知覚」と「行動」が、複雑にからみあいながら進行し、かつまた錯綜をくりかえしながらもお互いが刺激しあって「脳」の成育をたかめていったこと。そして、「意識」が「感覚的確信」から脱皮することによって、「不在対象の表象」をかち得た、つまり、イメー

ジすることが可能になったことである。これはやがて、人類が「言語風景」を生みだし、「芸術」を築きあげることへとつながっていくのである。

また、その結果としての一方では、人類が「自然」と訣別することによって自己主張をはじめ、やがては「自然への反抗」を試みはじめたこと。さらに、「自他意識」の葛藤から人類に対しても「狂気」をおしつけるなどの歴史を作りはじめたということでもある。

「殺人の痕跡があれば、そのサルはヒトと断定してもよい」とは、西ドイツの有名な人類学者H・ヴァイネルトの言葉であるが、反論のしようがないのも事実である。

「手の延長としての道具」、「頭脳の延長としての言語」は、正気と狂気の地平をさまよいながら、「人類は道具を使うようになってから、急に血なまぐさくなった。……人類が人類になった時点から、すでに殺りくの歴史が始まっているのだ」（江原）ともいわれるようになった理由こそ、「言語風景」の喪失にあるといえるのではなかろうか。

いずれにしても、言語発生の条件は、心理的にも肉体的にも、もう満杯の状態で揃ったことになるのである。

あとは、きっかけを待つだけである。

言語風景論⒁

人類に第一声が生まれた。
それはまさに、人間にとっての産声であった。

産声、むかしは呱々（ここ）の声ともいった。それは人間への名乗りの声でもあった。だから、「産声を挙げる」「呱々の声を挙げる」といったのであろう。そして、その声が大きければ大きいほど、両親の期待も大きく、世間の期待も大きかったのである。

――と、詩を書く前まで私は信じていた。というのも、私の場合は両親の期待を大きく裏切り、一月経っても泣きやまなかったそうである。父は呆れ、遂には激怒し、母は途方に暮れたと、いつも聞かされていたし、私自身小学校に行くまでは女々しい泣き虫であった。その故で、産声が大きくて立派な赤ん坊の話を聞くたび、恥ずかしくてならなかったのである。

ところが、詩を書き初めるようになってから、産声は名乗りの第一声ではないのではないか、と疑うようになったのである。そして遂には、あの声は『般若心経』の結びである最終行の、「ぎゃてい　ぎゃていはらぎゃてい」ではないか、とさえ思い至るようになったのである。私には、「ぎゃてい　ぎゃてい」が何故か、「ぎゃあてい　ぎゃあてい」と聞こえてならないのである。

この世に第一声を発する胎児の、あの必死の産声が激しければ激しいほど、私の感動もまた激しいのである。叫びとも、祈りとも、恨みとも、歓びとも、その声は聞こえるのである。いや、むしろその声は、それらもろもろの思いを、ことごとく響きあわせて、人間であることの存在を天にむかって訴えているのであろう。

紀野一義は、『「般若心経」を読む』（講談社現代新書）のなかで、「ぎゃあてい、ぎゃあてい」は、「あれは、智慧の完成者、さとれる人への讃歌である。そしてまた、それを目指さんとするお遍路さんへの讃歌である」としながらも、「その讃歌の中にすべてがある。……お遍路は、『よかった』『うれしい』という代りに『ぎゃあてい』といい、『かなしい』『苦しい』『切ない』という代りに、『ぎゃあてい』と叫ぶのである」という。

また、愚庵和尚の辞世の歌を引用しながら、「ひろびろと果てしもない大洋（おおわだ）の中に人生を見、その中へ漕ぎ出してゆく舟を人の人生と見、その舟の行方を知らぬごとく、人の行きつく果てを誰も見ない……その大海の中で、人々は、潮騒のごとく、ぎゃあてい、ぎゃあていと唱えつづける」といっている。

讃歌であると同時にエレジーでもある叫び。人間としての産声には、生と死、明と暗とが一瞬のうちにはりついてしまうのであろうし、そのことをまた、声を発することによって、一瞬のうちに体得してしまう、という同時性の恐ろしさをも感じるのである。

ここまで書いて比較的早い時間に床に入ったのであるが、この夜は一晩中、木枯しが吹き荒れた。私の家の裏手は小高くなっていて、小さな森があり、そこからの吹きおろしは、かなり激しいものがある。台風以来の、烈風であった。久しぶりに「モガリ笛」を聞いた。何度も、何度も聞いた。

　　モガリ笛いく夜もがらせ花ニ逢はん

檀一雄の絶筆を想った。火宅を求めて自らの人生を疾駆した、そのすさまじい姿を懐かしく闇に泛べた。

この夜の「モガリ笛」は、「音」ではなく、まぎれもなく「声」であった。産声と同じ「声」であった。火宅の人の産声でもあった。人間の生涯を一点に集約した声、まさに、産声であった。

　内外（ないげ）の風気、纔（わず）かに発すれば、必ず響くを名づけて声（こゑ）といふなり。響は必ず声に由る。声はすなはち響の本（もと）なり。声発（おこ）つて虚（むな）しからず。必ず物の名を表するを号して字といふなり。

　　　　　　　　　　　　弘法大師空海『声字実相義（しょうじじっそうぎ）』

空海の言語論、「釈名体義（しゃくみょうたいぎ）」の冒頭にあたる部分である。

「口内より出る気息、口外から入る気息がわずかでも動けば、必ず響きがあるが、それを名づけて『声』

という。響きはかならず声による。声は響きの根本である。声がおこって無意味にならずに必ず物の名称を表わすことを『字』と名づける」（以下、漢文読み下しは那須政隆師の読みにしたがい、訳注は松本照敬による（『弘法大師空海全集』第二巻、筑摩書房）。

つまり、「声」は「呼吸する」ことによって発せられるのである。単なる「音」ではけっしてないのだ。生きとし生けるものの「呼吸」が「声」となるのだ。したがって、「声」には「生きものの精気がみなぎっている」のである。あるいは「霊気」といってもよい。「声」は、「いのち」をふくんでいるのである。生きものの「呼吸」、すなわち「息」なのだ。

「声」は、響くのである。響かなければ、それは「声」ではない。響きあうからこそ、真意がつたわるのである。心と心が触れあうのである。空海はすぐにつづけていう。

> また四大（しだい）、相触れて音響（おんかう）必ず応ずるを、名づけて声（しゃう）といふ。（同前）

「また、地・水・火・風という、四つの存在要素が触れあって音と響きとが必ず応じあうのを『声』と名づける」と。

空海の言語論は、「宇宙響在論」（？）とでも名づけたいように、宇宙生命の存在論を「響」の視点からするどく深く追求しているといってもよいだろう。

井筒俊彦は、『意味の深みへ』（岩波書店）のなかで、空海の構想を「言語・存在論的世界展開」といい「全存在世界をコトバの世界とし、声と響の世界、文字の世界とする真言密教的世界像……存在世界は根源的にエクリチュール空間であり、そしてそのエクリチュール空間は、万物の声に鳴り響く空間だったのである」といっている。

中村雄二郎も、空海の言語論を〈汎リズム〉論として、『共振する世界』（青土社）、『かたちのオディッセイ』（岩波書店）のなかで、「響とリズム」の関係を徹底して論述しているが、それについては逐次『声字実相義』の展開のなかで触れていくことにして、次にもっとも有名な詩句をかかげておく。

五大にみな響（ひびき）あり
十界に言語（ごんご）を具す
六塵ことごとく文字なり
法身はこれ実相なり

＊　＊

古代インドにおけるウパニシャッドに、宇宙の根本原理としての「ブラフマンとアートマン」という哲学的思想がある。要約すると、ブラフマンは大宇宙にあたり「梵」、アートマンは小宇宙で身体をもつ「我」、その二つの原理が合体してはじめて、宇宙の根本原理に到達するという、「梵我同一」の思想である。

そこでとくに面白いのがアートマンの考え方で、「アートマン（我）とは元来『気息』を意味したが、これが『身体』、特に手足に対する『胴体』、あるいは心理的に他人から区別する『自身』を意味するようになり、さらには、抽象的に存在物の本質、本体をあらわすにいたった」（伊原照蓮「ヴェーダとウパニシャッドの世界」平凡社『思想の歴史2』）というものである。

いいかえれば、大宇宙の原理とまったく同じ原理をそなえた小宇宙である人間アートマンは、もともと「息」そのものであった、という考え方である。

また、インド・アーリヤ人最古の思想、宗教といわれるものに『リグ・ヴェーダ』（上層階級の思想）と、『アタルヴァ・ヴェーダ』（大衆民間宗教）がある。

『リグ・ヴェーダ』の大部分は自然の神にささげられた賛歌であるとされているが、そのなかに万物の起源を歌ったものがある。その二節目に、

二　そのとき、死もなかりき、不死もなかりき。夜と昼の標識（日月星辰）もなかりき。かの唯一物（創造の根本原理）は、自力により風なく呼吸せり。これよりほか何物も存在せざりき。

（伊原照蓮　同前）

という詩がある。このなかで私がもっとも惹かれるのは、唯一物は「自力により風なく呼吸せり」という表現である。

何物も存在しない宇宙に、「内外の気息」がお互いに漲り、満ちわたり、充足し、やがて満々と膨み、ついに、「自力により呼吸するいのち」が動いたということである。生まれたということである。誕生したということである。

人間最初のことばは、このようにして生まれたのである。まさに、「動き」は「響」であり、「声」であったのである。そのことが、私には、まったくの疑いもなく、そう確信できるのである。

＊

＊

産声は、まず、詩（うた）であった。

ルソーは『言語起源論』（竹内成明訳『ルソー全集』第十一巻、白水社）のなかで、「古代人は語によってではなく、何かのしるしによって、言いたいことをもっともいきいきと語っていた。いや、彼らは語っていたのではなく、示していたのである」（第一章）といい、「私たちが他人の感覚に働きかける普通の手段は、二つに限られる。すなわち動作と声である」として、身ぶり言語と声の言語を示し、「……結論しよう。眼に見えるしるしは、内容をより正確に写しだすが、関心をより強くかきたてるのは音声である」と述べている（同前）。

また、第十二章「音楽の起源」では、「最初の発声とともに、分節のある音か響きのある音のいずれかが、それをひきだす情熱の種類に応じて、はじめて形成された」として、怒りの叫びは音節に分けるが、「愛情の声はもっと優しく、声門によって発声が変わり、そこでその発声が一つの響きとなる」と分析している。

だから、人間の発声の第一声は、恐怖の叫びや、怒りの叫びではなかったのである。発声が響きとなる、優しい愛情の声であったのである。それにしても、驚くことに、ここでもまた、空海の「気息」と「響」と「声」がある。


そんなふうにして調子と響きが声に節をともなって生まれ、情熱が器管の全体を語らせるようにし、その鳴りひびく音のすべてで声が飾られる。だから詩と歌と言葉は共通の起源をもつわけだ。……泉のまわりで取りかわされた最初の言葉（愛情の声）は、最初の歌でもあった。　ルソー（第十二章）

ルソーはさらに、「周期的に繰り返されるリズムの反復と抑揚の豊かな変化が、言語といっしょに詩と音楽を生みだし……人々は響きとリズムによって話していたのである」と確信をもって述べている。

もうひとつここで、文字をもたぬ「モシ族」の村で、ことばと音感に文明の意味を問うている人類学者、川田順造の引用を読んでいただきたいのである。

川田は、サバンナで新内や平曲を聴きながら、「ことば」と「ふし」について改めて考えるようになったのは、クラシック曲や邦楽にまったく興味を示さないモシ族の人たちが関心をもったからだとして、

「ことば」は何と見事に「ふし」にのっていることでしょう。いやむしろ、「ことば」そのものが、「いき」となって吐かれるときすでに、「ふし」の形をとっているというべきなのかもしれません。

「ことば」が、詩が、文字を仮の宿として目読されるのではない社会では、「ことば」は、詩は、何よりもまず音であり、声であり、高低や強弱やリズムによって感情の籠められた人間の「いき」であるという自明の事実、そしてそれは、私たちの文字過剰の社会でも、単に忘れられがちであるに過ぎない原始的な真理だったということを、思い知らされたのです。日本語でも、かつて、ある「ふし」の様式のなかで、ある状況や感情を表わすことばが、ある脈絡で語られるとき、そのことばはすでに「ふし」をもち、踊り地ならすでに「ふり」も伴っていたのではないでしょうか。

川田順造（武満徹、川田順造『音・ことば・人間』岩波書店）

「内外の風気、纔かに発すれば……」、その「いき」は「ひびき」となり、「こえ」となり、「ふし」となり、さらにまた、「ひびき」あうことによって「ふり」にまで達するという。人間精神の根源は、時空を超えて世界中どこでも同じなのである。

この世への第一声である産声も、泣くことによってはじめて、自分の力で呼吸できるようになるのであってみれば、「いき」こそ、生命あるものの根本原理であり、宇宙原理にも、まったく重なる原理なのである。

前登志夫は、「ことばの恢復」(『文芸読本　古事記』河出書房新社)のなかで、「古代歌謡のロゴス」について、「古代歌謡がいまもわたしにとって不思議な魅惑をもって存在するのは、つきつめれば、そのことばの輝きであり、詩の渾沌の深さによってである」と述べながら、次のように記している。

＊　＊

古代歌謡がわたしにとって新鮮なのは、まず第一にその呪性(神々と人間、世界とわたしが、ことばを共有するという根源的な姿を呪性と呼んでみる)である。祈りである。物語りとしての歌謡よりも、歌としての詞章に、意味を拒絶した詩的ロゴスの充溢を見る。記紀歌謡のわからない部分をもった詞章の独特の美しさは、日常世界の論理によってうたわれているのではなく、いわば、宇宙のロゴスによって支えられている。

前登志夫(同前)

いまここで、「詩とはなにか」と問う前に、詩とはもともとこのような「言葉の輝き」であり、「渾沌の深さ」であり、「宇宙のロゴス」であったということを確認しておきたいのである。

宇宙のロゴスといえば、空海も、「真言とはすなはちこれ声(しょう)なり。声はすなはち語密(言語活動の秘密)なり」と記しているが、中村雄二郎の、『かたちのオディッセイ』(岩波書店)のなかのムケルジーの次の引用を読むと、まさにそのことが的確に裏づけられているようだ。

密教の根源ともいうべきタントラの教えによれば、〈宇宙はオームという単音節のマントラ（真言）のような基本音から展開してきたという。われわれがこの宇宙で見たり感じたりする物体はすべて、振動をそれぞれ凝縮した音なのである。〉

ムケルジー『タントラ　東洋の知恵』新潮社

これまでをまとめてみると、人間最初の「ことば」はまず「いき」であり、「ひびき」であり、「こえ」であり、「ふし」であり、「うた」であり、「ふり」であり、「おどり」であり、それはまた、「輝き」であり、「渾沌の深さ」であり、「詩」であり、「真言」であり、「宇宙のロゴス」である、ということにつきるのである。

「詩の誕生はカミの誕生なのであるが、そんなことはない、違うといわれればそれまでである」というのは、原初のカミを探求する岩田慶治（『カミと神』講談社学術文庫）である。

カミの発見、したがって自分のアイデンティティーの発見（詩の発見〈織坂注〉）は、単なる驚きとは違う。驚きのなかに透察がなければならない。

岩田慶治（同前）

岩田はその世界を、自他の共存の場である「コスモス」という。そして透察の場を、あの世とこの世、生と死、諸相と非相が一挙（同時）に透視することができる神のトポロジー（自分と世界、自分と宇宙との接点）というのである。

これこそいままでに述べてきたように「いき」が「こえ」になり、人間の「ことば」になったその瞬間の、「詩」の世界、「宇宙ロゴス」の世界なのである。

とすれば産声は、やはり恐怖や、怒りの叫びではなく、響としての、祈りや歓びであらねばなるまい。

ルソーは、『言語起源論』第二章のタイトルで「言語をはじめに生みだしたのは、欲求ではなく情熱であること」と書き、「欲求」が人々を離ればなれにさせたので、「情念」が遠のいていく人々を近づけるため、はじめて人々に声を出させた、という。

それにしてもルソーの、「欲求が人々を離ればなれにする」という発想が面白い。私たちなら、欲求が人々を結びつけるのが当然と考えるのに……。

なぜなら、と彼はいう。もし「欲求」が人々を近づけあうものだったら、いまごろ人類は「世界の一隅ですし詰めになり、それ以外の所はすべて無人のままであっただろう」、と皮肉っていうのである。なるほど、「欲求」があったからこそ最初の人類たちは、「種を拡げ、地球上のいたるところに住みついた」わけである。

ルソーはさらに、「その点からだけでも明らかに、言語の起源は人間の最初の欲求にもとづくものではないということができる」と力説し、言語は「精神的な欲求、つまり情念」から発生したというのである。

そして第三章のタイトルでは、「最初の言葉づかいは比喩的であったにちがいないこと」として、「人間にものを言わせた最初の動機が情熱であったとすれば、その最初の表現は『譬』であった」、「はじめ人は詩で語り、ずっとのちになってようやく分別を働かせるようになったのである」と論じる。

ここでは、「語をおきかえるということのかわりに、情熱が観念をよびさますということから考えていけば」比喩（意味の転位）は成立するのだ、といっている。

間違いであろうがなかろうが、とにかく、情念が最初の言葉づかいをつくる。しかし、それが間違いとわかれば、その間違いは認めていい。だが、最初の情念でつかった言葉づかいは、その範囲のなかでそのまま残り、隠喩的であることになってしまうのであるから、たとえ間違いであってもそれは間違いではない、というのである。

『言語起源論』は、ルソーの面目躍如たるところがいろいろあって、哲学的というよりむしろ文学的であって楽しく読める。また、難解でないところがいい。

そしてルソーは、言語の起源を次の二つに分ける。一つは「必要」にせまられて発せられる言語、もう一つは「情念」によってひきおこされる言語である。

訳者、竹内成明の解説によれば、ルソーは、「前者のコミュニケーションをいわば『交流』的なもの、後者のそれを『道具』的なもの」として区別しているが、それでも最初の言葉はあくまでも「個々の感情の共有が伝達の目的になっている情念に発する言語」である、という。

ルソーは、もう一つの「共有された観念が伝達の原理になっている必要に発する言語」を「道具的」

なものと考えたとき、言語の本質をつかむと同時に、人間に対して大いなる危惧を感じていたのかも知れない。

いや、私はこの時点でルソーはすでに、「言語」に対する人間の不遜と裏切りを見抜いていたのではないか、と思えてならないのである。第十九章の「音楽はいかにして堕落したか」を読むまでもなく、『言語起源論』を書こうと決心したとき、ルソーは「言語」が人間の手によって、すでに、ねじまげられてしまっていることに気づいたに違いないのである。

『言語起源論』は、だからというわけでもないだろうが、書かれた年代がはっきりしないし、出版されたのも死後三年目である、といわれている

＊　＊

日本の文献において「音楽」という文字が使われたのは、和同六年（七一三）『常陸国風土記』であるが、それには二つの訓読があるとして、武満徹（武満徹、川田順造『音・ことば・人間』岩波書店）は、吉川英史の論文（「『音楽』という用語とその周辺」）を紹介している。

それによると、日本古典文学大系『風土記』（岩波書店）の訓読は「うたまひ」であり、植木直一郎校訂の『風土記集』（大日本文庫刊行会）では「もののね」となっている。

吉川はそのことについて、日本語の「うた」「まい」をあわせた「うたまひ（い）」、それに「もののね」に相当する漢字・漢語として、「音楽」という文字を利用したものと見るべきであろう。つまり、「音楽」

という字を「うたまひ」「もののね」と訓んだのではなくて……日本語に「音楽」という漢語・漢字を適用したのである、と論じている。

ちなみに、日本の民族的伝統音楽が「音楽」という名で称ばれるようになったのは、江戸時代以降で、とくに一般化したのは明治以降であってみれば吉川論文の説は、もっともそのとおりである。

出土された須恵器の「踊る土像」（茨木市の南塚古墳）や、「踊る埴輪」（埼玉県大里郡江南村）をみると、いずれも手をあげ、目や口を大きく開き、歌い踊っている。全身でその歓びをあらわしている姿は、「うたまい」そのものであり、その土像全体からも、ひとつの古代リズムが伝わってくるから不思議である。

上代の人びとは、リズム感にうながされて歌を歌い、踊りを踊り、詩をつくった。歌と踊りと詩に共通の要素として、三者を結びつけているのはリズムである。

別宮貞徳『日本語のリズム』講談社現代新書

中西進は『神々と人間』（講談社現代新書）のなかで、「音楽によって現実からの精神の危りが生じ、その中に円環や上下の動作が必然的に生じて来たのである。この雰囲気の中から音声が発せられれば、それが歌であった」として、この舞踏の中に「言語表現につらなるべき、原初の表現を」しっかりと読みとっている。

もっとも素朴な感動の表現は、一つの手のあげ方、足のふみ方に現れるであろう。言語が自己の他者への伝達だと考えれば、この挙動は、内なるものがまず最初に形をとったものだということができる。これを身体のことばといってもよい。

中西進（同前）

中西はまた、「音楽は挙動に一つの連続をあたえる。流れの起伏と時としての遮断が、リズムやメロディとなって挙動を性格づける」ように、「リズムとかメロディとか、またイメージとかを言語に加えた時に、日常の言語は文学に変身する」ともいっている。

いずれにしても、「呼吸」「気息」は「リズム」である。そしてこの「リズム」は一人一人異なっている。長短、深浅、速さなどが、人それぞれの「リズム」をつくりだし、人はその「リズム」によって発声するのはもちろんのこと、思考するようになる。

もう一度ここで「『ことば』そのものが、『いき』となって吐かれるときすでに、『ふし』の形をとっているというべきなのかもしれません。……『ことば』は、詩は、何よりもまず音であり、声であり、高低や強弱やリズムによって感情の籠められた人間の『いき』であるという自明の事実……原始的な真理だったということを、思い知らされたのです」という、川田順造のことばを思い出していただきたいのである。

私はこのような意味からも、このもっとも個人的といえる「リズム」こそ、「言語風景」を支える地平である、とこの時点でとくにいっておきたいのである。

言語風景論⒂

人類の第一声は、人間にとっての産声である。そして、それを人類最初の「ことば」とすれば、産声はあくまでも音ではなく「こえ」でなければならない。

つまり、呼吸することによって発せられる「ことば」は、生命をふくんだ「いき」であり、「ひびき」であり、「こえ」であり、「うた」であり、さらにその「うた」は「情念」（ルソー）であり、「ふし」をもち、「ふり」を伴う（川田順造）「リズム」である。

前章を書いて一ヶ月ほど、私の頭のなかは産声でいっぱいだった。『般若心経』の「ぎゃあてい、ぎゃあてい」と産声が混じりあって渦巻いていたのである。早くなんとかしなければ、と思っていたところ偶然にも、図書館の本棚のなかの『こえとことば』という本の背文字が目に止まった。古ぼけた小冊子ふうの本で、手に取って奥付をみると、古いはずで昭和二四年の同文館発行であった。著者は医学博士林義雄となっており、内容は「こえとことば」を医学的な立場から論じたものであった。ところが、パラパラとめくっていると、これまた「産声」という文字が目を引いたのである。そして、それは次のように書かれていた。

ドイツの言語医学者であるグッツマンとフラタウの研究によると、産声の高さは平均á（毎秒四三五振動）で世界共通、しかもáの高さは音楽の演奏のときの標準音であって、オーケストラはこの音を標準にして合わせるわけである。

林義雄

「これは偶然の一致かも知れないが面白い」と結んであるが、私にとっても偶然の、偶然の一致であって、すごい面白さである。おかげで頭のなかの産声は、すっかり消えてしまった。

私にとっての面白さは、産声の高さが「世界共通」ということ、しかも「オーケストラの標準音」でもあるということだ。

人類が世界共通ということは、改めていうことではないにしても、こうまではっきりと産声の高さが「世界共通だ」と突き付けられてみると、やはり愕然とするのだ。

また、「オーケストラの標準音」ということも、「人類の共通音」、つまり「人類の共通言語」という意味で考えてみると、東洋哲学や空海の説く真言密教の思想ともぴったり合致するのではなかろうか。

五大にみな響（ひびき）あり
十界に言語（ごんご）を具す
六塵ことごとく文字なり
法身はこれ実相なり

ふたたび空海の言語論というべき『声字実相義』にかえると、空海はこの詩句（頌）についての体義を、「初めの一句は声の体を竭（つ）くし、次の頌は真妄（しんまう）の文字を極（きわ）め、三には内外の文字を尽くし、四には実相を窮む」と解して、壮大にして緻密な宇宙的言語論を展開する。

ここでは第一句について、前号を補足しながら「響と言語発生」の関係について考えてみたい。

「五大にみな響あり」の第一句に、空海はさらに、「初めに五大といふは、一には地大、二には水大、三には火大、四には風大、五には空大なり。この五大に顕密の二義を具す。……この内外の五大にことごとく声響（しゃうかう）を具す。一切の音声（おんじゃう）は五大を離れず。五大はすなはちこれ声の本体、音響（おんかう）はすなはち用（ゆう）なり」という解釈を示している。

つまり、存在要素としての「内的な身心の五大と外界の五大とに、すべての音声の響きがそなわっている。五大は実に声の本体であり、音響がその作用である」（松本照敬訳注）といって、五大に内的な存在と外的な存在があることを示し、この内と外にそなわっている音声の響きあいが声の本体であるというのである。

この内と外の存在要素こそ、宇宙と人類がその創世において、お互いにわかち、持ちあった要素である。したがって宇宙にある要素は、私たちの身体にも同じように存在するわけだし、またそれらがお互いに響きを出し、声を出しあっているのだ。

そう考えてみると、この宇宙と私たちの間には、無数の響きと声が遍満しているのである。そして究極的に、宇宙空間いっぱいに満ち満ちている響きと声が、「コトバ」となり得る根源であり、響きあってこそ「ことば」となるのだ、ということがわかってくるのである。

織坂注…「コトバ」＝言語としての意味をまだ持たないことば以前のコトバの意。カオスのなかのコトバ。

「ことば」＝言語として秩序づけられ、意味づけられたことば。

＊　＊

「内外の風気、纔かに発すれば、必ず響くを名づけて声といふなり。響は必ず声に由る。声はすなはち響の本なり。……また四大（地・水・火・風）、相触れて音響必ず応ずるを、名づけて声といふ」と空海が記し、ムケルジーが『タントラ　東洋の知恵』（新潮社）で、「宇宙はオームという単音節のマントラ（真言）のような基本音から展開してきたという。われわれがこの宇宙で見たり感じたりする物体はすべて、振動をそれぞれ凝縮した音なのである」と述べているのは、まったくといっていいほど同じことである。

さらに驚くことには、そのことを現代の電波望遠鏡が証明し、中村雄二郎が『かたちのオディッセイ』（岩波書店）第二章のなかで、J・E・ベーレントの〈宇宙電波音楽〉論にふれ、『世界は音』を引用しながら次のように紹介していることである。

宇宙は音に満ち、サウンドに満ちている。……巨大な惑星である木星は、はるか遠方の火事の強烈なとどろきのように、大きく速く吐く息の音であり、嵐そのもののようだ。太陽はもっと迫力があり、静かなときはシュッ、シュッ、パチパチ、巨大な量の物質を宇宙空間に吐き出すときには、強烈な咆哮をあげる。〈強大な磁場をもっている星パルサーの多くは、ボンゴを打ち鳴らすような音をひびかせ、またカスタネットのような音、レコードの針が横すべりして立てるような音に聞こえるものもある〉が、たいへん変化に富んだ音を出しているのはカシオペア座にあるパルサーで、太陽の六つの惑星（内側から外側へ水星・金星・地球・火星・木星・土星）は、それぞれ楕円軌道をめぐりながら〈六声のモテット曲〉を奏で（ケプラー）、外側の三つの惑星は〈リズム・セクション〉をなし（ヴィリー・ラフ）、いちばん外側の冥王星が〈バス・ドラム〉を打ち鳴らしている（ベーレント）。

宇宙科学技術の再先端である電波望遠鏡、そしてその実験報告による宇宙空間の音楽にも驚かされるが、私がもっとも驚くのは、このことを荘子（前三五〇？）が、唯識哲学の弥勒（マイトレーヤ・二七〇）が、そして空海（七七四）、道元（一二〇〇）が、それぞれに体感や体験を通じて、深い経験の実存として認識していた、ということである。

中村雄二郎は、さらにミンコフスキーの「反響」に対する考察をさまざまに紹介しながら、空海や宇宙リズムを解明してくれる。

> 反響とは独得の仕方で、或る空白を充たすことだ。……充たすことは音を発する生命体そのものの力動性の働きである。この力動性は出会うものすべてを包み、わがものとしつつ生命を反響させる。生命独特の生気で世界を充たすのである。
>
> ミンコフスキー『精神のコスモロジーへ』

中村は、〈反響すること〉は、〈現実との生命的接触〉であるというミンコフスキーの論旨を、「この接触は触覚的よりも反響と密接に結びついている。だから単に感動することとは同じではなく、〈さわる〉とは決して言わない。そのかわりに〈周囲に同調して振動する〉と言われる」という彼のことばから、〈現実との生命的接触〉を〈同調による振動〉、つまり〈共振〉にほかならないと捉える。

私なりにいいかえてみれば、「反響とは生命体がもっている生気である」ということである。つまり、「生命力」というエネルギーのかたまりである。「みなぎる気」であるといってもよい。そして「反響すること」とは、その生命力が〈出会うものすべてを包み〉、お互いに発散する生気を響きあわせ、反発や共調をくりかえしながら宇宙を形成していくということである。

声あるいは音を発しない生命体であっても、それが生命をもっているかぎり、エネルギーの目に見えない動き、響き、振動、呼吸が、宇宙のひとつの存在となって、反響しあっているのである。

ところで、同じ波長による振動の同調や共振であれば問題はないのであるが、それぞれに波長の異なる振動の場合の共振は、どのようなプロセスによっておこるのであろうか。

中村は、単独や孤立したリズム振動からは共振もハーモニーも生まれない。それを生みだすためにはどうしてももう一つの重要な原理が必要であるという。そしてそれは、非線形振動同士の「引き込み」という現象であるという。

この「引き込み」現象というのは、「ちょうどラジオのチューニングのように、両者が或る程度まで近づいてくると、干渉し合って唸りが高く生じ、逆にちがいが強調される。それを通り抜けるとき『引き込み』作用が働き、そこではじめて共振が起こる。つまり、一種の異化を通った上で同化が行われるわけである。このような『引き込み』によって、自然のなか、宇宙のなかで、空間的に相隔たった場所にあるさまざまな非線形振動同士が共振し、それらが互いにひびき合うようになる」（第八章）ということである。

さらに、この「引き込み」現象は、細胞同士においても、脳波においても、生物の体内時計（サーカディアン・リズム＝約二四時間周期のリズム）においても、また、潮の干満から呼吸、心拍、受精卵の細胞分化に至るまでおこなわれているのである。

宇宙全体と生命体全体との、このような響きあいのなかから、やがて声が、文字が、ことばが、生まれてくるのである。

人間と人間の実存の世界を「交響（エコー）」哲学として捉えるのは鈴木亨である。

「交響的世界というのは、生の最深部における個性と個性および集団と集団との共鳴の状況を言うのである」と鈴木はいう。

そして、「人間的現存は常に人と人との精神の交流する世界である故に、そこに私は汝を通して私であり、汝は私を通して汝であるという関係の世界」において「私と汝との間に交響（エコー）が成り立つこと。そしてそのことは、人と人の真の関係が超越の反響をもつからにほかならない」（『現代における人間と実存』合同出版）とする。

鈴木自身もいうように、「交響的世界」は西田幾多郎やマルティン・ブーバー流の、我―汝の関係の世界であるが、さらに「それ」「もの」を媒介とする「我―物・それ（空）―汝の推論式的世界として、また物をへだててこだまする世界として、非人称判断的世界を克服する世界」だというのである。

鈴木の「非人称判断的世界」というのは、「そこにおかれた人間的生存が、自覚的意識にまで達しないものとして捉えられた存在の原体験の世界」で、実存そのもの、サルトルの『嘔吐』のように突如として人間の存在をおびやかす、不安や恐怖（このように明確に命名されたものではない）の状況の世界ということになろう。

人格（ペルソナ）はもともと鳴り響く、貫いて響くということを意味しているのであって、人格とは人と人との響き合い、すなわちこだまし合うことなのである。……響き合うということが、人間をして真に人間たらしめるのである。

鈴木亨『響存的世界』合同出版

＊　＊

「……自然のものである声と音、抑揚と諧調は、約束事である分節された発音の助けを少しも必要とはせず、人々は話すかわりに歌うだろう」とルソーは、『言語起源論』の第四章（竹内成明訳『ルソー全集』第十一巻　白水社）で述べている。また、「分節と声で話すのと同じように、人々は響きとリズムによって話していたのである」、「最初の言葉は、最初の歌でもあった」（第十二章）、「音は動きのあることを知らせ、声は感じやすい存在がいることを知らせる。歌うのは、生命をもつ身体だけである」（第十六章）とも述べている。

この第十六章の一行には、ルソーの誠実な優しさが、あますところなく文学的に表現されている、と感じるのは私だけだろうか。「声は感じやすい存在がいることを知らせる」という表現には、人間を含めたすべての生きものたちへの、深い信頼と愛がこもっている。この一行が、いま私を強烈な「引き込み」現象で誘引するのはなぜか。

ミンコフスキーはしかし、「共振は単に感動することとは同じでなく」という。では、反響から同調、共振、共鳴がおこり、さらに、それが感動へと高まっていくためには、どんな要因なり過程が必要というのだろうか。

それはまさに、――「コトバからことばへの変容」であり、――「言語風景の唯識的認識」であろう。

だが、結論への道程はまだ遥かである。

ルソーの『言語起源論』をきっかけに、私は世阿弥の花伝書を思い出した。なかでも、世阿弥六十一歳の時の作ではなかったかといわれる『花鏡』である。

これは、亡父の教訓を世阿弥自身が体得し完成させた花伝書であり、「『風姿花伝』における芸術論の発展と、世阿弥その人の体験的自覚によって貫かれた、かれの創造になる芸術論の極致を示すもの」（西尾実）と高く評価されているものである。次は、『花鏡』のなかの「舞声為根」（舞は声をもって根となす）の冒頭である。

> 舞は、音声より出でずは、感あるべからず。一声の匂ひより、舞へ移る堺にて、妙力あるべし。又、舞おさむる所も、音感へをさまる位あり。……まづ、五蔵より出づる息、五色に分れて、五音・六調子となる。……然れば、五蔵より声を出すは五体を動かす人体、是、舞となる初め也。
>
> 日本古典文学大系65『歌論集能楽論集』岩波書店

まさに、「うたまい」そのものである。

発声が、呼吸が、リズムが、「一声の匂ひ」をきっかけに、混然幽明と、「ふし」になり、「ふり」になるのである。

文字をもたない「モシ族」の村で暮らしながら、ことばへの鋭い問いを問いつづけてぃる川田順造の『声』（筑摩書房）のなかの、「声は人間の生理の、深くやわらかな部分に直結しているらしい」という一行は、ルソーの「声は感じやすい存在がいることを知らせる」という一行と、その感受性のひだが見事に合致しているのも興味深い。

とくに川田の場合、無文字社会における生活からの実感であるという点で、言語をもたなかった古代人への、おおきな手がかりを与えてくれる。

> 声を発することは、〝呼ぶ〟ことと深くかかわっている。呼ぶとは、訴えることであり、問うことであり、思慕（した）うことだ。……呼ぶ行為のうちには、「うた」の芽がいかにも荒々しく吹き出ている。名を呼ぶ者と呼ばれる者が、一対一で向きあい、呼ぶ者が呼ばれる者をたたえ、あるいは呪し、哀訴し、呼ばれる者に同化しようとするときには、そこには抒情詩に向うリビドーが含まれているのかもしれない。
>
> 川田順造『声』筑摩書房

川田は、声で「呼ぶ」こと、そして「名を呼ぶ」ことについての問題を、「声とペルソナ」の関係においてまで追及する。

そして、「……声は、聞かれるものであるより前に〝発する〟ものであり、遠方に向って、あるいは超常なるものに向けて、興奮をこめて叫ぶものではなかったろうか？」というとき、私は、声にこめられた生きものたちの生命の力を思い知らされるのである。

＊　＊

地理学から人類学へ、東南アジアの山河大地のなかに、「共生」の思想を求め、カミを求める岩田慶治は、その密着したフィールド・ワークから、「日本人の起源、人類の起源を訪ねるのではなくて、人間の源流、人間が人間であることの根拠地を訪ねたいと思っている」（『草木虫魚の人類学』講談社学術文庫）との立場から、カミとひと、ネオ・アニミズムを主張する。

一方、「『言事融即』の言語観（言霊観）」を考える豊田国夫は、「言葉というものは、たえず事実との身軽な対応（すなわち言事の融即）があってこそ、その生命を満足するものであった」（『日本人の言霊思想』講談社学術文庫）という言霊思想の回帰点から、新しいアニミズムを展開する。（豊田注『言事融即』はレヴィ・ブリュルの訳語である「融即律」からの造語）。

いずれにしても、私がいままで「いき」「ひびき」「こえ」にこだわりつづけてきたのは、このアニミズムへの視点があったからである。と同時に、そこは「コトバの発生からことばへの変容まで」の舞台でもあるのだ。

さらにいえば、科学万能と技術開発によってつくりあげられた近代文明社会という名の虚像世界からの脱出、そして人間と宇宙との関係の回復をはかるためにも、アニミズムから目を逸らしてはならないからだ。

アニミズムとは、E・B・タイラーがはじめて唱え、宗教や信仰の生まれる根源で、動植物はもとより、言語その他いっさいの無生物にまで、人間とおなじように人格的な「生気」があるという説である。（豊田）

アニミズムは万物のなかに魂（霊魂）がひそんでいることを信じ、その魂の存在を畏敬することから発展した宗教である。（岩田）

以上が二人の、従来のアニミズム感であるが、ここからもう一歩ふみこんだ、新しいアニミズムの角度から豊田は、古代日本人が「言葉に精霊が宿ると信じ、霊妙な力が人の幸不幸を左右すると考えた」ことから言霊思想についての展開をはかる。

また岩田は、「アニミズムは宗教の出発点であり、到達点であり、そして大地の宗教である」という立脚点から、原初のカミ（神という名をあたえられる以前のカミ）を探求し人間とのかかわりを追求する。

ここで断っておかなければならないことは、「宗教」という問題である。私も岩田もともに、特定の宗教へのこだわりは、一切ない。そして今後、私が「宗教」を考え、表現するときの気持ちとしては、「哲学」や「宇宙」といった一つの立場を示す視点の意味であって、神仏の「信仰」や「信心」とはまったく関係ない、ということである。

だが、アニミズムとしてのカミや宗教は、誰よりも強く信じているのだ。

アニミズム経験を原始経験といってもよい。「このカラスはカミだ」という。これが原始経験の直接表現である。……経験という立場に立つ限り、原始の時は、すなわち、今日只今の時である。

岩田は文明人の生活は（テレビ画面の）微調整にすぎないが、それにくらべて未開人の生身の経験は、チャンネルそのものの選択、決断だとして、「自己の存在そのものがそこにかかわるような経験」を、アニミズム経験、原始経験と呼ぶのだという。

だから、アニミズムは、現実なのである。実在そのものなのである。神がかり的な霊魂や霊現象ではない。生命あるもの同士の生気が、響きあい、こだましあう宇宙世界の現存である。

したがって、この宇宙世界には、「ことば以前のコトバ」「神以前のカミ」が遍満し、それぞれの息吹を発しているというそのことが、「今日只今の時」、そして「場所」として実在するのである。私が提示した私なりの用語でいえば、『純粋無意識』と『深層記憶』⑼⑾章）の次元ということになる。

織坂注　『純粋無意識』とは、意識と同一次元に存在しながら、言語（による意識）に犯されていないところの純粋意識。いいかえれば、言語発生以前のドラマのすべてを刻みこんでいる記憶。

『深層記憶』とは、「純粋無意識」にむかって、感覚的、体験的に反応し働きかける純粋記憶。人類言語を発生、形成させる始原のもの。

岩田はこのような場を、「『見ずして信ずるものは幸福なり』というが、見ずして見うるものが信なのであろう。信ずることは（柄と地の）〈地〉を透視することである。それは一種の知的直観の場——こちら側からみれば人間の矛盾が解消される場、向こう側からみればメタモルフォーゼの可能な場——」とみる。

柄はフォームであり、パターンであり、デザインである。地はマターであり、マテリアルであり、土地、大地である。材質としての地のなかに、さまざまな柄、つまり、パターンが織りこまれているのである。……柄は〈眼に見えるもの〉であり、文字であり、記号である。地は〈眼に見えないもの〉であり、〈文字で表現しえないもの〉であり、〈記号化されえないもの〉である。仏教風にいえば、前者が〈事〉あるいは〈色〉、後者が〈理〉ないし〈空〉である。

もちろん、柄と地は無関係ではなく、「この二区分、二つの世界は〈非〉という関係――〈反〉ではない――を媒介にしてひとつ」なのである。

そして岩田が、柄を「形式的想像力」、地を「物質的想像力」と呼ぶとき、「ソシュールふうの言語観よりも「もの」の名称と「もの」そのものとは一体で、「名」はそのまま「体」をあらわす中国の名実一致の思想に親しみを感じる」（『カミと神』講談社学術文庫）と述べるのは当然のことであろう。

岩田もまた、豊田と同様に、レヴィ＝ブリュルの「融即の法則」や、「言霊（ことだま）」「事霊（ことだま）」という『言事融即』の現在を信じるのである。

「融即律」（山田吉彦訳）あるいは「融即の法則」というのは、「ものとものとが時間、空間の秩序を無視して、おたがいにとけあっている。あるいは、原因と結果の関係に左右されることなく、ものとものとが結びついている。ある意味でものが、できごとが、たがいに相即相入する」（岩田）ということである。

ブリュルはこの考え方を晩年に撤回したといわれるが、岩田は「あえて撤回するまでもなかったのではないか」といっている。

『言事融即』にはいる前に、もう一つだけ「声」について考えておきたいのは、非文明社会における音声表現が、われわれの想像をはるかに超えて表情豊かであることと、生活そのものが音声中心で行われていて、あふれる音声に対する彼らの感性が、深くて微妙に鋭いということである。

川田順造は、黒人アフリカの言語社会に暮らしてみて、文字を知らない彼らの擬音語や擬態語の「声のアナーキーな輝き」に感動する。

岩田慶治は、ボルネオ内陸で音の灯台ともいえるブリバンの音に、「他界への信号、他界からの呼びかけ」を共感し、人間と魔の世界、そして野生の世界との交流や共生が声によって「人間の文化を超えた深層で成就されている」ことに感動するのである。

言語風景論⒃

熊本県阿蘇郡小国町大字下城字小畑。

私が一九九三年六月から転居している部落である。すぐ川向こうは、北緯三三度一一、東経一三一度二〇、標高三〇〇米、湧出する温泉の泉質は弱食塩泉、泉度は九八～一〇〇度C。一七〇〇年ほど前、神功皇后が応神天皇の産湯として使われたという露天岩風呂『元湯』がある。また、弘法大師が立ち寄られたとき、温泉の効験に驚き竹の杖を立てられたところ、節々から枝や葉が出たという由来と、杖にたよってきた病人が温泉で完治、杖を忘れて帰ったことから「杖立温泉」と呼ばれているところである。

正確な地形は知らないが、「杖立川」を真ん中にして、幅狭い両岸に旅館と人家がびっしり立ち並んでいる。そのすぐ背後は杉山で、特に私が住んでいる小畑側は約五米幅の道路を挟んで前に、垂直の崖が家並と並行して連なっている。見上げる崖の高さは、四、五十米以上であろうか、地面に立つと顔全部を上げないと頂上が見えない。

転居して二週間、私は朝霧、朝靄、湯煙、垂れ込めた雲などに包まれた風景に畏敬の念、そして、小鳥たちの姿や鳴き声の大きさに驚かされながら、確実に、一、二歩でも天空へ近づいた、太古へ遡ったな、という実感に浸っていた。実際に人工音、つまり雑音は車が通る音以外にはなく、終日、川音だけが響いていて、人間の声も殆どしないのである。

風が動けば、杉山の杉や草木が一斉に山全体として揺れ、雨が降れば川底までが霧に包まれる。私はひとりでに、神々に思いを巡らせ、人工音ではない森羅万象の「声」を耳にしながら、素直に「言霊」の存在感に触れるのである。そしてなぜか、現代の最中に在りながら、言語以前の世界に居ることの実在感を強く覚えるのである。

――突然、二週間後、集中豪雨と崖崩れによって、神々の里は瓦解した。

一瞬の崩壊であった。私の眼前で、垂直の崖が土砂とともに崩れ落ちた。豪雨のなか、物凄い地響きと土煙が立ち込め、前の道路を幅五米にわたって一米以上も埋めてしまった。ここでは幸いに一人の被害者もでなかったが、殆ど同時位に起こった他方の崖崩れでは、九軒の民家が土砂に押し流され、三人が生き埋めとなる痛ましい被害が出た（奇跡的に一人救出されたが……）。

川岸の旧小学校に避難したが、そこからも三ヶ所の山崩れが目撃された。ところが、増水した激流がみるみるうちにふくれ上がり、避難所の石垣を抉り、四、五米もある校庭の高さまで迫り、あっという間に、校庭隅の記念石碑と、一間真四角ほどの「温泉神社」を渦のなかに呑み込んでしまった。まったく、私たちはなす術を知らず、呆然と見守る以外に手はなかった。

やがて二ヶ月近く経つが、その間に北海道の地震と津波の大災害があり、そしてここ杖立でも、まだ大雨洪水雷警報が続いている。

私が長々と個人的体験を記したのは、災害なき時は素直に「神々の里」として実感できる土地も、災害が起きると同時に「人里」ですらなくなってしまうという、表裏の関係をもとに、前者を「カミ」（岩田慶治）の構造における「自然」「言霊」「言語」、後者を「ヒト」の構造における「自然」「風土」「風景」の変容として、「言語風景」への手がかりとしたいからである。

＊　＊

もともと古代日本の国ぶりは、記紀のなかに「草木ことごとく皆物言う」とあり、仏語にも「草木国土悉皆成仏」というように、山川草木ことごとくが人間と同じように精霊をもっていると考えられていた。

本居宣長も『古事記伝』巻三において、「鳥獣木草のたぐひ海山など、其余（そのほか）何にまれ、尋常（よのつね）ならずすぐれた徳（こと）のありて、可畏（かしこ）き物を迦微（かみ）とは云なり」と述べていることはすでに前(2)章）でとりあげておいた。

上田正昭も、原始社会の自然神話発生について、「自然に内在するチ（威力）の崇拝がカミとして仰がれ……自然現象そのものが神々の行為として仰がれるに至った」（「神話の発生」『文芸読本 古事記』河出書房新社）という。

また、樋口清之も「自然発生的な民族の精神習俗であった」「古代日本人の自然崇拝の信仰」という、古代人の自然に対する接し方について、「自然の摂理の偉大さを理解して、それを神という権威あるものに表現し、その神に畏れしたがっていく気持を育てた」（『自然と日本人』講談社）と述べていることからもわかるように、古代日本人にとっては、山川草木ことごとくが「カミ」でもあったのである。

織坂注…今後、岩田慶治の『カミと神』（講談社学術文庫）に従って、「民族の生活の場に時を定めずに出没し、文化的に十分にかたどられるまでにいたっていない」「アニミズムの世界のカミ」を「カミ」、「民族文化の意味と言語の場に組みこまれて、そこに常住する神」を「神」と表現する。

古代日本人の自然観についてはすでに詳細な論究がなされているとおり、自然にコト・タマの存在を信じ、自然の力にカミの威力を畏れ、自然に従順であることがもっとも望ましいことから、自然崇拝や自然帰依の思想が生まれたことに間違いはない。従って、自然を敵とし、徹底して分析征服することを指標としてきた西欧思想とは、逆の立場であることも当然のことである。

そして、古代日本人の自然観のなかで特筆すべきことは、カミも草木ことごとくも、非常に人間くさいということである。畏敬崇拝しながらも、その関係は実に馴れ馴れしいのである。カミや自然がどんなに激しく怒っても、人間の犠牲がいかに大きく払われても、カミや自然を許さざる敵として徹底反抗する憎悪心というものを持とうとはしない。それどころかむしろ、非はつねに人間のほうの落ち度にあり、怒りは当然のことであるとさえ思うのである。

その理由は、山折哲雄が『神と仏』（講談社現代新書）のなかでいっているように、日本の「神」や「仏」はいろいろな働きをそなえ、いろいろな姿に変身する「伸縮自在、変幻自在」な存在であること。またその存在様式が「ことさらな言挙げをしない、自己の個性を主張しない匿名性、無署名性」であること。従って、超越的なふるまいは決してせず「人間の呼びかけに応じて、いつでもその身辺に降下し、降臨し、みずからの意志を語った」こと。「人間は死んだのちカミになるということをわれわれの先祖は古い時代から自然に信じてきた」ことなどであろう。

とにかく日本のカミは、「目に見えない形姿で遊幸し憑着するところに本来の特徴があった」（山折）ように、遊び好きで、いつも浮かれてウロウロしていたのであろう。そして、手のとどかないところより、すぐ手のとどくところにいる「隣人」でもあったのだろう。

そのことは樋口清之（同前）のいう、「日本人にとって、自然とは偉大な存在であった。そして、偉大な存在である自然の前では、自分の肉体をはじめ魂にいたるまで、すべての存在がその中に包摂されていた。はるか昔から、現在をへて、はるかな未来にくりかえし続く長い生命の連続体の一こまが、個々の人間である。人生も自然であり、自然の一部が人生であって、自然の内に人生があり、人生の摂理も自然そのものと考えるのである」という捉え方が、よくその心理を言い得ている。

さらに、ここにもうひとつの見方がある。それは唐木順三が『日本人の心の歴史（上）』（『唐木順三文庫』筑摩書房）のなかで、古事記の「天地初発の時」をとりあげ、益田勝實（『火山列島の思想』筑摩書房）の「原始の詩情」を紹介している箇所である。

「天地初めて発けし時…次に国稚く浮きし脂の如くして、くらげなすただよへる時、葦牙の如く萌え騰る物に因りて成れる神の名は……」についての益田の解釈を、「――天地のはじめ、陸地がまだ若く、くらげのやうに漂つてゐた時、一本の葦の芽の神が頭をもたげたよ――さういふ原始の自然物に神を見る心、国土の草創期を早春の水辺の姿で夢みる、幻視者の眼の所産といへるのではなからうか」と紹介しながら、彼の「原始の詩情」の意をさらに、次のように取り上げている。

幻視の二重構造性は、一方で、自然のアニマ（霊力）を、一方で、自然現象そのままを、同時に把握認識する、自然崇拝時代の祖先たちの心の営みを背景に持つてゐる。

益田勝實

唐木はそのことについて、「……自然の一現象の中に、自然のアニマを見る。アニマが働いて、その結果、葦が芽ぐんだといふ因果律の論理はここにはない。葦芽においてアニマを見る、アニマ現成が葦芽、葦芽が神なのである。それが『原始の詩情』といふもので、それを分析して説明すれば『幻視の二重構造性』といふことにならう」と述べている。

唐木がいう「因果律の論理のない」ところにアニミズムが発生する。そしてアニミズムは、まさに、直感である。あとで、「風土」の問題とも深くかかわってくる「全身全霊」による経験的実在感である。「カミと出逢うためには、自然に対する原始の感情をもちつづけること」だという岩田慶治は、カミの出現の場を不思議、驚きの一瞬の、「衝撃の場」とする。

……それらを出逢いがしらのカミ、その場のなかから突出してくるカミ、言葉の発端に宿るカミといってもよい。出逢いの驚きと、そのときの異様な経験、しかも、その異様なものの姿に対面したときのなんとも不思議な親しさとやすらぎ。それを、そのときの大いなるもののなかに包まれている感じを、カミと呼んだのである。

『カミと神』講談社学術文庫

そして、道元の『正法眼蔵』のなかの「全身これ全心」(「一顆明珠」)を高く評価することにおいて、「カミは驚きとやすらぎ、自分自身の存在と非存在との同時経験の事実である」という確信に達するのである。

益田の「原始の詩情」と、岩田の「原始経験」はここにおいて、見事に合致するのである。

＊　＊

志貴島(しきしま)の日本(やまと)の国は事霊の佑(さき)はふ国ぞま福(さき)くありこそ　万葉集巻一三　柿本人麿歌集

神代より　言伝(いひつ)て来(く)らく　虚(そら)みつ　倭(やまと)の国は　皇神(すめがみ)の　厳(いつく)しき国　言霊の　幸(さき)はふ国と　語り継(つ)ぎ　言ひ継(つ)がひけり

万葉集巻五　山上憶良「好去好来歌」

コトダマは、「言霊」「事霊」と二つに分れて表記されているが、そのうち、「言」と「事」の「表記への分化意識がみとめられる」のは、『古事記』のほうで、『万葉集』では、「共用例、混用例」がはるかに多いと、豊田国夫は『日本人の言霊思想』（講談社学術文庫）のなかで述べている。

そして、『古事記』の表記には、「先入主観に古事(ふること)を語り伝えるという、事＝『ことがら』の世界に対する強い関心と伝承意識があったと思われる」といい、『万葉集』には、「言葉は事物と一体をなすものであった」という「言事融即」の言語観（言霊観）があり、「単なる同音異義以上の、ずっと奥ぶかい同一概念内容の存在が推測される」といっている。

「古代社会では口に出したコト（言）は、そのままコト（事実・事柄）を意味したし、また、コト（出来事・行為）は、そのままコト（言）として表現されると信じられていた。それで、言と事とは未分化で、両方ともコトという一つの単語で把握された」

岩波『古語辞典』

『古語辞典』ではさらに、「言と事とが観念の中で次第に分離される奈良時代以後に至ると、コト（言）はコトバ・コトノハといわれることが多くなり、コト（事）と別になった」とつづくわけだが、私にはコトとタマの結びつきがよく納得できない。

そこで私なりの推理で、「言と事の未分化」以前の状況を考えてみたい。私は、「言と事」以前に、コト（事）とモノ（物）を置いてみる。なぜなら、言語以前の古代生活のなかでは、見るもの、聞くもの、触れるものすべてが具体物であったからである。つまり、天と地に具現した森羅万象すべてがモノであり、抽象的なものは何ひとつなかったからである。

「日本の古代信仰では『かみ』（神）、『おに』（鬼）、『たま』（霊）、『もの』（物）の四つが重要である」（『喜怒哀楽語辞典』東京堂）。「霊魂をあらわす古代語としては、タマ、モノ、チなどがあり……人間以外の事物の霊魂、また遊離魂をモノといい……」（『神話伝説辞典』東京堂）。「魂は未開社会の宗教意識の一つであって、最も古くは物の精霊を意味し……」（岩波『古語辞典』）とあるように、モノはカミより一段低い精霊として考えられていたようだが、タマ、タマシヒとは同義なのである。

もう一方では、廣松渉も『もの・こと・ことば』（勁草書房）で、「……時代が降るにつれて「モノ」と「コト」とは殆んど同義に用いられる場合が生じているのではないか？」と疑問をなげかけているように、その使用概念も、言と事の場合に似て「未分化」的となっているということがある。

大槻文彦の『大言海』（冨山房）「もの」の項によれば、「（一）凡ソ、形アリテ世ニ成リ立チ、五官ニ触レテ其存在（アル）ヲ知ラルベキモノ、及、形ナクトモ吾等ノ心ニテ考ヘ得ラルベキモノヲ称スル語。（二）事。（三）コトバ。言語。（四）シナモノ。（五）事ノワケ。道理……」とある。

以上のことから、モノとタマは同一観念であり、山川草木、石ころのひとつに至るまでモノであり、それらすべてにはタマが宿っている、ということができよう。

また、モノは、形あるものから形なきものまでを含め、コト（事・言）からコトバへと分化されていくのだが、その原初においては、コト（事）・タマ（霊）は「未分化」のまま「事霊」としてとらえられていたと推理できる。

そして、モノはコトという外面・形姿と、タマという内面・内容という二重構造から成り立っている、と考えても間違ってはいないように思われる。

いずれにしてもここには、カミからコトダマへという古代日本人の、自然に対する「全身全霊」の思いが、コトバへむかって成熟していこうとする姿が見え始めているといえよう。

＊　＊

古代人にとっての「自然」は、二つの大きな意味をもっていた。

そのひとつは、「カミ」とのかかわりであり、もうひとつは、「風土」とのかかわりである。

「カミ」は、人間にとって身近ではあったが、一定の距離を保つべき存在であった。人間は、おのれを捨て去ることで「カミ」にもっともよく近づこうと願った。だからここでは、人間は「カミ」を発見するためには自己を放棄することしかなかった。「カミ」の発見による自己発見はなかった。そして、そのような「カミ」を到るところに包含する「自然」もまた、人間に対して一定の距離感を与えていた。

一方、「風土」は、人間にもっとも密着した存在であった。肌を接する「自然」ともいうべきで、人間との距離はなかった。しかし、この「風土」は人間と深くかかわることによって、「カミ」以上の威力をふるう存在となるのである。

和辻哲郎は『風土』（岩波文庫）のなかで、風土とは、「ある土地の気候、気象、地質、地味、地形、景観などの総称」であるとして、「日常直接の事実としての風土が果たしてそのまま自然現象と見られてよいか」と問い、自然科学的対象ではない「人間学的考察」（『風土』の副題）の立場から論を展開していく。

まず、「寒さとは何であろうか」という疑問から考察をすすめる。和辻は、寒さを感じるということは、「寒さを感ずる前に寒気というごときものの独立の有」を知るのではない。「我々は寒さを感ずることにおいて寒気を見いだす」のであり、それは我々自身が「寒さの中へ出ている」ということにほかならない。つまり、我々は「寒さを感ずるということにおいて寒さ自身のうちに自己を見いだす」のであるという。

我々自身は「外に出ている（ここでは寒さの中へ出ている）ものとしておのれ自身に対している」存

在であるから、「我々自身でない気象においてまず我々自身を了解するのであり、さらに気候の移り変わりにおいてもまず我々自身の移り変わりを了解する」のである。

私はここにおいて、はじめて人間がおのれ自身との出会いを発見、自覚する姿を見るのである。「カミ」との出会いで発見することのできなかった、「自己との遭遇」をここで経験するのである。勿論、言語以前の自我ではあるが、他のものによって自己の存在を意識下において記憶するのである。和辻は「他ヽいヽいヽいヽいヽの我れの中に出るということにおいて存している」という。すなわち我々は『風土』において我々自身を、間柄としての我々自身を、見いだすのである。

「間柄としての我々自身を見いだす」ということは、風ひとつをとってみても、それは「山おろし」「から風」「そよ風」というように、「ある土地の地味・地形・景観などとの連関」によって体験させられるということである。

また、「風土における自己了解」とは、寒さを感じれば着物を着たり、火のそばによったり、暴風や洪水のような災害に対しては、それを防ぐための共同手段をとるなどの、さまざまな手段において個人的・社会的に対応する、つまり、「風土において我々自身を見、その自己了解において我々自身の自由なる形成に向う」ことである。従って、風土における自己了解は「手段の発見としてあらわれるのであって、『主観』を理解することではない」ということになる。

これらのことについては、木村敏の、『人と人との間』（弘文堂）の「風土と人間性」のなかに明確な考察があるので、私見による考え方の混乱を避けるために是非とも紹介したい。

木村は、「日本的な自覚構造においては、自己は自己の根拠を自己自身の外部に見出している」ということから、自己と自然との間の出会いの構造もまったく同じであるという。

木村はまず、原初においての自覚構造を「純粋経験」と表現する。それは、「自己はまだ自己として意識されておらず、自然はまだ（対象的）自然として意識されていない」状態。「見る自己と見られる自然とが完全に一体をなして」いて、「端的に事実そのまま、としか言いようのない境地」にある経験のことである。

ところが、この「純粋経験」の事実が反省作用によって破られて意識が生じた時、いわゆる和辻がいう「我々自身でない気象において我々自身を、間柄としての我々自身を見出す」時、この出会いから自己という自覚が生まれるのである。

> したがって、まずはじめに「出会い」があり、「かかわり」があり、「間（あいだ）」がある。このような「間」から、自己が自然に相対立するものとして自覚されて来るような場合に、われわれはこの「間」の「間柄（あいだがら）」を「風土」という語で言い表わすことができる。風土とは、人間が自己をそこから見出してくるところの、自己にとっては外部的な、自己と自然との出会いの場所である。
>
> 木村敏「風土と人間性」

「風土」はこのような意味において人間と密着しているのである。「自己は風土において自己であり、風土は自己において風土である」（同前）ということになるのだ。

「風土もまた人間の肉体であったのである」

私はこの一言に和辻風土論の真髄を見る。

一九三五年の出版以来、実にさまざまな分野で読み続けられている理由のひとつは、この一言の、哲学の奥底から光芒を放つ芸術的直感によるものだと思う。その半面において批判も多くあるが、しかしこの考察はあくまでも体験的観察であり、学問という幅の狭い主義主張ではないのだから、そういった立場からの批判はむしろ見当違いであるといいたい。

和辻はさらに、「人間存在の風土的規定」として、人間存在の二重性を説く。

人間と呼ばれるのは単に「人」ではない。それは「『人』でもあるが同時に人々の共同態としての社会」でもあって、この「人間の二重性格が人間の根本的性格」である。故に、人間を根本的に把握するためには「個であるとともに全であるごとき人間存在の根本構造を押さえなくてはならない」と強調する。

そしてそれは、人間存在の二重構造が「空間的・時間的構造」であり、その動的な運動の体系から歴史が形成されるのである。ここにおいて、「人間存在の空間的・時間的構造は風土性・歴史性として己れを現わし」「歴史性と風土性との合一において歴史は肉体を獲得する」のである。

精神が自己を客体化する主体者である時にのみ、従って主体的な肉体を含むものである時にのみ、それは自己展開として歴史を造るのである。このような主体的肉体性とも言うべきものがまさに風土性なのである。

つづけて和辻は、肉体の主体性について、それは人間存在の空間的・時間的構造を基盤として成り立つのであるから「孤立せる肉体ではない。孤立しつつ合一し、合一において孤立するというごとき動的な構造を持つ」のだという。そして、「風土的に外に出る」ということは、人間が風土において己れを見出すこと、「個人の立場では身体の自覚」ということであり、社会的には「共同態の形成の仕方、意識の仕方、言語の作り方、生産の仕方や家屋の作り方等々」において現われてくることであるという。

このあたりはなかなか難解で理解しにくいところであるが、要するに、和辻の「風土もまた人間の肉体であった」という言葉は、さきほどの木村の「自己は風土において自己であり、風土は自己において風土である」という言葉に重なるのではなかろうか。

もっと別の言い方をすれば、「この風土を見ている自己と、この風土に見られている風土とは、所詮は一つである」（木村）ということになるのであろう。

こうして和辻は、「風土の現象が人間の自覚的存在の表現であること、自己発見の契機であること」から、「風土の型はやがて自己了解の型とならざるを得ないであろう」との存在論的究明に到達する。そして、「風土の型が人間の自己了解の型」という型を発見、人間の歴史的・風土的特殊構造を風土の側から、「モンスーン」「沙漠」「牧場」的風土という三つの類型に分類するのである。

私は、この和辻風土論に大いなる示唆を受けながらも、ここでもうひとつの、木村の「風土と人間性」の次の思考にも、なぜか強く惹かれるのである。

日本人は日本という土地に生まれたから日本的になり、ヨーロッパ人はヨーロッパという土地に生まれたからヨーロッパ的になったのではなくて、日本人はすでに日本人として、ヨーロッパ人はすでにヨーロッパ人として、生まれて来るのではないのか。日本人は、いわば生まれる前から、「父母未生已前」から日本人なのではないのか。……人間は自己を白紙の状態から風土化するのではなく、生まれた時から、否、生まれる前から、すでに風土の一部なのではないのだろうか。……だから私は、この地球上に多種多様の風土があり、多種多様の文化があるということの底には、「すべて同一の人類」ではなくて、多種多様の人間があり、多種多様の生き方があるのだと思う。

このことは今後、人類の文化や社会を考えていくうえで、決して見逃してはならない深い意味を投げかけているのである。つまり、人類発生時において「すべてのものが同一ではなかった」ということにおいて。

言語風景論(17)

敗戦以来、日本人の顔付きが変った。特に最近の変わりようは、ひどい。私を含めて、ますます卑しく、しかも得体の知れぬ顔付きとなった。

「人間(ひと)の顔付きなんかどうでも……」よくないのである。「人間(ひと)の顔付きだからこそ、大問題になるのである。むかし、よくいわれたものだ。「人間四十を過ぎたら、自分の顔に責任を持て」と。

得体の知れぬ顔付き、なるほど、「国際的になった」ということかも知れない。そういえば、ＴＶ各局特派員の顔付きも、勤務が長い人ほど、現地の人達と殆ど見分けがつかぬくらいよく似ている。だから、「差別がなくなった」とか「国際人になった」とか、単純に手放しで喜べることだろうか。

私には、どうしてもそうは思えない。「とんでもないことだ」としか思えないのである。

かつては、東洋と西洋、そしてそのなかでも各国それぞれの顔付きがあった。国を代表する顔付きというものが、歴然としてあった。いや、今でもある。残念ながら日本国を除いて……。はっきりと区別できないにしても、確かに、他国の人達の顔付きには、まぎれもなく祖国がある。

これはまったく、驚くべきことである。

日本人の顔付きだけが「国籍不明」、「正体不明」なのである。おまけに、人品ともに「卑しい」のである。政治家や学者連中だけをいっているのではない。私を含めて、男も女も日本中みんなである。ほんの一握りの救いといえば、小・中学生まではまだ、日本人としての美しい顔付きが残っている、ということだ。

私は、日本人の顔付きが変わり始めたのは、日本中の道路の殆どが舗装されてからだ、と奇妙な確信を持っている。

つまり、日本人にとっての大地、土が足もとから消滅した時からである。手もとに資料がないので年代ははっきりしないが、昭和四十年頃からではないか。もっと前からかも知れない。というのも、新進文芸評論家、服部達が八ケ岳で自殺したのが昭和三十一年であり、その最後の日記には次のように記されているからである。

「われわれの人生は要するに退屈である……何もすることがなくなり、自殺という、極度に人為的な行為しか、残らなくなったのかも知れぬ」

『昭和史全記録』毎日新聞社

ちょうどこの年は「水俣病」が発見され、芥川賞に「太陽の季節」が登場し、「もはや戦後ではない」といわれた時代に当たる。

世界的に見ると、近代科学が人類から次々と「自然」を奪ってしまった時代といえよう。そして人類は、科学技術を獲得することによって、まるで宇宙の主でもあるかのように、「自然」を追放し、さらに自然を「人工化」してしまったのである。

「人生退屈」とは、機械文明に、その役割を奪われてしまった人間の、なんともやりきれない溜息でもある。また、「人為的な行為しか残らなくなった」という言葉には、人間未来に対する不信と不吉な予感とが漂っている。

「風土」において自己を発見した人間が「科学」によって「風土」を裏切ったのである。

「人間の肉体であった風土」(和辻)を、さかしらな科学の技巧が、人間もろとも「自然」を破壊してしまったのである。

「風土」は「環境」となった。

近代文明が「風土」を「環境」という言葉にすり替えてしまったのである。さらに、恐るべきことに環境は、「自然環境」と「社会環境」とに分けられてしまったばかりでなく、この二つの環境はまたまた、人間としてもっとも恐怖すべき「技術的環境」に統一されてしまったのである。


環境は、欲求・行動の主体である人間が特殊な意味を付与し、構成した現実である。……人間以外の生物が、ほとんど自然環境のみを環境としているのに対し、人間は歴史的な社会環境を直接的な環境とし、社会環境を媒介として自然環境を構成し、それに適応している。……産業革命以後の機械生産の発展によって変化した自然環境を技術的環境と呼ぶことができる。なぜなら、人間の自然環境を構成する自然の事物は、自然のままの事物ではなく、機械生産の発展が生み出した人工の自然、つくりかえられた第二の自然を中心とするものに変わりつつあるからである。人間の生活のいたるところに、機械または機械の生産した自然が出現してきている。……自然科学的技術を武器として人類が自然に対する主体性を確立したことによって、歴史に対する人類の主体性も社会科学的技術を手段として成立したのである。

林進「環境」清水幾太郎編『現代思想事典』講談社現代新書（昭和三十九年発行）

つづけて、「自然や社会を所与のものとし、環境に受動的に適応するという環境観は過去の残影でしかない。都市計画・国土開発・地球改造という自然環境の主体的、計画的建設とともに人類の欲求・願望・理想にもとづく社会環境の主体的、計画的変革をも未来に展望できる歴史的段階に、人類は到達している」と結論されている。

「風土」が人間の勝手放題に、「環境」という名にすり替えられたことについても恐怖を感じているのに、「社会環境を媒介として自然環境を構成」したり、「機械生産の発展が生み出した人工の自然」や「つくりかえられた第二の自然」が人間生活の中心であったり、「人類の欲求・願望・理想」のためには「地球改造」すら当然というこの環境思考に、私はただ、唖然とし、愕然とするばかりである。

「環境」という言葉が、いつから「風土」や「自然」にとって変わったか知らないが、米国で「環境保護運動」が始まったのは、アポロが月面着陸した一九六九年（昭和四十四年）、「地球環境」の問題が全世界で注目されるようになったのは一九七二年（昭和四十七年）であり（石弘之『地球環境報告』岩波新書）、また日本に初めて「環境庁」が発足したのが一九七一（昭和四十六年）であるから、そんなにむかしのことではないはずだ。

「環境」。なんと厚顔無恥、傲岸無礼な言葉であろうか。

それは人間を一方的に主体化させ、「自然」を人間に隷属させる、という錯誤を平気で信じ込ませる。人間利便のためなら「自然無視」どころか「自然破壊」までも、平然と犯す。

海を埋立て、山を切り崩し、川をねじ曲げて、「環境整備」と叫ぶ。

その挙げ句の果てに、文化国家の夢を実現する「都市計画」「国土開発」という、「人工自然」を建設する。

服部達の最後の日記がいみじくも予言したとおり、近代科学とその技術の行き着くところは、人類同志の「大量殺戮」と宇宙規模での「地球破壊」でしかないのだ。

今日の世界の現状こそ、人間の「退屈」が、「極度に人為的な行為しかない」と考えた当然の結果なのである。

石弘之は八十を超える国々を歩き回り、いたる所で「生態系の崩壊」に出会って数知れず息を呑んでいる。そして、人類四〇〇万年の歴史のなかでの、ほんの過去三十年ほどの間に、加速的に進んだ広域自然破壊や地球汚染の現場にいやというほど立ち会っている。

彼は、『土と文明』の名著を残したV・G・カーターとT・デールが、その内容を一言に要約した言葉を紹介している（同前）。

「人類は地表をわたって進み、その足跡に荒野を残した」

日本において、「環境」という言葉が大義名分のような顔して罷り通る頃から、つまり、日本人が自然を敬い大事にしてきたことを放棄し、「人工自然」に欺かれ始めた頃から、日本人の顔付きは「正体」を失い、「卑しく」なったといえる。

はっきりいって、日本の「風土」ではない、日本の「環境」が日本人の顔付きを変えてしまったのである。

和辻哲郎がいうように「風土」とは、「我々は風土において我々自身を見、その自己了解において我々自身の自由なる形成に向かう」ものであり、「風土もまた人間の肉体であった」からである。（『風土』）

つまり、「風土」と「人間」の関係は、「風土があって、人間がある」という関係なのだ。

決して、逆の関係ではない。

従って、人間の「顔付き」も、「意識」も、それぞれの「風土」によって、「自由なる形成」に向かうのである。

言語風景論⑱

「風土」から「風景」へ――。

私は四年がかりで、やっとここまで辿りついた。なかなか見えてこなかった、長い長いトンネルの出口の明かりが、どうやら微かにも感じられるようになってきた。

と思った途端、折角ここまできた「風土から風景へ」の思考の繋がりが、フッと途切れたのである。

私は「風土」の問題を考えながら、「『風土』とは人間にとっての『感覚』や『感受』による『知覚』であり、私なりの用語で提示しておいた『深層記憶』(8章)に刻みこまれていくイメージである」との、やや自信めいた見解に達していた。

また、それに対して「風景」とは、「人間における『自覚』や『他覚』の『認識』であり、視覚像を通じて『深層記憶』へアプローチするイメージである」とひそかに定義していたのである。

勿論、「風土」と「風景」が明確に分けられる概念ではないことは充分承知の上であるが、その上で私は「風土」を、「身体感覚を通しての自己発見の契機」として捉え、「風景」を、「視覚像を通しての自己意識の契機」として捉えたわけである。

この考え方は、「風土が人間の一部（身体）として関わりをもってきたとき――風土もまた人間の肉体であった・和辻哲郎――感覚が知覚となり、知覚が更に視覚像を加えて風景をつくりあげていく」という意味において間違ってはいない。

だが、ここからこの稿を始めようとしたとき、私は大きく躓かざるを得なかったのである。

その原因として、「風土」をそのまま生きている種族があることを思いうかべたのである。今世紀になってもなお、彼らは、文化や文明を見むこうともしないのである。

これは一体、どういうことであろうか、と。

文化とは？　進歩とは？　そして、歴史とは？

この問いは、私たちが彼らに問いかける前に、むしろ、彼らが、私たちに問いかけている問題ではないのか、と。

そして私は、「風土から風景へ」そのまま繋がるためには、彼らの存在を無視しては到底考えられない大きな問題点があるのではないか、ということに思い至ったのである。

それは、「自然」に対する私たちの関わり方、接し方の問題であろう。そして当然のことながら、「風土と風景の総体としての自然」という私の考え方も、改めなければならなくなるのだ。

「風景とは何か」を問う前に、「総体ではない自然とは何か」を問わなければならないのである。

「自己は風土において自己であり、風土は自己において風土である」（「風土と人間性」弘文堂）という木村敏も、「人間が事物をいかに見、いかに考えるかということは、この自己の見出し方いかんにかかっている」として、文化とか社会が個人の経験・思考様式にいかに大きな作用を及ぼそうとも、「それが発生する時点においては、つねに個人の自己と自然との出会い方に、個人の自己が自己を風土の中に見出す仕方によって基礎づけられている」（同前）と、自己発見の契機を、まず「風土」にみて次に「自然」にみているが、もう一つの視点で人類に対しての疑問も投げかけている。

それは、ヘルダーが、「人類はこの地上にかくもさまざまな形で現われていながら、しかもすべて同一の人類である」（『イデーン』第七章第一節）という前提から出発して、「この唯一の人類が地上の至るところで自己を風土化している」（同第二節）といっている、その前提に疑問を感じているのだ。

木村は、「はたして私たちは、すべて同一の人類の一員であるのか。……そしてたまたま日本の土地に生まれ、自己を日本的に風土化したから、日本人なのか」と問い、いやそうではなく、「日本人は日本人として、ヨーロッパ人はヨーロッパ人として、生まれる前から……すでに風土の一部なのではないだろうか」といっているのである。

これは和辻哲郎の風土学を一歩ふみ越えた、するどい視点であると思う。

つまり、同一の人類の一員が、それぞれの風土の自己発見によって多種多様な人間になったのではなくて、「人間は、ことさらに自己を『風土化』しなくとも、人間であることによって、すでに風土そのものの構成分をなしている」（木村）ということである。

そのことは、「風土や風景を総体とする自然」は同一の「宇宙であり、地球である」のだが、人類にとっての同一であるべき「自然」が、じつは「同一の自然ではない」ということではないのか。

つまり、「自然」から人類を見れば。宇宙から地球が生まれ、地球上にさまざまな風土が生まれ、そのさまざまな風土からさまざまな人間が生まれた、ということであろう。

ところが、人類から「自然」を見れば、さまざまに風土化された人類は、すべて同一人類であるのではなく、木村が疑問を投げかけているように、「人類は同一の人類ではなく、多種多様の風土、文化があることの底には、多種多様の人間があり、生き方がある」(『風土と人間性』弘文堂) ということなのである。

さまざまな人類は、「同一の人類であるにもかかわらず、同一の人類ではない」ということが問題なのである。

「自然」はさまざまな風土を生み、さまざまな人類を生んだが、さまざまな人類は「自然」を同一と見なかった、ということである。

極端にいえば、人類は生まれる以前から多種多様の風土のなかで、多種多様の人間であった、ということになろう。

なぜなら、「人間の身体要素は、すべての宇宙要素と同じもので構成されている」からである。

我われの身体は地球のすべての要素を閉じこめているし、原子の海を細胞の中に閉じこめてもいる、地球の誕生からの歴史を内臓しているといってもいいわけです。

市川浩『宇宙と照応する人間』ぢてんブックレット40号

第五章の引用を再掲載したが、その身体の構成要素に刻みこまれているのが、私の定義した『深層記憶』であり、三木成夫が『胎児の世界』（中公新書）で示した「生命の記憶」である。

『深層記憶』…「純粋無意識」（意識と同一次元にありながら、言語に犯されていないところの純粋意識）にむかって感覚的、体験的に反応し働きかける純粋記憶。人類言語を発生、形成させる始原のもの。(11章)

木村がいう、生まれる前から「風土の一部」であって、「風土そのものの構成分をなしている」ということの意味は、『胎児の世界』において、すでに六〇兆の細胞が三〇億年の生命を記憶しているということである。そして、その時点からすでに細胞は個性的な「風土の記憶」を刻みこんでいるというわけである。

そこから「自然」を考え直してみると、「さまざまな風土を生みだす自然そのものは、『同一の自然』でありながら、人類にとっては『多種多様な自然』である」ということになる。

その意味で、もはや「自然」は、「風土と風景の総体」という単一的な捉え方では捉えられないのである。

私が「風景とは何か」という問いで躓いたのも、「風土による自然の変容」ということだったのである。では、「風土による自然の変容」とは何か。

とりもなおさず、それは人類の自己発見と自覚に深く関わってくる問題、つまり、「知覚」と「認識」の発生ということである。

冒頭で私は、「風土とは、感覚や感受による『知覚』であり、『深層記憶』に刻みこまれていくイメージである」と述べたが、そのことは、「風土は身体を通しての人類の自己発見の契機となる」もので、「まだ形なき（視覚像をもたない）知覚」であるといえよう。

「風土とは、説明されるべきものではなくて了解されるべきものである」（「風土の了解」『人と人との間』弘文堂）と木村がいうとき、私の冒頭の意味も含めて、『風土』は、知覚への「形なききっかけ」であるということができはしまいか。

そして、その「形なききっかけの風土」が、「形ある知覚」へと近づくとき「風景」が現出する前に、人類は「風土によって変容したさまざまな自然」と遭遇するのである。

勿論、人類が意識を持つ以前の原初時代には、「見る自己と見られる自然とが、まだ完全に一体をなしていて、……それは端的に事実そのままとしか言いようのない境地」（木村）であって、自然は人類にとって同一であった。それが、「自己とは、たえず自己ならざるもの（自然）との間の純粋経験的・事実的な出会い」が反省作用によって破られたとき（意識が生じた時）、自然が「対象」となり、「風土によって変容したさまざまな自然」となるのである。そして、ここから見えてくる「変容したさまざまな自然」こそが、「風景」となるのである。

「風景」の前面に立ちはだかり、姿を現わしたのは、まず、「自然」であった。

しかも、「風景」以前に、「風土化された同一人類でない人間」によって、「さまざまに変容された自然」として、この地球上に現出したのである。

和辻哲郎は『風土』のなかで、中国、日本を含む東アジアの沿岸一帯を「モンスーン」的風土、アラビア、アフリカ、蒙古を「沙漠」的風土、ヨーロッパの風土を「牧場」的と三つの類型に分類した。さらに、モンスーン的風土の特性を「湿潤」、沙漠的風土を「乾燥」、牧場的風土を「湿潤と乾燥との総合」において捉え、そこからそれぞれの人間が「体験として、一つの文化類型に已れを形成する」人間の構造を分析した。

モンスーン域の「湿潤」は、「自然の恵と自然の暴威」という二面性の特性によって形成される。つまり、豊富な湿潤は自然の恵みとなるが、一方、暑熱と結合した湿潤は、大雨、暴風、洪水、旱魃となって人間に猛威を振うというわけだ。従って、人間の構造は「受容的・忍従的」となり、ともに沙漠域とは相反する人間構造として把捉される。

ヨーロッパ域は、「夏の乾燥、冬の湿潤」が湿気と結びつかないことから、自然の従順がその特性となり、「自然的・合理的」と捉えられる。

哲学的直感として批判されるこの分類は、和辻風土学の面目躍如たるもので、その構想力においても、説得力においても、「風土と人間」、「自然と人間」との結びつきを十二分に納得させてくれる。

和辻は、日本の風土的特性を「台風的性格」をもつモンスーン域中でも最も特殊な風土として、「季節的・突発的」二重性格を、さらには大雨と大雪の現象による「熱帯的・寒帯的」二重性格（二重構造性）を、さきほどの「受容的・忍従的」という人間構造の上に重ねるのである。

そして、「受容性」に重ねられた第一の熱帯的・寒帯的性格は、「四季おりおりの季節の変化の著しさによって、活発敏感ではあるが疲れやすく、感情は変化において持久」する。第二の季節的・突発的性格は、「台風や野分のように、感情もまた一から他へ移るとき、予期せざる突発的な強度を示す」とされる。

また、「忍従性」に重ねられた第一の熱帯的・寒帯的性格は、「熱帯的な非戦闘的なあきらめでもなく、寒帯的な気の永い辛抱強さ」でもない、「あきらめでありつつも反抗において変化を通じて気短に辛抱する忍従」である。第二の季節的・突発的性格は、「忍従に含まれた反抗は台風のごとく突発的に燃え上がるが、この感情の嵐のあとには突如として静寂なあきらめ」が現われる。つまり、「きれいにあきらめる、淡白に生命を捨てる」ことであるという。

> 日本の人間の特殊な存在の仕方は、豊かに流露する感情が変化においてひそかに持久しつつその持久的変化の各瞬間に突発性を含むこと、及びこの活発なる感情が反抗においてあきらめに沈み、突発的な昂揚の裏に俄然たるあきらめの静かさを蔵すること、において規定せられる。それはしめやかな激情、戦闘的な恬淡である。
>
> 和辻哲郎「日本」(『風土』岩波文庫)

このように、和辻における日本型の「受容性」は、「感情の昂揚を非常に尚(たっと)びながらも執拗を忌む」という気質を、そして「忍従性」は、「自然を征服しようともせずまた自然に敵対しようともしなかったにかかわらず、なお戦闘的・反抗的な気分において、持久的ならぬあきらめに達した」という。

「受容性・忍従性」の上重ねられた「季節性・突発性」が、一方においては「ヤケ（自暴自棄）」を、また一方においては、生への執着を否定する「淡白な死」という日本独特の気質をつくり出したというのは鋭い指摘だが、私はその二重性という構造性に、特に注目したいのである。

私が昨年、災害地にあって目撃体験した湿潤の二重性、つまりその豊饒さと残酷さこそ、日本列島の全域にわたって古代から影響を与えつづけている二重性であるが、この二重性こそ、日本人独自の人間構造をつくりだした二重性とも、また、言語構造の二重性とも複雑に重なるものなのである。

自然という日本語がなかった（自然というやまと言葉はない）ということはどういうことを意味するか。言葉が生まれなかった以上、自然という概念や意識がなかったといってよい。

奥野健男『増補　文学における原風景』集英社

……もともとの日本語をヤマト言葉と呼べば、ヤマト言葉に「自然」を求めても、それは見当らない。何故、ヤマト言葉に「自然」が発見できないのか。

大野晋『日本語の年輪』新潮文庫

そして奥野は、「少なくとも自然を対象概念として、他のものから限定し独立させ統一的に認識する能力も、必要もなかったといえる」といい、逆にいえば自然は空気のように一般的普遍的であり、「日本人は自然に囲まれ、密着し、一体化していたともいえる」と述べている。

一方大野も、「古代の日本人が、『自然』を人間に対立する一つの物として、対象として捉えていなかったからであろうと思う。……むしろ、自然は人間がそこに溶け込むところである。自分と自然との間に、はっきりした境がなく、人間はいつの間にか自然の中へ帰って行く。そういうもの、それが『自然』だと思っているのではなかろうか」といっている。

一般的に、日本人の「自然」に接する態度は、それを対象化や対立化するものではなく、むしろ一体化や融合化するものとして捉えられているが、私は根源的な態度として「畏敬」、つまり「畏れであると同時に敬いである」という二重構造性を指摘したい。

古代人にとっての「自然」は、見るもの、聞くもの、触れるものすべて名前はなく、「ただ異様なだけ、ただ不思議なだけ」の世界でしかなかったであろうことから、その世界における「自然」は、人間にとって「全体」として受けとられたのである。そして人間はその「全体」の「自然」を、さらに自分の身体という「全体感覚」で受けいれたのである。

この「全体感覚」のなかで「畏敬」の態度は、「森羅万象ことごとくイノチあるカミ」という感情を生みだし、自然の恵みにたいしては「敬い」を、猛威に対しては「畏れ」をもって接したのである。

「全体の自然」と「全体の身体」は、全体感覚の振幅のなかで自然と合体した「共通感覚」を創造し、とくに季節の変化が激しい（豊かさと残酷さの二重構造性をもつ）日本の風土によって生みだされたのが「畏敬」という日本人独自の二重構造性である、と私は考えたいのである。

つまり、日本人にとっての「自然」とは、消極的な意味での一体化や融合化、あるいは「受容・忍従」

性ではなく、もっと積極的な、「共通感覚」による「全体化」を根底にした「畏敬という二重構造性」ではなかったか、ということである。

その積極的な「畏敬の二重構造性」が、「カミ」を生み、「自己と自然とが一であることによって、自己と自然が二となり、自己と自然が二であることにおいて自己と自然が一である」(「風土と人間性」)と木村敏がいう禅的東洋思考を創造し得たのであろう。

＊　＊

自然の自はおのづからともみづからとも読む。みづからがおのづからであり、またその逆におのづからがみづからであるといふことが、日本人の心のうごきの特色といつてよいと思ふ。万葉集巻十三には自然と書いてそれをおのづからと読ましてゐる例があるが、その自然が同時にみづから、即ち自己であり、またその逆に自己が即ち自然であるといふことが、日本人の伝統的な心の動きの中にある。

唐木順三『日本の心』筑摩書房

唐木のこの視点は、日本人と自然との出会いを「共感」「交流」という動きのなかで捉えた積極的な見方であろう。

唐木はさらに、道元の「同時契合」、親鸞の「自然法爾」芭蕉の「物皆自得」に焦点をしぼり、「人間優位や認識主観の優位がない」「相見相逢」の「相互感応、感応道交の同時起、同時契合」にまでその思考を力強く展開しているのである。

私は唐木の「みづからがおのづからであり、おのづからがみづからである」という自然と日本人の「相互感応」に、日本人独特の「形なき風土の知覚」（共通感覚）、いいかえれば、『深層記憶』に刻みこまれた「風土」の積極的な働きかけと交流をみるのである。

木村敏は、「自己と自然」（『自己・あいだ・時間』弘文堂）のなかで、「おのずからあること」と「みずからあること」はたがいに相補的な関係にあるとして、ブランケンブルクの「自然な自明性」と「自己の自立性」をあげながらも、「われわれはこれといささか異った観点を有する」と次のように述べている。

木村は、「みずから」も「おのずから」も日本語ではともに「自」と書き、「自」は現在でも「より」と読ませることから、「元来は『起始、発生』を意味」していたという。

> 系統発生的にも個体発生的にも、われわれが「自己」の観念を獲得する以前には、世界にはいわば天地の間にみなぎる無記無差別の大いなる自発性がみなぎっていて、われわれはこの自発性と一体になって、この自発性そのものをいきづいていたのであろう。……自己と自然、自己の自立性と自然な自明性とは、もとはひとつの脱自的な生命的躍動の両面である。
>
> 木村敏

つづけて木村は、「おのずから」と「みずから」の「から」も、「起源・発生を意味する助詞」として「自」の原意と同じであることから、「自然と自己、『おのずから』と『みずから』の不可分の関係を理解するための重要な鍵だ」としている。

この「自」がもともと主客未分の或る根源的な自発性を指すものと考えるならば、自然（おのずから）とは、自が自のままにある姿、根源的自発性がその自発性を損うことなく自由に湧出している姿を指しており、一方自己（みずから）とは、この根源的自発性を主体の側に引き受けて、「み」すなわち自己身体の内部からの起源のものと見立てたあり方を指していると考えることができる。（同前）

木村は、「自然と自己とは本来ひとつの起源から分かれたもの」であり、古来の日本人は「自然と自己とをその共通の根源である『発生』の相において共属的に捉えていた」のであるという。

その結果、「自然のひとこまひとこまを自己の主観的情態性の面に反映させて、『自然さということ』の情感において感じとってきた」のであり、「実生活のあらゆる局面で身の廻りにふと湧き出る情感を直接に肌身で感じとった上で自分の方へ引き寄せて『自己（みずから）』と言い、ものの世界の方へ仮託して『自然（おのずから）』と言っていた」と分析するのである。

日本人が「自然」のなかに見出したものは、「畏敬の二重構造性に裏打ちされた全体感覚」であった。

そして「畏敬」の感情は、予測できない「自然」の恵みと災禍を、草木虫魚の不思議な生滅を、そして身近な人間の生と死を、全体感覚（身心同一の共通感覚）で了解するものである、と私は解釈しておいた。そしてその二重構造性の特性を、私は二元論の世界ではなく、岩田慶治がいう「柄と地」の、一次元の世界における二重構造性にみるのである。

柄はフォームであり、パターンであり、デザインである。地はマターであり、マテリアルであり、土地、大地である。材質としての地のなかに、さまざまな柄、つまり、パターンが織りこまれているのである。自然のなか、大地の上に人間の万般の施設が構築されているのである。もう少し突きつめていえば、柄は〈眼に見えるもの〉であり、文字であり、記号である。地は、〈眼に見えないもの〉であり、〈文字で表現しえないもの〉であり、〈記号化されえないもの〉である。

岩田慶治『草木虫魚の人類学』講談社学術文庫

岩田の「柄と地」のなかの、〈眼に見えるもの〉、〈眼に見えないもの〉は後述するとして、ここでは「柄と地」は同一面上に織り合わされているものであり、決して「表と裏」の関係ではないということ、そして、「この二区分、この二つの世界は〈非〉という関係――〈反〉ではない――を媒介にしてひとつ」であるとされていることに、特に注目しておきたいのである。

このことは、「自然と人間」、「言語と人間」、「身心問題」を含めて今後くり返し論ぜられる極めて重要な問題であるが、ここでは、私は「自然」と日本人の関係を、岩田の「柄と地」とまったく同じ関係とみるのである。

つまり、「畏れと敬い」の感情は予測不可の自然現象のなかでは、消極性よりもむしろ、積極性となって現われてくるものであるからだ。

生きのびるためには、状況判断もなくただ逃げ回っても、助かる可能性は殆どない。であれば、積極的に「自然」に近づき、「自然」の状態を自分のものとした方がよい。

そしてそのためには、「自然」が予測できる範囲まで、自分自身の全体感覚を感情移入させることである。いちはやく、「自然」の表情を感じとることである。

また、そうすることによって日本人は古代から、全体感覚を集中させ、「自然」のどんな微妙な変化をも聞き洩らしたり、見逃したりはしなかったのである。

だから私は、日本人の季節感や言語表現のなかに、世界に類例のないほどの多くの表現があることを、すでにこの点において認めておきたいのだ。それは、日本人が「自然」を、自分を含めての「全体」と考えたことの証拠であり、積極的にそのことを「全体感覚」、つまり共通感覚として受け止めた、ということにほかならないからである。

自己はそのまま自然に映し出され、自然は自己を染めつくしているといってもよいだろう。

木村敏『自己・あいだ・時間』弘文堂

日本人にとっての「自然」が、「みずからがおのずからであり、おのずからがみずからである」という関係こそ、「柄と地」における一次元の世界であり、「一であることによって二であり、二であることにおいて一である」という禅的東洋思考に至るものである。

また、もう一つの、「自然と自己とを全体」として捉え、さらにその「全体を自己の全身体」で感覚する「全体感覚」こそ、二元論をはるかに超越できる思想を生むことになるのである。

ただ忘れてならないのは、「柄と地」、「全体感覚」の根底には、「自然のもつ二重構造性と、風土によって自己発見の契機となった人間の二重構造性」が分ちがたく織り重なっている、ということである。

言語風景論⑲

私はいま、鏡のない生活をしている――。

といえば、「なにを寝ぼけたことを」とか、「それがどうした?」といって一笑に付されることは間違いない。

なるほど、鏡のない生活――、鏡を見ない毎日の暮らし――、だからといって何が変わるわけでもないし、鏡があろうがなかろうが生活には一向に差し支えないことであろう。実に馬鹿げた悪い冗談だ、といわれる位が関の山だ。

ところが、である。鏡がない、鏡を見ない、ということが果たして、何の変哲もない、何の関わりもないことだ、といって一言で片付けられる問題であろうか。

よくよく考えてみると、この「何でもない」ことが、どこか変なのである。何か奇妙なのである。わけのわからない非常識な不気味さがあるのだ。

鏡のない生活は、いまや都会の日常生活では考えられないことであるに違いない。家庭やオフィスには決まって洗面所があり、ビル街にも公衆トイレにも至るところに鏡は飾り付けてあり、たとえ鏡がなくても、ビルやショッピングの壁面はそのほとんどがガラス張りであり、意識しなくても自分の姿が目に映るようになっているからである。

毎日眺める自分の顔、自分の姿は、「今日も変わっていない顔や姿である」ことの確認であろう。いってみれば、無意識のうちに習慣化された自己確認の、疑うべくもない常識であり、安堵化である。裏をかえせば、鏡があるから自己のアイデンティティが獲得できるわけで、もし人類の世界に鏡がなかったら、永久に私たちは自分の顔や姿を見ることはできなかったはずだし、「私は毎日いつもと変わらない私である」という自己確認も、自己証明もできないのだ。

市川浩は、身体芸術論序説『〈私さがし〉と〈世界さがし〉』(岩波書店)のなかで、「身がまえの基本は『姿』である。われわれは目ざめているかぎり、姿勢をとり、顔をつくる」として、外の世界にむかって姿勢をとり表情をつくる様を〈身知る〉と名付ける。

私が親しく身知っている（見ることはできないのだから）顔は、内側からの顔である。他者から見ればかくされた内面の顔が、私にとってはあらわれた外面の顔であり、他者に対してあらわれた外面の顔は、私にはかくされた未知の顔である。……自分の顔は私にとって、もっとも遠い闇である。

市川浩

鏡のない生活――。私はもう半年以上も鏡を見ていない。つまり、自分の顔を見ていない。自分の全体の姿も見ていない。市川浩がいうような、「自分は自分にとって最大の闇」である生活をしている。毎日目ざめた時、私の顔が昨日とおなじである、という保証も確証もないまま暮らしている。したがって、唯一の、私の自己確認は、他人の目付きや表情で判断するしかないのである。

鏡のない生活は、極端にいえば私たちに「顔のない恐怖の世界」を与えつづけるのである。（(5)章参照）

鏡には、さらに人間存在の根源的恐怖がある。

フランスの心理学者アンリ・ワロンが子供の鏡に対する反応を観察したり、精神分析家ジャック・ラカンがこの時期の人間形成を「鏡像段階」と呼んだりする「自我」と、「自己愛」の問題である。

「鏡像段階」の理論とは、「口もまだきけず、無力で運動調節能力もなく本源的な欲動のアナーキーに突き動かされている幼児が、鏡を前にそこに映る自らの全体像を小躍りして自分のものとして引き受け、身体的統一性を想像的に先取りしわがものとするドラマ」（福原泰平『現代思想を読む事典』講談社現代新書）である。

これは手に負えないほどのむずかしい問題をかかえこんでおり、簡単に要約することはできないが、箇条的にいくつかのポイントを指摘してみると次のような問題点がみえてくるであろう。

その第一は、「人が人となっていくための（引き裂かれる）基本的事態」、つまり「自と他」の問題。

第二は、鏡像を「自らと同一視し、自己の成熟を先取り」する、自己愛という「想像とナルシズム」、いいかえれば「虚構と現実」の問題。

第三は、自己の身体と精神に関わる「心身」問題。

第四は、「日本の思考の潜在的存在論を『仮面と影(ペルソナ)』」から説きおこす坂部恵がいうところの、「死」につながった「表象とメタモルフォーゼ」の問題。

以上である。そして、私はこの「鏡像段階」という、とてつもない闇の舞台において、人類が初めて演じる「意識」の発生つまり「言語」発生の、苦渋に満ちた心理ドラマの展開をみるのである。

それはまさに、自己が外面からも内面からも「引き裂かれ」ていく過程でのドラマであり、「意識と言語」が、そして「身体と精神」が、鏡に映る「鏡面と鏡像」とまったくおなじ関係にあって、分裂と統合をくりかえす恐怖の構造でもあるのだ。

鏡を見ることの恐怖、鏡を見ないことの恐怖。それは人間意識の根底に横たわる、「歓喜」と「生」の栄光であると同時に、「狂気」と「死」の恐怖でもある。

鏡を見る、ということは私が私の姿を鏡に映して見る、ということである。別のいい方をすれば、私は、鏡のなかの私によって見られている私でもある。つまりは、見ることによって見られている関係において、私は鏡を見るのである。だが、その関係をもう一歩ふみこんでいえば、見ている私と見られている私と、さらにそれを見ている私がある、ということが成り立つ関係でもある。

要するに、鏡の前にいる第一の私、鏡に映っている第二の私、そして第二の私に見られている第三の私、さらに第三の私を見ている第四の私がある、ということが鏡を見るということの意味なのだ。

第一の私は、私自身ということをあまり意識しない日常のなかの、漠然とした私である。ワロンの観察によれば、はじめて鏡に反応を示す、生まれて三ヶ月頃の子供ということになる。

第二の私は、映ったことによって意識された私である。鏡に興味を示し始める四、五ヶ月頃の子供。

第三の私は、映った私を、「もう一人の私という他者」として私との差異を意識させる私である。鏡の像が自分でないことに気付き始める八ヶ月頃の子供。

第四の私は、「こんなはずではない私」ということを自覚する、意識を意識する私である。こころのなかに「理想の私を映す鏡」をもった私、つまり、想像とナルシズムの鏡によって「見る私と見られる私の同時的共存あるいは分離的並存の分身体験をする私」（小林敏明『精神病理からみる現代思想』講談社現代新書）ということができよう。生後一年頃の子供。

しかし、問題はこれから発生するのである。鏡の前の私とは一体何者か、という難問。そして「身体としての自我」と、「精神としての自我」という大問題である。

まず「精神としての自我」についてであるが、私が「私」であるためには（自我を意識すること）、「私」は「他のもの」や「他者」であってはならないと同時に、「他のもの」や「他者」を意識することは、他のものでない「私」を意識することである。

坂本百大は、このような意識の状態を『心と身体』（岩波書店）のなかで、「意識の事実そのものが再び、反省的、内省的に意識されているということが不可欠である」として、「対象意識とメタ意識の両者が相伴って生起したとき、私を『私』として同定(アンディティファイ)する起点が存在している」という。そして、「端的にいうならば、ある意識が内省（すなわち、メタ意識）されたとき、その意識は直ちに『私の意識』として同定されているのである。……更に極言すれば、『意識』とはすべて『私の意識』以外ではありえないのである」と述べている（同前）。

このことはたいへん重要な意味を示唆している。つまり、「私」という意識のなかには、それ以前に「私の」という意味が含まれていなければならない、ということを示しているからだ。

私が「私」であることを証明するためには、「私は誰に（何に）対しての私」であるかを示さなければならないが、その根拠となるものはなにもない。「私はあなたでないから私である」といっても、あるいは「私が見る」「私が思う」にしても、その「私」の主体性は一向に不明である。したがって、「私」

という限りにおいては、まだ「私」が同定されてなく、その時点にあってはただ文法上の主語的意味しかない、ということである。

だから、「私」が同定される意識の流れとしては、「私」があるから「私」が成立するのではなく、逆に、「私の」によって「私」が同定される、ということなのである。

さきほどもいったように、これが言語上、また思想上にも重要な意味を含んでいるのは、西洋と東洋における主語、術語の関係に深く関連していくからだ。その一例としてここでは、「日本語は明確な主語を必要としない」ということだけをあげておきたい。

すなわち、直接的、始原的な意味の「私の意識」から、その反省の度を加えていく過程において「私」という人格の同定が、他者という対立人格の同定を呼び起こしつつ、次第に形をなし、やがて、この「私」によって所有されるものとしての「私の意識」という概念が得られるものであろう。かくして到達した「私の意識」はこの意味では正確には、「私の「私の意識」」というべきものであるかもしれない。

坂本百大

鏡を見ないことの恐怖とは、「他性（他者）によってしか確認できない私を、自分一人でどのようにして確認するか」ということである。

生まれたままの赤ん坊が、まったく鏡のない生活をしているのとおなじ恐怖である。自分の顔はもちろん自分の姿さえわからないのである。自分が自分でない、現に大人の私でさえ、鏡がなければ毎日の顔付きがわからず、絶えず不安にさらされていなければならない。「自分が果たして自分であり得るか」という恐怖である。

このことは先ほどの、市川浩の「身知り」や、佐々木孝次の「みかけ」(『甦るフロイト思想』講談社現代新書)に対する問題、そして「身体としての私」に関する問題となってあらわれてくるのである。

> 人間は〈他者〉をとおして、鏡像と関係をもち続けていくのである。欲望が生みだされるのも、この鏡像のせいである。それ以前に人間の欲望はない。……みかけは欲望を生みだし、同時に人間とみかけとのあいだに意味作用を生みだす。意味作用は……人間のこころのなかに価値を生みだす。
>
> 佐々木孝次

佐々木は、「みかけは、こころのなかで自分の理想の姿として構成されるのである。しかし、だからといってこころのなかだけにあるわけではない。こころの外にあるものをとおしてこころのなかに構成される他者である。そして、欲望はこの他者に対して向けられる」と述べ、「自分の代りになっているこの他者というみかけの意味」を人間の欲望や価値を生みだす精神活動として捉えるのである。

だからもし、鏡を見ないとすれば、そこには自己という判断はもちろんのこと、人間としての欲望も、あらゆるものの価値観も生まれてくることはない、ということである。

つぎに、「身体としての自我」であるが、「見ることによって見られる」という意識の二重構造は、「触ることによって触られる」という身体の二重構造とも合致する。

市川は、「精神と身体（物体）とを二つの実体として明確に区別したうえで、デカルトは、われわれにおいて、精神が身体に全面的に合一していることをみとめる（「省察」）」（『精神としての身体』勁草書房）としながら、「具体的全体としての生ける身体を」知性による概念の理解ではなく、デカルトを超える次元において「日々生きている具体的な身体を、あるがままに、そのはたらいている姿において」理解しようとする。

市川はまず身体を、「現象としての身体」として捉える。一、主体としての身体。二、客体としての身体。三、私にとっての私の対他身体。四、他者の身体。五、錯綜体としての身体。

つぎに「構造としての身体」として捉える。

一、はたらきとしての構造。二、向性的構造。三、志向的構造。四、身体の私性。五、自己と他者。これらの分析については、これからの「言語」「風景」の展開をとおしてそのつど触れていくわけだが、ここで特に留意しておきたい問題は、「鏡面と鏡像」そして「自己と他者」という関係が、「心身問題」と複雑に交叉錯綜しあっているということである。

その一つに、自己の身体を把握するためには「自己が自己であるための『対物、対他身体』がある」という問題をぬきにしては考えられない、ということである。

市川は、鏡に映された私、つまり「もう一人の私という他者」について、「私にとっての私の対他身体は、他性を介する自己自身の身体の把握の一形式である」と述べて、この対他身体の下層には、もう一つの意味での対他身体、すなわち「他性を介するもう一つの原初的な自己把握である前人称的な対他物身体が潜在している。二つの対他身体は、幼児期には、おそらく未分化のまま融合していたのであり、他者が分化するとともに、対他者身体が意識されるようになったのであろう」(同前)と述べている。

つまり、「もう一人の私という他者」は、幼児期あるいは胎内で「未分化であった他者意識」(市川がいう「前人称的な対他物身体」)であるというのだ。

したがって、自己が自己以外のものと出会ったとき、無意識的に「対他意識」を身体が感じる、というのである。私はここに、精神意識と同次元に考えられる知覚・感覚の身体意識の意味を読みとることができるのである。

唐木や木村の「みずからがおのずからであり、おのずからがみずからである」という関係、そして岩田の「同一面上に織り合わされた『柄と地』」の関係が、まさにそれである。

さらにその関係は、『深層記憶』のなかで「鏡面」の役割を果たす心理をつくりあげる、ということができよう。したがって人類は、すべてこの「未分化であった他者意識」を「心の鏡」として胎内で用意され、「自然」との出会いのなかでもちつづけることになるのである。

日本人の「自然」に対する「畏敬の二重構造性」もまた、「心の鏡」の反映として、ここに成立するのである。

自己を同定するのは「鏡」である。

しかしその「鏡」を鏡として存在させるのは、「心の鏡」である。

そしてその、「心の鏡」をつくりだすのは、「未分化であった他者意識」であるところの「対他身体意識と対他精神意識」である、ということができよう。

また、鏡のもつ真の恐怖とは、人間の『深層記憶』に結びついて、絶えず自己を「未分化であった他者」に投げかけ、なおかつその反射によって逆照射されながら、自己のアイデンティティを保たざるを得ない、という恐怖である。

と同時に、その鏡の背面には、この投影と反射のキャッチボールのバランスを崩させることによって、人間にさまざまな精神障害を起こさせ、「狂気」や「死」の世界へと追い込む恐怖があわせもたれていることである。

＊　＊

私は人類意識の初源を、「身体」に刻みこまれた「風土」にみる。なぜなら、「風土」は人間六〇兆の細胞によって記憶された始源の「他性」であるからだ。

まさに、和辻が「風土もまた人間の肉体であった」というように（『風土』）、人類意識の発生はなによりも、人間存在を指し示す「風土によっての客体化」である。

その意味で「風土」は、鏡像の第一段階における「鏡」（鏡面）であるといえよう。

『言語と意識の起原』（花崎皋平訳　岩波書店）のなかでチャン・デュク・タオは、距離をへだてての誘導という〈指示の身ぶり運動〉と〈叫び〉の原初形態に意識の起源をみているが、その段階ではすでに「自他」の分化が進んでいる、つまり意識の構造ができあがっている状態といわねばならない。

ただ参考になるのは、前者が、「労働」(道具行動)と「方向、距離」の問題を、そして後者が、「言語」と「合図」(記号)の問題を、その意識下に含ませていることを示唆している点である。

和辻もまた『風土』のなかで、風土に対応する「道具」(寒さや暑さを防ぐための道具)を、「対象成立の契機をなす最も手近に見いださるる物」として、風土的規定と同等の自己客体化や自己発見の意識の契機として捉えている。

だが、この考察も前例と同様に「自他」の分化が進んだ状態とみるべきであるが、身体問題として考えたとき、この問題もまた「身体の延長としての道具」という、興味深いテーマの端緒を提示しているといえよう。

しかしいずれにしても、「労働」や「道具」以前に意識の発生をみることができるし、私はその初源を、「風土」によって身体が感覚する、つまり六〇兆の細胞記憶による「他性」にみるのである。

したがって私には、人類にとっての「風土」は、「他性」を含んだところの鏡像を映す、第一段階の「鏡面」となるのである。

そして「風土」が、鏡像第一段階の「鏡面」とすれば、「自然」は、鏡像第二段階の「鏡面」であるといえよう。前述のように、それは胎内や幼児期において、「未分化であった他者意識」となるからだ。

なるほど、この段階で「自然」はまだ「未分化の他者意識」ではあるかもしれない。しかし、人間にとってはすでに「全体」として捉えられており、また「全体感覚」のなかでも「畏敬の二重構造」としてその心身に感受されているからである。

したがってここでは、自然と人間の関係は、「みずからがおのずからであり、おのずからがみずからである」という関係を、あるいはまた「一であることによって二であり、二であることにおいて一である」という禅的東洋思考を生みだす根源の関係を、相互に支えあっているのである。

「自然」が鏡像第二段階の「鏡面」となれば、「風景」は当然、鏡像第三段階の「鏡面」といえよう。

つまり、「見ることによって見られている」という関係である。自己が引き裂かれることによって、「他性」（他者）が見えてくるという意識構造にくみこまれていく段階である。

マルクスも『資本論』（第一部第一分冊）で、感覚から意識への転化について、「人間は、自分自身を、まず第一には、他の人間のうちに、ちょうど鏡にうつしてみるように、みるのである」（花崎訳）と書いている。

また、チャン・デュク・タオも労働における身ぶりと声（叫び）について、「意識は〈対象の意識と自己の意識〉とが一体となったものとしてあらわれる。……おのおのが、鏡にうつしてみるように、他者のうちに自分自身をみ、〈こだまにおけるように〉、他者において自分自身を聴くのである」（同前）と述べ、「自分に対する関係は、このようにして、他人との関係の〈結果〉として生まれる」といっている。

この場合の「おのおのをうつす鏡」のひとつが「自分という心の鏡」であり、もうひとつが「風景という他性（他者）の鏡」である。

したがって、人が風景を見る場合は、自分という「心の鏡」で風景を見るのと同時に、そこに映しだされた風景という「他性の鏡」で自分が見られている、という関係になるのである。

だがこのことは、鏡像第二段階における「自然と人間の関係」とは、その構造を一変する。というのも、この段階はすでに鏡像第三段階であり、さまざまな風土によって自己化された人間が「自他」分化の意識を生じ、さまざまに変容した自己化による「自然」を「風景」として見るからである。

「風景」――それは、人間の「心の鏡」によって映され、「他性の鏡」によって反射された「自然」のことである。

「風景とは何か」を定義することは不可能であろう。

だが、「風景とは何か」を問うことはできる。至難の業であるが、「人間とは何か」、「言語とは何か」を問うように問えばいい。なぜなら、この三つの問いは、人間存在の根源を問う、おなじ問いであるからだ。

内田芳明は、『風景の現象学』（中公新書）のなかで、「風土」と「風景」の視点の間には何か一つ重要な問題が隠されていて、それは「風土」の視点からは見えないが、「風景」の視点に立つと見えてくるというのだ。

内田は、「風景の視点に立つと、人は自然との間に、個性的な生命交流の関係に入ることになる。

……風景とは『死せる自然』（風土）と対立する『生きた風景』なのであって、風景は何か生きた心とでもいうか、一つの生命を持っているのである」という。

内田はまた、「生きた風景」について次のようにいう。

日本語は風景の本質をよくとらえている。風景の間に「情」を入れてみよう。すると「風情」と「情景」の二語が、風景から派生してくる。実に「風景」とは、「風情」をもった「情景」にほかならない。つまり「風景」という二語の間に「情」がかくされているわけである。

内田はさらに、「情」をクラーゲスの「表現学」（現象学）の中心概念である「生情」にいいかえ、「風景とは生情をもっているところの一つの生きた現象である」という。そしてそのことは、「風景が『世界内存在』（メルロ＝ポンティ）の出来事になる」ということであり、「風景は、それを発見する人間と出会う時、すなわち『世界内存在』において、生きた現象となる」というのである。

自然・風土は風景成立の土壌であり構成要素である。そしてその生きた現象の語りかけてくるものを受けとる人間があってこそ、風景は成立する。他方において人間は、深層心理において、無意識のなかで、その風景のなかに願望や希望や理想や喜びや悲しみの面影を発見し、それに共感している。すなわち、風景が人間に語りかけてくる面と、人間が風景に語りかける面と、この二つの生の流れの交流のなかで、一つの風景が成立するのである。
内田芳明

私たちが富士山を見る時、私たちは風景のなかにある富士山を見ているのであって、自然的物質や自然の一断片である富士山を見ているのではない、と内田はいうのである。

このことは、私が鏡像第三段階とよぶところの関係とおなじ関係であるといってよい。つまり、富士山を見る私の心情が、富士山において富士山の生情となり、その生情が再び、富士山に見られる私の心情と重なり合う関係となる、ということだ。

また、内田が面影というときも、それは市川の「身知り」や、佐々木の「みかけ」と通じるものであり、「こころの外にあるものをとおしてこころのなかに構成される他者」（佐々木）でもあるのだ。もう一つ「風景」で見落としてはならないことは、「心情」や「生情」が人間の「身体」を離れてはあり得ないということである。

風景とは、いうまでもなく、地に足をつけて立つ人間の視点から眺めた土地の姿である。……どんなに魅惑的な自然でも、日常の生活舞台に身をおいて眺めるのがその最もあたりまえの楽しみ方である。たとえ、大自然に踏み込んでいったにしても、自分の身体という日常性を離れて風景はないことに、あらためて注意が向けられてよい。
中村良夫『風景学入門』中公新書

中村は「風景」の視点をあくまでも地上からの人間の視点とする。そしてそれは、普遍な神の世界像を与える空中の視点にくらべて、「視点の位置によって変幻自在、まことに不安定で頼りないけれども味わい深く、その場所かぎりの人間の風景が映る」という。

言語風景論⒇

「風景」という日本語が、いつ頃から使われ始め、どのように定着したのか定かではない。恐らく、「自然」という日本語と同様、明治になってからであろう。因みに、地理学者志賀重昂の日本最初の『日本風景論』が出たのが、明治二十七年（一八九四）である。

また、「風景」の意味となると、これもその範囲が広くなかなか容易ではない。

『広辞苑』（岩波書店）では、けしき・風光・風姿・風采・人の様子。『大言海』（冨山房）では、風物光景ノ義として、けしき（景色）・風色・風光・転ジテ風姿・姿態等ノ意ニモ用ヰル。『日本国語大辞典』（小学館）では、目にうつる自然の様子・ながめ・景色・風光・その場の有様・光景・情景。となっていて、一つの焦点にしぼることは困難である。現代では、「環境」などというまぎらわしい意味までが含まれるようになり、ますます困惑するばかりである。

西洋においても、「風景」という概念は明確ではない。内田芳明は、『風景とは何か』（朝日選書）のなかで、十六世紀末のオランダ語ランドスコープが「風景」という意味で成立して他の国々に及び、「土地」「地域」「地方」を表すコトバとなったといい、オギュスタン・ベルクも、『風土の日本』（篠田勝英訳・筑摩書房）で、オランダ語ランドスコープとフランドルの画家たちの影響を受けてフランス語に登場し、当時の概念では「環境に対する関係」といった程度の理解であった、という。

また、中村良夫（『風景学入門』中公新書）は、近代風景思想の源流を浪漫主義に根を発した十八世紀のヨーロッパ・アルプス山麓の自然美における「自然景」と、英国のラスキンとモーリスによって提唱された生活環境（アメニティ概念）における「生活景」という二つの流れにみている。

以上のように、西洋の「風景」概念も、その定義は現代に至るまで依然として不明瞭であるが、日本との比較では、異なっている基本的な点が二点ある。

その一点は、内田が指摘する日本語の「主観性」の問題と、西洋語の「客観性」「場所性」の問題である。

日本語の風景概念の含意の方向性やその特徴が、「風景」にしても「景観」にしても主として主観性を示している、あるいは主情性に溢れているのに対しまして、西洋語のそれは、対象性、客観性そして場所性を示している、ということが言えると思うからです。日本のばあいには、対象についての主観的な感じ方、感情性、自分中心の好みや感じ方の方面が主として表現されているのに、西洋のばあいには主我性、主観性から一応自由に、外界にある土地について、その地理的空間性、風土生活環境の場所性（トポス性）と形状性（ゲシュタルト）、それらの特徴が「風景」だと認識されている、ということです。

内田芳明（同前）

もう一点は、私なりの見方ではあるが、日本の場合「風景」は、「詩歌」に結びついてその普遍的な意味性（精神性）を主張していったが、西洋においては、「絵画」と結びつくことによってその意識性（自我性）を強力に主張していったということである。

それは内田がいうとおり、日本の主情性に対する西洋の対象性という思考の性格の違いによるものであろう。さらには、「風土」「自然」に対する対応の仕方、接し方に対する根本的な差異を示すものともいえるであろう。

私はさきに、日本人の「自然」に接する態度を、「畏れであると同時に敬いである」ところの「畏敬」の二重構造性にみた。

いってみれば、それは、自然の奥行きの深さでもあろう。森の深さや、季節の変化の激しさは、当然のように私たち日本人に、「見通しの悪さ」と「はかり知れなさ」の感覚を「全体感覚」として教えこんだといえよう。

そして一方で私たち日本人は、「見通しの悪さ」や「はかり知れなさ」という「奥行きの深さ」に対して、「畏敬」の念を持って接する以外の方法をとろうとはしなかった。つまり、「奥行きの深さ」を決して計ろうとはしなかったのだ。なぜなら、自然が計り尽くせるものではないことを、宇宙身体としての細胞記憶が「全体感覚」で捉えていたからである。

計ることの無駄、そして計ることが即命取りであることを、身体そのものが熟知していたのである。だから私たち日本人は、自然との距離をできるだけ縮めること、いや、むしろ同化することを念願とさえした。その結果が、「みずからがおのずからであり、おのずからがみずからである」という思想を生むに至ったといえるのではないか。

＊　＊

和辻哲郎は、日本の風土の特徴を「湿気」という点からモンスーン的風土と名づけ、その季節的・突発的性格を予期せざる台風的性格の「非合理性」とした。そして、その比較において、ヨーロッパ的風土（地中海沿岸）を、温順にして秩序正しい合理的な「牧場的」風土と指摘する。

自然が従順であることはかくして自然が合理的であることに連絡してくる。人は自然の中から容易に規則を見いだすことができる。そうしてこの規則に従って自然に臨むと、自然はますます従順になる。

和辻哲郎『風土』岩波文庫

和辻は、「従順であり明朗であり合理的である」ギリシア的自然について、人間が「従順なる自然への支配を自覚し、自然の支配者として己れ自身の生活を形成し始めたとき、その風土的性格がギリシア精神の性格となった」と述べ、次のようにもいっている。「だからギリシアにおける自然との調和は自然の人間化であり人間中心的な立場の創設であった」（同前）と。

つまり、西洋の自然は、「見通しが良く、計り易かった」のである。「東洋においては、自然はその非合理性のゆえに、決して征服され能わざるもの」「ヨーロッパにおいては、温順にして秩序正しい自然はただ『征服さるべきもの』」と和辻が述べている性格が、東洋と西洋の精神を二分しているのは承知のとおりである。

私は、西洋の「風景」は「絵画」と強力な結合をしたと書いたが、リルケはその状況を「風景について」（富士川英郎訳『リルケ全集5』彌生書房）のなかで次のように述べている。

西洋において、風景が絵画と結びつくことによって「風景画」という新しい自然を発見するまで、古代ギリシアの人びとや画家たちは、人間の肉体美以外の何物にも視線を向けることはなかった。しかし、キリスト教芸術がこの肉体との関係を失わせてしまう。その結果、人間の肉体は地獄だけのものとなり、風景も地上の世界ではなく、常に天国を意味していなければならなくなったのである。

ところが、レオナルド・ダ・ヴィンチの「モナ・リザ」の出現によって風景は一変するのである。風景は宗教から解放され、「人間の感情のための口実となり、人間の喜びや素朴や敬虔の比喩となった。

風景は芸術となっていた」というのだ。

リルケは、「モナ・リザの背景をなしているあの深みのように、まったく風景でありながら、しかもまったく告白であり、自分の声であるような風景を画いた者は、まだ誰もいなかった」とつづける。

この風景は印象の姿ではない。静かに安らっている事物についてのひとりの人間の見解でもない。それは発生した自然、生まれた世界であって、人間にとってはまだ発見されていない島の前人未踏の森のようになじみのないものである。

……自然の方が人間よりもっと持続的で、もっと偉大であり、自然のなかの動きももっと幅がひろく、すべての静けさももっと素朴で、孤独であった。人間のなかには、自然のけ高い手段によって自分を同じように真実なもののように語りたいという憧れがあった。こうして何ひとつそこに出来事がないような風景画が生まれたのである。

リルケ「風景について」

リルケがいうように、西洋において「風景」ははじめて、「風景画」のなかで、「発生した自然、生まれた世界」となって、人間から認識されたのである。自然が人間の意識となってはっきりとその姿を現出したのである。

勿論、この「風景」はあくまでも、鏡像段階の風景である「変容された自然」であることは、前章ですでに述べたとおりである。

このような「風景」の発見は、和辻のいう「自然の人間化であり人間中心的な立場の」ギリシアにおける合理的性格によるものといえよう。

しかし、ここで私はもうひとつ、西洋の「自然」が「絵画」と結びついていったその理由を、「色彩」と「視覚」という問題点からみておきたいのである。


私がここで敢て「色彩」をとりあげたのは、「色彩」は「形」とともに絵画にとってなくてはならぬ要素である以前に、岩井寛が述べているように、「色は物象認知の重要な手掛りを含んでおり、さらに人間感情を生起させる最初の門」(『色と形の深層心理』ＮＨＫブックス)であり、人間の感覚器官と感情に決定的ともいえる影響を与えるからである。

ここでは簡単に、私の仮説もまじえて、「絵画」との結びつきだけを記しておく。

西洋と日本の色彩の好みを大雑把にいえば、西洋の「多色好み」に対して日本は「単色好み」ということになろう。それはお互いの「風土」と「自然」観に由来するものであるが、西洋の多色性は、その砂漠的風土が無色に近い索漠たることに原因があるといえよう。

いってみれば、それはあまりにもモノクローム的な世界であり、不吉や不安につながるイメージしかもち得なかったからではないか。だから、多種多様な色彩への願望が強烈に目覚めたのではないのか、ということだ。

また、「絵具」がいつ生まれたのか知らないが、恐らく、その砂漠的風土から採取できる色といえば、ほんの数種に過ぎなかったであろう。しかし、そのことが逆に人工色への知恵を生みだす原動力となったとも考えられる。

それにしても、人工色という「色彩」の発見には、彼らの「自然」に対する態度が、すでに「征服者」として確立されていたことを裏づけるものではないのか。遂に彼らは、「自然征服」の発想と合理的な方法から、歓喜の色や装飾的な「人工色」を多様に発見し、古代絵画へと結びついていったと思われる。

日本の場合は、その風土が和辻のいう「突発的非合理性」には違いなかったが、季節ごとの色彩の変化には恵まれていた。天変地異があっても、自然の草木や草花は、やがては豊かな彩りをとりもどし、人びとの心を慰めてくれた。しかも、色彩の原料は自然のいたるところから採取できたのである。そして、それらの染料は自然の彩りを損なわないように工夫され、生活のなかに溶けこみあった。美麗よりも寡黙な中間色（混色）として。

日本の「絵画」もまたそれに倣って、原色や極彩色を遠去け、より精神的な深みを表現する「水墨画」や「禅画」の方向へとむかった。つまり、西洋とは逆のモノクロームの世界へと色彩を消していった。土佐光起の『本朝画法大伝』（元禄三年・一六九〇）にも、「彩色は浅(うす)きを佳とす。是即ち軽なり」とあるように、日本の「絵画」は色彩の世界を消すことによってより「自然」の本質に近い、「詩歌」の詩情世界へと近づいていったともいえるのではなかろうか。

くらべてみれば、人間中心の西洋思想が、合理的な「自然」を征服していく過程で、「人工の色彩」をつくり出し、絵画という「人工自然」により多彩な色どりを求めたのは、ごく自然の成り行きであったろう。

それに対して、色彩に恵まれた日本では、むしろ色彩をおさえることで、或いは形をぼかすことで、「自然」を身体の「全体感覚」として表現する精神表現の道を選んだことも、また当然のことであったろう。西洋・日本ともに「色彩」は、「絵画」との結びつきから「風景」の認識においてそれぞれに異質な感覚感情を育んだわけだが、その接点に「視覚」という問題がある。

＊　＊

「視覚」の歴史を中村雄二郎の『臨床の知とは何か』から要約すると、ヨーロッパ中世では、もっとも洗練され豊かな感覚とは〈神のことばを聴く〉聴覚であり、視覚は触覚のあとの三番目の位置でしかなかった。

ところがルネサンス期になって、「自然的な感性としての官能が解放された」ことから眼が重要な器官と見なされ、視覚がトップの位置を占めるようになったのである。

しかし近代文明は、触覚と結びつかない視覚優位（視覚専制）という形をとり、「事物や自然との間に距離がとられるようになり、視覚の支配のもとにそれらを対象化する方向」を歩むことになる。その結果、「時間も空間もすべて量的に計りうるものとして考えられるようになり、宇宙論的な意味をも奪われてしまった」という。

このような視覚の歴史的流れのなかで、近代文明による「視覚の独走、専制化」に対して、ルソー、バークリー、コンディヤックなどが異議を唱え批判を示しているが、極端な優位性を別とすれば、視覚はやはり人間の感覚器管のなかでは、聴覚と並んでもっとも重要な能力をもつものである。例えその「視覚による錯覚」ですら、人間になくてはならぬ意味をさえ与えているのであるから。

では、「見る」とは、「見える」とは、どういうことを意味するのであろうか。

白川静は、人間の五官は視覚と聴覚を主として見と聞が外界との交渉の方法であったが、それは単なる感覚の世界の問題ではなく「『みる』とは、その本質において、神の姿を見ることであり、『きく』とは、神の声を聞く」（『文字逍遥』平凡社）ことであり、ものの本質を見極める力であったという。また、「みる」とは主体的な行為で、映像として物の姿をみることは「みゆ」というべきであるが、「みる」は主体的な対応、「みゆ」は静かなる対応のしかたということでともに「認識としての行為であった」と述べ、それは古代にあっては「自然に参入すること」であり、「万葉」に頻繁にみえる「みる」は「対者との霊的な交通を意味するものであったと考えてよい」（同前）という。

念のため、『大言海』の「みる」の項をあげておく。「見、看、視、観、覧、相、閲、鑒、睹、覩、察、瞻。目射るノ義、目ヲ転ジテ活用ス、手る、とる、名る、告るノ類。⑴眼ニ映シ知ル。見。⑵眺ム。望ム。⑶其事ヲ身ニ受ケテ、己レガ任トシテ行フ。附キ添ヒテ取扱フ。省。視察。⑷読ミテ心ニ知リ分ク。覧。⑸見テ占フ。相。⑹身ニ受ク。被ル。遭遇。⑺心ヲトメテミル。注意シテ見ル。視。⑻支配ス。行フ。取扱フ。⑼マモル。ミマモル。

茅野良男は『認識論入門』（講談社現代新書）のなかで、アリストテレスの「すべての人間は、自然本性に従って、見て知ること（エイデナイ）を欲求する（オレゴンタイ）」（『形而上学』）ということばを引用して、次のように述べている。

「見るのは、向うの相手が見えている、見えを呈するからであり、その見えをうけいれる、うけとることであり、それゆえ、見て取る、看取する、見て知ること」であるから見るということは「見ると欲すると知るとが一体となっている」と。

和辻もアリストテレスの「見ること」と「知ること」との実践に対する優位を肯定しながら、「『観る』とはすでに一定しているものを映すことではない。無限に新しいものを見いだして行くことである。だから観ることは直ちに創造に連なる」（『風土』）とし、ギリシア的風土の「陰のない自然」から「形」を見出した彫刻や建築の創造性やイデアの思想の表現にまで言及している。

中村雄二郎もまず、『共通感覚論』のなかで、F・ベーコンの「知は力なり」ということばから、「ここで知るとは、なによりも見ること、見とおすことである。……そして、知ることがなによりも見ること、見とおすことであってみれば、見ることは力に、見とおすことは権力にもなるのである」と述べ、十八世紀末に案出された〈一望監視施設〉や、M・フーコーの『監獄の誕生』などをその例としてあげていることは興味深い。

また、「見ることは、へだたりと拡がりをもつ眼前の光景の全体を一挙に知覚しうる空間的な知覚」（『哲学の現在』）とする。そして、「近代科学と科学的思考では、他との区別において明らかなこと、つまり明晰で判明なことが真理の基準とされた」こと、また活字印刷機の発明が、「もともと見ることは書くことや描くことを、そして文字や美術を発達させてきた」ことをあげている。

以上は「見る」ことのほんの一例に過ぎないが、それでも「見る」ことがあわせもつ意味は深い。

いままでの例からでも、「知る・欲する・見とおす・空間的知覚・明晰な真理・書く・描く」などと、感覚から始まって、ある錯覚を交えながら、知覚・認識・意識・想像へと複雑多岐に及んでいくのである。

さて、いままでの「見る」を見ることの表の一面とすれば、次にあげる「錯視」は裏の一面ということになろうか。

「視覚」を利用した「錯視」の典型は映画である。

そして、いまひとつは西洋における「遠近法（パースペクティヴ）」である。

「遠近法」は、一定の視点からの見透し図法（画法）で、西洋の場合、遠景に焦点が集約される遠方求心的な遠近法であって、合理的、幾何学的な距離の表現方法であると同時に、対象の理知的、科学的認知の方法でもある。

この「遠近法」の発見は、「人間中心・自然征服」の思想を更に強固なものとし、その結果、自然は見通し良く計り易い「風景」として捉えられ、絵画としての「風景画」へと結びついていったといえるのではないか。

だがよく考えてみると、これは明らかな「錯視」における錯覚である。

というのもバークリーがいっているように、「距離そのものは見えない」（『視覚新論』）からである。後述するが、「視覚」は形を見分けることはできるが、「触覚」の力をかりなければ「大きさ」や「距離」や「空間」を捉えることはできないのである。

そのような意味でいえば、「絵画」は幻影（イリュージョン）であり、「遠近法」もまた、大いなる幻影（イリュージョン）である。

> 一枚の絵というものは、オブジェであると同時に幻影（イリュージョン）であり、外的現実であると同時に内的現実であり、視覚的な戯れであると同時に精神的な挑発であるというのが真実だと思われる。
>
> A・ジュフロワ『視覚の革命』

中村雄二郎は右の引用のあとに、「こうして絵画は二つの約束事から成り……その一つは三次元の対象を二次元化する幾何学的遠近法に従う眼あるいはまなざしであり、もう一つは、カンヴァスという二次元の平面の、イリュージョンの場所としての自明性であった」（『共通感覚論』）と述べている。

＊　＊

私が特に「遠近法」の問題でこだわるのは、西洋の場合、その成立の背景に先ほどもいったように、「人間中心・自然征服」の思想を読みとるからであり、また「近代自我」の確立と「風景」との対立の根源をここにもみるからである。

合理的、幾何学的な「遠近法」は、多くの芸術家たちを虜にしたが、その半面では猛毒をふりまいた、と私は断言できそうだ。

では、「遠近法」の毒とは何か。一言でいえば、「自然」と人間・人間と「風景」、いいかえれば「自然」と「風景」の対決である。

つまり、芸術家たちにとって、「自然」が素朴な美しさや牧歌的な優しさを示さなくなった時から、リルケがいったように、「自然」は「風景」となって人間の前に立ち現われたのである。とくに画家たちにとって、「印象の姿ではない」「人間の感情や比喩、告白」となり、「芸術」となり、さらに「風景画」となったのである。

「風景画」は、ロマン派まで「遠近法」との歩調にしたがったが、近代絵画の台頭によって一変する。ところが、「遠近法」はこの「風景画」の裏切りに、手負い獅子の勢いで反撃の毒を印象派の画家たちに投げつけ襲いかかるのである。

小林秀雄の言葉を借りれば、「見えるが儘のものと在るが儘のものとが、常識人の意識で釣り合つてゐる様に、画家の意識でも釣り合つてゐた」のがロマン派芸術までで、「印象派に至つてこの均衡が破れた」(『近代絵画』新潮社版全集第十一巻)ということになる。

もっとも小林秀雄もアンドレ・ロートの「遠近法も印象主義の技法も、在るが儘を描かず、見えるが儘を描かうが為の技法」という意見に賛成しているが、「存在の秩序を、視覚のイリュージョンにかへる」

（小林）遠近法の前に立ちはだかった画家たちがいる。

マネをはじめとする近代絵画の画家たちである。なかでもセザンヌは、印象派を越えて、自分の絵を「自然に即した構成物」と呼び、その本質の深みを追求するため、徹頭徹尾「自然と向きあった」のである。

はっきりいっておくが、画家の視覚が「自然と向きあった」のではない。画家そのものが、つまり「人間として自然と向きあった」のである。

私はセザンヌの名声や評価に関しては全く無関心である。だが、彼の「自然」に対する果敢な闘いのなかで、彼が示してくれた毒の生傷やその傷の深さを、彼の「風景」をとおして見たいのである。それはまた、「視る」ことの極限でもあるからだ。

セザンヌは口癖のように、「自然の研究だ」「仕事だ」といっていたという。その意味は徹底して「自然と向きあう」ことである。小林はそのことを、「存在の一種の無意味と無秩序に堪へて、ひたすら見るといふ事」（同前）だという。

人間の一切の意識を捨てて「自然」を見ること、ひたすら無私無心に徹して見れば、「現実の遠近に応ずる視覚のイリュージョンとは全く異るもの」（小林）が見える、それこそが本来の「自然」の姿であるというのだ。

さらに小林は、「大画家にとって、見るとは自己克服の道になる。……画家は、識見だとか反省だとかいふものを克服して了はねば駄目だ」（同前）というリルケの考えを紹介しながら、「ひたすら見ること」についての姿勢を、画家の意識を捨て去ったところから見るべきだと述べるのである。

ここには、道元の「よく自己を参徹すれば……自他を脱落するなり」（「自証三昧」）や、「自己をならふといふは自己をわする丶なり」（「現成公按」）といった修行の厳しさとおなじ姿勢がある。

だが、すでに人間の視覚は、「人間中心」の遠近法の毒に犯されていた。自分中心の視点しか信用できなくなっていた。自分をとりまく「自然」も、あらゆる事物の存在も、自分にとっての「対象」でしかなくなっていたのである。

自然は人間の鏡である。自然に還らうといふ欲望は繰返されるが、還るのは同じ自然へではない。人工の拘束から自由になつて、画家は無私な眼で自然を見たいと考へるが、自然が黙々として映し出すものは、当の絵かきが、自ら無私と信じてゐる心の形に他ならない。……自然は画家のあまり細かく分析的になつた不安な視覚を模倣するに至つたのである。画家は、そんな風にして、とどのつまりは、己れを語る様に誘はれて行く。自然に還らうとして自己に還つて行く。　小林秀雄『近代絵画』

視覚の「対象」でしかない自然はもはや、本来の「自然」ではない。人間の意識によって変容させられた『風景という自然』でしかない。人間はどうあがいても「風景という自然」にしか還れないのである。この関係はやがて、「言語」においてもおなじ関係となる。

セザンヌは還れない「自然」を自覚したとき、「風景」の在り様をも自覚したのである。それは「自然」と人間との落差の大きさであり、「風景」が人間にしめす「裂け目」の深さでもある。

セザンヌはいう、「自然とは感覚の事だ」と。そして彼自身が「感覚」そのものになりきってしまって「自然と向きあおう」とする。「自然」の心を捉えようとする。

小林はそのようなセザンヌを、「セザンヌは、自然といふところを感覚と言つてもよかつたのである。感動とか魂とか言つてもよかったであらう。……自然の深さとは、一切を忘れてこれを見る人の感覚の深さの事だ。セザンヌの実感或は信念よりすれば、自然にも心の琴線があるといふ事である」（同前）と書く。

しかし、人間中心のあらゆる模倣性も合理性も科学性も捨て去ったセザンヌに対しても、人間に全く関心を示さない「自然」は、非情に自足して存在するだけである。何の解答も与えてはくれない。遂にセザンヌは、「自然に捕へられる」か「自然の方に向つて自分を投げ出す」しかない。そして、「大事なのは、自然を見るといふより、寧ろ自然に見られる事だ……むき出しの彼の視覚が、自然に捕へられるのである」（小林）という地点に立つしかないことを知るのである。

「自然と向きあう」こと。それは、人間から一切の人間らしさを捨て去ることである。あらゆる人間としての意味を殺ぎ落としてしまうことである。人間が、一個の存在となることである。

セザンヌが「自然と向きあった」とき、「持続する存在」という「自然」の偉大さの前に、人間の存在がいかに卑小なものであったかを思い知ったのである。

人間が、「自然」の存在と同等の存在となるためには、人間自身が「自然」からも見られる一個の事物にならなければならない。人間は、人間によって意味づけられた「風景という自然」を、「自然」本来の姿に還さなければならない。そしてそれが、人間にとって何と恐ろしい地点であるかということを、自覚したのである。

だがその地点こそ、いみじくもリルケが「風景について」の末尾で予言した、「人間は風景のなかへただ一個の事物として投げだされるであろう。わびしい孤独な一人の人間として」という、無限孤独の、「風景の裂け目」の現場である恐怖の地点なのである。

セザンヌの絵は、色彩でフォルムを変形させた独自の描法を工夫したが、一般ではまったくといっていいほど受け入れられなかった。セザンヌ自身、カンバスの画像の歪みに対して、自分の眼が悪いからではないかと、何度も疑ったという。だが、その「歪み」こそ、「自然」がセザンヌに見せた本来の姿だったのかも知れないのだ。

私はセザンヌが六十回以上も描いた、石灰岩の巨大なサント＝ヴィクトワールの山の絵を見るたびに、小林の次の言葉を思い、改めて「風景」が見せる存在の裂け目の孤独に慄然とする。

画家とは、言はば視覚といふ急所を自然の強い手でおさへられてゐる人間なのだ。自然を見るとは、自然に捉へられる事であり、雲も海も、眼から侵入して、画家の生存を、烈しい強度で、充たすのである。

小林秀雄

「風景」が変容されない「自然」へ還るということは、「風景」が纏っていた人間の衣裳をすべて剝ぎ取ることである。「自然」の存在の前に、真っ裸になって佇むことである。

——そのとき、「自然」に投影されるのは、一個の事物となった自我である。「自然」という鏡によって、むき出しにされた自我意識である。

ラスコーリニコフやロカンタンが見た奇っ怪な「風景」である。いいかえれば、遠近法の毒に犯された西洋近代自我の醜悪な「風景」でもある。

＊　＊

『罪と罰』の主人公ラスコーリニコフが、ネヴァ河の彼岸の壮麗なパノラマに見入る場面がある。この光景は、彼が大学に通っている時分には「かれこれ百度ぐらい」見ているわけだが、それがある日「この華やかな画面が、口もなければ耳もないような、一種の鬼気に充ちている」（米川正夫訳）光景に変容するのである。

或る日突然、私たちが見慣れていた親しい風景が、一瞬のうちに異様な風景へ変貌する。何の前ぶれもなく、目の前の風景が風景でなくなる。そんな経験を、誰もが一度はしているはずだ。

ラスコーリニコフの場合、老婆殺しという罪の苦悩があるにしても、華やかな光景が「口もなければ耳もない」鬼気に充ちたものとして彼に追ってくるという経験は、「風景の裂け目」が彼の眼前に現われたことを物語るものではなかろうか。

田中房太郎は、『風景の変容』（近代文藝社）のなかで、このときラスコーリニコフのまなざしが受容するのは「見入るというまなざしに合わせて、光景そのもののなかにすこしずつ姿を現わしてくるのが自然の直接性」であり「人や物に対して抱く自分の思考の主観性や絶対性が、永遠という時の相のもとで一挙に相対化される」ことだといっている。

> 彼岸の光景はこのとき、ただそこにあるということを、自然そのものの在り方として剝き出しにする。自然の美しさが恐しく謎めくのは、人間的なかかわりをすべて捨象して、ただそこにあるという自然の直接性が、見る者の目にまざまざと見えてくるときなのです。　田中房太郎『風景の変容』

田中房太郎は、私たちが美しいと感じることは、「意識の共同性としてある制度や習慣によって了解され、一般化された美しさ」である。そしてそのような「美しさそのものが、意識の共同性に即して他者と共に経験される」（同前）ことだという。

だが、「自然」の直接性はそんな人間の美意識とは何の関わりもなく、常に持続し存在しつづけている。そして或る瞬間、人間の「意識の共同性」が破綻を示した時、それは「風景の裂け目」から、本来の姿を現出させるのである。

「ただそこにある」という存在として。

『嘔吐』の主人公ロカンタンは、公園のマロニエの根っこを見つめていると、その根っこは「怖しい淫猥な裸形の塊り」となって彼を襲い、彼に嘔吐をおこさせる。これも、目の前の風景が風景でなくなる経験である。

マロニエの根を見つめるロカンタンは、それが根であることを思い出せなくなる。「ことばは消え失せ、ことばとともに事物の意味もその使用法も、また事物の上に人間が記した弱い符号もみな消え去った」（白井浩司訳）あと、マロニエの根は「黒い節くれ立った、生地のままの塊り」となってロカンタンに吐き気をおこさせるのである。

サルトルは、「普段、存在は隠れている」という。そして、その存在がふいにヴェールを剝がれた時、根も、公園の柵も、ベンチもすべてが消え、単なる漆にすぎなかった事物の多様性、個性の仮象の「漆が溶けた。そして怪物染みた軟い無秩序な塊りが——怖しい淫猥な裸形の塊りだけが残った」のだというのである。

ここでは、普段隠れている存在の「在る」が、剝き出しになった経験が語られている。田中がいうところの、「存在の〈在る〉の現前は、日常的な〈もの・こと〉（木村敏）の意味を掻き消す」（同前）ということへの恐怖、つまり、或る日突然、「意識の共同性」として信じきっていた日常性の意味が「持続する存在」の前でバランスを喪い破綻した時、否応なく現前してくる「風景の裂け目」への恐怖が表現されているのだ。

私は、このような彼らの経験を通して、とくに三つの最も興味深い点に注目したいのである。

その一点は前に示した、「自然」と人間・人間と「風景」つまり「自然」と「風景」の対決という点である。この背景に横たわるのは、なんといっても視覚優位がもたらした、人間中心主義的な合理化の定規を使った、「遠近法」の毒であろう。

中村雄二郎がいうように、近代文明が視覚優位の立場をとったため、「事物や自然との間に距離がとられるようになり、視覚の支配のもとにそれらを対象化する方向」へ向かった結果、「時間も空間もすべて量的に計りうるものとして考えられるようになり、宇宙論的な意味をも奪われてしまった」(『臨床の知とは何か』)からに外ならない。人間が対象化してしまった「自然」はあまりにも大きかったのである。また、見通しのよい「風景」など、どこにもなかったのである。

二点目は、彼らの目に共通な醜怪さとして映った「風景」(風景の裂け目から見えた風景)である。また彼らには、美ですら、醜悪なもの、呪われたもの、悪の華としか映らなかったのは何故か、ということである。

原初の「自然」に還れない「風景」を彼らが意識したとき、「風景の裂け目」から現われた「持続する存在の直接性」の姿こそ、彼らが育まれてきた西洋の「風土」そのものであったはずだ。ところが、その姿が彼らにとって一様にグロテスクであり醜悪としか映らなかったのは、あとで述べるように、西洋の「風土」とそこから生まれた「言語」つまり「意識」のせいである、といっておきたい。

三点目は、「風景の裂け目」がいずれも、十九世紀の世紀末に集中し、噴出しているという点である。リルケ、サルトルをのぞけば、キルケゴール、ニーチェ、ボードレール、ランボオ、ゴッホ、ゴーギャンなど例をあげればきりがないほどである。

何故、世紀末か――その問いに答えることは困難であるが、ただいえることは、一〇〇年を単位として人間の文化（意識の共同性）は爛熟し、腐敗するということだ。

現にいま二十世紀末は、「こころの喪失」の時代ではないのか。コンピューター支配による人間性崩壊の時代ではないのか。

そしていま「風景の裂け目」に気付いているのは、誰か。

言語風景論(21)

「風景」。それは問えば問うほど、その意味は深く且つ重い。「自然」の姿を貫通してその「存在」に迫ると同時に、「向きあう」ことによってしか存在し得ぬ人間そのものの「存在」にも、呵責なき生と死の「鏡面と鏡像」を突きつけるからである。

西洋における「風景」は、「風景画」という絵画によって発見されたが、その根本の姿勢はあくまでも、「人間中心・自然征服」の思想に依拠するものであったがため、絵画というイリュージョンの上に、さらに大いなるイリュージョンである「遠近法」をも生みだす結果となった。

そのため、多くの芸術家たちは、「遠近法」の毒に犯され、還るべき「自然」すら見失ったのである。だが少数の芸術家たちはその毒に気付き、「自然」に還るべく闘ったが、もはや「自然」は彼らにとって変容された「風景という自然」でしかなく、その姿も、「風景の裂け目としての風景」という無限孤独の「醜悪」なるものでしかなかった。

柄谷行人は、「私の考えでは、『風景』が日本で見出されたのは明治二十年代である」（『日本近代文学の起源』講談社）という。ちなみに、明治二十年は一八八七年にあたり、セザンヌ、ゴッホ、ゴーギャン、ニーチェ、ボードレール、ランボー、ドストエフスキーたちが活動した時代にあたる。

では、日本における「風景」とはどのようなものであったか。私なりに、その変遷を辿りながらいくつかの問題点を示しておきたい。

その一つは、西洋の場合と違って、日本の「風景」は直接的に絵画と結びつかなかった、という点である。

その理由として、私はさきに日本の「自然の奥行きの深さ」と、「色彩の豊富さ」とをあげておいた。「奥行きの深さ」は私たち日本人に計り知れないことへの「畏敬と自覚」の念を促し、計ることを断念させたこと。また一方では、「色彩の豊富さ」によって極彩色を嫌い、むしろ色彩や形をぼかすことでより精神的な深みを求めていったことである。そしてこの二つの方向は、いずれも「自然」への「畏敬というこころ」を生むことによって、「遠近法」を必要とはしなかったのである。

私には古代日本画の知識はないが、「大和絵」を見るとき、それはあきらかに「風景画」ではない。その中心は殆どが人物である。そして、リルケのいうギリシアの古代絵画のように人間（人物）ばかりが描かれているということは、日本人もまた人間だけにしか興味がなかったことを示しているといえよう。絵巻物などの背景に描かれている花鳥風月は、「風景」としてではなく「点景」として、あるいは一種の「文様」として扱われているに過ぎない。

このことが、私に何よりの興味を語りかけるのは、日本の画家たちが、絵画に対して徹底した自覚と認識を持っていたということである。つまり、日本の画家たちが「遠近法」を求めようとも必要ともしなかったことは、絵画というものが当初から「絵空事」であることを十二分に自覚していたからにほかならない。したがって、日本の画家たちは一次元の画面に一次元の表現しかしなかったのだ。二次元における絵画のイリュージョン性を早くから見抜いていた、とさえいうことができよう。

さらにいえば、この立体を持たない一次元平面の表現のなかには、見逃すことのできない「抽象性」の発見がふくまれているのだ。

そもそも絵画発生の原点となるものは抽象作用である。小林秀雄は『近代絵画』（新潮社版全集第十一巻）のなかで、ヴォリンゲルの『抽象と感情移入』（一九〇八）を美学上の画期的な著述と評価しながら、次のように述べる。

まず、原始の人間に、最初に芸術意欲が生まれたのは、「自然の模倣」からではない。「人間と自然との対決」が最初にあり、「恐怖が世界に於いて先づ神を創り出した様に、〔抽象衝動が〕最初の芸術を強制した」という。

つぎに、未開人の創り出した様式に於ける抽象作用は、知的な要求ではなく、逆に「現象界の多様さや曖昧さに対する知的無力感から逃れようとする本能的な創造」であり、それは「有機体の諸前提から発する必然の行為」であったがために、ここにおいて「生命の有機的な真実性に近付かう」とする「感情移入」の要求が、「命に溢れたものが持つ線や形やリズム、その全内的存在」を創造するに至ったというのである。

「有機体の必然の行為」「生命の有機的な真実」というのは、本能的な身体感覚にもとづくものといっていいだろう。つまり、「抽象衝動と感情移入衝動との均衡」が一致したところに現われた芸術様式が、「抽象」であるというわけだ。小林秀雄やヴォリンゲルがいいたかったのは、これまでの芸術史が唱えてきた芸術作品を産む唯一の要因は決して、「使用目的と素材と技術」ではなく、「芸術の歴史は、宗教の歴史と同様に、人間の一種の感情史」にほかならないということであり、「抽象衝動は決して自然の模倣ではない、生命の創造力」ということである。

日本画家たちが堅持した、「絵空事」と「抽象性」の二つの自覚こそ、「遠近法」を寄せつけなかった

「抽象衝動と感情移入衝動」との見事な一致を示すものではなかったか。また、そのことが「風景の裂け目の風景」さえも見ることなく、絵画表現の自在を芸術的領域にまで拡げていったのではなかったか。そしてその例こそ、近代絵画の画家たちに計り知れないほどの影響を与えた「浮世絵」の表現そのものではなかったか。

「浮世絵」、なかでも「枕絵」とよばれる「春画」の表現を、私は日本画の代表例としてあげたい。なぜなら、それは日本独自の表現方法によって、デフォルメの美学という「絵空事」のリアリズム芸術を可能にし、さらに、一次元の世界にもかかわらず、見事な「時間性」と「空間性」のドラマづくり（映画文法）の基礎までをも確立してみせてくれるからである。

「春画」の表現には二つの手法があり、それらが入り交じることによって迫真の臨場感をつくりあげるのである。その一つは、「切断図」とよばれる手法で、これは顔をクローズ・アップした「大首絵」に似た表現である。もう一つは、「力争図（りきそうず）」とよばれ、人物同士が互いに引きあう構図の手法であるが、ここにはデフォルメであるがために、より強烈な現実以上の現実が表現可能となるのである。

浮世絵師たちは、解剖学的な正確さなどにはとらわれることなく、男女の絡みあう絵柄をいかに効果的に描くかに腐心した。現実にはありえないような姿勢で交錯する男と女の様。そこではデフォルメの不自然さは、かえって強烈なリアリティに転換されている。そして見る者の眼を細部へ、細部へと誘いよせていく。

林美一『浮世絵の極み　春画』新潮社

……とくに春画はこの力争図画法においては画期的な構図法をとり入れたダイナミックな画法を基調とし、さらに、瞬間固定的(ストップモーション)な表現を試みている。……云うなれば浮世絵版画(艶本)は現代グラフィックデザインにおける造形表現の文法をすでに完璧に達成させていたのである。

福田和彦『浮世絵』実業之日本社

「春画」における「風景」の後退という問題は、後ほど「文学」のなかでの表現となって現われてくるのだが、私は「春画」の表現は、右の引用で福田がいっている以上にグラフィックデザインの造形表現をのり越えて、映画文法にまで達していると思えるのである。

まず、「切断図」とよばれるクローズ・アップの手法、次に、「力争図」のなかでのデフォルメの構図とストップモーションの手法。さらに、その組みあわせによる、「絵空事」(虚構性)と「抽象性」(デフォルメ)のオーバーラップ効果が見事なまでの心理的な時間と空間を創造し、演出してみせるからだ。

後年、戯作者たちとの結びつきによる「絵草紙」の物語の展開ともなれば、それはまさしく文(シナリオ)と、絵(コンテ)そのものである。私はこのような流れを、「浮世絵」が役者(芝居)と結びつくと同時に、「春画」のなかの「シナリオと絵コンテ」によって動的な物語表現を暗示し、「絵空事」を立体化する「紙芝居」をつくり、今日の映画を含める映像一般にまで至ったとみるのである。

私は「春画」について過大なまでの評価をしているのかも知れない。しかし、その表現は、中国の「山水画」ともはっきり一線を画し、「絵空事」の徹底した自覚から自由奔放な抽象表現による「リアリズム芸術」を生みだし、さらに、「風景画」としての結びつきを選ばなかったことから、「風景」を抽象的装飾化（模様化）し、そこに「点景」としての「表象芸術」を創出したというこの二点において、日本に画期的な芸術精神と芸術様式を確立させたといえるのではなかろうか。

とくに、「風景」の後退による「点景」化には、「文学」とは別に、もうひとつの意味が隠されているようだ。

それは、卑近な例だが、「花札」である。「花札」は天正年間（一五七三〜九二）オランダから伝わったウンスンカルタの変化したものであるが、これは周知のとおり、一月から十二月までの各月の花鳥風月が描かれているものである。「百人一首」や「いろはかるた」と違って、「花札」に描かれた風物の組み合わせ絵は、まさに日本の四季を代表するものであるし、「梅に鶯」「牡丹に蝶」「松に鶴」「紅葉に猪」「月に雁」「菊に盃」などがさらに組み合わされて、『花見て一杯』『猪鹿蝶』といった季節感や景色の妙をつくり出す遊び方は、日本独特の感性にあふれたものでもある。

また、描かれている絵が「浮世絵」とおなじ手法の「絵空事」による図案化されたもの（グラフィックデザイン）であることにも注目すべきである。つまり、そこには一種の抽象化があるからだ。抽象によってパターン化されているため、それらの図柄は誰にでも（子供にでも）容易に一目で記憶されるという心理的効果を与えることができるのである。その効果こそ、一般庶民のなかに日本の典型的な四季感や景色感を印象づけ、日本風土の近似性と相まって、到るところに富士や小京都などの「名所」を生み出す最大の要因となったのである。そしてこれらの風光、風物は、「絵空事」の様式化と意味づけに伴って、全国の人々の心に強烈な印象として刻み込まれたのである。

では、日本の「風景」が、「風景画」と結びつかなかったもう一つの理由を、色彩の豊富さ故に色彩を消すことによって「自然」の本質に近い、「詩歌」の詩情世界へと近づいていった日本文学の方向にみてみたい。

奥野健男は、文学を支える日本の風土や日本人の原体験を縄文時代の自然と生活にまで遡り、その本質を日本民族の「深層意識としての〝原風景〟」として提示する。

私は奥野のこの立場を、西洋の「自意識的自我」に対する日本の「深層意識的自我」、そして西洋の「知覚的風景」に対する日本の「感覚的風景」と理解して考えてみたいのである。

奥野健男は、日本民族の「深層意識としての〝原風景〟」を風景の核としながら次のように分析する。

〝原風景〟とは客観描写できぬ風景なのだ。それは単なる風景ではなく、時間と記憶が累積している、血縁、地縁の複雑にからまる、それは恥とコンプレックスと憎しみのるつぼである。と同時になつかしくかなしい安息の母胎である。

『増補　文学における原風景』集英社

奥野は〝原風景〟の成立を、個人の個性と、個人の自己形成空間につながる民族の深層意識性において捉えようとする。そして、〝原風景〟を「言語以前の深層意識的なイメージであり記憶である」と規定する。これは私の『深層記憶』と共通の考え方であり、木村敏がいうところの、日本人は生まれる前から、つまり「父母未生已前」(個人以前の血縁史的アイデンティティ)において日本人であるということにも一致する。

そのことが意味するのは、日本人と「自然」との根源的なかかわり方にほかならない。「みずからがおのずからであり、おのずからがみずからである」という世界である。ところが、いったん「意識」(コトバ)が発生すると、この関係は忽ちにして壊れ、「自然」は変容して「風景」へと変わってしまうのである。

奥野も、〝原風景〟に対する〝風景〟を「多くの場合言語によって、ないしは言語も加わって成立したイメージである。多くの詩歌、歌枕、物語、あるいは歴史、伝説、または絵画にたすけられ、古くからの人の心によってなめつくされ、自然そのままではない〝風景〟が形成される」と述べ、言語以前のイメージを〝原風景〟、言語以後のイメージを〝風景〟として捉えている。

だが一方、西洋との比較において、日本の「自然」に対するかかわり方は明治に至るまで、大きな落差を生みださなかった。いいかえれば、「風景」によっても「自然」はその変容の度合いを最小限に保たれていたということである。

なぜか。奥野は、日本の古代人たちは「根本的には自然を他者の目で眺めてない」からだという。客観描写できない「風景」(変容しない自然)こそ〝原風景〟であり、そのことにおいて「自然」と「風景」は「みずからがおのずからみずから」として重なりあうことができる、ということを見出したからであろう。

つまり、日本に「遠近法」は成立しなかったのである。奥野が「客観描写できぬ風景」というとき、そこには西洋における「自意識的自我」による「対象」も「他者」も存在し得なかった、ということである。

自然は自己の内部にある。つまり日本民族にとっての風景はいつも〝原風景〟なのだ、客観描写とは、風景を他者の目、観光者の目で説明することにほかならない。日本人の場合これは描写する必要のない、あるいは描写できない……もっと内部に向かって屈折した……自己とからみあった自然であり、その移り変りはそのまま自分の移り変りであったのだ。……〝原風景〟とは他人ではなく、自分自身にほかならないのだから。

……つまり日本人にとって風景とは自分の内部にあり、自分も風景の内部にあるという態の、主客未分の深層意識的な〝原風景〟にほかならなかったのだ。（同前）

日本の近代、現代小説が自然描写を苦手とし、風景描写を嫌う理由を奥野は、「日本の文学は古代から、一般の自然を描き、歌うことが少なかったのではないか」と述べながら、「日本人は身近な自然と親しみ、余りにもはやく自然を風景化してしまった。そのため特定の風景を通じてしか、自然を見ることができなくなってしまったと言えるのではないか」と問う。

そして、「人間の手が加わらない自然は生まの外界であるが、風景には人間の心や目が加わり、さらには生活や歴史がにじんでいるため、それは心地よい眺めであり、由緒ある風景であり、それ故にその風景」だけを歌い描いた。つまり、「風景という飼いならされ、気心の知れた自然とだけ遊んでいたと言える」と指摘している。

そのことは、人間と「自然」、言語と「自然」のつながりの深さを如実に示すものである。だが反面において、西洋近代小説からの痛烈な批判を蒙るわけになるのであるが、現代の視点に立てば、むしろ、「醜悪なる風景の裂け目の風景」を見るよりはるかによかったのではないか。

日本の風景描写は、「いつも時間による変化に、時々のこまかい表情に重点が置かれ……変化を待ち、瞬間を愛で、うつろいやすさにあわれをおぼえた」ものであった。それにしたがって、日本の旅も、自然の発見、開拓、探検の旅ではなく、「既に物語や歌に表現された、また伝説や歴史の地を、つまり歌枕を追体験する旅」であった。

奥野は、「ここに風景の中に必ず文学がある、いや風景は言葉や文学によってつくられたといってよい……しかしぼくは文学によってつくられた歌枕的風景のもっと奥に、神々のいる風景を感じるのだ」といい、枕言葉を聞いただけで日本人は共通の風景を、美を感じ、「感覚の急所をくすぐられるというか、深層意識にこだまするというか、なつかしい民族の故郷、原風景をおぼえるのだ」と述べている。

しかし、そのような〝原風景〟と風景の一致は『新古今和歌集』に至って破綻する。

次第に「枕言葉や歌枕にこめられた信仰や共同体意識が薄れ、風景のもっていた意味や感動が失われ」、やがて表現の形式化、模倣化が風景の美を定型化、類型化し、さらに漢詩、漢文的表現が「自然」の変容に拍車をかけるのであるが、先ほども述べたように、日本における「風景」が、「自然」にあたえる変容の度合いは極めて少なかった。

その原因は、何度もいうように日本の生まの「自然」が計り知れなかったことと、日本語そのものが「言霊」として発生し、「畏敬の二重構造」において日本の「こころ」を創造したからにほかならないのである。

奥野も、やまと言葉の歌枕的表現や漢詩漢文調の美文的表現が、「自然」とかけはなれた「風景」をつくった風景観を厳しく批判しながらも、その根底に横たわる日本語の言語感覚や感受性の鋭敏さを充分に認めているのである。

特に歌枕的表現は日本語の成立そのものとかかわりあっているに違いない。その響きやリズムの感覚が現在の日本人にも生理的な快感を、深層意識に達するノスタルジアを含んでいるのだから。(同前)

色彩を遠ざけた、コトバによる「自然」とのかかわり、コトバによる「自然」との交感こそが、日本の「風景」を「風景画」と結びつけなかったもう一つの理由である。

日本人の「遠近法」のなさが、日本の近代化を遅らせたといわれるが、私はむしろその「遅れ」こそが近代化の毒消しであったと思うのである。

仮に『新古今和歌集』を境としてもっとも身近にあった「自然」が目隠しされたかも知れないが、日本人の感性は衰えることもなく、むしろそのことによって、「詩歌」や「浮世絵」などと結びつき、自由自在な精神と創造性を発揮する「風景」を工夫することができたからである。

日本人の「風景」の発見への経緯は、原始人類の成長過程にもっとも相応しく、もっとも素直であったと思える。なぜなら、人類が言語を生み出すために必要であったすべての要因がそこに見出せるからである。

言語を生み出すための要因とは何か。それは、「感情」であり、「感性」であり、「感覚」である。私はその例を「抽象衝動」や「春画」の表現、さらに日本人の「詩歌」においてみてきた。

「感情」に感動を与えるものこそ、「感性」であり「感覚」である。

そして、「感動」とは「感情の総動員」である「共通感覚」によって、始めて成り立つものである。

＊　＊

人間の感覚は視・聴・嗅・味・触の五感以外にも、実にさまざまな感覚がある。

シェリントンの受容器別の分類によれば、身体の外部からの刺激を受けとる「外受容感覚」（五感と、圧・温・冷・痛覚）、自分自身の動きがもたらす刺激を受けとる「自己受容感覚」（運動・平衡感覚）、そして身体内部からの刺激を受けとる「内受容感覚」（内臓感覚）である。

また、勝木保次（『感覚の秩序』朝倉書店）の注目される分類によれば、脳神経によって信号伝達が行われる「特殊感覚」（視・聴・嗅・味・平衡感覚）、体性脊髄神経によって伝達される「体性感覚」（触・圧・温・冷・痛・運動感覚）、内臓神経によって伝達される「内臓感覚」（臓器・内臓感覚）である。

中村雄二郎は、人間の感覚が動物の感覚と違うのは「感覚がすぐれて分節化されていると同時に中心化されていることにある」（『共通感覚論』岩波現代選書）という。

そして中村は、「人間は異なった種類の感覚の間でも、これを比較し識別することができる」（視覚上の白さと味覚上の甘さとを感じ分けること）といったアリストテレスや、デカルト『情念論』の「センスス・コムニース」を踏まえて、「共通感覚」を次のように述べる。

> 「共通感覚」は視覚だとか味覚だとかの個別的感覚ではなく、ちがう種類の感覚に共通して働く感覚能力でなければならない。諸感覚を十全に発揮させ統一的に働くこの根源的な感覚能力が「共通感覚」、つまりコモン・センスなのである。
>
> 『哲学の現在』岩波新書

> 〈共通感覚〉が共通感覚と呼ばれるのは、それがすべての人間に共通な感覚だからではなく、それが〈個々の諸感覚のよく規整された使用〉から生まれるからである。また、諸感覚の伝える事物のあらゆる外観を相互に結びつけることによって、事物の本性をわれわれに教えてくれるからである。
>
> 『共通感覚論』岩波現代選書

私たちは生まれてすぐ、自分たちをとりまくいろんなものに出会うわけだが、その時の感覚は原始人と同じような「未分化で全身的な感覚」（中村）であったろう。それは現在でも経験できる、山頂での日の出や大海原に沈む落日に出会ったときの、あの感激そのものである。しかし、それはあくまでも「自己をとりまく世界との一体感」（中村）であり全身的な「全体感覚」であって、単なる感覚印象にしかすぎないのである。それが、まとまった感覚として認識されるためには、分化された印象から統一されひとつのものにむかって中心化されねばならない。

中村雄二郎は、私たちが「もの」を知覚することについて、まず、「ものをありのままに見たり知覚したりするなどということは、ありえない」（『哲学の現在』）という。

なぜなら、対象がなければ感覚印象は成り立たないが、感覚の器官と作用の性質から、どんな対象でもいいというわけにはいかないからである。あまりにも強烈な光や爆発音、灼け爛れた溶岩などは感覚器官そのものを破壊してしまうだけである。したがって、感覚されるものにはそれなりに一定の限度が必要であること、つまり、私たちの感覚は無意識のうちに、感覚されるものの限界を知っているということになるのである。

「知覚以前にそれとはなれて感覚印象はないが……私たちはまわりにあるものを知覚するとき、感覚印象を選択し秩序立てる関心や意識の志向性をいろいろなレヴェルで働かす」のであり、「知覚が判別的になされるにしたがって、そこに判断も入ってくる」（同前）のが、知覚の作用だというのである。

くりかえすなら、「もの」の知覚作用には、「感覚印象はどんなに無意識なものであってもすでにそれ自身のうちに対比や差異の知覚を含んで」おり、それはとりもなおさず「集め（選び）」、「比較し」、「秩序立てる」という「共通感覚」の働きと同じ働きをする、広い意味でのロゴスの萌芽が見られる、ということである。

このことは、「共通感覚」の働きには「もの」を分節化すると同時に中心化する働き、つまり、感覚・知覚・判断が別々の働きではないことと、もうひとつロゴスの働きがあることを意味しており、ロゴスは理性のうちにあるだけではなく感性のなかにもあるということを如実に示しているのである。

さらに、この「共通感覚」は、「異なった種類の感覚を統一するに際して、異なった種類の感覚の比率同士を比較する働きをし、……特殊感覚によっては知覚できない運動、静止、形、大きさ、数などを知覚すること」（『臨床の知とは何か』）もできるとして、その統合力は「知覚」において能動的に、「想像」においては受動的（パトス的）になるという。

日々の生活においてすでに私たちの知覚はさまざまな感覚印象を選び、秩序立てることによってあるがままとはちがった新しい世界、再構成された生活世界をつくり出す。それは意味をもち組織化された世界であり、私たち人間の文化的所産とくにことばによって支えられ、強化されているものである。

『哲学の現在』

中村雄二郎は、アリストテレスの「共通感覚」から、対立せずに結びつく理性と感性の新しいあり方と、そのなかでのロゴス（言語）の機能をあきらかに示してくれたのである。そしてこのことは、言語発生についての大きな示唆を与えてくれたといえよう。

つまり、「理性」よりも先に、「感覚」がすでに言語機能（ロゴス）を無意識的に身体に備えていること、いいかえれば、意識以前に言語機能は身体を基盤として発生の根拠を持っていたということになるのである。

中村のことばでいえば、言語とは「身体的基盤を持つロゴスである」（同前）ということになる。

＊　＊

メルロ＝ポンティは、「人間と自然が同じ身体の生地で織り合わされている」という。私なりの用語でいえば、人間の身体は生来、自然と直接共感、あるいは直接交感できる『深層記憶』（言語発生以前のドラマのすべてを刻みこんでいる記憶）という『全体感覚』から成り立っているということである。だから、人間の身体がどんなに文化の意匠を纏ったとしても、その生地（感覚）は、ほんのわずかなきっかけを契機に、自然への反応を示すことができるのである。

市川浩はこれまで考えられてきた〝客体としての身体〟ではない、具体的な〝生きられる身体〟を「身（み）」と表現することで、今日まで西洋が引きずってきた「精神と身体」という二元論の二項対立をのり超えようとする。

そして、「世界と感応し、相互に分節化し合う関係」を〈身分け〉と呼び、「〈見分け〉による認識を、身のさまざまのレヴェルにおいて〝身をもって知る〟という意味で〈身知り〉」(『〈身〉の構造』青土社)という言葉であらわす。

市川浩はまず身体感覚を、「自分の感覚であると同時に世界の感覚でもあるような、両義性をもった基層の感覚」として分析する。

〈身分け〉は、身によって世界が分節化されると同時に、世界によって身自身が分節化されるという両義的・共起的な事態を意味します。……他者を分節化することは、身を自己として分節化することであり、身を自己として分節化することは、他なるものを他者として分節化することにほかなりません。

『〈身〉の構造』

身が世界にかかわるということは、具体的にいうと、自分の身のあり方によって世界とのかかわりができてくる、また逆に、世界とのかかわりにおいて自分の身のあり方が決まってくるという関係である。「なんじ」に対して「わたし」、「他者」に対して「自分」というように。

そして身の分節化というのは、「身が見る能力をもつということは、見える世界が分節化される」ということ。つまり「自己組織化にとって意味のあるもの・ないもの、自己組織体にとってのさまざまな価値」となるものをそれぞれ取捨選択することであるが、それはまた逆に、世界からも取捨選択されるという両義的・共起的なことを意味するのである。

市川浩は、このような、「世界によって分節化されつつ自分独自の分節化を世界のうちに織りこんでゆく」〈身分け〉という身の構造を、「身は固定した一つの実体的統一ではなく、他なるもの――物もあれば他者もある――とのかかわりにおいてある関係的な統一である」（同前）と述べ、身の関係的存在を、〈関係化〉と〈実体化〉をたえずくり返しながら自己形成していく「自己組織化する存在」として捉えるのである。

これは、身体には、世界にかかわり、世界に働きかけ、世界を変化させるという外部指向的・外部作用的な側面があると同時に、世界とのかかわりの中で自己自身を調整するという自己作用的な側面があることからくるわけです。（同前）

また、身の分節化には意識的な分節化と、意識下的な分節化とがある。「自己自身を調整するという自己作用的な側面」というのがそれで、外部知覚による〈身分け〉の両義性以上に「前意識的あるいは意識下的レヴェル」で分節化をおこなう、身自身の、身体感覚のことである。

つまり身は、〝構造としての身体〟として世界とかかわる（外部知覚・意識的）と同時に、身自身の〝はたらきの構造〟（内部感覚・前意識的）によっても世界とかかわっているのである。むしろ、そのかかわり方は意識的レヴェルより、意識下的レヴェルのほうがはるかに根源的なのである。

それというのも、人間の生体はつねにホメオスタシスによって一定の環境に保たれているからである。

ホメオスタシスというのは、「生体の恒常性」といわれたり、「自律的平衡作用」と訳されたりする「身が身自身にはたらきかけて、自分の状態をかえる〈自己作用的な調整〉」のことで、「意識下の自動的調節作用」（市川）である。

このホメオスタシスは、人間が生存のために必要とする体温や血液の調節、瞳孔や眼球の調節、心臓の鼓動から汗腺の調節、ホルモンの分泌などを反射的に反応、自動的に調節するはたらきである。しかも、そのはたらきは意識下であるため自覚されないが、人間はこの身の〝はたらきの構造〟のおかげで生存を保うことができると同時に、このはたらきに支えられることによって、意識レヴェルのはたらきを自由にすることができるのである。

以上のことから「身は世界に関係すると同時に、身が身に関係するという関係の二重性を通して次第に意識レヴェルが高まってゆく」（同前）ということになる。いいかえれば、私たちの意識は、意識下における〈身分け〉の二重性の構造によって裏づけられているということである。

したがって身体感覚は、「世界と身体が交叉している共通の根にかかわる根源的な感覚」であり、ほとんど意識されないが「なかば世界の、世界から生起する感覚」にほかならないというわけである。

「人間と自然が同じ身体の生地で織り合わされている」（メルロ＝ポンティ）「世界と身体が交叉している」（市川）という身体感覚には、もう一つ、〈身分け〉による認識を身のさまざまのレヴェルにおいて〝身をもって知る〟〈身知り〉という認識のはたらきがある。

それは身の統合（秩序ある顕在的関係）の背後に、「無数の可能的・潜在的」な統合を含みながら、「潜在的なものの総体」として存在する身体感覚のはたらきである。

この身体感覚は視覚をもたない嗅覚や触覚や聴覚といった次元の感覚で、世界に対して反射的な反応を示すが、きわめてばくぜんとした非弁別的なことから、ヘッドによって名づけられた原始感覚にあたるものである。

市川浩も、「自然状態においても、外受容器性の弁別的知覚のほかに、あるばくぜんとした非弁別的な感覚（いわゆる体感）をわれわれはもっており、それが一種の実存感、あるいは自己感をあたえていることはたしかである」として（『精神としての身体』勁草書房）、ヘッドが指摘したように、この原始感覚には情動的性質があると述べている。

この情動的性質をおびた原始感覚とよばれる身体感覚こそ、私の用語でいう『深層記憶』（言語発生以前のドラマのすべてを刻みこんでいる記憶）をもつ宇宙身体としての『全体感覚』にほかならない。

そしてそれは、言語発生への「可能的・潜在的なものの総体」（市川）として存在し、その各種のはたらきを通じて「共通感覚」へと合体化されていくのである。

その一つが〈同調〉である。

市川浩は、〈同調〉とは、〈共振〉とか〈共鳴〉とかよばれるもので、「自己中心のパースペクティヴから外へ出て、脱中心化すること」つまり「人の身になって自分をとらえること」で、「他者理解への移調を含んだ構造的感応」（『〈身〉の構造』）だという。

これは〝身をもって知る〟〈身知り〉の典型例であるが、のちに述べるように、他者ばかりではなく他性（自然・もの）に対する「共感」や「感動」の基底となるものである。特に多元的・重層的な芸術作品においては想像力やイメージの原点となるものである。

〈同調〉が示すもう一つの大きな特徴は、〈中心化―脱中心化―再中心化〉という動的な関係化において、〈いま・ここ〉（中心化）から、別な時、別な場所への〈いま・ここ〉（脱中心化）への時間的・空間的な視点の交換が可能になるということ。「対他的関係でいえば、他者の視点に身を置くことによって、自他未分の共生的な中心（中心化）から他者との関係のなかで自己を再組織化（脱中心化）し、自己に再中心化（再中心化）する」（同前）ということである。

このことは、「鏡面と鏡像」における、他を「見る」ことは同時に、他によって「見られる」ことであるという関係、そして「見られる」ことによって再び自己を「見る」という、差異化と自覚の過程と同じことであるが、身自身においても意識下でこのような関係がはたらいているということは、私たちに重大な意味を提示してくれる。

市川浩は、このような〈身知り〉のはたらきを、「身が身に折り返す」とか「世界の分節化の照り返し」と表現しているが、これは先ほどの、身が身に関係する「関係の二重性」のことである。そして、手をみつめる赤ん坊について次のように述べている。

手そのものを見て遊ぶ赤ん坊の手遊びは、身が身へ折り返す二重化のはじまりであり、もっとも原初的な自意識の萌芽ではないでしょうか。自分の自分に対する関係が反省ですが、身体的レヴェルでの反省ともいうべきものが、この二重感覚にはあるわけです。　（同前）

赤ん坊が手をみつめている段階では、まだ「対象としての自分の手と、内側から感じている自分の手がまだうまく統合されていない」状態である。

だが、〈身知り〉のはたらきにおいては立派にその関係化は成り立っているのである。自他未分の感覚のなかでは、すでに、「折り返し」や「分節化の照り返し」が始まっているのだ。

まさに、意識化への原初的な可能性がここに発生したのである。

人類最初の「風景」が、自他未分の「自然」から「照り返し」として発生したのである。

＊　＊

自己のはたらきとしての〈同調〉である〈中心化―脱中心化―再中心化〉に対して、他者（他性）の身のはたらきとの間に起こる〈同調〉を市川浩は、「感応ないし共振」による同一化とよび、その起こり方の形式面を、〈同型的同調〉と〈応答的あるいは役割的同調〉、さらに、顕在化するかしないかの面から〈顕在的同調〉と〈潜在的同調〉とに分ける。

〈同型的同調〉は、文字どおり「相手と同じ」所作とか態度とか表情をとる同調。テレビのスポーツ実況などを見ている時の動作など。特に日本の芸道における稽古には意識的に用いられる。

〈応答的・役割的同調〉は、「相手の所作に応答し、対応する」所作とか態度とか表情をとる同調。スポーツや演奏のチームワークにおいての共動行動を可能にする。

〈顕在的同調〉は、体操や行進など、実際にその動作を行っていること。

〈潜在的同調〉は、内面におこる身体的な同調で、主に筋肉の緊張、血管の収縮、心臓の鼓動などに強い影響を与える。スポーツを熱中して見る時の興奮状態や、見終わればぐったりする状態など。

だが、抽象的になるとイメージ・レヴェルで同調する。詩や小説などの文学作品に引き込まれる時がそれである。これを逆に考えると、「われわれは抽象的な言語レヴェルの同調からイメージ・レヴェルの同調へ、さらに筋肉的・身体図式的同調へと同調を具体化してゆく」（同前）ということになるのである。

以上、さまざまな〈同調〉についてみてきたが、同調が果たす役割は、顕在・潜在を問わず、身をとおして他者や他性と共通の理解基盤をつくりだすことである。そしてそれは、身の「折り返し」や「照り返し」を実感として〈身知る〉ことにほかならないのである。

私たちは、いま、身のはたらきである〈身知り〉〈身分け〉によって、意識下における認識の地平、つまり『深層記憶』のひろがる『全体感覚』の地平に立つことができたのである。

自己の身は、まず、〈身知り〉によってばくぜんとながらも、自己のホメオスタシスと同調の二重構造から、感覚の地平に「実感」という「現実」を獲得したのである。

そしてつぎに、身のはたらきは〈身分け〉によって、世界の分節化と世界からの分節化によって、認識の地平を意識下に樹立したのである。

身は、このように感覚と認識という二つの地平を得ることによって、自己と自己ならざるもの（他性）との差異性と関係性を『深層記憶』としてもつことになるのである。

つまり、未分化な共生状態から視覚や触覚を通して分節化という個の「共通感覚」に目ざめていくのである。いわゆる「肌で感じる」とか、「以心伝心」とかいう状態のことで、それは原始感覚が体感とともに、もっともよく「同調」し「反応」を示す状態のことであるともいえよう。

私はこのような状態を、「知覚寸前の感覚認識」あるいは「意識寸前の感覚認識」とよんでおきたい。そして、この知覚や意識寸前の感覚認識こそ、「言語発生の地平」であり、「言語風景の地平」であることを確信するのである。

なぜなら、身は、『深層記憶』のひろがる『全体感覚』のなかで、「折り返し」や「照り返し」によって、「もの」の「表情」を捉えるからである。

世界の分節化や世界からの分節化を、「形」や「色」や「名前」として受け取るのではなく、「ものの表情」として身で感じるからである。身は「同調」や「共振」によって、「もの」に反応するのである。

市川浩は、相手がにっこりすると思わず私もにっこりする状態を、「他者の身体は表情をもった身体であり、私の身体もまた気づかぬうちに表情や身ぶりでそれに応えています。つまり身体的レヴェルでの他者の主観性の把握と、私の応答があるわけです」として次のように述べる。

　これは生き身が、単なる対象としての身体ではなく、互いに感応し、問いかけ、応答する表情的身体だからこそ可能なのです。人々のあいだで無意識のうちに交わされる身体的対話は、社会のうちに共通の表情を作り上げてゆきます。……風景や風土は物理的環境ではなく、それ自体表情的環境としてわれわれの身のあり方と深く入り交(か)っているのです。（同前）

自己と他者、自己ともの（事物）との関係は、まず人類の「知覚」寸前において「表情」として感覚認識されたのである。

さきに、奥野健男の「深層意識としての〝原風景〟」を、私は西洋の「知覚的風景」（自意識的自我）に対する日本の「感覚的風景」（深層意識的自我）とよんだが、この身体の「表情」こそまさに、日本民族の精神形成に根源的な影響を与えるものなのである。

言語風景論(22)

近代科学の知は、従来の自然観を根こそぎといってもいいほど改変してしまったといえよう。それによって、自然の法則や構造は「機械論的自然観」におきかえられ、自然を含めて、人間の生命現象や神秘性は不確実なものとして取り除かれてしまったのである。

近代科学の知が求めてやまなかったものは、より確実な法則であり、確信に満ちあふれた思考であった。そこでの真理はなによりも、「明晰」と「判明」でなければならなかった。したがってその認識は当然のように、事物の「対象化」と「客体化」によって明確化され、さらに、「数学的合理性」と「実証性」によって、感覚的なものや多義的な曖昧性は徹底的に排除されたのである。

デカルトの「精神と物質」以来、哲学もまた「機械論的自然観」の原理に呑みこまれ、意識の確実性のもとに「自我意識」の確立を図ったのである。コギトが「われ疑う、ゆえにわれあり」から「われ思う、ゆえにわれあり」と書き改められたことこそ、精神の優位性を如実に物語るものであろう。そして西洋の「近代自我」は、「自己意識の確実性は近代の学問的知識の確実性を最終的に保証する原理」(新田義弘『哲学の歴史』講談社現代新書)として完成したのである。

だが、合理主義精神と方法的思考によって裏打ちされた「近代自我」は、行き詰まったのである。いまや、崩壊寸前の危機を迎えてさえいる。

それはなぜか。中村雄二郎は、「近代科学の知が『常識の知』や『神話の知』、『魔術や呪術の知』を捨てたからだ」（『哲学の現在』岩波新書）といっているように、それは存在するあらゆるものが「対象化」によって、「実体化」され、「数量化」され、「分析」され、それらがテクノロジーの発達と結びついて、遂には自然や人間までをも「物質化」し、「人工化」してしまったからである。

当然、「近代自我」は行き詰まったのである。哲学もまた結果的に「形而上学批判」をきっかけとして、現象学、実存主義、構造主義、ポスト構造主義、言語学、記号学と目まぐるしくその思想を転回させねばならなかったのである。

そのなかで、特に注目されるべきは「言語学」と「心身論」の登場である。それはひと言でいえば、「自然と人間の回復」を目ざすものである。デカルトに始まった「物心二元論」からの脱出である。いってみれば、近代哲学がはらみもっている「認識」と「存在」の二項対立、つまり「主観」と「客観」の二元対立をどう合一させるかということから浮かびあがってきたのが、「言語」であり「心身」の問題だといえよう。

その流れのなかで特に注目をあつめたのが、「心身論」と「言語論」の登場である。登場というより、あたらしい目覚めといったほうが適切であろう。もともと「心身論」もデカルトの「物心二元論」以来のテーマであるのだが、ベルグソンやメルロ＝ポンティに至るまで陽の当たらない存在であった。そのことは「言語論」についてもおなじことで、ソシュールの言語学をまつまでは、やはり目立たない存在でしかなかったといえよう。ところが、今世紀初頭から急激にその展開は活気をおびはじめ、周知のとおりの華々しさとなるのである。

その理由の背景となるのは、いうまでもなく、「形而上学批判」であり「デカルト二元論批判」であるが、それ以上に深い根があるのだ。それは、とりもなおさず「自然と人間の見直し」ということにほかならない。つまり、「近代自我」の行き詰まりと、「近代科学の知」がもたらした自然破壊への反省と批判なのだ。

私は西洋の「心身論」と「言語論」の論述をみるたびに、その論旨は難解を極めるのだが、彼らの悪戦苦闘ぶりや思考の苛立ちは身にしみて感じられるのである。そして、二元論の克服を目指しながらも、どうしてものり超えられない彼らの思考様式を如何ともしがたいと思わざるを得ないのである。

西洋と東洋、ヨーロッパと日本、その考え方の際だった特長を示してくれるのが「心身論」である。そのもっとも顕著な例が西洋の「心身論」、東洋の「身心論」である。現代の日本では「心身」と表記するが、古くは「身心」である。そしてこの表記の違いこそが西洋と東洋の思想を歴然とわかつ表現ともなるのだ。ずばりいって、「二元論」と「一元論」との違いである。

東洋の「身心論」は文字どおり、身体の鍛練からはじまる。「身体で覚えこむ」ことから、心と身体を統合させるのである。すべての「ものごと」を理論ではなく「体認」し「体得」するのである。

湯浅泰雄の『身体論』（講談社学術文庫）は、東洋思想の哲学的独自性を、まず、「心身のすべてを打ちこんではじめて真の知に到達するための実践」である〝修行〟にみる。そして「心身一如」の意味を「心と身体において見出される二元的で両義的な関係が解消し、両義性が克服され、そこから意識にとって新しい展望——ひらかれた地平ともいえるような——がみえてくる」（同前）ことだという。

このような東洋「身心論」の根源には、いくつもの大きな思想がある。いや、それは思想というより、むしろ知慧というべきである。

その一つが、先ほどの「修行」である。身体の実践を通して真の認識に到達するという知慧である。真の認識とは、「現代哲学の用語を用いれば、〈無我〉において一切の存在者の存在のあり方を認識するときに、われわれは存在の真の姿とその意味を知ることができるであろう」（湯浅）ということであり、和辻哲郎も「ここに我々は理論的と実践的との区別が存しない認識、実現そのものであるところの認識を見いだす」（全集五巻）と述べている。

> 西洋の「形而上学」がメタ・フィジカ、すなわち「自然（フィシス）」に関する経験の彼方を目ざすものだとすれば、東洋の「形而上学」はさしあたりメタ・プシキカともよぶべきもの、すなわち人間の「魂（プシケー）」の内面に見出される経験の彼方を目指すのである。「魂（プシケー）」は「外なる自然」に対する「内なる自然」とよんでもよいであろう。東洋の形而上学がまず第一に問題にしたのは、「内なる自然」としての、肉体の中に埋もれた人間の「魂」のあり方であった。そしてそれを心身の一体性にもとづいて追求してゆくのが、東洋の形而上学の出発点であったのである。
>
> 湯浅泰雄『身体論』講談社学術文庫

「修行」の究極の目的は「慧（え）」といわれ、〈無我〉において存在の真相を見ることとされる。そして実践としての「瞑想」は、自己の心の内部に眼を向け、その深層に分け入ってゆく試み（湯浅）であるのだ。

道元も『正法眼蔵』の「身心学道」において、「仏道を学習するに、しばらくふたつあり。いわゆる心（しん）をもて学し、身（しん）をもて学するなり」という。そして、「万法に証せらるるといふは、自己および他己の身心をして脱落せしむるなり」（「現成公按」）と参禅修行について述べている。

「瞑想」、「参禅」、いずれも身心の一体性にもとづくものであるが、そこには「心が身体を動かす」のではなく、「身体の鍛練こそが心を創りあげていく」というもう一つの知慧が働いている。そしてそれは、仏道から武道、芸道へと展開されていくのである。

「芸道論」では「稽古」が「修行」と同じ意味をもち、そこでは身体の「形」はそのまま「心」のあらわれであるという身心一体性の考え方が生まれてくる。観念で理解するのではなく、身体で覚え（覚り）こめというのである。身体の動きと心の動きが一致するまで稽古せよというのである。そして身心の一致ができたとき、身体の客体性と心の主体性が完全に一体化されるのである。

「身心一如」、「主客一如」とは、いいかえれば身体を通して、表層的な観念の世界を深層的な心の世界へ融合することである。このことはまた、「客体であった身体が主体となる」（湯浅）ということにほかならないのだ。

世阿弥もまた『風姿花伝』において、身体のあり方を「稽古」のきびしさで捉えた一人である。

『至花道』のなかの「体（タイ）・用（ユウ）の事」に、「能に体・用の事を知るべし。体は花（ハナ）、用は匂（ニホイ）のごとし。又は月と影とのごとし。体をよくよく心得（え）たらば、用（ユウ）もおのづからあるべし」という。体とは「事物の本体」、用は「体から生ずる作用（はたらき）」と注にあるが、私には「身体の主体化が完成された時、芸の花が咲き（わざの完成）、身体の動きに何の作為もない心の匂い（内面の風姿）が反映されるのだ」と読みとれる。それは、『花鏡』の「動十分心動七分身」のなかでも「心よりは身を惜しみて立ちはたらけば、身は体になり、心は用になりて、面白き感あるべし」と書き記されているからである。

「主客一如」とならんで東洋の「身心論」には、さらに大きな「物心一如」という知慧がある。

前にも述べたように、「身体が客体を超えて主体となる」ということは、「表層の世界から限りなく深層の世界へ向かう」ということであり、そこでは「世界そのものが心そのものとして存在する」ことである。それはとりもなおさず、モノが「物から心へ」「心から物へ」と、その存在の意味を交流させることによって「物と心」が一体化を図ることである。

本居宣長は『石上私淑言（いそのかみささめごと）』のなかで、「されば事にふれて、そのうれしくかなしき事の心をわきまへしるを、物のあはれをしるといふ也」といい、また「……あはれと情の感（うご）く、すなはち是、物のあはれをしる也」（同前）という。

井筒俊彦は宣長の「物のあはれ」を知ることとは、「物にじかに触れる、そしてじかに触れることによって、一挙にその物の心を、外側からではなく内側から、つかむこと」（『意識と本質』岩波文庫）と述べ、「物の心をしる」こととは、「一般にあらゆる存在者を、普遍者化しないこと。普遍的、つまり概念的、認識の次元に移さないで、それを真の即物的自体性において捉えること。……意識の対象として客体化され、認識主体の面前に引き据えられる以前の、原初的実在性における個物。……その個物の『独自な、（言語的意味以前の）実在的意味の核心』（メルロ＝ポンティ）を一挙に、直観的に把握することで、それはあらねばならない」（同前）という。

日本では森羅万象、一木一草に至るまでがカミであり、物のココロが宿っている。「物心一如」というより「万象一如」といったほうがよい。そしてそこでは「物」も「心」も直観によって全体的に把握される。「一如」は「身心の一体化による物の全体的把握の認識」であるともいえよう。したがってそこでは、「物」と「心」は「同次元に存在し、『物心二元論』は何なくのり超えられる」のである。

以上のことから東洋の「身心論」が、いかに身体を心の基底として捉えているか、またそのことによって主体と客体の両義性をいかにのり超えているか、身心の一体性がいかに自己内部の深層に眼を向けているか、物と心をいかに同次元におくか、ということについて腐心しているかがわかるであろう。

では、西洋の「心身論」はどうか。「心身」の表記が示すとおり、最初から「心」、つまり「精神」は「身体」より優位なのである。そこでは「精神の働きが身体の働きを決定する」のである。そして「精神」は常に「主体」として君臨し、「客体」は常に「対象物」としてとり扱われるのである。それは西洋近代の認識論が、認識の能力を「悟性」と「感性」とに分け、感覚器官としての知覚作用を身体のあり方から切り捨ててしまったからである。

ベルグソンは、そのような知覚に注目し、記憶心象が浸透した知覚を「純粋知覚」「純粋記憶」とよんだ。そして知覚と記憶の関係から身体における「受動性と能動性」および「感覚性と運動性」という二重構造性を認めたのである。だがそれは、「ベルグソンが克服しようとしたのは、デカルト以来の物心二元論、あるいはそれを常識に適合させようとする物心平行論的な考え方である」(湯浅)という結果にとどまった。彼の哲学が「ゆるやかな二元論」といわれる由縁でもある。

メルロ＝ポンティも「心身二元論」を超えようとした一人である。彼は、人間が意味を構成してゆく基底を『知覚の現象学』として「意識」から「身体」へと移した。彼は「身体のあり方が『私の意識』のあり方だ」という。「意識とは、原初的には〈われ惟う〉ではなくて〈われ能う〉である」(『知覚の現象学』みすず書房)と、コギトのあり方を提示する。だが彼もまた「心身」の相互関係や浸透性を主張するばかりで二元論を克服するには至らなかった。

彼の哲学が「両義性の哲学」とよばれる由縁である。

しかし、メルロ＝ポンティが身体の「内部知覚」に注目したことは高く評価されている。彼はまず、自己の身体を「見るもの」と「見えるもの」という展望性において捉え、主体と客体の両義性を示す。つぎに、生理的身体の基層に「習慣的身体」とよぶ層を仮定し、それを体性感覚が潜在的に外界の事物にかかわる実存的な指向弓とよんだ。そして、「現勢的(生理的)身体における知覚の受動作用に先立って、習慣的身体が外界の状態を潜在的かつ能動的にあらかじめとらえているからこそ、生ける知覚は、ゲシュタルト的な『図』と『地』の関連構造をそこによみとることができる」(湯浅)ということを示したのである。

西洋の「心身論」の例をベルグソンとメルロ＝ポンティにみてきたが、私にはいずれの場合にも、「精神」と「身体」がメカニズムとして考察され分析されている限り、二項対立の罠から逃れることはできず、二元論の克服は無理であるという思いにかられるのである。

＊　＊

言語の発生は「身体」という基盤を除いてはあり得ない。意識もまた同様である。そして、「言語」と「意識」は同時に発生した。

人類の第一声は、人間にとっての産声である。そして、それを人類最初の「ことば」とすれば、産声はあくまでも音ではなく「こえ」でなければならない⒂章）と書いたとおり、第一声はルソーが信じたように「人間はまず感じた。欲求が最初の身振りを命じ、情念が最初の声を引き出した」（『言語起源論』小林善彦訳　現代思潮社）のである。

そしてこの時、「意識」も同時に発生したのである。

ヘルダーは彼の『言語起源論』（法政大学出版局）のなかで、「意識性は人生の最後の瞬間においてと同じように、人生の最初の瞬間においてすでに彼の運命である」と述べ、意識性は人間固有の性格であり、人類という種族の本質であるという。

ヘルダーのいう「意識性」とは、「ばらばらに自由に認識し、意欲をもち、作用するだけではなく、自らが認識し、意欲をもち、作用することを知ってもいる人間の本質の仕組み全体」（同前）を指すものである。彼はこの「意識性」に対して、自覚的な理性の働きを「意識作用」とよんで明確に区別している。

> 人間が意識性を示すのは、魂の力が非常に自由に活動し、その結果、すべての感覚を通じて魂のなかへ押寄せる感情の大海のなかで、もしこう言ってもよければ、そのうちの一つの波を魂が区別し、押しとどめ、注意をそれに向け、それに注意していることを自覚できるときである。……従って人間は単にすべての特徴を生き生きと、あるいは明瞭に認めることができるだけではなく、一つ、あるいはいくつかの特徴を他との区別を示す特徴としてはっきり認知することができるとき、意識性を示すのである。この認知という魂の最初の働きが人間に明白な概念を与える。それは魂の最初の判定である。
> （同前）

ヘルダーはこの認知を、人間のなかに残された「しるし」とよぶ。そして対象にむかって声が発せられたとき、「この意識の最初のしるしが魂の言葉であった。この魂の言葉とともに人間の言葉が発明されたのである」（同前）と確信をもっていうのである。

ヘルダーにおいての「意識性」は、人間の内部の「しるし」、彼の言葉でいえば「魂の内側のしるし」として、それはまた「内的なしるし語」として捉えられる。彼は、感情の叫びそれだけで言語が生まれたとは認めない。「言語が形成されるためには、感性的な状態においてすでに『意識性』のモメントが働いていることが必要であり、意識性によってはじめて人間は同一内容のものを同一なりと認知することが出来る」（同前訳注）として、「認知の行為のための目じるしが意識性の『しるし』であり、それが『内的なしるし語』である」と述べ、「認識の内的言語を発生の根源」（同前）と考えたのである。

ヘルダーが「意識性」と「意識作用」をはっきり区別して、「言語」と「意識性」の同時発生を示したことは正しく評価されて然るべきである。というのも、私の考えも含めてここには、「身心」の一体化が提示されているからである。つまり、「認知の行為」とは身体感覚が受ける外的刺激のことであり、「意識性のしるし」とは身体感覚の内的刺激のことであり、そしてそれらの二つが、身心の一体化による働きにおいて「内的なしるし語」、つまり「内言」（意識作用）となることを意味しているからである。

身体は、〈身わけ〉と〈身知り〉という身の二重構造によって、世界を分節化し世界から分節化されるが、その次元でもっとも根源的なことは、お互いの分節化を「知覚寸前」の身体感覚において「表情」として捉えるということである。

私は前章でそのことを、市川浩の「生き身が、互いに感応し、問いかけ、応答する表情的身体であるのと同様に、「風土」や「風景」もまた「物理的環境ではなく、それ自体表情的環境としてわれわれの身のあり方と深く入り交(か)っている」（『〈身〉の構造』青土社）という身体感覚においてみてきた。

そしてこの表情的身体感覚こそ、私がくり返し提示してきたところの『深層記憶のひろがる全体感覚』そのものであり、そのことはまた、感覚と認識が交叉する意識下の意識を支えている「地平」、つまり「他者」に対しても「物」に対しても、「同調」によって瞬間的に反応を示す「地平」にほかならないのである。

いいかえればその「地平」は、「〈身分け〉によって世界の分節化と世界からの分節化による『認識』の地平を意識下に樹立し、〈身知り〉によってばくぜんとながらも感覚の地平に『実感という現実』を獲得した」ということになるのである。

したがって私がいう「感覚と認識が交叉する意識下の意識を支える地平」とは、「身体が世界との未分化な共生状態から〈身分け〉〈身知り〉によって、分節化という個の『共通感覚』に目ざめていく地平」のことであり、そこでは「知覚や意識寸前の感覚認識が世界の分節化そのものを『同調』や『反応』によって『表情』として捉える地平である」ということである。

私はこの「地平」を「言語発生の地平」とよび、さらに身の「折り返し」や「照り返し」による「言語以前の表情」を「言語風景」とよぶのである。

＊　＊

言語の発生を促す「言語風景」と「言語」の関係をどのように捉えるか。あるいは、制度化された言語となる、生まれたての「発生言語」の本質とは何かを、以下言語発生の現場に即して考えてみたい。

まず、「言語風景」と「言語」の関係は、「唯識哲学における『阿頼耶識（あらやしき）』と『種子（しゅうじ）』の関係そのものであり『深層記憶』のなかにおける『子宮』と『胎児』の関係とおなじである」（11章）。

「阿頼耶識」とは、潜在意識（七識）のもうひとつ奥にあって、私たちの意識にのぼり難い意識で、まったく意識をもたない「無意識」と断定することのできない意識。にもかかわらず、それは人間が生きている間、意識の根源体として私たちの心を生かしつづけ、個の相続（私たちの生まれ変わり）という役割を果たしている「識」のこと。

「種子」とは、「過去の経験の潜伏状態であり、未来経験の原因となる」（竹村牧男『唯識の構造』春秋社）。あるいは、「阿頼耶識」の中にあって「自己の果を生み出す功能(くのう)（力・能力）差別(しゃべつ)（特殊な・勝れた）……いわば『自己を生み出す特殊な』エネルギーのような力。しかもそれはもえ盛る火のような顕在的エネルギーではなく、原子核にひそむ潜在的・精神的エネルギー」（横山紘一『唯識思想入門』第三文明社）なのである。

「阿頼耶識」と「種子」の関係は、まず自己のこころの「阿頼耶識」のなかに過去を秘めた「種子」（DNAをもつ生命体）が形成、保持されるが、やがてなにかのきっかけで発芽する。するとその発芽した「種子」は、「七識」（表層の意識）に影響を与え、また影響を受けた「七識」が次の「種子」を形成し、円運動をくり返すというものである。

「深層記憶」をもったひとつの生命体（胎児・言語）が「阿頼耶識」という深層の地平（子宮・言語風景）で「薫習(くんじゅう)」され「現行(げんきょう)」されるのである。「薫習」とは「まったくの白紙（無記）になんらかの香りがしみつくように、経験（七識の活動）がなんらかの形で心の深層に印象づけられること」（竹村）。「現行」とは「種子としての潜在エネルギーが具体的に芽をふき、顕在的活動エネルギーに変化して日常の諸経験となって現われること」（横山）。

井筒俊彦は、唯識の概念を言語理論的方向に引きのばして「言語アラヤ識」、「意味アラヤ識」とよび、「言語アラヤ識」を「無名」が「有名」に転じようとする微妙な中間地帯、「意味」生成の可能体として捉える（『意味の深みへ』岩波書店）。

> 人が、内的に外的に、絶えず何かを経験する、その一つ一つの印象が、無意識的に心を染めていく、丁度、香のかおりが、知らず知らず、衣に薫きこめられていくように。人間の経験の一片一片は、必ず心の奥に意味の匂いを残さないではいない。意識深層に薫きこめられた匂いは、「意味可能体」を生む。その一つ一つを「種子」と呼ぶのだ。こうして生れた「種子」は、潜在的意味の形で言語アラヤ識のなかに貯えられ、条件がととのえば、顕在的意味形象となって意識表層に浮び上がってくる。そして、この経験そのものが、またアラヤ識を「薫習」して、新しい「種子」を生む。……このような観点から見られたアラヤ識は、明らかに、一種の「内部言語」あるいは「深層言語」である。辞書に記載された形での語の意味に固形化する以前の、多数の「意味可能体」が、下意識の闇のなかに浮遊している。
>
> 井筒俊彦（同前）

「発生言語」は井筒がいうように唯識の思想家である菩薩たちの「内心の呟き」でもある。曰く「『内心の呟き』を離れては、いかなるものの存在をも見ない。全存在世界は、ただ、内心の呟きのままに、現出するだけである」（『大乗荘厳経論』）。

井筒は「内心の呟き」を「こころの呟き」の意だという。そして「もうすこし近代的に言いなおすなら、『内部言語』すなわち、心の深部に働く不分明なコトバの特殊な形……明確な分節性のない『呟き』のようなものだ」という考えを示し、「現勢化を待つ意味的エネルギー群としてのみ存在する潜勢態のコトバ」だとして、「原基（プロト）意味成素」ないし「意味可能体」（同前）とよぶのである。

「発生言語」とは、ヘルダー流にいえば「魂の言葉」であり、「魂の内側のしるし」つまり意識性を孕んだ「内的なしるし語」である。

それは、現在の言語のように、ものを認識（意識として）するための言語でも、ものを差別するための言語でも、ものを伝えるための言語でも、ない。

ましてや、コミュニケーションのための言語では、断じてない。言語は「身の延長」（丸山圭三郎）としての道具では、決してない。

言語はあくまでも「魂の言葉」として、「内言」として発生したのである。

したがって言語の本質は、イスラーム哲学でいうところのフウィーヤ（個体的「本質」）である。「徹底的に個的な実在性である。概念にはなんの関係もない、というより一切の言語化と概念化とを峻拒する真に具体的なXの即物的リアリティー」（井筒俊彦『意識と本質』岩波文庫）そのものなのである。

わかりやすくいえば、「存在するものがもっている生き生きとしたものそのものの性質」だといえよう。

あるいはまた、表層言語（普遍的概念語）では開示することのできない「深層記憶」（言語風景）における「意味可能体」ということになろう。もっと私流のいい方をすれば、「言語以前における『記憶』（風景）は、脳（心）と感覚（身体）をむすびつける『ことば』である」⑻章）ということになる。

言語論がもつ、もっとも宿命的な困難さは「制度化された言語で『発生言語』を語らねばならない」ということである。

東洋にくらべて西洋の言語論が、のり超えようとしてのり超えられない「心身二元論」克服への挫折の根がここにある。その理由は簡単である。一つは、西洋における言語がまず「明晰」でなければならなかったこと。その二は、そのために言語は主体に対する客体、つまり「対象」として客観的に「分析」されるものでなければならなかったこと。その三、ストア学派の定義によって言語が「意味するもの」と「意味されるもの」の二項対立として捉えられたこと。その四は、ソシュールが「言語のなかには差異しかない」として、言語を「価値／差異」の体系として捉え、言語を「記号化」したこと。その五は、言語を「コミュニケーションの記号学」として捉えたこと、である。

言語はここで完全に身体から離され、その生命をたたれた。「対象物」として「記号物」として、道具化の部品、あるいは機械化の部品となったのである。そのためになによりも都合よく役立ったのが、表情（言語風景）をもつことのないアルファベット文字であった。そして、アルファベット文字は明確な記号として「ロゴス中心主義」（「音声中心主義」）の思想をうちたて、西洋自我の確立に君臨したのであるといえよう。

東洋の言語論は「身心論」でも述べたように、まず身体の地平において「言語風景」の成立を「内言」にみたのである。特に日本の文字は、「漢字」「ひらがな」「カタカナ」それぞれが「言語風景」として、心象の風景をより鮮明にもの語ってくれたからでもある。

このように西洋と東洋の比較において、言語はもっともよくその特徴をもの語るものである。その典型的な例が「言語風景」のありようである。

私は東洋「身心論」における「修行」や「参禅」の姿勢を考えるとき、それはまさに、言語の発生を訊ねる「遡行の旅」である、と思うのである。

言語にまつわりついた虚妄の意匠をすべて脱落し、「内言」という「魂の言葉」へ還って行く、それは実に厳しくも長い旅である。そして、その言語発生の現場に到達したとき、そこにひらける世界はなんの分節化もされてない、事物そのものの存在の姿が現われてくる世界である。勿論、そこでの存在は「人」でもなく「物」でもなく、そのお互いが一つ「言語風景」となって融合するばかりである。みずからがおのずからであり、おのずからがみずから」となるのである。

唐木順三は道元の「時節囚縁」「感応道交」(「谿声山色」)における相見相逢、同時契合のさまを次のように述べている。

自己が山河大地を転ずることは同時に山河大地が自己を転ずること、いや自己と山河といふ区別はありながら、即ち、両者ともにみづからでありながら、同時におのづからに、相互に転じ合つて、そこにいはば転一条、転三昧の世界がひらけてくる。

唐木順三（『日本の心』筑摩書房）

芭蕉は「静にみれば物皆自得すといへり」（『蓑虫説』跋）として、「松の事は松に習へ、竹の事は竹に習へ」といった。唐木順三は「物皆自得」についても「万物、我と同根といふ立場から、いはば内々に、内々のものとして、感じ取るといふことであらう。……いはば生命連帯、運命連帯において、見、感じる……芸術的または詩人的な感受である」（同前）と述べている。

いずれにしてもここには、主観も客観も、コギトも、言語の論理性もない。あるのはただ、自然と心の一体化による「言語風景」という一元の世界のみである。「見る」ことが瞬時にして「感じる」ことであり、「知る」ことであり、「わかる」ことの世界であるといえよう。

西洋言語の場合は、蓮實重彦が『反＝日本語論』（筑摩書房）で明言しているように、言語は「排除と選別」の体系として存在しているのだ。

「音声中心主義」的な西欧の神話的「制度」が何を基盤として機能しつづけているかをめぐっては、これまで何度も触れる機会があった。それは「差異」と「同一性」にもとづく、排除と選別の体系として機能していたことを思いだそう。

蓮實重彦（同前）

つづけて蓮實は夏目漱石の「断片」をとりあげるなかで、「この排除と選別の体系があたかも一つの自然であるかに機能している場こそが、西欧と呼ばれる野蛮なる環境なのだ」（同前）と「音声中心主義」の思想を批判している。

西欧における「音声中心主義」（ロゴス中心主義）の思想は、私にはほとんど理解のしようがないものであるが、一つには西欧の言葉が「音声の連鎖を基盤にしている」こと。二つには「秩序が存在する『話す技術』に関する文法である」こと。三つにはその秩序を守るために（一つの言葉を選別するために）多くの他の言葉を排除しなければならないこと、によるものではないかと思える（以上、蓮實の『反＝日本語論』による要約）。

何かが選ばれるとき、何かが殺される。そして選ばれたものは、殺されたもの、つまり、いま、ここにないものの代理の顔をつくろう。ギリシャ以来の音声中心的なその言語体系は、この代理＝代行による構造を西欧的な思考の全域にまで波及させ、今日まで生きのびている。……「民主主義」とは、その途方もない殺戮を緩和させ、「排除」と「選別」を正当化する最も有効な戦略的代行制度であるにすぎない。

蓮實重彦（同前）

私は西洋言語の「明晰さ」の影にひそむ残虐さの表情にぞっとする。「殺すか殺されるか」という二者択一の思想に恐怖を覚える。そして、そのためにのみ存在する「自我のアイデンティティ」（自己中心のパースペクティヴ）におぞましさを感じる。
私のもっとも好きな言葉に、道元の『正法眼蔵』のなかの一節がある。

> 仏道をならふといふは自己をならふ也。自己をならふといふは自己をわするるなり。自己をわするるといふは、万法に証せらるるなり。万法に証せらるるといふは、自己の身心をよび他己（たこ）の身心をして脱落（トツラク）せしむるなり。
>
> 「現成公按」

「万法」というのは、個人の意志意欲とはまったく関係のない真実のことである。私は「仏道」の意を、すべてのものの「真実」というように理解している。したがって、「仏道をならふ」ということは「真実をならふ」ということになる。道元は、「真実」に近づくためにはまず、「自己をならふ」こと。そして「自己をならふ」ことは「自己をわするる」こと、すなわち自己を放下することである。無心になる、心を宇宙に開くことである。そのときはじめて、自己も他己もない宇宙の「真実」を体得することができるのだ、といっているようだ。

自我意識を捨てることによって、あらゆる「対象」としての他者意識も捨て、宇宙と一体になることが東洋思想の根底である。それはとりもなおさず、「分節」された存在から「未分節」の存在へと還元されることにほかならないのだ。

「身心の一体性」によって還元された「未分節」の世界を、私は「風景」とよぶのだ。

そして、「風景」がその「表情」を一体化された「身心」に、「折り返し」「照り返し」する世界を「言語風景」とよぶのである。

私は「言語風景論」の冒頭で書いたように、「人間」と「風景」と「言葉」は大自然のなかで完全に融けあって、見事ないのちの調和を保っていたのである。詩人や哲人たちは、大自然の偉大さを、「人間」のこころの優しさを、美しい「言葉」でたからかに謳ったのだ。「言葉」は謳われるたびに「人間」のたましいの「風景」を、ますます美しく育み、かぎりなく豊かにしたのである。たとえ「言葉」が怒りや憎しみに傷ついても、「風景」はそれらを慰め、鎮める力を秘めていた。淋しさや悲しさに対しても、耐え忍ぶ勇気をあたえてくれた。決して「風景」は、「言葉」も「人間」も裏切ることはなかったのである。


だが、「言葉」が「風景」から離れてひとり歩きを始めてから、あるいは、「人間」の制度のなかで身の延長としての道具となってから、宇宙のバランスはすっかり壊れてしまったのである。「言葉」は「人間」をおしのけて、かぎりなく冗舌となり、「内言」を切り捨ててコミュニケーションの体系に組みこまれ、「記号」として機械化されてしまった。

コミュニケーションとは、一方通行の暴力である。蓮實がいう、「排除と選別」の思想である。砂漠風景において生みだされた「見下ろす」神の視点であり、絶対的自己同一を主張してやまない「遠近法」

の視点である。

宗教戦争、民族紛争、「風景」を「環境」の名にすりかえての自然破壊（日本も含めて）と、果てしなく続く人間の愚かさと悲惨さを止めるには、もはや、「人間」と「風景」と「言葉」の一体化しかないのだ。「魂の言葉」を人間がとり戻すためには、表層の世界を遡行し、「言語風景」に到達する以外にはないのだ。そして、そこに「自然」と「身体」の共通項としての「風景」を、新しく発見する以外に方法はないのだ。

道元の「全身これ全心」（「一顆明珠」）の知慧しかないのである。

人間もまた風景の一部である。

良寛游擬

良寛游擬（一）

歴史の面白さは、歴史の気むずかしさと気まぐれさが、時として、私たちの眼前に、切断された時間とその断層を突きつけてくるときである。

私たちはそのとき、改めて歴史の正面に引きもどされ、立ち止まらされるのである。そしてそこで、私たちが面とむかって向きあわされるものこそ、私たちが迂闊にも見過ごしてきた、歴史本来の姿であるはずの、切断された時間とその断層にほかならないのである。

切断された時間とは、歴史時間の「非連続性」ということである。いいかえれば、歴史は連続した時間の上にではなく、寸断された時間の上に構造されている、ということである。

また、その断層というのは、切断された時間と時間の単なる狭間というばかりではなく、そこには歴史の無意識が「空白」と「ズレ」という現象を表出させている場所でもある、ということだ。それは丁度、芝居の幕間に相当するもので、「空白」というのは、終わった幕と始まろうとする幕の、空間における余韻と予兆の交錯する場のことを意味しており、「ズレ」とは、その「空白」の場に渦巻き逆流する、人間意識の葛藤を意味するのである。

それを歴史の非情とよぶのか、人間の悲喜とよぶのか、私にはわからない。だが少なくとも、歴史というものが時間と同様に、ひとつの流れに沿った一定方向への連続体ではないこと。そしてまた、場としての「空白」と、人間意識の葛藤による「ズレ」が、歴史に翻弄されようが人間に翻弄されようが構うことなく、時代の現象として、時間の断層にくり返し立ちあらわれてくることだけは、確かなことである。

この歴史と時間の「非連続の連続体」という本質は、あたかも映画における残像の原理に似たもので、いつの間にか私たちは、時系列上の連続性と並列性を信じこまされてしまった結果、「非連続」という歴史の真実を見失ってしまうことも多いのである。

視覚の残像というのは、簡単にいえば「ものを見たあと、その形が消えてもしばらく目に残っている現象」（『角川国語辞典』）のことで、映画の「動く絵」はこの現象を利用したものである。この残像現象を岡田晋は「映像の誕生」（『映像』美術出版社）で次のように述べている。

> 最初の**もの**が取り去られても、残像が留っている間に同一物を同一位置に与えるなら、われわれはその**もの**が取りかえられたと気づかないし、第一の**もの**と第二の**もの**の間に、わずかな形の違い、位置の変化があれば、眼は第一の**もの**の形が変った、位置が動いた、と錯覚する。これと同じように、少しずつ違う画像を連続的に見せる時、われわれは動かない画像に動きの幻覚をつくり出す。

視覚の残像現象はこのようにして、動かない一つ一つの画像を動くように錯覚させるほか、さらに、静止した画像と画像の間にも「存在しない動き」（同前）までも、知覚のイメージとしてつくりだしてしまうのである。

歴史と時間における時系列上の問題もまったくこれと同じことで、私たちは歴史の原点では、流れない、動かない、歴史時間と歴史意識をしかと確認しておきながらも、ついつい残像の仮現運動に引きずられてしまうために、その正真の「非連続の連続体」という正体を見失ってしまうのである。

歴史も、時間も、流れないのである。

したがって、場としての「空白」と、人間意識としての「ズレ」現象もまた、切断された時間の断層のなかでは、連続した流れという錯覚としてではなく、つねに流れない「非連続の連続体」という目覚めた自覚として、確実に自らの存在を主張しているのである。

そして私たち人間は、そのような歴史のなかで生きてきたのであり、それでしか生きるほかはないのである。

良寛もまた、その歴史時間のなかの「空白」と「ズレ」を生きたひとりである。

＊　＊

良寛は「異の人」である。

「異の人」というのは、あくまでも「異の人」であって、「異な人」ではない。したがってこの「の」は、語と語を関係づける連体格助詞ということになり、その働きも用法も実に複雑な変化をみせる。
基本的な意味としては、「存在の場所を示す」というものだが、転じて「行為・生産の行なわれる場所」、そして「生産者・作者」を意味するようになる。その一方では、「存在する場所」の用法から「所有する人」をも意味するようになり、さらには、「所属と所有」が混同して併用されることから最終的に転じて、「所属しているものの属性を保持する」という、資格を示す用法にまで展開するのである（『岩波古語辞典』）。

つまり、この「の」は、その所有と所属の属性を保持させるもので、「異の人」という場合、「異」の属性を保持する人、という意味になるのである。

そのようなわけで、わたしは良寛を、「異」のもつあらゆる性質（属性）を全面的に背負った（所有）人、さらにいえば、「異」の性格を全身に背負わされると同時に、積極的に自ら背負うことを覚悟した「異の人」とよぶのである。

では、「異」とは何か。

『広漢和』（大修館書店）によれば、「異」という文字は「人が魌頭（おにやらいにかぶるお面）をかぶり、両手をあげているさまにかたどる」象形の字形と、「それをかぶると恐ろしい別人になるところから、ことなるの意を表す」字義から成り立っている。

その意味も、「①ことなる。同じでない。ちがう。変わっている。ほかの。別の。②なみでない。普通でない。めずらしい。すぐれている。非凡である。ふしぎな。あやしい。へんな。妙な。③ことなった事・物。変わった（違った）事・物。④ふしぎ。⑤わざわい。天災。天の下す怪異な現象。⑥むほん。反逆。⑦ことにする。同じくしない。ちがえる。別にする。特別にとりあつかう。分ける。わけ与える。⑧いとする。ことなりとする。珍しがる。すぐれていると思う。ふしぎに思う。怪しむ。疑う」と、幅広い範囲にわたっている。

私がここでもっとも注目するのは、意味の幅広さよりも、むしろ、字形と字義に示されている「人が面をかぶって別人になる」という、その仮面性の奥深さにあるのだ。というのも、魌頭という面は鬼や悪霊を追い払うための醜怪な面とも、奇怪な神貌の面ともいわれており、この仮面にはすでに、「異」の意味を超越するほどの象徴性が暗示されていると思えるからである。

この仮面の背景には、想像を絶する深々とした古代の闇がひろがっているのではなかろうか。そこは、カミとヒトとモノノケが同時に棲息する原始の闇ではないのか。光と闇が、カミとヒトが、ヒトとモノノケが、混乱と恐怖が、ひしめきせめぎあっている闇。そこでヒトは、恐怖から逃れようとして、変身するための怪異な仮面をかぶることを発想したのではなかったか。また、恐怖にうち勝つために「面をかぶって別人になる」という、変身願望の知恵を生みだしたのではなかったか。——そしてヒトは、仮面をかぶったのだ。

私は仮面性の深層に、このような古代（原始）の闇の深さと、古代人（ヒト）の身体に刻みこまれた知恵としての、自己防衛本能の記憶を読みとるのである。そしてこの仮面性にこそ、「異」の意味性をはるかに超えた、「異」の根源に内在する人間（ヒト）の「歴史的無意識」を認識するのである。あるいは逆に、「異」はこのときから人間（ヒト）の身体を依り代として、人間（ヒト）の「歴史的無意識」にペルソナとして憑依したのである、といいかえることもできるのではないだろうか。

このように「異」を、切断された時間の断層で捉えるとき、いままでは横にばかり広がりをみせてきた表情に、古代から付加されていた縦の意味を掘りおこすことができるのである。同時に、古代の闇を現代に甦らせ、その闇のせめぎあいを直視することから、「聖なるもの」と「俗なるもの」との交換を可能ならしめる「異」の仮面性の、発生と成立の構造さえもみえてくるのである。

「異の人」とよぶ良寛の「異」も、仮面性を含めて多面多様に変容する「異」であってみれば、捉えることは不可能に近い。だが、ひとつ手がかりがあるとすれば、良寛の「異」は、「愚」ではない、「非」ではない、「否」でも、「奇」でも、「狂」でもない「異」であるということ。また、「異常」、「異色」、「異形」、「異端」などといったような概念をはるかに超越した「異」であること、つまり、「異」に関係づけられるあらゆる概念を包括する、「混沌の異」としか名付けようのない「異」である、ということである。

「非俗非沙門」

良寛の生涯でもっとも確実とされているのは、「天保二年（一八三一）辛卯一月六日、越後三島郡和島村島崎の木村家別舎で示寂」ということだけである。

良寛没後、良寛に関する研究書や著作は年々その数を増して出版発行され、良寛ブームをひきおこしているのは周知のとおりだが、さて、良寛の年齢や生年月日となるといま現在でもなお詳かではないのである。

したがって良寛示寂の際の年齢も、橘屋（生家）の家譜では七十五歳、木村家の香典帳には七十三歳、貞心尼の『蓮の露』には七十四歳とまちまちである。同じように、生年月日も示寂の年齢からの逆算によるものだろうから、宝暦七年（一七五七）十二月説、宝暦八年一月説、宝暦八年十二月説とわかれているのは仕方ないことであろう。

良寛は、越後三島郡出雲崎の橘屋山本家の長男として生まれている。

橘屋山本家は、橘諸兄（たちばなもろえ）を遠祖とする出雲崎随一の名主である。父の以南（いなん）（俳号）は、与板町割元（わりもと）（郡代と庄屋の中間にあって年貢の割当を行う役）の新木家から入婿した養子であり、石井神社の神官もかねていた。以南の妻秀子、良寛の母も佐渡へ分家した山本家からの養女で、両親はともに夫婦養子である。だが父以南の新木家も、母秀子の橘屋山本家も代々にわたって、「米どころ越後平野の中央に位置した割元、また越後第一の殷賑な港に君臨した名主」（石田吉貞『良寛』塙書房）といわれたほどの実力を誇っていた名家なのである。

良寛はその由緒ある橘屋山本家の、れっきとした長男である。しかも、没後わずか百六十七年しか経っていないのである。わずかといったのは、私の祖母は慶応元年（一八六五）生まれで、私が三十一歳（一九六一）のとき九十六歳で亡くなったし、現在では百歳以上のお年寄が何人もご健在であり、二百年ほど前といえばそんなに遠い昔のことではないからだ。

良寛の生まれ年の不明は、いかにも良寛らしく、その謎めいた生涯を暗示してはいるものの、「異」

のことといわねばなるまい。私の稿では、現在標準化されている「良寛年譜」にしたがって、宝暦八年（一七五八）生誕、天保二年（一八三一）一月六日示寂とする。

此生何所似
騰々且任縁
堪笑兮堪嘆
非俗非沙門
蕭々春雨裡
庭梅未照筵
終朝囲炉坐
相対也無言
背手探法帖
薄云供幽間

此の生何に似たる所ぞ
騰々且縁（とうとうしばらくえん）に任（まか）す。
笑うに堪えたり嘆くに堪えたり
俗に非ず沙門にも非ず。
蕭々（しょうしょう）たる春雨の裡（うち）
庭梅未（いまだ）筵（むしろ）を照さず。
終朝炉を囲（かこ）んで坐し
相対して也言（またことば）無し。
手を背にして法帖を探（さぐ）り
薄（いささか）云（ここ）に幽間（ゆうかん）に供す。

良寛の詩集は在世中に、『草堂集』または『草庵集』と自ら題したものがあるが、それ以外の詩篇を集めると、岩波書店の『良寛詩集』に収められたものでも四百余篇を数える。しかしその詩篇も、ほとんどに日付がなく、制作年代を見分けるのは困難である。以下、引用の詩篇と読みは岩波の『良寛詩集』

による（原文は旧漢字、旧かなづかい）。

良寛の詩には、「気になる詩」と「ひどく気になる詩」があるが、この詩は「気になる詩」のひとつである。

一読すると、わかりやすく、後半には落着のある心境もうかがえるが、全体からの印象に力がない。ひ弱である。自嘲でもなく、反省でもなく、諦めでもない。中途半端である。とくに、「笑うに堪えたり嘆くに堪えたり」は愚痴に近い。また、「此の生何に似たる所ぞ」の一行目の詩にも、自己の生に対する問いかけの緊張感がない。この一行こそ、良寛が生涯にわたって問いつづけていたはずの生であるにもかかわらず、それだけの迫力がない。ふと、溜息とさえ聞こえてくるのである。この詩のほかにも「我が生何処より来たり、去って何処にか之く」「嗟我れ独り何をか為さん」「嗟　我れ胡為る者ぞ」「生涯何に似る所ぞ」「吾が生何に似たる所ぞ」と、くり返し詩っているが、そのいずれをとってもまったく同じ雰囲気なのである。

生まれ生まれ生まれ生まれて生の始めに暗く
死に死に死に死んで死の終わりに冥し。

（空海「秘蔵宝鑰」）

空海のことばであるが、私はことば以上のことば、心の奥底まで突き抜けてくる詩そのものの声を聞く。ここにはひとりの人間が、己れの全身に生と死を問いかける必死の気迫がある。自己の全存在への体当たりがある。空海の生きざまを集約した魂の叫びを聞く。

良寛の、自己への問いかけが何故弱いのか。先天的な気の弱さ、優しさの性格からか。後に詳述するが私には、生誕から十五歳の元服までの間の、一切不明な空白がそのような姿勢をつくりだしたのではないかと思えてならない。

一般に良寛は、心優しき禅僧、童心あふれる托鉢僧のイメージが強いが、私には、そのような陽当りのいい良寛の姿はほとんど見当たらない。かといって、苦渋に満ちて修行ひとすじに励む求道僧としての姿もない。

ここに良寛七歳の頃の、有名な逸話がある。ある日、父親から叱られた良寛が、上目づかいに父の顔を見たので「親をにらむと鰈になるぞ」といわれた。それを本当だと信じこんだ良寛は、身も心も悲しくなって海辺をさまよい歩いた。日が暮れても帰らないので母親が心配して探しまわると、海をみつめてぼんやり岩の上に佇んでいる良寛がいた。母親が近づき「ここで何をしているのか」とたずねると、良寛は「私はまだ鰈になりませんか」と答えたという。

この逸話に対する大方の見方は、良寛の純真さ、純粋さ、素直さを肯定するものが多いが、私は逆に、海をにらみつけていた良寛の背中に、一種の頑なさと、父親に対しての挑戦的な態度を感じるのである。ここには陽当りのいい良寛はいない。むしろ、自分に対するいわれもなき憤りと、父親や家に対する反発の姿勢をおぼえるのである。良寛のこのような心情をおもうとき、太宰治が生涯にわたって抱きつづけた、家に対する負い目と、生に対する苦悩と同じ質の、救いようのない暗さを感じるのである。そういう意味で良寛は、いち早くこのときから近代自我への目覚めを獲得していたともいうことができよう。「気になる詩」のもうひとつは、「笑うに堪えたり嘆くに堪えたり、俗に非ず沙門に非ず」という二行である。良寛はこの詩の第一行で、ここまでの思いを含んで「此の生何に似たる所ぞ」と問うているのだが、その問いかけ同様、この二行もまたすこぶる消極的である。

少小学文懶為儒　　少小文を学びて儒と為るに懶く

少年参禅不伝燈　　少年禅に参じて燈を伝えず。

今結草庵為宮守　　今草庵を結んで宮守と為る

半似社人半似僧　　半は社人に似半は僧に似たり。

この詩には、「文化十三年（一八一六）五十九歳の時五合庵を出で、附近の乙子神社の宮守の宅に寓居す」という註があり、めずらしく年齢がはっきり記されている。良寛が郷里の国上の五合庵に移り住んだのが四十歳のときであるから、この詩を書くまでには定住して十九年の歳月が経過している。それに、良寛の五合庵時代は、自己確立を含めて、詩歌や書芸術の精進を究めた時代ともいわれている。その直後、しかも五十九歳といえば還暦の直前である。それにしても、あい変わらずの「半ばは社人に似半ばは僧に似たり」と、自嘲とも自責ともとれない表現である。

自己確立の円熟期にあってもなお、「社人でもなく僧侶でもない」という思いが重くのしかかって消え去らないのは何故か。この謎を解くことができるかどうか自信はないが、この良寛の思いはひとえに「忸怩たる思い」として、彼の生涯（貞心尼と出会う前まで）に刻印された近代自我意識であるということができよう。つまり、「混沌の異」の主題音として「忸怩たる思い」は、良寛の背中に鳴りつづけるのである。

前詩にもどって、いまひとつの問題点は、「非俗非沙門」というときの「非」のあり方である。良寛の詩にもかなり「非」の表現が用いられているが、どの「非」をとっても力強い意志表示や、意志決定としての決断がみうけられない。「否」としての拒絶や、「反」としての反抗力もない。このことは良寛の生涯においてもいえることで、良寛自身によって意志決定がなされ、その決断が行動に移されたと思えるのは、わずか二度でしかないからである。一度目は十八歳の折、突然、名主見習の家業を捨てて尼瀬町の曹洞宗光照寺に出家した時。二度目は師国仙和尚の示寂後、備中玉島の円通寺を出て諸国遍歴に旅発った時である。以後、良寛にとっての「非」は、胸中にあって自分自身にむけられる以外、他人や世間にたいして「非ず」という意志表示も行動もなく、詩歌の表現としてわずかに瞥見できるだけのものとなる。

良寛の「非」を、「忸怩たる思い」に裏打ちされた「非」とすれば、源平の大闘争に対して、「紅旗征戎は吾が事に非ず」（『明月記』）といい放った、若き日の藤原定家の「非」は、誇り高き「反骨の非」であろう。

また、師の法然とともに流罪の刑に処せられ、僧の身分を剝奪されて越後に追放された親鸞の「非僧非俗」の「非」は、「爾レバ已ニ僧ニ非ズ、俗ニ非ズ」と叫ばした、血を吐く思いの「憤怒の非」であろう。

さらに、佐渡に流罪になった日蓮の「非僧非俗」の「非」も、日本国にむかって自らを「旃陀羅の子」（インド最下層の賤民のこと）と宣言した、「反逆の非」ということができよう。

定家・親鸞・日蓮における「非僧非俗」の「非」は、いずれも命がけの意志決定と、自恃意識（近代自我意識）によるものであるが、そのあらわれ方は良寛とまったくの裏表である。もちろん、良寛・太宰ともに「負の非」であることにおいて女々しい。しかし、この「負」が一旦転じれば、「正」をもくつがえすほどのエネルギーを発揮することもあるのである。

良寛の「異」が「非」ではない例を「非俗非沙門」にみたが、家業を捨て、曹洞宗を離れ、しかも沙門にこだわりつづけながら諸国を行脚、乞食托鉢に徹したことは良寛の「異」のエネルギー以外のなにものでもなかったのである。

良寛が自己の精神の根源にある「忸怩たる思い」を自覚するとき、近代という時代の予兆をいち早く全身において読みとっていたのである。それ故に、良寛の「非俗非沙門」は、「異俗異沙門」として新しい予兆の輝きを発光していたのである。

「異俗異沙門」

良寛の「非俗非沙門」は、良寛自身の「異」によって「異俗異沙門」として新しい輝きを発光させたが、良寛は俗においても「異」であった。それは良寛の伝記にある奇話や奇行が「異常」を伝えるのとは質的に違うのである。精神を含む全身が「異」であったということ、良寛その人そのものが「異」であったのである。

そのことは何よりも、良寛の実像が捉えにくいことにもあらわれているようだ。私は、良寛を知るために二度ほど、越後の弥彦神社、分水町の国上寺、五合庵、出雲崎、柏崎を訪ねたことがある。そのとき、資料館や生誕地でいくつもの良寛の彫像や肖像画を見ることができた。しかし、そのどれもが、どこか違っているように思えてならないのだ。作者への失礼は重々に感じながらも、それらの良寛像はあまりにも立派すぎるのである。美しすぎ、優しすぎ、柔和すぎ、繊細すぎるのである。私はその都度、どうも納得できなかったのである。

では、私の良寛像はどうかと訊ねられると、面目ないが正直いって「よくわかりません」としか答えようがないのである。だが、あえていうとすれば、まず、かなりの骨太、それぞれの骨格が逞しく、堂々とした体軀の持ち主ではなかったか。特に両脚はがっしりしていて、羚羊を思わせるような強靭さを持っていただろう。眼も五十代までは相当に鋭く、総体として戦国の武士を彷彿させるような姿ではなかっただろうか。

良寛像に戦国武士の面影を重ねるとき、これはあくまでも私の思いこみであるが、白洲正子が『西行』の口絵につかった、MOA美術館所蔵の西行の肖像画を思いおこしてしまうのである。鎌倉時代の似せ絵の伝統をひく絵師（筆者不明）の手になる肖像画とあるが、白洲正子は「これほど真に迫っている肖像画なら、時代の考証なんかどうでもいい」と断言して、この肖像画を高く評価している。私の身勝手な想像が、西行像を良寛像と重ねあわせてしまうのかも知れないが、強く心ひかれるものがあることは確かだ。

どうにかして私の理想の良寛像に出会いたいものだが、それはとうてい無理な望みであろう。というのも、私が良寛に近づけば近づくほど、良寛は遠ざかっていくのである。追えば追うほど、逃げるのである。そしてはるか向こうのほうで手招きしている。はなはだ意地が悪いのだ。だからもう、私は良寛像を追うことはあきらめている。そのうち、ひょっこり向こうからやってくるだろうから。

五合庵や出雲崎を歩いて私が実感したことは、とても並大抵の体格ではなかったであろうということだ。私は国上寺からわずか五合庵までの道を歩いただけでも、そう実感したのである。本や案内書には、三百米、五分ほどと書いてあるが、実際に歩いてみると、当時六十五歳の私にとってはとてもとても、生やさしいものではなかった。十二月半ば雪のチラつくなかを一人で歩いたが、細い山道の上り下りには息がつづかず、途中、三度ほども立ち止っては息つぎをしなければならなかった。若い頃から脚には相当の自信があったはずなのに、なんとも情けないかぎりであった。やっとのことで五合庵にたどり着き、かつて良寛はこの道を毎日行き来していたのかと思うと、脚もさることながら、体格体力ともに人並み以上のものであったに違いない、と信じざるを得ないのである。

「師、常ニ黙々トシテ、動作閑雅(かんが)ニシテ余(あまり)有ルガ如シ。心広ケレバ体(たい)ユタカ也トハコノ言(げん)ナラン」

「師、神気内ニ充(みち)テ秀発ス。其(その)形容神仙ノ如シ。長大ニシテ清癯(せいく)、隆準ニシテ鳳眼、温良ニシテ厳正、一点香火ノ気ナシ。……」

「師、平生喜怒(きど)ノ色ヲミズ、疾言(しつげん)スルヲキカズ、其飲食起居舒(おもむ)ロニシテ愚ナルガ如ク。……」

（解良栄重(けらよししげ)『良寛禅師奇話』）

「隆準」とは、鼻柱が高いこと。「鳳眼」とは、理想的な気高く秀れた眼を形容していう。「香火の気なし」とは、抹香臭くない、坊主くさくないということである（岡元勝美『良寛争香』恒文社）。

よく引用される『良寛禅師奇話』は、西蒲原郡牧ヶ鼻村の庄屋で、良寛の外護者、親友であった解良叔問の末子栄重が書き記したものである。栄重は、父のところへよく出入りした良寛をもの心つく頃より知っており、良寛から直接聞いた話や良寛の印象を書きと止めておいたのである。良寛の風貌を伝える手がかりとして、数少ない貴重な記録といわねばならない。良寛七十四歳示寂のとき栄重は二十二歳であった。

なお北川省一は『良寛、〈独游〉の書』（現代企画室）のなかで、越後の民俗学者小林存が書いた良寛の特徴を、「白皙にして長大」「隆き鼻」「懸(かか)れる腮(あご)」「貴紳の相」と引用しながら、「良寛と貞心尼相見(そうけん)の図を想像する時、私には天鈿命(うずめのみこと)に対する容貌魁偉な大国主命が眼前する」との良寛像をおもい描いているのは面白い。

いずれにしても良寛の実像は、ほっそりして色白、華奢な容姿ではなかったことだけは確かである、といえるのではかなろうか。

良寛の風貌になぜ私がこだわるのかというと、そこに良寛の「異」を解く大きな要素が隠されているからである。

骨格逞しい長身の大男が、その動作はにぶく、しかもほとんどものもいわずに頭陀袋を提げて、街道をのっそりのっそり托鉢して歩く様子は、誰の目にも奇異な姿としかうつらなかったのは当然のことだったろう。

――それはまさに、訪れる神「まれびと」、そして訪れる人「ほかひびと」そのものの姿にほかならなかった。

「まれびと」とは、「まれにおとずれてくる、人の扮した来訪神であった。まれびとは古くは神をさすことばであり、時をさだめて海のかなたから村々へおとずれ、村人の生活に幸福をもたらす霊物であった」（諏訪春雄『折口信夫を読み直す』講談社現代新書）。

また「ほかひびと」とは、ホギヒトからホイトとなり、平安中期以後「乞食」や「旅芸人」と結びつけられるが、「『ほかひ』は『祝福すること』、すなわち寿命や豊作をことほぐ寿歌や〈寿詞（よごと）〉を意味し」「そのような寿詞を唱えて歩く職能者」（山折哲雄『乞食の精神誌』弘文堂）のことをいったのである。

折口信夫はこの「ほかひびと」を「巡遊伶人」とよんだ。

「まれびと」と「ほかひびと」は、カミとヒトとの違いはあっても、どちらも「異人」であること、異郷から村々を訪れ祝福のことばをのべること、歓待されることなどの相似から、「まれびと」「まろうど」「ほかひびと」「ほいと」との区別が曖昧になり、「こうして古く、乞食はいずこともなく共同体を訪れてくる来訪神であり、客神であった。そのような『神』を、わが国においては『ほかひびと』と呼び、『まれびと』と呼び慣わしてきた」（山折哲雄『遊行と漂泊』春秋社）ということになる。

もっとも古代における日本のカミは、「死んだ人間がやがて祖霊の段階をへてホトケやカミになるという考えが根強く信じられてきた」ことと、「目に見えないカミは、もともと、広い空間を浮遊し移動するものとされ」（山折哲雄『神と仏』講談社現代新書）、神の「遊行」や「神幸」が信じられたことが、カミとヒトとをいつの間にか融合させてしまった結果、「まれびと」と「ほかひびと」との重なりが容易におこなわれたのではなかろうか。

折口信夫は「唱導文学」（『日本文学講座』第二巻）のなかで、文学の発生と芸能の起源を巡遊していく「まれびと」や「ほかひびと」においてみつめ、「此等の者の職業は、だから一面、極めて畏怖すべきものを持つて居て……既に神その物でなくなつてゐたとしても、神を負ふ者であり、神を使ふ者である」と、その一面の神秘性や尊厳性を述べている。

「まれびと」を「常世の国から訪れる遊行漂泊の文化英雄（カルチャーヒーロー）」とよぶ山折哲雄も、民族学、宗教学のなかで漂泊者の意識や遍歴乞食の境涯に、もっとも多くの共感と理解を示しながら次のようにいう。

本来、乞食は「マロウト」であり「マレビト」であった。かれらは流浪から流浪への旅のなかで共同体を訪れ、戸口の前で人々の前で「神」を演じ、神の託言を伝えた。かれらは共同体の定住民によって異形の遍歴者であるゆえをもって侮蔑と賤視の対象とされたが、しかし他面で神を演ずる来訪者としての畏敬の対象とされたのである。

（『乞食の精神誌』弘文堂）

その後「乞食」は中世を境にさまざまな分化をとげ、遂に「ほいと」としての乞食までに身をおとしていくのであるが、それまでは神の祝言を伝える者としての「自らを律する矜恃が脈打っていた」（同前）のである。

とはいえ、「まれびと」「ほかひびと」としてのかれら異人には、「聖なるもの」と「賤なるもの」とが同時に存在する。それはかれらが、未知の世界からやってくる遍歴の民であり、一定秩序のなかの共同定住民と異なるからである。ある意味では、かれらはアウトローであり、アウトサイダーであり、秩序を脅かすほどの知恵と技術をもっていたからでもある。また、常に共同体の周縁にあって、内と外、つまり「この世」と「あの世」を行き来して、霊者と語るなどの霊力を身につけていたからである。

だが、「聖」や「畏怖」の念は、同時に「穢」や「賤別」のまなざしをあらわす。「秩序」に対しての「混沌」「日常」に対しての「非日常」として、かれらを疎外、排除しつづける。しかし逆にいえば、「混沌」によって「秩序」を、「非日常」によって「日常」を、疎外、排除することによって共同体は、自らのアイデンティティを確認し、安定させるのである。

〈異人〉は日常の地平から排除されるがゆえに、〈聖〉性をおびた存在となる。うらがえせば、かれらの〈聖〉性は排除においてこそ保証されている。

（赤坂憲雄『異人論序説』砂子屋書房）

「異形異類」「まれびと」「ほかひびと」は「聖と賤」の両義性を孕みながら、遊行漂泊の系譜にさまざまな「異形異類」の影を生み、日本文学と日本芸能を組み立てていったのである。

良寛の「異俗異沙門」も、そのなかでいちだんと輝きを放っていたのである。

良寛游擬(二)

司馬遼太郎は『街道をゆく』シリーズのなかで、青森県を「北のまほろば」と呼んだ。そして、「まほろぼとはまろやかな盆地で、まわりが山波にかこまれ、物成りがよく気持のいい野、沢山(さわ)に人が住み、穀物がゆたかに稔っているところと理解したい」という。もちろん、縄文時代のゆたかさに思いをはせてのことだが、それには「唯(ゆい)コメ主義の近世がはじまるまでは……」との、厳しい指摘も忘れてはいない。

良寛の里を私は二度訪ねたが、二度とも越後の蒲原平野を越後線に揺られながら、ここもまた先史時代は「まほろばの里」ではなかったかと、実感したのである。

というのも、約一万八〇〇〇年ほど前は、「海面が低下し、日本列島をとりまく海峡はほとんど陸化」していたし、数多く発見された縄文草創期の土器のほとんどが、煮炊き用の深鉢であることからみても、かなりゆたかな食料にめぐまれていたことは想像にかたくない。また、縄文中期の火焔土器や土偶、ヒスイの採集や加工、そして天智天皇の時代（六六八）には、「燃える土」（アスファルト）や、「燃える水」（石油）が、近畿地方の中央政権に献上されているのであるから、その生活文化の水準の高さは相当のものであったろう（『新潟県の歴史』山川出版社）。

私はまったく古代史には疎いが、青森県と新潟県を「まほろばの里」という視点から眺めてみると、偶然ではなさそうな似通った雰囲気が感じられるから不思議である。

例えば、日本列島がまだアジア大陸と陸つづきであった頃（洪積世後期）、マンモス象などを追って北方アジアから石刃技法をもった人々が、東日本に渡来してきたこと。日本列島が大陸から切り離された一万年前後の縄文草創期に土器が誕生、七〇〇〇年前に日本最古の土偶が誕生したが、土偶に関していえば、縄文前期・中期までは東日本にしか発見されていないということ。また縄文晩期にも、東北地方を中心に遮光器土偶や土製仮面が発掘されていること。さらに三〇〇〇年前頃「東日本に大規模な集落が出現」という年表記述がみられること（『日本史もの知り事典』主婦と生活社）など。

なかでも、私がもっとも驚かされたのは、縄文時代においてすでに「仮面」が登場していること、「火焔土器・亀ケ岡式土器」や「ヒスイ」などに、実用以外の装飾性、つまり「遊びごころ」が表現されていることである。そしてなによりも、このような文化が西日本よりも東日本に、いちはやく存在していたことである。

このような例から、私には縄文時代における東日本というのが、東北と北陸全体ではなかったかと、思えてならないのである。

その大きな理由としては、その頃、地図と呼ばれるようなものはなく、人々にも境界や国境といった意識などまったくなかったからである。ちなみに、江戸時代以前の日本全図として現存する地図は、奈良時代の高僧行基が作ったとされる「行基図」だけである。その地図によると「その四方の境界とは、東は陸奥、南は土佐、北は佐渡、西は五島列島である。これらの地点は、それぞれ古代の幹線道路、東山道、南海道、北陸道の終点である」（武田佐知子「古代日本人の衣服と世界観」『古代史を語る』朝日選書）とされ、その先は異界とされていて、広大なひとつの闇の空間とみなされていたのである。

そのほかの理由としては、先ほどの「東日本に大規模な集落の出現」という記述の一行があげられるが、別に、この二つの「まほろばの里」の人々が、後に近畿の中央政権によって、東北が「津刈蝦夷（つがるえみし）」、北陸が「越蝦夷（こしのえみし）」と呼ばれ、異質の存在として「化外（かがい）の民」と恐れられていたからである。そして、いずれの「蝦夷（えみし）」にも、三つの呼ばれ方があり、東北ではいちばん遠い蝦夷が「津加留（つがる）」、つぎが「麁（あら）蝦夷（えびす）」、いちばん近くを「熟蝦夷（にぎえびす）」（宮崎道生『青森県の歴史』山川出版社）と呼ばれていた。北陸では、農事に従事した人たちを「田夷」、山に遁れた人たちを「山夷」、海や川に遁れた人たちを「島夷」（蜑、白水郎、海士）と呼ばれたことがあげられる（北川省一『定本良寛游戯』東京白川書院）。「越」の呼び名についても、古事記では「古志」、日本書紀では「越州」、出雲風土記では「古志」とされていて、中央政権に近い方から「越前」、「越中」、奥の方が「越後」と呼び習わされている。中央政権の支配が完了する七世紀終りには、加賀、能登、若狭、越前、越中、越後、佐渡島、出羽が全越州（古代越八ヶ国）となる（同前）。

いずれにしても、「津刈蝦夷」と「越蝦夷」は中央政権に対して激しく戦ったであろうが、その際、二つの蝦夷は共同戦線を張らなかったであろうか。たとえ協力しなかったとしても、同じような風土にあっては、地図上の境界線もなく、お互いの性格もかなり似通ったものがあったのではなかろうか。

良寛は生涯「越州沙門良寛」であった。僧ではあったが自ら禅僧を名乗ることはなかった。北川省一はこの「越州沙門良寛」の自署に、親鸞と日連の越後への流罪の怒りと、全越州あげての一向一揆の反権力のエネルギーを鋭敏に感じとっているが（『定本良寛游戯』）、私はそれを含めての、「異」の本質を極める一方の核を確信するのである。

そして、もう一方の核となるのは、父「以南」である。

「越女多佳麗」

青森県と新潟県に共通の興味を憶えていた時、偶然ＴＶに青森県の「鯵ヶ沢」の町並みが映しだされ、思わず声をあげてしまった。なんと、その町並みは、良寛生誕の地である「出雲崎」の町並みにそっくりであったからだ。

その町並みは、日本海の海岸線に沿って細長く、軒と軒が重なり合うように伸びている。しかも、背後は崖によって行き詰まり、まさに海と崖の狭地にへばりつくように肩寄せ合って立ち並んでいるのである。水上勉は『良寛を歩く』（集英社文庫）のなかで、「海岸ぞいに町家がならんだ、ふんどし町といわれる長い街道筋の町なみ」と書いているが、太宰治もまた『津軽』のなかで「鰺ヶ沢」を「山を背負ひ、片方はすぐ海の、おそろしくひよろ長い町」と書いているように、二つの町並みはそっくりなのである。

あまりにも似た偶然の一致から「鰺ヶ沢」について調べてみると、青森・十三湊・深浦とならんで〝四浦〟の一つに数えられ、津軽藩の大坂回米は鰺ケ沢から積み出すのが原則とされており、青森とともに〝両浜〟と呼ばれ大繁盛した港（『青森県の歴史』）ということであった。

良寛生誕の地「出雲崎」も、越後第一の港として、とくに佐渡渡航の要港であり、佐渡金山の金運上の港として繁盛した。元和二年（一六一六）には幕府直轄の出雲崎代官所が置かれ、千石内外の大型船はかならず出雲崎港に入港した。幕末になってもなおこの港から積み出した米は、年間「三十万俵」あったといわれている（石田吉貞『良寛』塙書房）。いってみれば、「鰺ケ沢」も「出雲崎」も米にかぎらず、干鰯や塩、鉄類などの商品も多量に運び、北国船や北前船（弁財船、千石船などとも称された）の出船入船で賑わいを誇っていたのである。

さらに石田吉貞の『良寛』から引用すれば、寛政十一年（一七九九）閑叟という人の書簡に、「出雲崎の妓を養ふべき家すべて二十軒ばかりあり。皆良家なり」として第一の妓楼に中華楼をあげ、「此楼、出雲崎第一とす。器玩も美にして清潔なり。庭はつきあげて常の庭の如く高くして、蘇鉄二三十株、芭蕉許多、大石五、六つ、燈籠二基、疎々として位置度にかなふ。実に都下にも得難き楼也」とある、という。酒色の賑わいも相当のものであったに違いない。

越女多佳麗　　越女佳麗（カレイ）多し
遊戯出城闉　　遊戯して城闉（ジャウイン）に出ず。
芬芳因風遠　　芬芳（フンハウ）風に因（よ）って遠く
紅粧映日新　　紅粧（コウシャウ）日に映（エイ）じて新なり。
拾翠貽公子　　翠を拾って公子に貽（おく）り
折花調路人　　花を折って路人に調す。
可怜嬌艶歳　　怜（あはれ）む可し嬌艶の歳
歌笑日紛々　　歌笑日に紛々。

若き日の良寛の詩であろう。越後美人への情感ゆたかなうたいぶりは、なかなか艶である。「城門」城の外ぐるわの隅にある門。「芬芳」かをりよし。「紅粧」化粧した美人。「調」売る。「可怜」気の毒である。いとしい、かはゆらし。「紛々」いりみだれる。

江戸時代になると海路のほかに、金銀を運ぶための越後街道が整備された。「出雲崎、高田を経て信州で中山道追分を結ぶ北国街道。出雲崎、寺泊から長岡、六日町を経て中山道高崎宿を結ぶ三国街道。奥州街道白河から会津、津川、新潟、出雲崎に到着する街道が整備され、信州越え・三国越えとともに三道とよばれた」（『新潟県の歴史』）

この街道はいずれも出雲崎を中心に結び合わされていて、当時の出雲崎がいかに重要な地点であったかがよくわかる。「鰺ケ沢」とのただ一点の違いをいえば、「出雲崎」はさらに、水どころ、酒どころ、美人どころとして、風雅に遊ぶ文人墨客の訪れが後を絶たなかった、というところであろう。

なかでも俳諧は、芭蕉の直弟子の支考一派による美濃派の地盤といわれ、良寛の父以南も、出雲崎出身の先達でありまた支考の弟子でもあった北溟に師事し、地元では各地からの俳人たちを迎えて盛大な興業が催されていた。

それというのも、元禄二年（一六八九）に芭蕉が「おくの細道」紀行の途次、出雲崎を訪れ一泊、「荒海や佐渡によこたふ天河」の句を詠んでいるからだ。七月四日の曽良旅日記には、「快晴。風、三日同風也。辰ノ上刻、弥彦ヲ立。（中略）同晩、申ノ上刻、出雲崎ニ着、宿ス。夜中、雨強降」（『芭蕉おくのほそ道』岩波文庫）とあり、出雲崎の俳諧熱が高かったのは当然のことであったろう。

良寛の「異」のもう一方の核となる父「以南」は、与板町割元庄屋第九代、新木与五右衛門の次男重内として生まれた。二十歳の宝暦五年（一七五五）出雲崎の橘家に入婿し、橘新之助の名跡を継いだ。母「のぶ」（いままで良寛の母は「秀子」とされていたが、磯部欣三の『佐渡国略記』の調査によって、おのぶ。つまり「のぶ」ということがわかった）は二十一歳で再婚であった。

重内の父は俳諧をよくし白雉（はくち）と号したが、重内も父に劣らぬほど俳諧を好み、如翠（じょすい）の俳号で北溟の門下となり、以南（いなん）と改号する。そのとき師の北溟から、「……四方にその名を顕（あらわ）し、風雅に千里のよしみを結ばば、はやく老後の楽（たのしみ）をしれる人といふべし」（佐藤吉太郎『橘以南』）と評されているほどだから、以南の才能は当時でも高い水準に達していたのであろう。

以南は北溟亡きあと加藤暁台（きょうたい）の門下となる。「暁台は始め美濃派であったが、その平俗にあきたらず貞享（じょうきょう）の正風の昔に帰ろうとした人で、蕪村とも親交があった」（井本農一『良寛』講談社学術文庫）実力の人である。

以南は宝暦九年（一七五九）二十四歳で養父の職を継ぎ、石井神社の神官を兼ねて名主となる。その前年の宝暦八年（一七五八）に良寛が生まれるが、そのときすでに橘屋の名家も長年繁栄の病弊から、新興勢力として力をつけてきた京屋に押されがちで、衰運の坂を転落し始めていた。もともとこの両家の争いは、寛永二年（一六二五）出雲崎の代官所が尼瀬に移されてから百年以上も続くもので、名主の名誉と家柄の格式を賭しての激烈なものであった。

なによりも、文人肌の以南の性格にとっては、もっとも耐え難い悲劇としかいいようのないものである。そして宝暦十三年（一七六三）良寛七歳の時、最後の誇りでもあった金紋高札（国主の紋入りの高札。代官所が尼瀬に移ってもこの高札のみは橘屋の門前にあった）が、遂に京屋の門前に移されたのである。橘屋はここにおいて、名実ともに地に塗れたのである。

以南の性格は資料を見る限りでは、世事に疎く、名主としての実務、ましてや代官所の役人や商人相手の駆け引きなどできるものではなかった。井本農一は以南について同情しながらも、「善人であるが経営能力がなく、生活力に乏しい。山積の家業をそのままにして俳諧に手を染めたが、それは慰み、気晴らし、道楽、逃避である」（『良寛』）と手きびしいが、それを否定する材料はなにもない。

嬉しげに籠を出る鶉ぞ哀なる
　蛩（きりぎりす）閨（ねや）に啼く時声細し
あら海も月の朧（おぼろ）となる夜哉（かな）
蜑が子の牛にふまるゝ手鞠（てまり）哉
いざや子等子等が手を取る茅花（つばな）とる
眠り眠りたどる山路や藤の花

以南の句を任意にあげてみたが、いかにも名家の育ちらしく、品よく抒情味あふれる句である。子に対する情愛の細やかさもよくでている。だが、その優しさの蔭に潜む淋しさの翳りも容易に見逃すことはできない。

以南は良寛が出家して備中玉島へ行った頃から、実父五十回忌の法会まで、十年にわたって北は北海道から西は長崎までを旅している。そしてこの法会に懐旧の句「松ひとり昔おぼえて塚の秋」と詠み、懺愧表（ざんきのひょう）として自ら「……しかるに此十とせばかり人の国にさまよひありき」と書き記しているが、「懺愧」といい「さまよひありき」とは、何を意味している言葉なのであろうか。名主の職を放ってまでの十年の旅とは、俳諧だけの旅ではなかった筈であろう。やはり、長男良寛をはじめ、妻や子供たちへの深い思いと同時に、自己に対するいい知れぬ不安があったのではなかろうか。

以南には、七人の子供がいる。

長男　良寛　宝暦八年（一七五八）七十四歳没。

長女　むら　宝暦十年（一七六〇）晩年、能登の法華宗竜谷寺に閑居。六十五歳没。

次男　由之　宝暦十二年（一七六二）巣守。二十五歳で家督を相続。五十三歳、家財没収のうえ追放、橘屋消滅。隠居後法体となり松下庵を結ぶ。

次女　たか　明和六年（一七六九）四十四歳没。

三男　宥澄　明和七年（一七七〇）観山、快慶。出雲崎の橘家菩提寺、真言宗円明院第十世。三十一歳没。

四男　香　　安永元年（一七七二）澹斎。文章博士高辻家の儒官。二十七歳没。

三女　みか　安永六年（一七七七）妙現尼。六十六歳没。

驚くことに、七人の子供たちはすべて歌を詠み、なんらかのかたちで仏門に縁があるということだ。また、長男、次男は父の期待に応えることができず、社会生活にも適合できぬ気質を受け継ぎ、三男、四男はともに秀才でありながら、あまりにも短命であったことだ。

以南親子には、なにか目に見えぬ不幸が感じられる。それは詩人の血筋と同時に、人間の奥底につながる宿運ともいうべき暗さの部分である。血の怖さである。

以南は妻のぶの没後、五十一歳で次男の由之に家督を譲り隠居する。良寛二十九歳、由之二十五歳である。その後以南はふたたび俳諧と遊歴に明け暮れるが、寛政五、六年頃京都へ上り、寛政七年（一七九五）七月十二日四男の香を訪ね自殺の意志を打ち明けた後、七月二十五日京都の桂川に入水自殺する。自殺の報せと、遺言、遺品を親族に報せたのは香である。（高橋庄次『良寛伝記考説』春秋社）

以南の辞世歌は、

天真仏（てんしんぶつ）の勧（すす）めによりて、以南を桂川の流にすつ
蘇迷盧（そめいろ）の山を形見（かたみ）に立てぬれば我が亡き跡は
いづら昔ぞ

「天真仏」宇宙自然の真理そのものを身体とした法身仏。「蘇迷盧」世界の中心に高く聳える須弥山。

そして良寛には、半切の、

朝霧に一段ひくし合歓の花

短冊の、

夜の霜身のなる果てやつたよりも

が形見として遺されていた。「つたよりも」は「蔦よりも」と解されて意味がわからなかったのだが、高橋庄次のもっとも新しい解読で、「つた」は壁土の亀裂を防ぐために細かく刻んでまぜる切り藁（きわら）のことで「寸（つた）」「段（つた）」。「よりも」は風波で浜に吹き寄せられた海藻のことで「寄藻（よりも）」という意が示され、

夜の霜身のなる果てや寸寄藻

となる（同前）。

以南の自殺についての真相は、まったくの謎である。橘家の滅亡説、厭世観説、あるいは一茶の『株番』に書かれている脚気を苦にしての自殺説、そして最後は、皇室をないがしろにする幕府に対する反幕の書『天真録』を執筆したとされる勤皇説などなどであるが、いずれもその確証はない。

ただそのなかで、私がどうしても捨てきれないのは勤皇説である。それには史的事実はないが、以南の優しさのもう一方の極にある、激しさの気質からくるものではないかと思えるのである。それは、突如として噴火する火山の激しさに似て、何者にも妥協を許さぬ一徹の気性である。近郷の十一庄屋を支配する割元新木家の次男であってみれば、その身分は士分同格であり、優しさとうらはらに武士的気概が充溢しているのは当然のことであろう。

以南の武士的気概とは、異常なまでの「潔癖さ」と「頑固さ」である。それが俳諧という世界で「自

由」の思想と結びついた時、以南の俳諧はもはや道楽でも逃避でもなくなっていた、と私には思えてならないのである。「自由世界」としての俳諧、「自由人」としての俳人となったのである。

この社会的自由と人間的自由への目覚めが、家柄や名主職、さらに幕藩体制のなかの代官所役人や新興商人のあり方に徹底的な批判の目を向けさせたのである。両家の争いはもはや家同士の面目を超え、幕府の政策に対する体制批判から反幕思想にまで至った、と思えば家業への怠慢さも、役人や新興商人への攻撃的態度も納得できるのである。

自由思想から反幕思想への傾斜は、家族を犠牲にする。だが以南の思いはもうどうしようもなく、その傾斜を駆け下るより仕方なかった。そのことが十年の旅を「さまよひありき」ながら、家族への「慚愧」の念として以南の心を苦しめつづけたのであろう。そしてもう一方で、「宝暦事件」（宝暦八年、良寛出生の年におこる）で郷土出身の尊皇論者、竹内式部が追放されたのをきっかけに、勤皇の志を燃やし『天真録』を執筆したのではなかったか。

その後幕府は「宝暦事件」を倒幕の危険思想とみて尊皇論者を厳しく詮議、「明和事件」（一七六七）に於いて、山県大弐、藤井右門を死刑にしている。この時、竹内式部も三宅島で病死している。

以南の「勤皇説」には、蒲生重章の『近世偉人伝』にある、「晩年薙髪して以南と号し、皇典に通じ和歌俳諧を善くす。嘗て京都に到り皇室の式微を慨し、天真録を著し悲憤入水して死す（原漢文）」という文章がよく引用されている。

以南の「勤皇説」では、四男の香も重要な位置にある。香は京都で文章博士高辻家の儒官としてその才能を高く評価されており、東福寺に光格天皇が行幸された折り、命に応えて詩を作り、天皇の篤き御感を得て内定（宮廷）に召されたが、一年後世を厭うて父と同じ桂川に身を投げるのである。父の自殺から三年後の寛政十年（一七九八）三月、二十七歳の若さであった。橘家の菩提寺円明院の過去帳に「寛政十年三月二十七日、於京都病死、即東福寺境内葬焉」とあるが、病死ではなく桂川への投身自殺であることは、五合庵を訪ね良寛と詩を語りあった巌田洲尾（いわたしゅうび）の『萍踪録（ひょうそうろく）』の記事に明らかである（高橋庄次）。

当時の東福寺は勤皇の志士たちの密会集合の場所であったし、香は朝廷からの信任も篤く勤皇の志も父以上であったと思われるのだが、自殺の謎は父同様いっさい不明である。

父の四十九日に兄弟で詠んだ香の歌と良寛の句がある。

何事もいづら昔の世の中に我（わ）が身一つも
存（あ）るはあるかは　　橘　香

蘇迷盧（そめいろ）の音信（おとずれ）告げよ夜の雁（かり）　　良寛

われ喚（よ）びて故郷へ行くや夜の雁　　同

以南の七回忌追善俳諧集『天真仏』が同郷の俳友、丈雲の編集で刊行されたのは享和元年（一八〇一）であった。越後、名古屋をはじめ各地から百六十六人にも及ぶ追悼句が寄せられ、以南の人柄がいまさらのように偲ばれたのであった。越後与板の中川都良は、その追悼文のなかで次のように書き記している。

「橘南子（なんし）は生涯身を風流に拗（すね）て出（いで）て家にかへらず、四海みな兄弟とし、杖を雲水（うんすい）にまかせて、いたらぬ国はなく、花に暮し、月に明し、（中略）高名北海に鳴（な）り響（ひびき）宇宙にあまねし。かくてゆ北越蕉風中興の棟梁（とうりょう）といふならむか」

そして、以南の遺句として次の句があげられている。

世や変る我は老いぬる盆の月

荒海や闇をなごりの十三夜

まき竹のほぐれて月の朧かな

以南、香親子の謎につつまれた入水自殺の不幸には、眼前に突きつけられた歴史の気むずかしさと気まぐれさを、改めて思い知らされるのである。

「尋思少年日」

「ふるさと」とは、一体何であろう。

生まれたところ、という単純さのなかに、いつでも人間を喰い破ってしまう悪魔の牙がいつもどこかに、周到に用意されている場所とはいえないだろうか。自分の意志にかかわりなく産み落された場所。親がおり、家があり、兄弟親戚がいて、血縁地縁の関係を背負わされ、育ち育てられていくところ。この世に生を享けたことへの恐れと不安の始まるところ。

志の人きく心の強い人間にとっての「ふるさと」は、錦を飾って帰るべきところであろう。だが、心やさしく小心な人間にとっての「ふるさと」は、自らの手で自らを傷つけるか、自ら傷つくしかない挫折と傷心の場所でもあるだろう。

青春の潔癖と多感が「ふるさと」という問題と直面するとき、「ふるさと」は辛く、悲しく、非情である。親は子に、何を期待するのだろう。同時に、子は親に何を訴えるのであろう。多感であればあるほど、その傷痕は大きく深いのである。

奥野健男は、「ふるさと」を人間の心の原風景として捉え、「〝原風景〟とは客観描写できぬ風景なのだ。それは単なる風景ではなく、時間と記憶が累積している、血縁、地縁の複雑にからまる、それは恥とコンプレックスと憎しみのるつぼである。と同時になつかしくかなしい安息の母胎である。……自我の成立、社会環境と自我との異和や挫折などからの魂の傷痕、あるいは見てしまった未来というようなかたちで、彼のその後の生涯を決定する」ところと書いている（『文学における原風景』集英社）。

良寛の年譜では、十一歳（十三歳）で「大森子陽の狭川塾に入る」とある。いちばん新しい高橋庄次の『良寛伝記考説』では、七歳で子陽の学塾三峰館に入学。九歳のとき三峰館閉塾、十三歳再入学。十八歳で三峰館退学。となっている。「狭川塾」というのは大森子陽の号が「狭川」であったからであろうが私塾は「三峰館」であり、一旦、江戸遊学のため閉塾、明和七年（一七七〇）の帰郷によって再び開塾となり「以後六年に及ぶ三峰館の学習に『文考』の雅号を用い、詩人としての基礎をつくる」（同前）。

三峰館の大森子陽は、寺泊町当新田の生まれで、江戸に出て荻生徂徠学派の瀧鶴台、細井平州らに儒学を学び、地蔵堂町の文化興隆につとめた。良寛はこの塾に、父の実父新木家の親戚に当たる中村久右衛門宅に寄宿して通学、都合七、八年勉強したことになるが、この頃の事跡は何も残されてはいない。ただ、僅かな手がかりとなるものは、橘崑崙の『北越奇談』にある次の記事だけである。

「出雲崎橘氏某の長子にして、家富み門葉広し。始め名は文考。その友、富取・笹川・彦山、等と共に、岑子陽先生に学ぶこと総て六年（後略）」

橘崑崙は、名は茂世、字は伯桂。寺泊当新田の人で、詩と書を能くし、亀田鵬斎らと交わる。『北越奇談』は全六巻。「文考」は良寛。「岑子陽」は大森子陽。

良寛は十五歳（十六歳）で元服して、十八歳で名主見習となるが、明確なことはわからない。いままでの年譜では、「十八歳で光照寺に入門、玄乗破了和尚の得度をうけ大愚良寛と号す」というのが通説となっていて、その動機もいくつかとりあげられているが、最終的には「突如として」としかいいようのないものである。

田中圭一の「良寛の青春と出家」（『良寛のすべて』新人物往来社）では、良寛が名主見習役になった史料がないこと、「光照寺で出家」という根拠がないことをあげて、十八歳「出家説」を否定し、「出奔説」を述べている。高橋庄次もこの「出家説」をとらず、「家出逃亡説」をとり、年譜にも七月「十八日未明、栄蔵は自ら髪を剃り落とし、書き置きして家を出、父の名主見習職から逃亡して諸国を放浪する」と記している。

少年捨父奔他国
辛苦描虎猫不成
箇中意志人倘問
只是従来栄蔵生

少年父を捨てて他国に奔(はし)る
辛苦(シンク)虎を描(えが)いて猫も成らず。
箇中(コチウ)の意志人倘問(もしと)はば
只是れ従来(ジウライ)の栄蔵生(エイザウセイ)。

良寛は、十八歳になって突然、家出をしたのである。父を捨て、家を捨てたのである。良寛の家出に関してさまざまな憶測があるが、私がどうしても「ひどく気になる詩」を、まず、あげてみる。

尋思少年日
不知有吁嗟
好著黄鵝衫
能騎白鼻騧
朝買新豊酒
暮看杜陵花
帰来知何処
直指莫愁家

尋思(ジンシ)す少年の日
知らず吁嗟(ウサ)ありしを。
好んで黄鵝(クワウガ)の衫(サン)を著(き)
能く白鼻(ハクビ)の騧(クワ)に騎(の)る。
朝(あした)に新豊の酒を買ひ
暮に杜陵(トリョウ)の花を看る。
帰来知りぬ何(いづれ)の処ぞ
直に指(ゆびさ)す莫愁(バクシウ)の家。

少年時代を想いかえすと
あの頃は人生になげきのあることなどつゆ知らなかった。
若い鷲鳥の羽根飾りの上衣をこのんで着
よく鼻白の栗毛の馬を騎まわしたものだ。
朝には新豊(いろまち)を目ざして美酒を求めてゆき
暮れには　美人を酒肴にして　酔うていた。
何処から戻ってきたか　とたずねられても
直ぐさま売れっ妓の家を告げたものだった。

わかりやすい飯田利行の『良寛詩集訳』（大法輪閣）を添えておく。

良寛はこのほかに、「平生少年の時　遨遊(ガウイウ)繁華を逐(お)ふ」「金羈遊俠(キンキのイウケウ)子　志気何ぞ揚々(ヤウヤウ)たる」「燦々たる倡家(シャウカ)の女言笑一に何ぞ工(たくみ)なる」という艶なる詩がある。「遨遊」は気ままに遊びまわる。「金羈」は金の轡かざりのこと。

朝からきらびやかな着物を着て、白鼻の栗毛の馬を乗り回し、得意気に新豊に通う若き日の良寛の颯爽たる姿が生き生きと甦ってくる。これらの「ひどく気になる詩」は、良寛が意識して残したものか、人に書いたものが残ったのか不明だが、何の衒もないし、遊蕩ぶりを自慢してみせている割に、女たちに対しても奇妙に清々しく明るい。羨ましいくらいに青春の輝きを放っている。

家出に至るまでの、良寛の心情はわからない。だが、この遊蕩の明るさは、良寛をとりまく学友たちと、殷賑を極め、妓楼賑わう港町での青春の一頁であってみれば、当然のことであったろう。

ちなみに、三峰館時代の仲の良かった彦山は崑崙の兄で後の僧了空、富取、笹川はともに大庄屋の息子、富取分家の良助は酒屋、後に生涯の友となる原田有則など、その顔ぶれをみればおのずと諒解できそうである。しかも、良寛は寄宿の自由の身であり、その詩のうたいぶりからみても良寛が先頭をきっていたのではないかとさえ思える。

それにしても、「尋思少年日」の詩は後年回想の形として作られた詩であることは、「不知有吁嗟」で明白だが、青春賛歌のなかに良寛が「吁嗟」と書かざるを得なかったその心意とは何であろうか。

出雲崎第一の名家の長男として生まれたこと。名家であるが故の何不自由ない暮らし……だがそこには、名家だからこその底知れぬ暗闇もある。

氏、育ち、裕福、幸福、その裏返しは太宰治の「家庭の幸福は諸悪の本」(「家庭の幸福」)という表現にまで突き進む。そして、「選ばれた者」としての意識は一瞬にして、「裏切り者」としての意識に転落するのである。

良寛はこの時、無意識ではあったが「自我の目覚め」にあって、理想と現実のあいだに横たわる自我意識の裂け目を感じとったのではなかろうか。

「ふるさと」は人間の心に、その生い立ちからの風景や記憶、匂いや方言で誘惑じみた表情を見せる。だが一旦、そこに疑惑の影でも見ようものなら途端に、人間の心に復讐の牙をむき襲いかかってくる。「ふるさと」は実に、心強き人間にとっては「帰るところ」でもあるが、心弱き人間にとっては「帰るところにあるまじき」ところでもある。

「ふるさと」に訣別することは、「自我の確立」と同時に「自我の崩壊」にもつながるものである。しかし、自我に忠実であろうとする者だけは、たとえそれが挫折であろうが、破滅であろうが、「ふるさと」から、一度は出発しなければならないのだ。

若き日の良寛が、読書好きであったことは確かであるが、「曲（まがり）」という字（あざな）や、「名主の昼行燈（ひるあんどん）」と呼ばれた口碑から、精神的な弱さを強調されるのは賛成できない。私はむしろ、神経質で潔癖性の強い、父以南の血筋を受け継いだ性格ではなかったかと思えるのである。

「父を捨てた少年」「虎を描いても猫にもならなかった少年」「やっぱりもともとの栄蔵に過ぎなかった少年」の胸中に去来したものは、何であったのか。

良寛游擬㈢

わが国に最初の体系的な民法典が成立施行されるのは、明治三十一年（一八九八）からである。それは明治維新によって近代国家への道を歩みはじめた当然の結果であるが、それまでは、家族を広く規定していたのは習俗や慣習法であり、法的に家族像を規律する法（民法典）はなかったのである（井戸田博史『家族の法と歴史』世界思想社）。

明治民法典はフランスの法学者ボワソナードによって起草された「財産法」と、家を制度化した「親族・相続法」および日本人が起草した「身分法」が中心であった。明治三年（一八七〇）江藤新平主宰によってその編纂が開始され、明治二十六年に施行されることとなったものの、西洋化に対する猛反撥にあったため、その施行は明治三十一年まで延期となったのである。それは延期派（保守派）と断行派（進歩派）の対立が引きおこした、いわゆる「法典論争」と呼ばれるものでその中心に立ったのが法学者の穂積八束である。この時の「民法出テ忠孝亡ブ」（明治二十四年）という論説はもっとも有名である。

「我国ハ祖先教ノ国ナリ、家制ノ郷ナリ。権力ト法トハ家ニ生レタリ。……氏族ト云ヒ国家ト云フモ家制ヲ推拡シタルモノニ過ギズ。……家父ノ家族ヲ制スル、皆其ノ権力ノ種ヲ一ニス。……万世一系ノ主権ハ天地ト共ニ久シ……家長ハ顕世ニ於キテ祖先ノ霊ヲ代表ス、家長権ノ神聖ニシテ犯スヘカラサルヲ以テナリ、家族ハ長幼男女ヲ問ハス一ニ其威力ニ服従……」（「民法出テ忠孝亡ブ」）

「……戸主ハ祖先ニ対スル天職トシテ祖先ノ子孫ヲ保護スルノ任務ヲ有シ、家族ハ祖先ノ威霊ニ対スル服従トシテ戸主ノ権ニ服ス」（「〈家〉の法理的観念」）

穂積八束は明治天皇、皇后両陛下に、五回にわたって宮中御講書始の式で洋書の進講を行った法学者（兄の陳重は大正天皇に四回の進講）で、「祖先教」を「国教」とよぶほどの強い信念をもっていた。そしてこの信念は「……耶蘇教ノ入リシヨリ家父長権衰フ」という、キリスト教の個人主義に対する激しい反撥でもあった。加地信行は『家族の思想』（ＰＨＰ新書）のなかで、この「法典論争」について「われわれの儒教的伝統と、西欧のキリスト教的近代との衝突の例」とし、穂積八束の論説を「儒教的家族主義からキリスト教的個人主義を徹底批判」したものであると捉えている。

穂積八束は延期派に勝利をもたらし、新たに設置された法典調査会に、兄の陳重、富井政章、梅謙次郎の三人が民法起草委員として任命されるのである。彼らは日本の旧慣例を顧慮しながら諸外国、とくにドイツ民法をとり入れることによって、かなり近代的であったフランス法を修正し、明治三十一年に明治民法典は公布されたのである（村上淳一『〈法〉の歴史』東大出版会）。

したがって明治民法典による法的家族像は、井戸田博史がいうように「大家族を前提とした祖先連綿の『家』であり、戸籍は『家』の法的な枠組、祖先祭祀は『家』の永遠のシンボル、しかも『家』は天皇家を総本家、国民の家を分家とした家族国家観の下で、天皇制国家の基礎となる」（『家族の法と歴史』）ものと位置づけられたのである。

ところで、明治民法典が施行されるまでに政府がもっとも急務としたのは「戸籍法」であった。明治四年（一八七一）の廃藩置県直前に全国共通の法律として「戸籍法」が公布され、翌五年「壬申戸籍」として実施され、国民を平準化した「四民同一」「臣民一般」の国家が創設された。この「壬申戸籍」（第一則「其住居ノ地ニ就テ之ヲ収メ」）は、「住所別を基準に現実の家族・親族集団を『戸』として編成し、皇親を除く全国民を『戸』を通じて管理するもので、地域別・国民統一戸籍法というものであった。戸主を筆頭にその他家族員が儒教思想に基づく『同戸列次ノ順』すなわち尊卑・男女・長幼の順で記載された」（井戸田博史）のである。

明治三十一年、明治民法典が施行されると、明治四年の「壬申戸籍法」と明治十九年の「戸籍法令」は廃止となり「法的家族像の『家』を枠組として、日本戸籍法史上はじめて個人を単位とし身分行為ごとに個別登録する『身分登記簿』制が採用された」（同前）。つまり「家」を単位とした戸籍簿制と、「個人」本位の身分登記簿制の二つが併存したということになる。

明治国家が理念とした「家」の家族像は、「『家』の永遠性が尊重され（祖先祭祀）、夫婦関係よりも親子関係が重視された。『家』の長には統轄するための家長権（戸主権）が与えられ、『家』の内では上下の身分関係に基づく支配と服従、恩と報恩（孝）の原理と、男尊女卑・長幼の序が重視された。『家』

の相続は長男が単独で承継するのを原則とした。これは一つの『家』にとどまらず、本家分家関係から地域共同体にまで拡大、究極的には天皇家を総本家・親とし臣民を分家・赤子とする『家族国家観』が形成された」そして、「『家』のなかに個人が埋没し、『家』が優先」(同前)することになるのである。

延々と明治民法典について書いてきたが、私はこの「家」=「国家」という「家族国家観」の成立には、維新以降西欧の列強諸国に対応するための必要欠くべからざる政府の施策であったろうと思うからである。国内における幕藩体制の秩序と価値観の解体、封建制度から近代資本主義への転換、急激な工業化・都市化の勢いには、まず一本化した国家理念の確立が必至であった筈だ。一刻の猶予もない近代化への脱皮は、日本国という統一国家の実現しかなかった。そしてそれは、昔ながらの家族を中心とした「家」共同態を国家としての骨格に据える以外にはなかったのである。外に対しての「富国強兵」、内に対しての「文明開化」は、想像を絶していたといえよう。

明治元年(慶応四年一八六八)「五箇条の御誓文」。
明治四年(一八七一)廃藩置県。
明治六年(一八七三)徴兵令布告。
明治十二年(一八七四)「教学大旨」。
明治十三年(一八八〇)「改正教育令」公布。修身教育の重視。
明治十六年(一八八三)「小学修身書」印行。
明治二十二年(一八八九)「大日本帝国憲法・皇室典範」公布。

明治二十三年（一八九〇）「教育勅語」発布。
明治二十七年（一八九四）日清戦争。
明治三十一年（一八九八）「民法典」施行。
明治三十六年（一九〇三）「国定教科書制度」制定。
明治三十七年（一九〇四）日露戦争。

右のような年表をみると、民法典における「家」＝「国家」という「家制国家」の構想と、教育勅語における「家父長」＝「親孝行」＝「国家」＝「忠義」という構図のながれがみえてくる。明治政府は家族主義的「家」を教育と民法によって制度化し、「富国強兵」「文明開化」への近代化を実現したといえよう。さらに、日清・日露の戦勝によってますます「家制国家」の理念は強化され、近代的な中央集権の天皇制国家が確立されたのである。

政府は明治十年以降、国際関係の緊張激化と、自由民権運動の高揚、経済不況、復古思想の台頭のもとで、儒教を中心とする皇国思想を小学教育からの基礎として天皇制国家にふさわしい国民を育てた。

「教学ノ要、仁義忠孝ヲ明ラカニシテ、知識才芸ヲ究メ、以テ人道ヲ尽スハ、我祖訓国典ノ大旨、……故ニ自今以往、祖宗ノ訓典ニ基ツキ、専ラ仁義忠孝ヲ明ラカニシ、道徳ノ学ハ孔子ヲ主トシテ、人々誠実品行ヲ尚トヒ、……」（「教育大旨」）

「孝は。徳のもとなり」「人としては。稚（おさな）き時より。父母に孝をつくすを以て。第一に勤めとすべし」

「人のおこなひは。孝より大なるはなし」「父母に孝行する心を以て。吾が皇上を尊敬すべし」「孝を以て。君につかふれば。すなはち忠なり」(「小学修身書」首巻)

「我カ臣民克ク忠ニ克ク孝ニ億兆心ヲ一ニシテ」「父母ニ孝ニ兄弟ニ友ニ夫婦相和シ朋友相信シ」「一旦緩急アレハ義勇公ニ奉シ」(「教育勅語」)

明治民法典による「家」思想と、教育勅語による「忠君愛国」思想はこの明治戦勝時代より、第二次大戦による昭和敗戦時代まで、私たちの身心に強烈な体罰と暴力をもって叩きこまれたのである。

しかし、もう一度「富国強兵」と「文明開化」の二つの四文字を深く覗いてみると、そこには、明治維新という改革の奥底にくり展げられた士族の反乱や農民一揆、自由民権運動のなかでの事件や暗殺、といった血腥い葛藤が渦巻いてみえてくるのである。

なかでも天皇を国民の宗家・親とする天皇制については、よくよく考えてみると、天皇がこれほどまでに日本国の象徴として万民から奉られたことは、かつての歴史上のこととしてなかったのではないのか。一般平民は「天子さま」とは知っていても、それは遥か雲の上のこと、日常のなかでは関係のない存在であったに違いない。武家政治になっても天皇は公家と将軍だけの関係で、一般武士たちにとって直接の「お上」は将軍の「上様」であり、庶民たちでの「お上」は「領主」であった筈だ。

とすればこれらのことは、切断された時間の断層が、私たちに改めて突き付けてきた歴史の真実なのかも知れないのだ。近代が容赦もなく切り捨ててしまった「家」と「家族」とは、一体何であったのか、と。

敗戦後の日本国憲法（昭和二十二年・一九四七）は、二十四条二項にあるように「個人の尊厳と両性の本質的平等」を基本理念として、明治以来の「親族篇・相続篇」を大改正し「家族制度」を廃止した。「家族」はなくなり、「核家族」などと呼ばれる「家庭」となったのである。その結果、親の子殺し、子の親殺し、夫の妻殺し、妻の夫殺しが「個人の尊厳と平等」の「家庭」のなかで繰り返されているのである。

「捨父逃逝凡幾年」

良寛家出の原因は、憶測以外には何もわかっていない。したがって私の場合も憶測の域をでないかも知れないが、私には良寛詩のなかにある二つの手がかりをもとに、その原因となるものを探ってみたい。その一つは前章でとりあげた詩、「尋思す少年の日、知らず吁嗟ありしを」の「吁嗟」である。そしてもう一つは「少年父を捨てて他国に奔る」の「捨父」である。前者は意気揚々たる遊蕩の詩であり、後者は意気消沈の詩と受け取れるが、いずれにしても「吁嗟」から「捨父」に至る精神の軌跡は、血気壮んなる少年の自意識の過剰と挫折とを物語っているといえよう。

では、良寛の「少年時代」とは何歳位なのか。これについて高橋庄次は『良寛伝記考説』（春秋社）のなかで、良寛詩に「少小」と「少年」の使い分けのあることを鋭く指摘し、『大字典』による「少年期は男子十七歳より二十四歳まで」の例をあげ、良寛が「少年」としているのは「家を出た十八歳から二十二歳で僧伽となるまでの放浪期だろう」と述べている。また、高橋はこのことに関連して、元服した成人男子の「少・壮・老の三戒」の例を『論語』にみている。次に「論語巻第八　季氏第十六（七）」の全文を、金谷治訳注（岩波書店）で紹介しておこう。

孔子曰、君子有三戒、少之時、
血気未定、戒之在色、及其壮也、
血気方剛、戒之在闘、及其老也、
血気既衰、戒之在得、

孔子の曰わく、君子に三戒あり。少(わか)き時は血気未だ定まらず、これを戒むること色に在り。其の壮なるに及んでは血気方(まさ)に剛なり、これを戒むること闘に在り。其の老いたるに及んでは血気既に衰う、これを戒むること得(とく)に在り。

「色」は女色。「闘」は争い。「得」は欲ということ。孔子も少年の血気を女色にみていたとはなかなかのものである。得意気に栗毛の馬を乗り回し、派手な鵜鳥の羽根飾りの上衣を着ては、朝から色町めざして酒に酔い痴れていた良寛少年。

燦々倡家女　　燦々(サンサン)たる倡家(シャウカ)の女
言笑一何工　　言笑一に何ぞ工(たくみ)なる。
遅日相喚呼　　遅日(チジツ)相喚呼(クワンコ)し

翺翔緑水東
高歌盪人心
顧歩発好容
歳暮何所待
掻首立凄風

翺翔(カウシャウ)す緑水の東。
高歌人の心を盪(うご)かし
顧歩(コホ)好容(カウヨウ)を発す。
歳暮(サイボ)何の待つ所ぞ
首を掻(か)いて凄風に立つ。

「燦々」あざやか。「遅日」春の日のこと。「翺翔」得意にかけめぐる。「顧歩」左右をふり返りながら歩くこと。「好容」好みにあわせてかたちづくる、かざる。「掻首」思う所あり又愁いあるときの動作。

出雲崎は千石船や旅人、さらに佐渡金山の景気で賑わう港町。妓楼をはじめ娼家も多く、それこそ血気壮んな少年の心をいやがうえにもかきたてたことは言うに及ぶまい。しかも良寛は出雲崎随一の名主の長男息子、金銭の不自由はなかっただろうし、おまけに寄宿の身でもある。学友たちも庄屋や酒屋の恵まれた環境に育つ息子ばかり、大いに青春の血を湧かしたことだろう。

それにしても良寛一連の遊蕩の詩七篇には、どれをとっても清々している。気持ちが濁っていない。朗々と読めるのである。このことは、良寛がいかに遊ぼうと、けっして酒色に溺れることのない精神の確かさを持っていた、ということである。金銭的にも余裕があったが、心のなかにも崩れることのない緊張があったことを示している。

だが、晴れやかな少年の得意の日々が或る瞬間を契機に、突如として暗転するのも青春の特長である。

絶頂から奈落へ、自信過剰から自信喪失へと、そのきっかけはごく些細な「こと」であり、些細な「もの」によってである。理由など無用な、理不尽な「こと」や「もの」である。自我意識の目覚めである。自己の存在に対する不安と懼れ、と同時に世間にたいする恐怖感、それ等が今まで信じきっていた自己の同一性を一挙に分裂させてしまうのである。心の面では自己顕示と自己嫌悪が、身体の面では自体（自分）と他体（他者）が交互に分裂をくり返すのである。

市川浩はそのような精神の状態を、「自己中心化と、他者の側に身を置いてみる脱中心化、そして脱中心化を経由した再中心化という形で、自己意識と他者意識が次第に深まってゆく」のであるが、それがうまく調和しない場合は「世界が非現実化すると同時に、自己が非現実化してしまう。自己が非現実化することによって、さらに世界が非現実的なものとしてあらわれてくる」（『精神としての身体』講談社学術文庫）として、それは精神病理学的に「離人症」とよばれる症状に近いものだという。

良寛の生涯において私は度々、その行動や言語に青春時代のこのような屈託がみえかくれするのを覚えるが、それは折にふれて後述したい。ともあれ、この少年時代に体験した自我意識の分裂症状は、生涯に「青春の屈託」として心の奥底に深く澱として残るのである。そして良寛の「吁嗟」の根底となるのは、「青春の屈託の澱」である「孤独」の傷であるといえよう。

良寛にはもうひとつの欝屈があった。「家」と「長男」についてである。明治民法典以降、法制化された「家」と「家族制度」は極端に国家主義に傾いていったが、もともと日本という稲作文化国家は、「家」を共同体の社会的基礎にして、「ムラ」「国家」にまで発展させてきたわけだから、「家」と「家族制度」

は「祖先祭祀」の習慣や慣例を規範としてわれわれの心情にとけこんでいたといえよう。

そのなかで「家父長」と「長男」の威力は絶対であった。昭和五年（一九三〇）生まれの私ですら、たまたま長男であったばかりに敗戦までは、「家を継ぐこと」を物心つく頃から徹底的に教えこまれた。家庭にあっては父親からことあるごとに殴られ、わずかな失敗や臆病な逃げは許されなかった。学校にあっては、成績が良くなければならないし、品行方正であることが平手打ちや拳固で躾けられ、おまけに海軍では陛下の赤子として、滅私奉公、忠君愛国の根性を朝から夜中まで叩きこまれた。

そしてすべての行為や精神において「長男」は、二男、三男の模範とならねばならなかったのである。父が死ねば、どんなに年少であろうとも一家を支え、家族を養っていかなければならなかった。「長男」は「父」と同じ宿命を背負わされた殉教者である。にもかかわらず「父」や「長男」は家族や国家の期待にたいして、いつも無残なのである。


父はその家族や子供等のために、人生の戦闘場裡に立ち、絶えず戦つてなければならぬ。その困難な戦ひを乗り切る為には、卑屈も、醜陋も、追従も、奸譎も、時としては不道徳的な破廉恥さへも、あへて為さなければならないのである。……しかしながら子供等は、その内密の意識の下では、父の悲哀をよく知つてる。……最も平凡で、意気地がなく、ぐうたらな父でさへも、その子供等にとつて見れば、人生の戦ひに惨敗した、悲壮なナポレオン的英雄なのだ。

萩原朔太郎「父」散文詩自註

そして朔太郎は「父は永遠に悲壮である」と、血を吐く思いで散文詩の一行を書くのである。

良寛と父以南の関係は、「長男」の宿命をこのうえなく理解できる父以南と、「父」の悲壮を身を以って理解できる長男良寛の関係として成立していると思われる。つまり、この父子はまったく同一の「孤独」においての共通項を持ち、相互に理解しあっているのである。

良寛の父への思いは複雑であったろう。一方で、没落する「家」になす術をもたない不甲斐なき父の姿があり、もう一方では、「高名北海に鳴り響宇宙にあまねし。かくてゆ北越蕉風中興の棟梁といふならむか」（中川都良追善俳諧集『天真仏』）と評された文人としての姿である。良寛は不甲斐なき父への抵抗を遊蕩で示し、文人としての父を人一倍の尊敬の念で慕っていた。なぜなら良寛詩に「捨父」の言葉が二度も使われているからで、そのことは良寛の思いの深さをよく物語っている。

捨父逃逝凡幾年
伶俜辛苦送此躬
尚到城中止門外
苦数涅槃一日功

父を捨てて逃逝（テウセイ）すること、凡そ幾年
伶俜（リヤウヒヤウ）辛苦此の躬（み）を送る。
尚（なほ）城中に到って門外に止まる
苦（ねんごろ）に数（かぞ）ふ涅槃一日の功（コウ）。

これは『法華経』の「信解品（しんげほん）」にでてくる有名な「長者窮子（ぐうじ）の喩え」をもとにした詩である。先の「捨父」における「辛苦虎を描いて猫も成らず」という苦い思い、そしてこの「伶俜辛苦此の躬を送る」と

いう後悔、ともに良寛にとって「父を捨てた」ことがいかに重い意味をもっていたかがわかるのである。「伶俜」とは孤独のこと。

良寛父子はお互いの宿運において、あるいはお互いの孤独の深さにおいて鏡像のごとき相似の心をもっていたが故に、それぞれに破綻の人生を選ばねばならなかった。父は誉れたかき橘屋の「家名」を失墜させ、自らも死を選んだのである。良寛は家出によって「長男」の重荷を放棄、生涯のほとんどを放浪と隠遁の生活で過ごした。勝手な想像が許されるならば、この父子の孤独の関係が異質であったら、父は良寛の家出を許さなかっただろうし、良寛は父の実務に対する不甲斐なさを責めたであろう。

ともあれ、少年良寛の心を支えていたもの、それは弱い「父親」の姿と同時に、畏敬する「父親」の姿であったことは間違いない。

「展転傭賃且過時」

自従一破家散宅　一たび破家散宅(ハカサンタク)してより
南去北来且過時　南去北来且(しばら)く時を過ごす。
蕭々暮雨孤村路　蕭々(セウセウ)たる暮雨孤村(ボウコソン)の路(みち)
也是青筇訪君来　也(また)是れ青筇(シキョウ)君を訪(たづ)ね来る。

「蕭々」物さびしい。「青筇」青き竹の杖。「暮れて思々亭に投ず」の題あり。「思々亭」原田鵲斎の家の別号。原田鵲斎は国上村真木山の庄屋原田仁右衛門の三男、名は有則。良寛とは三峰館時代の学友であり五歳年下であったが、江戸遊学後医者となり、漢詩・和歌・俳諧にすぐれ良寛と多くの詩歌を詠み交わしている。「破家散宅」とは家を破り散らすという意味である。家出後、親友を訪ねての詩であるが、その間「南去北来」の時を過ごしていることから、私には身も心もボロボロになって帰ってきた折の、敗北感をうたった詩ではないかと思える。

家在荒村空四壁
展転傭賃且過時
憶得疇昔行脚日
衝天志気敢自持

家は荒村に在りて四壁(シヘキ)空(むな)し
展転傭賃(テンテンヨウチン)且時を過ごす。
憶(おも)ひ得たり疇昔行脚(チウセキアンギャ)の日
衝天(ショウテン)の志気(シキ)敢(あへ)て自ら持せしを。

「傭賃」労作して賃金を得ること。この詩には「傭賃」の題がある。

良寛は家出したものの、そう簡単に食えるはずはなく、名主の長男の暮らしから一挙に日雇人夫まで落ちねばならなかった。「南去北来」「展転傭賃」という苦労の様子がよくわかる。だが、「衝天志気」だけは胸のなかで熱くたぎっていたという。「虎を描こう」と決意した家出少年の、精一杯の矜持である。

ここで、良寛の生きた時代の背景を記しておかねばならない。というのも、この頃の時代は平穏無事どころか、荒れに荒れていた時代であったからである。良寛の青春にもかなりの影響を与えたことは間違いなかろうし、「吁嗟」の遠因となって生涯にその翳を投げかけているであろうことも想像できるからだ。

○宝暦八年（一七五八）良寛誕生。尊皇論を唱えた竹内式部（越後出身）処罰の「宝暦事件」。

○宝暦十年（一七六〇）良寛三歳。江戸大火。

○明和四年（一七六七）良寛十歳。田沼意次が側御用人となり、いわゆる田沼時代が始まる。尊皇論者の山県大弐、藤井右門が死罪となる「明和事件」。

○明和五年（一七六八）良寛十一歳。佐渡農民一揆続発。鎮圧に一千余の軍勢が出雲崎より佐渡に渡る。越後新潟で町民騒動。涌井藤四郎を「頭取」として奉行所を襲撃。町奉行以下は逃亡、二カ月にわたって涌井が町政を掌握。尼瀬大火。

○明和七年（一七七〇）良寛十三歳。越後大旱魃続き百姓一揆。

○安永元年（明和九年一七七二）良寛十五歳元服。田沼意次老中となる。越後に疫病大流行。諸国風水害で飢饉。明暦の大火におとらぬ江戸明和の大火。長さ六里（二十四キロ）幅二里（八キロ）、焼失した寺社百七十八、大名屋敷百二十七、中屋敷八百七十八、武家屋敷八千七百五、焼死者無数（辻善之助博士調査）。

○安永二年（一七七三）良寛十六歳。伝染病流行。仙台藩は一部で死者二千百七人、病者一万三千四百七十三人（辻）。江戸で十九万人病死。

○安永三年（一七七四）良寛十七歳。疫病流行。京・大坂に大風雨と洪水。
○安永七年（一七七八）良寛二十一歳。京都・日向に大洪水。伊豆大島の三原山が噴火。翌八年には薩摩の桜島が大噴火、死者一万六千人（辻）。
○天明三年（一七八三）良寛二十六歳。母のぶ四十九歳で没。冷害のため諸国大飢饉。奥羽地方ひどく津軽郡内の餓死者だけで八万千七百二人。浅間山の大噴火で十数里四方はまる焼、死者三千七十八人（辻）。出雲崎で米騒動。「天明の大飢饉」である。
○天明六年（一七八六）良寛二十九歳。以南隠居。弟由之（二十五歳）名主職を継ぐ。田沼意次失脚、松平定信老中となる。「寛政の改革」始まる。
○天明七年（一七八七）良寛三十歳。各地で百姓一揆。長岡藩で農民一揆。江戸・大坂などで打ちこわし騒動続発。
○寛政元年（一七八九）良寛三十九歳。国後島でアイヌの反乱起こる。
○享和二年（一八〇二）良寛四十五歳。佐渡大地震。
○文化八年（一八一一）良寛五十四歳。弟由之隠居。越後岩船・北蒲原郡の窮民、各地の地主・富豪宅を打ちこわす。
○文化十一年（一八一四）良寛五十七歳。越後南蒲原郡下田・見付両郷農民、役人・庄屋・富豪宅を打ちこわす。
○文政十一年（一八二八）良寛七十一歳。越後三条で大地震、マグニチュード六・九、全壊九千八百

八戸、半壊七千二百七十六戸、焼失一千二百四戸、死者一千四百四十三人（東京天文台編『理科年表』）。越後各地に洪水。

〇天保元年（一八三〇）良寛七十三歳。越後大旱魃。新潟に農民一揆。ちなみに私が生まれる丁度百年前にあたる。良寛示寂後、天保三年（一八三二）「天保の大飢饉」が始まり、天保八年（一八三七）に大塩平八郎の乱が起こる。

良寛の生涯は戦乱こそなかったが、悪政と災害つづきの波乱万丈の時代であったといえよう。

幕藩体制の矛盾が現われ初めるのは享保（一七一六）の時代、徳川吉宗が八代将軍となった頃からである。吉宗は「享保の改革」を積極的におしすすめたが百年つづいた太平の世は、一方で武士の無気力を、一方で元禄文化によって目ざめた町人たちの自由と経済力を生んだ。また農村では、農業技術の進歩と、米作り以外の副業（各地の名産品の生産）の発達を促した。

その結果、支配階級であった武士たちは経済力のないままに堕落頽廃の一途を辿るほかはなく、武家政治の破綻はついに身分制度の批判となって次々と噴きだし、百姓町人の意識を変えていったのである。

その第一人者が宝暦五年（一七五五）『自然直営道』を世に問うた安藤昌益である。この内容は、封建制度の身分制度と儒教・仏教・道教を徹底批判したものである。昌益の風貌は、「其人相高からず、卑しからず、面貌美ならず……酒を飲まず、他女を犯さず、道に当らざれば、則ち問へども談（かた）らず。……」と、弟子の八戸の藩医神山仙確が述べている（原田伴彦『改革と維新』講談社現代新書）。その「直耕」の思想はもっとも厳しいもので、「人々すべてが平等の直耕農民だけの『自然世』にしなければならないと主張した」（同前）のである。

百巻にも及ぶ大著は当時刊行されなかったが、明治三十二年（一八九九）狩野亨吉によって発見されひろく紹介されることになる。昌益は東北の医者であったが、農村と農民によって培われたその思想は、「人において上下・貴賤の二別なし」「君子と云ふは道盗の大将なり」「諸法の教説、悉く盗の言いわけ」と、為政や擬勢に対して容赦なく一刀両断に斬りつけたのである。そしてこの昌益の思想が、やがては全国的に起こる百姓一揆思想の導火線となった、といっても過言ではあるまい。なお、昌益については『海』三十五号の黄村葉「宝暦の青春」に詳しい。

安藤昌益の思想もまた、切断された歴史時間の断層に浮かびあがってきた時代の「予兆」として、幕藩体制の足元を揺るがすものであった。というのも、百姓一揆の件数が昌益「直耕」思想のすぐ後の、幕藩体制解体期に急増しているからである。

青木虹二の、「百姓一揆の年次的研究」（『日本史図表』第一学習社）によると、前期の慶長八年（一六〇三）から正徳二年（一七一二）まで五百件余、中期の正徳三年（一七一三）から天明二年（一七八二）まで六百六十件余だったのが、後期の天明三年（一七八三）から慶応三年（一八六七）までには一千五百二十件余と、二倍以上にふくれあがっているのだ。

打ちつづく天変地異のなかで「田沼時代」をつくった田沼政治の良否は他に譲るとしても、一番苦しんだのは農民である。田沼に代わった松平定信の「寛政の改革」も、体制を整えるためには良かったかも知れぬが、農民にとっては年貢米の厳しい取り立て、副業の制限などで、子どもの間びき、娘の身売り、出稼ぎ、逃亡と百姓の貧困はふえるばかりであった。

また、文化の面においても言論の自由は束縛され、儒学は林家の朱子学以外は禁止という「寛政異学の禁」が発令されるなど悪評たかいものだった。ついにこの改革も失敗に終り、良寛三十六歳の寛政五年（一七九三）に松平定信は老中を辞職、十一代将軍家斉が自ら政治を行うことになる。家斉はこのあと五十年近くも将軍の座にあり「大御所時代」とよばれる政治を行ったが、その政治は贅沢三昧の放埓ぶりであった。家斉がこのようであったから武士たちはさらに経済的に圧迫されたが、逆に町人たちは統制がゆるんだことと寺小屋の普及とともに、次々に町人文化、江戸文化の華を咲かせていったのである。

宝暦十年（一七六〇・良寛三歳）賀茂真淵「万葉考」。明和元年（一七六四・良寛七歳）平賀源内「石綿発明」。翌二年（一七六五・良寛八歳）鈴木春信「錦絵創始」。安永三年（一七七四・良寛十七歳）杉田玄白「解体新書」。安永五年（一七七六・良寛十九歳）上田秋成「雨月物語」平賀源内エレキテル完成。寛政十年（一七九八・良寛四十一歳）本居宣長「古事記伝」完成。享和二年（一八〇二・良寛四十五歳）十返舎一九「東海道中膝栗毛」。文化十一年（一八一四・良寛五十七歳）滝沢馬琴「南総里見八犬伝」文政四年（一八二一・良寛六十四歳）伊能忠敬「大日本沿海実測図」。

右にあげたほかに、円山応挙、池大雅、華岡青洲、与謝蕪村、三浦梅園、塙保己一、工藤平助、林子平、大田南畝、大槻玄沢、山東京伝、司馬江漢、式亭三馬、喜多川歌麿、平田篤胤、広瀬淡窓、亀田鵬

斉、小林一茶、鶴屋南北と多士済々、宝暦から明和、安永にかけて文化は「上方」から「江戸」へ、そしてひろく大衆化へと移るのである。

だが、この文化文政の時代「化政期」は、世界史ではすでに十九世紀に入っていて欧州列強の国々はアジア植民地化の政策にのりだしており、日本はその矢面に立たされていた時代でもあったのだ。

国内から国外へ目を転じれば、一七六〇年（良寛三歳）イギリスでは産業革命が始まり、一七七六年（良寛十九歳）にはアメリカが独立宣言を公布し、一七八九年（良寛三十一歳）にはフランス革命、一八〇四年（良寛四十七歳）皇帝ナポレオン一世が誕生している。

良寛の「吁嗟」が「家」と「父」を含めて、どこまでこのような時代の雰囲気を感じとっていたかは不明であるが、十八歳まで儒学を学んだ身であってみれば、時代に対する反応もかなり敏感なものがあったのではなかろうか。

【参考資料】『良寛』石田吉貞　塙書房。『良寛』紀野一義編　法蔵館。『良寛のすべて』武田鏡村　新人物往来社。『定本良寛游戯』北川省一　東京白川書院。『良寛伝記考説』高橋庄次　春秋社。『良寛争香』岡元勝美　恒文社。『沙門良寛』柳田聖山　人文書院。『日本の歴史・8』ポプラ社。『改革と維新』原田伴彦　講談社現代新書。『日本史図表』第一学習社。

「如今嶮崖撤手看」

四十年前行脚日
辛苦画虎猫不成
如今嶮崖撤手看
只是旧時栄蔵子

四十年前行脚の日
辛苦虎を画いて猫も成らず。
如今嶮崖（ニョコンケンガイ）手を撤（はな）って看（み）る
只是れ旧時の栄蔵子。

良寛は家出してから四十年経った今現在でも、まだ猫にもならなかった虎についてこだわっているのである。「嶮崖手を撤つ」というのは禅語ではなかったかと思うが、私は崖っぷちにぶら下がっている両手を放つ、つまり、身を捨てることによって一切の物事を超越するという意味に解しているのだが。良寛は一切を還元しようとするが、四十年過ぎた今でも「父」への思いが残るのである。

良寛は幼い頃から父以南を、世事に疎く実務に不向きな弱き父親としながらも、それ以上に父の人格に畏敬の念をもっていた。父以南もまた、不器用で長男としての期待に欠ける良寛を不満としながらも、文才の資質にたかい評価をもっていたことはすでに述べたとおりである。この父子は、「父」と「長男」の役割に対してそれぞれに無用者の意識を認めあっていた、と同時に文人気質においては世間以上の自負をお互いに承認しあっていた。それ故に、理解と尊敬に彩られた「孤独」は悲劇にしかなり得なかったのである。

良寛は、家出のあと各地を転々としながら夢破れるのである。虎を描く志気は衰え悄然と故郷へ帰ったのであろう。その時の詩が「思々亭に投ず」ではなかったか。そして年下の原田鵲斎の温かい友情で、光照寺の玄乗破了和尚のもとに身を寄せた、と私には思える。父以南も、失意の良寛にむかって何もいわなかったのではないか。お互いの心はすでにその結果について見通し済みであったのだから。

玄乗和尚もこの父子の「孤独」の深さを察知していたのだろうから、来越した国仙和尚に良寛を託すのである。

私はこの時まで良寛の心に出家の思いはあまりなかったのではないかと思えてならない。伝記のほとんどが良寛の家出は禅僧への思いからとしてあるが、それなら直接寺から寺へ僧になることの志を述べて入門を乞えばよいことである筈。だが良寛は四年もの間「南去北来」「展転傭賃」の時を過ごすのである。一心に入門を願えばいいものを、日雇いの賃金を手にしながら各地を放浪しているのである。しかもこの頃は、各地で伝染病が流行し多くの死者が出ているし、風水害による飢饉の時でもあるのだから。

良寛二十二歳（安永八年）の時の年譜では、そのほとんどが「来越した円通寺和尚大忍国仙に随行、備中玉島に赴く。僧名良寛となるか」となっている。だが、良寛出家の意志表示については詳細な記事が見当たらない。

その点、高橋庄次年譜では「安永七年、〇父は栄蔵の廃嫡を認め出家を許す。光照寺住職玄乗破了が父子の仲立ちをしたらしい。安永八年、〇父母に対面して出家の挨拶をし、その覚悟を長歌に歌って誓いを立てる。○尼瀬の光照寺に教化のため立ち寄った円通寺住職大忍国仙の授戒によって出家、国仙から大愚良寛の法号を授けられ、国仙を本師とする僧伽となって備中国玉島の円通寺に赴く」と詳しい。

高橋庄次がいうように、受戒して僧になるには「遮難（しゃなん）」（受戒の妨げになるもの）のないことが条件であり、その条件は原則として、「二十歳に満たない者」「父が許さない者」「母が許さない者」「三衣を具さない者」「鉢を持たない者」「自分に負債がある者」などの条項があげられているとすれば、家出の良寛には資格がないことになり出家はできない筈だ。とすれば、当然、良寛が出家するについては、両親の許可が得られたものと解さざるを得ないだろう。

いずれにしても、国仙和尚に随行して玉島円通寺に赴く良寛は、両親や兄弟たち、とくに自分に代って家督を継ぐ由之に対しては頭のあがらぬ思いでいっぱいだったろうが、再び故郷を後にするのである。

なにゆゑに家を出でしと折ふしは心に愧ぢよすみぞめの袖

良寛游擬㈣

江戸時代を一言でいうことは至難の業である。だが、こういういい方はできないだろうか。「江戸時代は、個人がはじめて自分自身に目覚めた時代である」。また、もうひとついいかえるなら、「すべての人間は平等」という平等意識が個人に行き渡った時代である、と。

江戸時代は、徳川家康が江戸に幕府を開府した慶長八年（一六〇三）から十五代将軍徳川慶喜が大政を奉還した慶応三年（一八六七）までの二百六十四年をいう。（明治元年・一八六八年江戸は東京と改称。明治二年・一八六九年諸藩が版籍を奉還）。

戦乱なき二百六十四年の幕藩体制のもと、中世以来の価値観や人間観が多様に変化し、さらに複雑化していったのは当然のことである。が、一方では武家社会における「鎖国」と「身分制」のもとで、政治・経済・文化は目まぐるしく変転し、近代へのあらゆる予兆を孕みながら実に逞しく歩を進めていった時代でもあった。

とくに文化の面での人々の動きは、武士から百姓・町人に至るまで、その「知」に対する興味と欲求はかつての歴史に類例をみないほどのたかまりを示した。というのも、兵農分離によって大名たちは領内支配の方法が必要となったし、百姓・町人にとっても自分自身の役割のあり方に独自の知恵を持たなければならなかったからである。

ちなみに江戸の「身分制」とは、兵農分離によって「士」と「農」を切り離したもので、武士は城下町（都市）に、百姓は農村に住むようになった。同時に、「農」と「工商」の分離もおこなわれ、「工商」に携わる人々は城下町に住み「町人」と呼ばれた。

「農」の場合も「封建小農」と呼ばれ「規定の年貢を納めれば、後は自由に豊かに生活ができるようになっていた」（佐藤常雄・大石慎三郎『貧農史観を見直す』講談社現代新書）し、「農」自体が貧農ばかりではなかったのである。そのうえ、自力で農業をする「封建小農」の人々は「家族を形成した夫婦（同前）が中心となり、家族を単位とした「ムラ」を作って農業を営んだのである。「ムラ」は幕藩領主にとって年貢の関係がある以上、苛酷な支配はできず、その存続についてはかなりのところまで「ムラ」の自主制に任せねばならなかった。

このような措置は「農」にかぎらず「工商」の町人にもとられ、「我々庶民大衆が家族という形態を作り、夫婦、親子ともども生活するようになったのは、この分国法ができて以降、具体的には江戸時代初頭から」（同前）といわれるように、江戸の「身分制」は武士と百姓・町人、そして「家族」という形態の自立性までもつくったといえよう。そしてそのことが他方では、「鎖国」体制のなかで、それぞれの個人意識に「他者」（現代哲学用語の意ではない）意識を目覚めさせ、日本国と日本人意識をさらに昂揚させていったのである。

「鎖国」の功罪はいろいろであろうが、私は「〝鎖国〟とは鎖国という方法手段によるわが国の世界への〝開国〟であったとすべきであろう」という大石慎三郎（『江戸時代』中公新書）の見方に賛成であり、「『鎖国』は、いわば日本が情報の『発信』を停止した時代であり、海外からの情報を丹念に『受信』していた時代」（市村佑一・大石慎三郎『鎖国＝ゆるやかな情報革命』講談社現代新書）という見解にも賛同するのである。「身分制」と「鎖国」、もしこの二つの制度がなければ、江戸時代における日本人と江戸文化が果たして存在できたかどうか、私にははなはだ疑問に思えるのである。

江戸時代の文化は従来二分法とされ、前期を元禄時代の上方文化、後期を文化文政の文化とし、前者を「雅」の文化、後者を「俗」の文化とするのが定説であった。しかし現代では江戸文化は三分化する方法がとられている。

中野三敏は「十八世紀江戸の文化」（『日本の近世12』中央公論社）のなかで、江戸時代を十七、十八、十九世紀と三分する立場をとり「文化の歴史は人間の歴史」という見解から、江戸文化を人間の青年期・壮年期・老年期の三区分に重ねている。また「雅俗観」についても、「雅」の伝統文化的意味を「品格」に、「俗」の新興文化的意味を「人情味・暖かさ」とし、従来の「雅俗折衷」を「雅俗融和」と捉えて、文化の成熟期を中期壮年期の十八世紀においている。

私の場合も、江戸文化の三分法は同じであるが「雅俗観」は異なる。私は十七世紀を「武士文化」、十八世紀を「農・町人と武士文化」、十九世紀（前半）を「農・町人文化」という身分制意識の自覚面から捉えたいのである。理由はまず、十七世紀においては特権的中世の「雅」に対する、近世的「雅」

の抵抗意識が発生したこと。十八世紀では、戦乱なき世がもたらしたサラリーマン化する武士に対して、農・町人の生活力と金銭的余裕が人間平等意識を目覚めさせたこと。十九世紀（前半）では、武士と農・町人の立場が逆転したことである。

したがって私の「雅俗観」は、「雅から俗へ」という従来の文化視点ではなく、「憂世から浮世へ」という意識改革視点となるのである。なぜなら、そこには「文化の歴史は人間の歴史」という基本の視点があり、幕藩体制のもとで、どのように人間生活を創意工夫して生きるかということが最大のテーマとなるからである。

もともと日本人の「憂世」観は、仏教の来世観から発生した「この世を穢土」とする厭離意識に結びついたものである。「病」や「死」を目前にした時、強者も弱者も一様に恐れ戦く。「この世は儚く」「空しく」そして「苦」に満ちている。「あの世」が美しく輝けば輝くほど、「この世」は無常となる。いつ果てるともわからぬ戦禍と飢餓の状況が、人々の心を「この世は憂世」という崖っ縁まで追いつめていったのである。

一方でこの世の無常観は、滅びの美意識にとりこまれることによって隠者の文学を創りあげ、孤独と非日常的無常感を醸成していったが、「……くすむ人は見られぬ、ゆめのゆめのゆめの世を、うつつがほして。なにせうぞ、くすんで、一期は夢よ、たゞ狂へ」（『閑吟集』一五一八年）という刹那的、享楽的な態度で狂う方向にも展開していった。その延長が慶長九年（一六〇四）遂に爆発、前代未聞の伊勢神宮への「お蔭まいり」という熱狂となるのである。

私はこの突如として起こった「お蔭まいり」に、一つの時代の終焉と一つの時代の開幕をみる。十六世紀の終りと十七世紀の始まり、徳川幕府の江戸開府と豊臣家の滅亡、キリスト教弾圧と鎖国、といった一連の社会事変に対する民衆の心理的屈折の予兆を覚える。つまり、この時点から江戸時代が始まったと同時に、「憂世」意識がはっきりと「浮世」意識に転換したのである。

「月雪花紅葉にうちむかひ、歌をうたひ、酒をのみ、浮にういてなぐさみ、手まへすり切も苦にならず、しづみいらぬこころだての、水に流るる瓢簞のごとくなる。これを浮世となづくなり」

仮名草紙『浮世物語』（寛文元年・一六六一年ごろ出版）

「お蔭まいり」をきっかけに、「浮世」の独立宣言がなされたのである。農・町人の自己意識が明確な「かたち」と「うごき」を取り始めたのである。

「人は十三歳迄はわきまへなく、それより廿四五までは親のさしづをうけ、其後は我と世をかせぎ、四十五歳迄に一生の家をかため、遊楽する事に極まれり」

井原西鶴『日本永代蔵』（元禄元年・一六八八年）

浮世草紙の始祖といわれた西鶴の人生観である。だが西鶴という文学者にかぎらず、地主農民にも「始ハ苦労、後ハ安楽、若キハ始、老ハ後、サレバ後ノ宜キ事ヲ思ハバ、若キ時苦労ヲナスベシ」（高尾一彦『近世の日本』講談社現代新書）との人生設計があり、高尾に「およそこれまでの日本の歴史で、名もない被支配階級の民衆が、人生設計を主張するようなことがあっただろうか。これは重大な歴史事件だ」（同前）といわしめている。

私が「雅俗観」より「憂世から浮世へ」の意識改革にこだわるもう一つの大きな理由は、「お蔭まいり」に象徴された民衆のエネルギーに脱帽し瞠目するからである。

このエネルギーは単なる群衆心理的なものではなく、人間が人間の運命に立ち向かう強靭な力であったからだ。感動を覚えるのも、江戸時代を通じて襲いかかった天変地異の災害に対して、一歩も退りぞかぬ力を発揮したからである。当然、打ちのめされて「憂世」へ逆戻りするはずだったにもかかわらず、現実肯定の「浮世」へと、生き残りの執念に全力を集中させる力となったからである。

だから、農・町人による江戸文化はあれほどの明るさと逞しさをもって開花したのである。「雅としての武士文化」を完全に覆すほどの実力を生みだしたのである。さらにいえば、第二次におこる「ええじゃないか」（慶応三年・一八六七）、そして明治維新への予兆のエネルギーともなったのである。

良寛の生涯を江戸文化に重ねてみると、宝暦八年（一七五八）から天保二年（一八三一）であるから、江戸文化の成熟期にあたる十八世紀の「安永天明時代」から十九世紀（前半）の「文化文政時代」半ばということになる。

良寛の文学的資質にも、「雅俗」を超えた洒脱さや一徹さが見え隠れするのも当然のことかも知れない。

「落髪為僧伽」

うつせみは　常なきものと
むら肝の　心にもひて
家をいで　うからをはなれ
浮雲の　雲のまにまに
ゆく水の　ゆくへもしらず
草枕　たびゆく時に
たらちねの　母にわかれを
つげたれば　今はこの世の
なごりとや　思ひましけむ
涙ぐみ　手に手をとりて
わがおもを　つくづくと見し
おもかげは　なほ目の前に
あるごとし　父にいとまを
こひければ　父がかたらく
よをすてし　すてがひなしと
世の人に　いはるなゆめと

いひしごと　今もきくごと
おもほえぬ　母が心の
むつまじき　そのむつまじき
みこころを　はふらすまじと
思ひつぞ　つねあはれみの
こころもし　うき世のひとに
むかひつれ　父のことばの
いつくしき　そのいつくしき
みことばを　思ひいでては
つかのまも　のりの教へを
くたさじと　朝な夕なに
いましめつ　これのふたつを
父母が　かたみとなさむ
わがいのち　この世のなかに
あらむかぎりは

「うから」血縁の人、親族。「はふらす」放りすてる。「くたさじ」くさらせてなくするようなことはしない。

この長歌は良寛没後百五十年（昭和五十五年・一九八〇）記念して、良寛出家の光照寺境内に同寺によって「大歌碑」として建碑された。（三輪健司『人間良寛』恒文社）

家出すること四年、世間の非情さと己れの未熟さを徹底して思い知らされ打ちのめされた良寛再起の長歌である。だが、今度の出家は国仙和尚の授戒によっての出家、備中玉島の円通寺に赴く両親納得の上での旅発ちである。もう二度と無様な挫折は許されない。

私が良寛詩歌のなかで、もっとも好きなのは長歌である。素朴で、率直で、情感豊かで、格調もたかい。しかも、現代詩にくらべても、少しの見劣りもしないからだ。

だがこれは、二十二歳の長歌としてはあまりにも感傷的過ぎるが、良寛の無垢な心情がそのまま溢れでているさまを思えば、やはりこれでいいのだろう。

たらちねの母がかたみと朝夕に佐渡の島べをうち見つるかも
いにしへにかはらぬものはありそみとむかひに見ゆる佐渡の島なり。

母亡きあと、母を偲んだ歌である。しかし私には良寛出立の長歌は、母以上に父への思いがこめられているると思えてならないのである。「捨父」と二度も漢詩で表現しなければならなかった断腸の思いがこの長歌にも読みとれる。男同士の切なさである。

父以南も、良寛家出の際には人知れず心を痛めていたのである。父としての至らなさが長男の家出というかたちではねかえってきた時、以南は静かに呟くしかなかったのである。

炉塞（ろふた）いでその俤を忘ればや　安永丙申春三月書
君待てば物狂はしき野分哉
親ふたり見果てぬ夢ぞ夏の月
行秋（ゆくあき）を行くと木末（こぬれ）の実無（みな）し栗　出雲崎歌仙行一折

高橋庄次は『良寛伝記考説』（春秋社）のなかで、「君まてば、は恋の句だが恋に仮託した長男への思い」と記し、「行秋」の句を「明らかに良寛に出家の許しを与えた後の句である」と述べている。

朝霧に一段ひくし合歓の花
夜の霜身のなる果やつたよりも

右の形見の二句は父以南が、「余の死後、良寛と称する沙門が西国から訪ねてくるから……」として知人にことずけた句であると、岡本勝美は『良寛争香』（恒文社）のなかで記している。

いずれにしても以南が家督を継いだ由之には何も残さず、良寛だけに形見をことずけたことは、良寛への思いの深さがうかがえるのである。岡本勝美も「この両者（良寛父子）の心がどれほど暖かい深いきずなで結ばれていたか」を、右の形見の二句が良寛へことづけられたこと、また良寛がその形見の句の余白に「水茎のあとも涙にかすみけりありしむかしのことを思ひて」と添書きして、生涯放浪遍歴したが肌身離さず大切にしていたことをあげている。さらに以南の遺書の「蘇迷盧の山を形見に立てぬれば我が亡き跡はいづら昔ぞ」と、それに唱和した良寛の「そめいろの音信（おとづれ）告げよ夜の雁」をとりあげて「生涯を俳諧一筋に遊んだ以南が、最後に詠んだ歌は良寛が平常好むところの短歌であった。そうして、そうした父親の心中をひしと心に受け止めた良寛もまた、亡父が好んでいた俳諧でこれに唱和」（同前）したのだったと述べている。

「良也如愚道転寛」

憶得疇昔在円通時　　憶（おも）ひ得たり疇昔（チュウセキ）円通に在（あり）し時
先師提持正法眼　　先師提持（テイジ）す正法眼。
当時已有飜身機　　当時已（すで）に飜身（ホンシン）の機有り
為請拝閲親履践　　為に拝閲（ハイエツ）を請（こ）うて親しく履践（リセン）す。
転覚従来独用力　　転（うたた）覚（おぼ）ゆ、従来独（ひとり）力を用ひ
自茲辞師遠往返　　茲より師を辞して遠く往返せしことを。

良寛の有名な七言の「読永平録」の一節である。良寛の玉島における精進ぶりは目を見張るものがある。そのことは詩にもうたわれ、すでに多くの作者によって語られているとおりである。堕落と腐敗の僧伽たちのなかにあってただひとり、まさに一心不乱の修行であった。

私はなかでも、「読永平録」における道元との出合いは、良寛をいままでの良寛から一まわりも二まわりも大きく生まれ変らせたと思うのである。師の国仙和尚もそのことを十二分に理解していたが故に、「宗門の秘本として……『正法眼蔵』の扉を開くということだけですでに大それたことなのであり、その拝見を許されるものは、よほどの力量に達したものでなければならなかったはずである」(竹村牧男『良寛の詩と道元禅』大蔵出版)といわれる『正法眼蔵』の写本の拝閲を許したのである。

良寛はここで初めて道元と出合ったのである。「一夜燈前涙留まらず、湿い尽す永平古仏録」と良寛の感動感激は絶頂に達した。そして卒然としていままでの修行の至らなさを自覚すると同時に、師のもとを去る決意を固めるのである。

「読永平録」は回想の詩でありながら迫真の現実感がある。とくに「当時已に飜身の機有り」という自負が「転覚ゆ従来独力を用ひ」という自省に変わり、さらに「茲より師を辞して遠く往返せしことを」という決意に集中していく様子は、良寛の資質をよく詩が表現している。ここには青春の「吁嗟」はもはやない。ここには「忸怩たる思い」の良寛もいない。修行に尽くすひたむきな僧伽としての良寛が自らの意志で立っている。

附良寛庵主　　良寛庵主に附す

良也如愚道転寛　　良也愚の如く道転た寛し
騰々任運得誰看　　騰々任運誰か看るを得ん
為附山形爛藤杖　　為に附す山形爛藤の杖
到処壁間午睡閑　　到る処の壁間午睡の閑
寛政二年庚戌　　水月老衲仙大忍

円通寺修行十二年目、良寛三十三歳の時に師の大忍国仙和尚から与えられた印可の偈である。この偈には、もうこれ以上の教えを教える必要はない、という国仙和尚の満足感が読みとれる。

水上勉は『良寛』（中央公論社）のなかでこの偈は「三十三人の中三十ばん目の弟子」に、遷化一年前に与えられた偈であるとし、良寛の十二年における修行時代の資料や逸話がまったくないことにたいして「私には無気味なのである」という感想をもらしている。

私には水上のいう「無気味さ」の意味が、なんとなくわかるような気がする。誰にも気づかれず、なんの印象すらも残さず、ただ「愚」とだけしかいいようのない良寛のありようは確かに無気味であったろう。だが、良寛の破格の資質を「愚」に見立てた国仙和尚は、「愚」の奥底にまだ目覚めていない「愚」

以上のものをみたのである。まだ、かたちにさえなっていない「もの」、言葉ですら表現できない「もの」、国仙和尚も水上もそれを「無気味」と感じたのであろう。私はその「無気味」を「異」と呼んだのである。

大柄な良寛の動作の鈍さに「愚」をみたものは数知れぬいたが、「愚」の奥底深くに埋もれている「異」の存在に気づいた者は、この時、国仙和尚と父以南のただ二人だけであった。

良寛はみたび旅発ったのである。だが、今度の旅発ちはいたって爽やかであった。円通寺時代への訣別は、道元との出合いで「吁嗟」も「忸怩たる思い」も霧散し、だだあるのは新鮮な爽快感だけであった。いくつかの「良寛伝」にはこの時の状況を、「国仙和尚の死によって途方にくれた」いや、「国仙の後を継いだ玄透即中から追い出された」というふうに書かれているが、私には、ただただ輝いている良寛がみえるだけである。

「富貴非吾事」

ここで少し、当時の宗教界の事情を振り返っておきたい。江戸幕府にとって、朝廷のつぎに面倒なのは寺院の存在である。そこで幕府は寺院・神社を「寺院法度」という規則で封建国家の社会制度のなかに組みいれ、宗教活動の自由を奪った。ことに寛文五年（一六六五）にはあらたに「諸宗寺院法度」をさだめ、キリスト教禁止の手段として寺請制による壇家制度をつくったのである（『日本の歴史』ポプラ社）。以来、寺院僧侶の荒廃が始まる。

水上勉はその様子を「幕府は檀家を寺に監視させ、人別帳でとりしきらせ、赤ん坊から死一歩手前の老人にいたるまで、キリシタン信者でない証しを、寺請制によって受けもたせた。信仰の自由をうばい、死後の戒名制度にまで及ぶ、過去帳、人別帳を作製させるのだ」と述べている。そしてさらに、寺院は「幕府の宗教統制の先棒をかついで階級制の戸籍簿をあずかる役人に近い状態」といい「じっさいの寺院生活は、幕府の封建制下でくるしむ庶民の葬祭法事業者にすぎない」（『良寛』中央公論社）と眉をひそめ批判しているのである。

「托鉢・回向もせず、衣食の労を知らず、仏学修行をも等閑にして、辺土遠国へ廻らず、年齢も未満にして寺を持ち、猥(みだ)りに嵩(たかぶ)り、俗を蔑如(べつじょ)にし、人を助くる志なく、俗よりも欲深く、また偽り多く、衣帯美装を餝(かざ)り、身の栄花を専一にして、……」　文化年間『世間見聞録』

佐橋文壽「良寛の宗教」より孫引させてもらったが、良寛の時代も現代でも、寺と坊主の世界は微塵も変わってはいない。いや、それ以上にあくどくなっているのが現状だ。

したがって、このような寺院制のなかでの道元との出合い、そして良寛の新しい出発はひかり輝いていたに違いないのだ。

富貴非吾事　富貴(フウキ)吾が事に非ず

神仙不可期　神仙(シンセン)期す可からず。
満腹志願足　腹を満(みた)せば志願(シグワン)足(た)る
虚名用何為　虚名(キョメイ)用ひて何為(なにす)るものぞ。
一鉢到処携　一鉢到る処に携(たづさ)へ
布嚢也相宜　布嚢(フトウ)也(また)相宜(よろ)し。
時米寺門側　時に寺門の側(かたはら)に来たりて
会与児童期　会(たまたま)児童と期(キ)す。
生涯何所似　生涯(シャウガイ)何の似(に)る所ぞ
騰々且過時　騰々(トウトウ)且(しばらく)時を過(すご)ごす。

「神仙」長生不死の仙人。「期」目あてをつけること。「布嚢」托鉢した米を入れる袋。「騰々」物に拘泥せず、自由なる貌。

この詩はもう一つ、最初の二行が異なるものがある。

孤拙兼疎慵　孤拙(コセツ)と疎慵(ソヨウ)と
我非出世機　我れは出世の機に非ず。

「孤拙」つたない。へた。「疎慵」ものうし。というのであるが、私はこの二行には素直さを感じない。どこかに故意の技巧といった匂いがする。良寛詩に時折面をだして不協和音を散らす「俗」がある。したがって前詩をとる。

前詩には良寛の自負と余裕が感じられる。私の「気にならない詩」である。

心に道元を抱いての出発は、堕落荒廃の宗教界との訣別でもあったのだ。家出、出家、そして出家からの超脱、良寛にとって、生涯における唯一の積極的な行動であったはずである。

「仙桂和尚者真道者」

道元は正治元年（一一九九）に生まれ、両親の死に道心をおこし、建暦二年（一二一二）十二歳で出家比叡山に入るが、当時の天台教団の在りようは堕落腐敗の極みにあり、世俗政権と結びついた僧たちによって私利私欲の醜い争いが続いており、決然、十四歳で比叡山脱出、建仁寺の栄西に参じる。栄西示寂後十七歳で明全に師事、ともに貞応二年（一二二三）二十三歳で博多から入宋、天道山の如浄に就く。如浄の鍛練は呵責ないものであったがその慈悲心には衆僧全員が涙した。如浄は道元を「外国人だが器量人だ」と認め、ここに道元の「一生参学の大事」は終り、安貞元年（一二二七）二十七歳で如浄より嗣書を相承し帰朝。その後、『正法眼蔵』全九十五巻を著わし、建長五年（一二五四）五十三歳で遷化する。

良寛が道元に魅かれた理由を明確にすることはできぬが、少なくとも私には四つほどのものが、ある意味をもって浮かびあがってくる。

　その一つは、当時の比叡山の状況が、良寛の今の状況とまったく同じに重なっていること。ひたむきな「道心」の激しい怒り。道元はそのことを「正師にあはず、善友なき故に、迷い邪念を起こしき。……此の国の大師等は土瓦の如くにおぼへて、従来の身心皆あらためき」(『正法眼蔵随聞記』四、岩波文庫)と述べ、紛然として比叡山を脱出、「遍く諸方を訪ひ道を修せしに」(同前)正師にめぐりあうことができなかった。そこで日本の国の名刹の教学を打ち捨て、「正法」めざして入宋するのである。

　良寛は道元の、この潔さ、「求法」への全身全霊の挑戦、いささかの逡巡もない意志貫徹への姿に感涙したのではないか。現在の自分の立場にかさねて道元の信念を思う時、良寛の心は沸々と激したであろう。

　二つめの理由は、良寛の修行体験に目を開かせた、道元と食事のために三十四、五里の山道を降りて椎茸を買いに来た老典座との出合いである。典座とは禅寺で台所をあずかる役位のこと。道元はこの老典座によってはじめて禅門の作務(勤労)の意味を教えられたのである。「弁道」の何たるかを、「文字」の何たるかを、悟ることができたのである。良寛もこのことから修行の深さを悟った。そして後に次の詩を作るのである。

　仙桂和尚者真道者　　仙桂和尚(センケイヲシヤウ)は真の道者。
　黙不言朴不容　　黙(モク)して言(い)はず朴(ボク)にして容(かたちつく)らず

三十年在国仙会　　三十年国仙の会（エ）に在りて
不参禅不読経　　参禅（サンゼン）せず、読経せず
不道宗文一句　　宗文の一句も道（い）はず
作園菜供大衆　　園菜を作って大衆に供（キョウ）す。
当時我見之不見遇　　当時我れ之（こ）れを見て見ず、之に
之不遇　　遇（あ）ひて遇（あ）はず、
吁呼今効之不可得　　吁呼（アア）今之れに効（なら）はんとするも得可（うべ）からず、
仙桂和尚者真道者　　仙桂和尚は真の道者。

三つめの理由は、「正師にあふ」ことの重大さについての認識である。道元は「正師を得ざれば学ばざるに如かず」（「学道用心集」五）といいきる。また「行」とは「虚心なる仏祖の模倣者となること」であるともいう。

ここに人格から人格への直接の薫育がある。道元自身の修行が主として人格の力に導かれたものであったごとく、彼の説く修行法もまたこの人格の力に依頼する。仏祖の行履の最奥の意味は、固定せる概念によって伝えられずに、生きた人格の力として伝えられている。人は知識として受け得ないものを、直接に人格をもって承当して来たのである。

和辻哲郎「沙門道元」『日本精神史研究』岩波文庫

道元は如浄に相見したとき「まのあたり先師を見る。これ人に逢うなり」（「行持」）といっている。和辻も「師は文字通りに『導師』である」といい、道元の「修行者の天分は素材であり、導師は彫刻家である」という言葉を伝える。そして「師を見る」ということは、知的直感が感覚的に見ることによって人格に実現された智恵を体認することだ、という（同前）。「仏祖の模倣も人格的道取を中核とするに至って、初めてその意義を明らかにする」（同前）ことができるのである。

「正師にあふ」旅発ち、良寛の円通寺からの出発にはこれからの「導師」に対する憧れが漲っていたに違いない。

さらに四つめの理由として、禅宗が標榜する「不立文字教外別伝や坐禅と公案を特に重んずることを」（和辻）道元が認めない、ということである。そこには道元の峻烈な言語観があるからだ。道元はまず「学道の人、教家(きょうげ)の書籍(しょじゃく)をよみ外典(げてん)を学(がく)すべからず」「近代の禅僧、頌(じゅ)を作り法語(ほふご)を書かんがために文筆(ぶんぴつ)等を好む、是れ便(すなは)ち非なり」（『随聞記』二）と厳しい。

漢詩にも「久しく人間(じんかん)に在つて愛惜(あいじゃく)なし、文筆筆硯(ひっけん)既に抛(なげう)ち来る、花を看、鳥を聞くも風情少し、時人の不才を笑ふに一任す」とあるが、岩田慶治は「その文章詩歌無用をいう文章自身が既に詩をなし、句をなしている次第である」（『道元の見た宇宙』青土社）と面白い評をしている。道元は単に文筆詩歌を否定しているのではない。あくまでも言語表現の至難をいっているのだ。いい加減な表現や空疎な美辞麗句を徹底的に拒否するのだ。そのために道元は「『邪師にまどはされ』ているもののために『仏家の正法を知らしめん』として、彼は『正法眼蔵』を書き始め」（和辻）、「語言(ごごん)文章はいかにもあれ、思ふ儘の理を顆々(くわくわ)と書きたらんは、後来も文はわろしと思ふとも、理だにも聞ゑたらば道のためには大切なり」(『随聞記』二)と、文章表現の善し悪しに捉われて「思ふ儘の理」をないがしろにすることを戒めているのである。

良寛はこのことに関しても快哉を叫んだであろう。後に「我が詩は詩に非ず」といって、詩人の詩を好まず、詩は「心中の物を写さずば」詩にはならないと、自作の詩に対して強い主張を示しているのも、道元の言語観に影響を受けたからである。

良寛三十三歳、旅発ちの時の時代相は、寺院僧侶の退廃ぶりもひどかったが、それにもまして天明三年(一七八三)の天明の大飢饉、浅間山の大噴火、そして天明六年(一七八六)の田沼意次失脚、翌年に松平定信老中となり「寛政の改革」が始まり、寛政二年(一七九〇)には洒落本の版行禁止、「寛政異学の禁」が出され、幕府の威信回復のための取締りが強化された時代でもあった。

良寛游擬㈤

人間の愚かさがくり返す「爛熟と頽廃」の歴史がもたらすものは、「価値の逆転」という現象にほかならない。

幕府が学問や言論の自由に対して統制の手を加えたのが寛政二年（一七九〇）の、時の老中松平定信が行った「異学の禁」である。これは八代吉宗の「享保の改革」（一七一六～四五）に次ぐ「寛政の改革」（一七八七～九三）と呼ばれる幕藩政策の一環でもあった。江戸幕府開府以来、元禄も終り、この時点ですでに百八十余年が戦乱なき太平の世として経過していれば、武士と農・町民の関係にも大きな歪みが生じ、幕府そのものの権威も危うくなっていたのも当然のことといえる。

徳川の時代が儒学の時代といわれるのは、そもそも初代家康が太平の世を予測して武力より学問の必要性を認めたからであり、家康の理想とする幕藩体制にもっとも相応しいのは儒学であると判断したからだ。

儒教が日本に伝来したのは応神天皇の四世紀頃からで、七世紀初頭聖徳太子の十七条憲法にとり入れられたのがその始まりといわれている。平安時代になると禅僧によって新注の四書・経書が伝わり、宗学・朱子学が紹介されて江戸時代に至る。中国発生の儒には「礼教性」と「宗教性」の二面性があり、江戸時代においては宗教性が檀家制度によって仏教寺院にとけこまされ、礼教性が「学」として確立されたといえよう。そしてその「儒学」は、名分論や五倫五常の倫理として政治・実用の学となった。家康は禅僧の出身者であり朱子学者でもあった藤原惺窩を招いて講義を聞くなどして仕官を薦めたが、惺窩は仕えることを好まず門人の林羅山を推薦した。「羅山は幕府創業期にふさわしい戦闘的な朱子学者で、幕府の政治顧問」（北島正元『江戸時代』岩波新書）となって江戸幕府の正当性を主張した。

朱子学は仏教の出世間主義を攻撃し、「人倫皆真なり」（惺窩）として、南北朝時代からの神儒一致論をうけつぎ、それを宗教としてでなく、生活規範として倫理的に扱おうとしている。（同前）その理論体系は「幕藩体制の現実主義・合理主義的な傾向に適合」（同前）していた。家康から三代家光までは体制確立のために、武による武断政治をとったが体制が安定をみせると四代家綱から文による文治政治となった。とくに五代綱吉は、その独断政治によって悪評高かったが儒教に対しては異常な関心を示し、自ら大名や旗本に『大学』の講義を行い、湯島に孔子堂を移しその聖堂を中心に幕府官学の大学を開かせたりした。その後林家の朱子学は幕府の官学としての地位を確保していったのである。

幕府の朱子学における教育は、「『小学』『孝経』は初頭教育の段階で最初に読むべきものとされ、『大学』『中庸』『論語』『孟子』の順で素読によって丸暗記させてから講釈を行うという勉強の方針」（頼祺一「近世人にとっての学問と実践」『日本の近世13』中央公論社）をもっていた。

「素読とは漢籍の文章に対する、解釈には至らない単なる訓読のことである。学者文人たちによって訓点をつけられた漢籍を師の訓読にならって朗読すれば、その成果はその人の一生の教養となった。……素読は読書進度が早く、学習期間は短くても多くの書物をあげることができる」（竹内照夫『四書五経』平凡社）という利点があり、その普及は読書人口の驚異的な増加と、学者や思想家の輩出に大いに貢献したのである。藩校や寺小屋教育による農・町民の識字率や学問に対する熱心さは、恐らく世界でも類例をみないものであろう。

しかし朱子学は、「知先行後（知ることが先、行うことは後）を口号とし、実行・実践については慎重であり保守的であった」（同前）から、儒学でも多数の分派が生まれ、しかも反儒の立場に立つ「国学」の成立や、実学としての「洋学」（蘭学）がさかんになり、林家の朱子学は次第に衰えをみせはじめるようになった。

林家朱子学の衰退は幕府にとっての一大事であった。徳川封建制を支える唯一の哲学である朱子学の存続が危うくなることは、徳川幕府の権威が失墜し幕府の存続そのものが崩壊しかねないからである。老中松平定信は林家の朱子学を復興させ幕府の威信を取り戻すため、朱子学を「正学」としその他の諸学を「異学」として取り締まったのである。この時はじめて林家の朱子学は、幕府官学の「正学」として宣言されたのである。

「異学の禁」は、朱子学復興の名を借りた幕藩体制の起死回生を図るための切り札であった。歴史の記録ではこの「異学の禁」は一つの出来事として軽く扱われているが、私はこの禁令のもつ歴史的意味の大きさは「鎖国」令にも匹敵するものだと思えるのである。極言すれば、徳川三百年の歴史の矛盾と歪みが、「鎖国」と「異学の禁」という二つの禁令めがけて一挙になだれ込むと同時に、反面では近代社会への開眼を誘発し維新革命のきっかけをつくる起爆剤の役割をも果たした、といいたいのだ。そのことを確認するためにこの時代の社会相を展望しておきたい。

儒学は藤原惺窩の「朱子学派」の正統に林羅山、分派として林家と対抗する「木門派」に木下順庵・新井白石・室鳩巣、君臣の名分を重視する「南学派」に南村梅軒・谷時中、垂加神道を唱える「崎門派」に山崎闇斎、歴史の大義名分と封建秩序の確立を説く「水戸学派」に水戸光圀。

それに対して「知行合一」を説き実行・体験を重んずる「陽明学派」に中江藤樹、古大の儒教を説く「古学派・聖学派」に山鹿素行、孔子・孟子の原典による「古義学派」に伊藤仁斎、古義の帰納的研究をする「古文辞学派」に荻生徂徠。また「古文辞学」のなかにも政治の原則をとらえようとする「経世学」に太宰春台、封建社会の体制を批判する「経世論」に本田利明・佐藤信淵。二宮尊徳・安藤昌益。古学・朱子学・陽明学それぞれの長所をとらえる「折衷学」に片山兼山・太田錦城、古書の真偽を追求する「考証学」に松崎慊堂・安井息軒など。

儒学のほかには「国学」の先駆者として下河辺長流・契沖・戸田茂雄がおり、荷田春満・賀茂真淵・本居宣長・平田篤胤と続く。「古医方」に山脇東洋、「本草学」に貝原益軒・野呂元丈、「暦学・天文学」に渋川春海・西川如見、「洋学」に新井白石・西川如見、「数学（和算）」に吉田光由・関孝和、「蘭学」に青木昆陽・杉田玄白・大槻玄沢、「地図」に伊能忠敬、「エレキ」に平賀源内など。

一方、文芸では「洒落本」の山東京伝、「黄表紙」の恋川春町、「滑稽本」の十返舎一九・式亭三馬、「人情本」の為永春水、「読本」の上田秋成・滝沢馬琴、「俳諧」の蕪村・一茶、「和歌」の村田春海、「狂歌」の大田南畝、「川柳」の柄井川柳、「浄瑠璃」の竹田出雲・近松半二、「歌舞伎」の鶴屋南北・河竹黙阿弥、「浮世絵」の春信・歌麿・写楽・北斎・広重、「文人画」の池大雅・蕪村・谷文晁・渡辺華山・田能村竹田、「写生画」の丸山応挙、「洋画」の司馬江漢・平賀源内など。以上『新選日本史図表』（第一学習社）を参考とする。

他方では農業のめざましい発展がある。太平の世がもたらした農具、肥料、耕作に伴う技術の進歩は「年貢を納めれば後は自由に豊かに生活ができる独立小農」（佐藤常雄・大石慎三郎『貧農史観を見直す』講談社現代新書）の成立を促し、米以外の商品作物（桑・茶・麻・木綿・煙草など）の栽培を可能にし、それらは地方の特産品として生産加工され、陸海の交通の発達とともに全国での交流が盛んになった。このことは産業と商業の発展を促進し、都市を中心とした貨幣経済が実利を占めるようになり、商人や町人がそれぞれの才覚で金銭を蓄え、武士と町人の生活力が逆転した。確かに「享保の大飢饉」（一七三二）、「天明の大飢饉」（一七八二〜八七）、「天保の大飢饉」（一八三三〜三九）や地震、水害などの災害があって農民の貧困が続いたにもかかわらず、「特に、田沼時代には農村部の、それも日本全国の農村部の庶民生活が非常に豊かになったということがいえる」（同前）という事実もあるのだ。

なかでも、特筆に価するのが「農書」の成立である。江戸時代を底辺で支え目立つことは少なかったが、農民の知的水準は高く「日本の農書はすべて江戸時代の農書」（同前）とまでいわれている。しかも、学者の手によるものでなく農民自らの農事日誌や農業経営などの体験から生まれたもので、教養の高さはもとより、「農民的余剰の発生」（同前）という余裕も見逃してはならない。さらに社会的背景としての「イエの形成」がある。つまり、「家業としての農業、イエの財産を守り家格を維持し、子孫へ伝える」（同前）という願いも農書にはこめられていたのである。

以上、宝暦から安永、天明、寛政（一七五一～一八〇〇）までの社会相をみてきたが、この時代は政治、経済、文化の面でもっとも複雑な展開をみせた時代であった。そして「異学の禁」もまたその揺ぎの中心において発せられた禁令であってみれば、そこに孕まれている意味も重く大きいのである。つまり「異学の禁」が象徴しているものは、「転倒による価値の発見」という意味を孕んでいる、ということである。幕府は権力を示したが、示されたのはむしろ幕府の疲労困憊しきった実像であった、ということだ。「隠蔽すること」によって逆に「発見される」という転倒の論理である。「異学の禁」はやがて、儒学を尊皇攘夷と倒幕開国へ、貨幣経済を資本主義へ、文芸を近代文学へ、農民を百姓一揆へと、大きく方向転換させていくのである。

「我見行脚僧」

良寛三十三歳、円通寺からの旅発ちの時は寛政二年「異学の禁」が出された年にあたる。二十二歳から僧伽として円通寺で修行しながら諸国への行脚もしている良寛は、江戸のさまざまな状況をまったく知らぬということはなかったであろうが、なんの反応も示していない。だが、心のどこかでは三峰館時代の儒学への思いについての何らかの変化があったのではなかろうか。
恩師大森子陽は、当時北越四大儒の一人とうたわれ徂徠学派の細井平洲らに学んだ人物でもあったからだ。また、徂徠は伊藤仁斎らとともに朱子学を批判、人間の多様性を尊重し、礼楽をとおして政治の道と文学（詩文）の道への目を開かせた儒者である。したがって徂徠の「理論の狭隘さを嫌い生の実感を恢復しよう」（相良亨編『日本思想史入門』ぺりかん社）とする思想や、「のびやかに」「游び」「息ひ」「相親しみ相愛し相生じ相成し相輔け相養ひ相匡し相救ふ者は、人の性然りとす」（同前）という姿勢は、良寛の生き方のなかに少なからぬ影響を与えていることは間違いないと、私は信ずるのである。
さて良寛の旅発ちは、一部では師国仙和尚の後継者玄透即中によって追放されたという説もあるように苦渋に満ちたものではあったろうが、その意気込みは輝いていた。

名状しがたい何物かゞ、たえず僕をば促進し、目的もない僕ながら、希望は胸に高鳴つてゐた。
中原中也「ゆきてかへらぬ」

詩集『在りし日の歌』に収められている散文詩の一行であるが、中也の詩にしては珍しく、不思議な透明感に輝いている詩である。良寛の心境もまさにこのとおりで、「正師にあふ」ことへの期待と希望は胸に高鳴っていたに違いない。それはまた、禅宗を含めた当時の僧侶たちの堕落腐敗ぶりに対する激しい怒りの正義感からでもあったのだ。この頃までの良寛には、越後第一の名主橘屋の山本家の長男という誇りたかい自負があった。

僧伽

……

今称釈氏子　今(いま)釈氏子(シャクシシ)と称して
無行亦無悟　行(ぎょう)も無く亦(また)悟(さとり)もなし。
徒費檀越施　徒に檀越(ダンヲツ)の施(せ)を費して
三業不相顧　三業(サンゴフ)相顧(かへり)みず。
聚頭打大語　頭を聚(あつ)めて大語を打(たた)き
因循度旦暮　因循旦暮(インジュンタンボ)を度(わた)る。

「釈氏子」僧。「檀越」施主。「三業」身口意より起こる所業。「因循」旧習を守り、ぐづぐづして遷らざること。「旦暮」朝夕。

我見行脚僧　我れ行脚(アンギャ)の僧を見るに
都是可怜生　都(す)べて之れ可怜生(カレイセイ)。

……

徒采師口頭　徒（いたづら）に師の口頭を采（と）り
以之充平生　之れを以て平生に充（み）つ。
相逢裁一問　相逢うて一問を裁（ただ）せば
依旧可怜生　旧（キウ）に依って可怜生。

「采師口頭」本当の悟を開かないで師匠の口まねばかりしていること。

良寛のひたすらな修行時代の鬱憤は「是れ等の諸癡子（ショチシ）太殺哀憐（はなはだアイリン）すべし」とさえいわしているのだから、その状況のひどさは現代同様のものであったろう。
良寛は「正師」を求めて歩き続けた。中国地方はもとより、その足どりは四国、九州にまで及んでいる。良寛逸話が伝える「九州の長崎から宋に渡ろうとした」という話は、道元が「正師」を求めて入宋した事実から考えてみれば、良寛にしても当然あり得ることである。ここでもうひとつ私が推論し得ることは、もはや日本のどこにも「正師」がいなかった、ということである。かつての道元と同様に、「此の国の大師等は土瓦の如くにおぼえて」（『随聞記』四）入宋を志したのであろうが、遂にその志も夢と消え空しく断念せざるを得なかったのであろう。
　では、良寛がなぜそのようにしてまで「正師にあふ」ことにこだわっていたかというと、和辻哲郎がいうように、「真理は言語によって表現せられてはいる、しかし仏と仏との面授面受によらずしてはその真理を受けとることができぬ」（「沙門道元」岩波文庫）からである。また「真理を体得し実現せる人を目のあたりに見、また見られることによってのみ」真の理解が得られるからである。つまり「見る」というのは心眼をもって見ることであるが、それは「感覚的に見ることによって心眼で見ること」（同前）がはじめて可能になるわけである。和辻はこのことを「知的直観」という。そしてさらに「知識は人格において実現されなければ真に体認された智慧とはならない」（同前）といっているのだ。したがって真理は、抽象的な言語によって理解されるのではなく、見ることによって人格的に体認されなければならないということになるのである。これは道元の身心論の核となる哲学である。

良寛は「正師にあふ」ことを断念した時、改めて円通寺時代の黙々として作務にはげんでいた仙桂和尚を思い起こしたであろう。そしてひそかに「当時我れ之を見て見ず、之に遇ひて遇はず」と、そのことの迂闊さを幾度も反省しまた歩き続けたであろう。

良寛はこの行脚中、道元のもうひとつの言葉を深く心に刻みつけて実行していた。その言葉とは修行者にとって、もっとも端的でもっとも厳しい言葉である。曰く「学道の人は最も貧なるべし」（『随聞記』三）である。道元はつづけて「仏の言く、衣鉢の外は寸分も貯へざれ、乞食の余分は飢たる衆生に施せ、設ひ受け来るとも寸分も貯ふべからず」（『随聞記』一）といい、たとえ飢え死にや寒え死にしても仏の道に随っていればそれは永劫の安楽ではないかという。そして「いかに況や未だ一大蔵教の中にも三国伝来の仏祖、一人も飢へ死にし寒へ死にしたる人ありときかず」（同前）といいきってみせるのである。

良寛はこの「貧なるべし」を忠実に終生実行した。そのことは四国行脚中に出逢った近藤万丈の『寝覚の友』（解良家蔵）という書物に詳しく記されている。これは有名な逸話としてひろく紹介されているので簡単に説明しておく。

近藤万丈が二十歳の頃、四国土佐でひどい雨に降られ日も暮れて難渋していたとき、山の麓に「いぶせき庵」が見えたので雨乞いの宿を乞うたところ「色青く面やせたる僧」が炉のそばに坐っていて「食ふべきものもなく、風ふせぐふすま」もないという。万丈はそれでもいいからと宿を借りるが「小夜更くるまで相対して炉をかこみ居るに、此僧初めにものいひしより後は、ひとこともいはず、坐禅するにもあらず、眠るにもあらず、口のうちに念仏唱ふるにもあらず、何やら物語てもただ微笑するばかりにて有しにぞ、おのれおもふにこは狂人ならめと」気味悪がるが、翌日もひどい雨は止まずもう一晩宿を借りたいといえば「いつまでなりとも」と答えてくれ正午近い頃、この僧は「麦の粉湯にかきまぜてくらはせ」てくれた。さて、この庵の様子を見ると「ただ木仏ひとつたてると窓のもとに小さきおしまづき（小机）据ゑ、其上に文二巻置きたる外は、何ひとつたくはへもてりとも見えず。このふみ何の書にやとひらき見れば唐刻の荘子なり。そが中に此僧の作とおぼしくて、古詩を草書にて書けるがはさまりてありしが、から歌（漢詩）ならねば其巧拙はしらざれども、その草書や目を驚かすばかりなりき」。そこで扇に賛を乞うとすぐに書いてくれその末に「越州の産了寛書」とあり、お礼のこころざしにいささかのお金をつつんだが、なんとしても受け取らず、それならばと紙と短尺を差し出すと喜んで納めてくれた、というのである。良寛年譜によればこの時、寛政六年（一七九四）三十七歳の頃か、となっている。

この逸話を読んだ吉野秀雄は『良寛』（ちくま学芸文庫）のなかで、良寛の「沈黙の充実」に胸を打たれ、「彼の沈黙はおのずから彼の真理追求の難行苦行がいかに充実し、透徹していたか」について敬愛の念を募らせている。私もまた、当時の良寛がいかに道元の「貧なるべし」を肝に銘して修行に励んでいたかが偲ばれ胸が熱くなるのである。

「記得壮年時
資生太艱難
唯為衣食故
貧里空往還
路逢有識人
為我委悉説
却見衣内宝
于今現在前
従是自貿易
到処恣周旋」

記得（キトク）す壮年（サウネン）の時
資生（シセイ）太（はなはだ）艱難（カンナン）。
唯（ただ）衣食の為の故に
貧里空しく往還（ワウクワン）す。
路に有識（イウシキ）の人に逢ふ
我が為に委悉（ヰシツ）に説く。
却（しりぞ）いて衣内の宝を見るに
今に現に前に在り。
是れより自ら貿易（ムヤク）して
到る処恣（ほしいまま）に周旋（シウセン）す。

「記得」おぼえてをる。「委悉」くはしく。詳かなこと。「衣内宝」心の悟。「貿易」一に交易。「周旋」めぐる意。

行脚の辛苦は、良寛に外にある宝ではなく内にある宝、つまり人間の内面性に目を開かせたのである。年譜によれば、良寛行脚中寛政七年七月（一七九五）父以南（六十歳）京都桂川に入水。その秋良寛は上洛、亡父の法要の後帰郷の途につく、とある。

良寛の帰郷の理由についてはさまざまな見解がある。須佐晋長の「望郷の感傷」（『良寛の一生』）、東郷豊治の「師父を失った空虚感」（『良寛』）、唐木順三の「父を亡ひ気の弱り」（『良寛』）、高橋庄次の「父への懺悔の思い」（『良寛伝記考説』）などである。

なるほど、寛政三年（一七九一）に師国仙和尚示寂、同年恩師大森子陽没、七年父以南の自死と重なってみれば、気丈な良寛でも感傷的にならざるを得まい。しかし一方では捨てた故郷におめおめ乞食の姿で帰ることにも相当の抵抗はあったろう。

だが良寛は逡巡に逡巡を重ねながらも、帰郷にふみ切るのである。何故か。私には師父を喪ったことへの悲しみよりもむしろ、「正師にあふ」ことができなかったことへの絶望が帰郷の決心をさせた、と思うのである。先程の詩のように、良寛は外から内へむかったのである。仏を見つめることが「自らを見つめること」であることと体得したのである。道元の『正法眼蔵』の核心に触れたのである。

仏道をならふといふは自己をならふ也。自己をならふといふは自己をわするゝなり。自己をわするゝといふは、万法に証せらるゝなり。万法に証せらるゝといふは、自己の身心をよび他己(たこ)の身心をして脱落(トツラク)せしむるなり。　「現成公按」

良寛はもはや「正師」をそとに求めることをやめ、内なる「正師」を求めはじめたのである。しかし、それにはどれほどの苦悩が必要であったかだ。次の詩を読めば良寛の真剣な苦闘ぶりがよくわかるのである。

夫人之在世	夫(そ)れ人の世に在るは
如草木参差	草木の参差(シンシ)たるが如し。
共執一種見	ともに一種(シュ)の見に執(シフ)して
到処互是非	到る処互いに是非(ゼヒ)す。
似我非為是	我れに似れば非(ヒ)も是(ぜ)となし
異我是為非	我れに異なれば是も非と為(な)す。
唯是己所是	唯己(おのれ)の是とする所を是とし
何知他所非	何(なん)ぞ他の非とする所なるを知らん。
是非始因己	是非は始より己(おのれ)に因(よ)る
道固不如斯	道は固(もと)より斯の如くならず。

以篙極海底　篙を以て海底を極めんとす
祇覚一場癡　祇覚る一場の癡たることを。

「参差」高低不同なるをいふ。「一種見」一種の見解。「是非」是非善悪を批判する。「似我」自分の意見に従ふ。「篙」舟さお。一に竿。「癡」愚かなること。

昨日之所是　昨日の是とする所
今日亦復非　今日亦復非なり。
今日之所是　今日の是とする所
焉知非昨非　焉　昨非に非ざるを知らん。
是非無定端　是非定端無く
得失預難期　得失　預　期し難し。
愚者膠其柱　愚者は其の　柱　に　膠　す
何之不参差　何ぞ之れ参差たらざらん。
有知達其源　有知は其の源に達し
逍遥且過時　逍遥　且　時を過す。
知愚両不取　知愚　両　ながら取らずして
始称有道児　始めて有道の児と称すべし。

「定端」定まった終極。「膠其柱」変通の才なきに喩ふ。「参差」等しからざる。ことの不そろえ。「有知」一に知者。「逍遥」一に従容。

道妄一切妄　妄(マウ)と道(い)へば一切妄
道真一切真　真と道(い)へば一切真なり。
真外更無妄　真外更(さら)に妄無く
妄外別無真　妄外別(べつ)に真無し。
如何修道子　如何ぞ修道子(シウダウシ)
只管欲覓真　只管(ひたすら)真を覓(もと)めんと欲する。
試要覓底心　試(こころみ)に覓(もと)むる底(テイ)の心(シン)を要(もと)めば
是妄乎是真　是れ妄乎是れ真か。

「縦読恒沙書」
縦読恒沙書　縦(たとへ)恒沙(コウシャ)の書を読むとも
不如持一句　一句を持するに如(し)かず。
有人若相問　人有り若(も)し相問はば
如実知自心　如実(ニョジツ)に自の心を知れ。

「恒沙」多くの意。印度ガンジス川の砂。

「須磨紀行」と題する良寛行脚中のものと思われる貴重な紀行文がある。高橋庄次（『良寛伝記考説』春秋社）による大島花束『良寛全集』からのものと、岡元勝美（『良寛争香』恒文社）の玉木礼吉編『良寛全集』に収録されているもの両方からの引用である。内容は同じであるが、岡元の方は濁点なし、ひらがな主体であるので、読みやすい高橋の方にならった。

須磨寺の昔を問へば山桜

あなたこなたするうちに日暮れければ、宿をもとむれども、独り者にたやすく貸すべきにしもあらねば、落とし着けて（気を落ち着けて）、

よしや寝む須磨の浦曲の波枕

と荒みて（気のおもむくまま）、綱敷天神の森を尋ねて宿る。里を去ること一丁ばかり松の林の中にあり。春の夜の闇はあななし（あやなしの誤りか）梅の花色こそ見えね、をりをりは夜の嵐にさそはれて墨の衣にうつるまで石灯籠の火は木の間よりきらめきにほふ、討ち寄する波の声も常よりは静かに聞ゆ。板敷の上に衣片敷きて暫しまどろむかとすれば、雲の上人と覚しきが、紅梅の一枝を持ちて何処ともなく来り給ふ。今宵は夜もよし、静かに物語せんとて打ち寄り給ふ。夜のことなれば気配もさやかに見えねども、久しく契りし人のごとくに思ひ、昔今の心の隈々を語り明かすかとすれば、

夢はさめぬ。有明の月に浦風の蕭々たるを聞くのみ。手を折りて数ふれば、睦月二十四日の夜にてありける。(以下欠)

さみつ坂といふところに、里の童の
青竹の杖をきりて売り居たりければ

こかねもていさ杖かはむさみつ坂

里へくだれば、日は西の山に入りぬ、あやしの軒に立ちて一よの宿を乞ふ。その夜は板敷の上に、ぬま(沼茅のことか)てふものをしきて臥す、夜のものさへなければいとやすく寝ず、宵のまは、翁の松をともして、其のほかげにいとちひさきかたみくむ、何そと問へば、これなん吉野のさとの花筐(はながたみ)といふ、蔵王権現の桜のちるを惜しみて、ひろひ盛り給ふ、そのいはれには、今もよしののさとにては、いやしきものの家の業となす、あるは童のもてあそびとなし、又物種入れてそむれば(なじませれば)、秋よくみのる、これもてるものは、万の災をまぬかるとかたる、あはれにもやさしくおぼえければ

つとにせむよしののさとのはなかたみ

後半は岡元にならった。「つと」は、おみやげのこと。引用は長くなったが、良寛の心情が美しく、

優しく、思い深々と伝わってくるからであるし、また、良寛の「俳句」も「紀行文」もこれ以外に紹介されたものはなく（俳句は他に二十句ほどあるが）、これだけの文章が書けるその素質を紹介したかったからである。

前半の「須磨寺」は「一ノ谷」の合戦で十六歳の少年武者平敦盛が熊谷直実に討たれたところ、「山桜」は少年武者のこと、「雲の上人」は「父以南」（高橋）というが「雲の上人」が父以南というのは無理な気がする。また後半の「吉野」は「単に吉野の桜だけではなく西行を偲んでのこともある」（岡元）という。いずれにしても、往時の歴史を眼前に髣髴とさせる文章の描写力といい、格調たかい情感といい、これまでの良寛にはみられなかった資質に驚かされる。これまで良寛の心の奥底に潜んでいた抒情が一挙に表出したのだ。文芸への熱き思いが噴出したのである。

良寛の「須磨紀行」は行脚中とされていてその時期は正確には不明である。が、私には「正師にあふ」ことを断念し、自らの内面を凝視しはじめたときからという気がする。その理由の一つは、良寛の漢詩がこのあたりの時期から次第に和歌へと移行していくからであり、もう一つの理由は良寛の内面の「抒情」が生来の資質をよび覚ましたからである。家出・出家・修行のなかでは漢詩的にしか表現を持ち得なかった「抒情」が、和歌としての表現へと解放されたからである。良寛の漢詩をみればよくわかるが、そこには「儒」や「禅」による求道的な精神が緊張されている。名門の長男としての矜持と正義感が強くあらわれている。父以南からいわれた「世をすてし　すてがひなしと　世の人に　いはるなゆめと」という言葉が片時も離れることがなかったからである。「父と自分、師と自分」との対決においては、自らの「負」を見せてはならなかったのだ。
ところが、修行によって「自分と自分」の対決へ目が開かれ、両師の死、さらに父以南の死が重なった時点で、良寛の張りつめた緊張に「異」状が発生したのである。無意識の裡に閉じ込められていた父譲りの「抒情」が、つまり「北越蕉中興の棟梁」と評された父の文芸に対する血が、突如として良寛を揺さぶり起こしたのである。

是翁以前無此翁　　是の翁以前此の翁無く
是翁以後無此翁　　是の翁以後此の翁無し。
芭蕉翁兮芭蕉翁　　芭蕉翁芭蕉翁
使人千古仰此翁　　人をして千古此の翁を仰がしむ。

「芭蕉」と題のある詩である。少し誇張過ぎともいえるが、父とともに「正風」を慕っていたのであろうし、芭蕉の「紀行文」にも親しかったであろうから、この賛辞もやむを得まい。したがって良寛の和歌は、漢詩→俳句→和歌へと移行したのかも知れない。
帰郷前の和歌をあげておく。良寛自筆歌稿『ふるさと』に載せられている歌である。

故郷をおもひて

草枕夜毎にかはるやどりにも結ぶはおなじ古里の夢

赤穂てふところにて天神の森にやどりぬさよふけがたあらしのいと寒う吹きたれば

やまおろしよいたくな吹きそしろたへの衣片敷き旅寝せし夜は

つぎの日は唐津てふところにいたりぬこよひも宿のなければ

おもひきや道の芝草うちしきてこよひもおなじ仮寝せむとは

たかのみてらにやどりて

紀の国の高野の奥の古寺に杉のしづくをききあかしつつ

「唐津」は肥前の唐津ではなく播磨印南（いなみ）郡福泊の古名韓津（からつ）。（吉野秀雄『良寛歌集』朝日新聞社）

良寛の帰郷をしきりに誘ったのはこれらの歌であったかも知れない。帰郷後の良寛は、漢詩よりも和歌に重点を移し、書とともに自らの感性を磨くのである。私は歌人良寛よりも、詩人良寛の誕生をここに見るのである。

良寛游擬㈥

日本近代化の予兆をどの時代にみるかは、近代化の意味合いに応じてさまざまであろうが私は「天下布武」をもって天下の統一をはかった織田信長（一五三四〜八二）その人にみる。なぜなら信長が果敢に行った、旧来の習俗や旧態の秩序の排除という行為に近代化の論理構造を読みとるからである。

近代化の論理構造とは何かといえば、それは排除されたものが「排除されたことによって排除した側に新しい価値の発見を突きつける」ということ、つまり、排除されたものが新しい価値の発見を創造する「排除の逆理」という論理構造のことである。前章で述べたようにそれは、近代化の無意識が内包する「価値の逆転現象」や「転倒による価値の発見」という毒の論理構造でもあるのだ。なぜかといえば、「排除によって発見されたもの」が再び排除されていくという循環構造をもっているからである。いってみれば、「排除の逆裏」は諸刃の剣なのである。

信長の人物像は、当時キリスト教の布教を許されたルイス・フロスが本国に書き送った手紙によく記されている。「この尾張の王は、年齢三十七歳ぐらいで長身、ひげは少ない。声はたいへん高く、非常に武技を好み、粗野である。……傲慢で名誉を重んじ、内には決断を秘め、外には戦術に巧みである。

世の中の規律を無視し……すぐれた理解力と明断な判断力をもち、神仏やその他の偶像も軽視、宗教的なことは一切信じていない」(高尾一彦『近世の日本』講談社現代新書)というものである。また、加藤周一も『日本文学史序説 上』(ちくま学芸文庫)のなかで、「信長こそは、いかなる絶対的価値もみとめず、その世界観において全く此岸的であり、その精神において実際的であって」「無慈悲な合理性」の持ち主であると評している。

このような性格の信長によって拓かれた日本近代化の歩みは、「排除の逆理」という毒の論理構造を孕みつつ、秀吉、家康の時代を経て維新の改革から現代へと引き継がれるわけだが、なんといっても信長の第一歩には悪魔的な残虐さの魅力が備わっていたといえよう。あえていえばその魅力こそ、排除からの発見がみずから紡ぎだすところの「排除の逆理」という論理構造なのでもある。

信長にみる「排除の逆理」がもっとも画期的な力をみせつけたものの一つは、貴族政治の排除によって発見された天下布武による「武家政治」であり、いま一つは宗教文化の排除によって発見された「人間の自立」である。

なかでも特筆すべきは、伊勢長島、摂津石山本願寺、越前加賀の一向一揆に対する討伐と比叡山焼打ちである。これは信長の宗教戦争ともいわれ、「根切り」による信者の大虐殺と多くの僧侶の殺戮は前代未聞の行為であり、これによって中世的な仏教寺院の権力は一挙に壊滅させられたのである。この排除における残虐非道な行為は許されるべくもないが、一方ではこのことによってもたらされた近代化への意味づけもすこぶる重大なものがある。

信長が比叡山を焼打ちしたのが一五七一年、長島一揆を鎮圧したのが一五七四年……この時期以降宗教そのものが人間を世俗的に支配する状況がなくなり、人間が人間として地上に足を踏まえて生活しているという時代が来る。……人間の自立という面から考えた場合……少くとも西洋が神の支配から自立するのは日本よりも一世紀は遅れているだろう。

大石慎三郎「現代日本の原型は江戸時代にあるか」『江戸時代と近代化』筑摩書房

こうして排除された宗教から民衆が発見した何よりのものは「神の支配からの自立」した個人という人間意識であり、そのことによって獲得したのは、あの世へ救いを求めようとする「憂世観」から、この世の生を楽しむ「浮世観」への離脱、つまり「価値の逆転現象」ということであった。やがてそれは文化において、貴族文化の「雅」から農・町民文化の「俗」の発見へと発展していくのである。

秀吉が行った「身分統制令」は兵農分離の身分制を徹底するもので、武士を中心とした城下町づくりは武家屋敷の周辺に町人町を、その裏側に職人町を、さらにその外周に農村（農民）を置き各身分の分割をはかった。町の中心から排除された農民は外周の地で村落共同体をつくり、先祖代々にわたる農業に従事しながら独自の創意工夫で農具を開発し、農耕に新しい理論と方法を発見した。そのお陰で江戸時代になると農民にはある程度の「余剰」が生まれ、庶民ではじめての家族形態をもつ「イエ」も誕生した。

また知的水準においても『自然直営道』（百巻）を著した安藤昌益（東北八戸）、『農業全書』の宮崎安貞（筑前志摩）、『公益国産考』の大蔵永常（豊前日田）などをはじめとする人材の輩出と、全国各地に及ぶ「農書」の出版という実力を発揮した。そしてこのことはやがて、農民に体制批判の思想をうえつけるまでに至り、農民の自立意識を大いに高めたのである。

一方、家康によって開かれた城下町「江戸」は、上方の京・大坂をはるかにしのぐ消費経済の中心として繁栄を極め、「享保九年（一七二四）には百万近くの人口となり世界第一の都市」（北島正元『江戸時代』岩波新書）となっていた。しかしその反面、「江戸」は伝統をもたない人工の都市であり膨張した人口の多くには農村離脱者や無宿人、犯罪者、つまり都市下層民と呼ばれる流民が含まれていた。そのため彼らは一方で排除され、石川島と佃島の埋立地につくられた人足場に寄せ集められたが、一方では彼ら自身によってかつての村落共同体とおなじ「われわれの江戸」を夢見、「江戸ッ子」の世界をつくりあげようとしていた。

江戸の無意識としての都市空間を発見することによって、都市下層民は、彼らの生活世界に新たな意味を与え、親密で人間的な意味を持つ空間として「われわれの江戸」を形成した。他方、彼らは都市空間の中での孤独で悲惨な生、つまり幸福な世界から追放されたデラシネの不幸な生の不安を治癒し、かつて存在した原郷（ユートピア）（民俗学的世界）を生成しようとした。

桜井進『江戸の無意識』講談社現代新書

桜井進は、江戸における「地誌・民俗誌」の大量出版の現象を、都市下層民が無意識に都市へ求めるアイデンティティの欲望と結びつくものであることを見抜くと同時に、その欲望に裏打ちされているのは「江戸の都市下層民の無意識の内部に存在するかすかな記憶としての故郷、彼らが捨て去ってきたなつかしい空間としての故郷を地方の民俗の中に発見しようとしたのである」(同前)という記憶の「故郷」意識の成立を提示する。なるほど、デラシネたちにとっての「故郷」とは、「かつての」というカッコつきの記憶の故郷しかあり得なかったのかも知れない。

それはそれとして私は、この「農書」と「地誌・民俗誌」の大量出版現象を、都市の人工化と中心化によって排除された地方が発見した「排除の逆理」の表現とみるのである。したがって、「農書」は自然との共生に生きる人間の存在を、「地誌・民俗誌」は村落共同体を原郷とする人間の存在を、それぞれに証明するもとしての役割を担うことになるのである、と。

「郷里何時帰」

良寛は「正師にあふ」ことを断念したとき、三度目の出家、つまり「出家からの出家」を心に決めたのではないか。良寛はこのとき敬愛して止まなかった父以南の自死の直後で、三十八歳であった。年譜によると、良寛は行脚の途中から八月十六日の兄弟集まっての京都の法要に参加(以南の入水は七月二十五日、享年六十歳)、九月十四日の四十九日には京都に行かず、故郷の菩提寺円明院で三男の宥澄と法要を営みその後備中の円通寺に帰っている。そして年明けて円通寺を辞して帰郷の途につくのだが、帰郷の思いを止みがたくしたものは京都へ上る途中での「須磨紀行」と、法要のため一旦帰郷したときに目に焼きついた故里の情景ではなかったか。

円通寺を辞す良寛の心には、宗門に対する未練はなにもなく、ただひたすらに「出家からの出家」という思いしかなかったであろう。とはいえ、帰郷への逡巡は日々良寛の心を迷わせつづけたのである。「我に似れば非も是となし、我に異なれば是も非と為す」「昨日の是とする所、今日亦復非となり」「妄と道へば一切妄、真と道へば一切真なり」「紛々物を逐ふことなかれ」「意を守って時を失ふこと莫れ」「心は前縁に随って移り、縁は物と共に新なり」。これらの詩句が示すとおり、宗門を捨てても乞食修行しか生きる道を持たない良寛にとっての「是非」の迷念は、そう簡単には絶ち切ることはできなかったである。

客中聞杜鵑

春帰未得帰　　春帰らんとして未だ帰るを得ず
杜鵑懇勧帰　　杜鵑懇に帰るを勧む
世途皆危嶮　　世途皆危嶮
郷里何時帰　　郷里何の時にか帰らん。

青春の潔癖と多感において「ふるさと」は、排除されるものとして立ち現われてくる。だがひとたび青春の潔癖と多感が喪われるとき「ふるさと」は、回帰するものとして復活してくる。

良寛の足どりは高橋庄次の『良寛伝記考説』（春秋社）によれば、円通寺から信州街道に入り中山道、善光寺街道を経て篠ノ井で北国街道に入り善光寺に立ち寄っている。そして善光寺から北国街道をそのまま北上するれば直江津まで直行できるのに、なぜか良寛は善光寺から脇街道に入り、沢渡を経て糸魚川街道に出て糸魚川に到着している。そのことは、わざわざ遠回りしたとしか思えないコースを示すものであり、また、そのまま帰郷するまでの良寛の心の迷路をのぞかせてくれる興味を示すものでもある。

暁

二十年来郷里帰
旧友零落事多非
夢破上方金鐘暁
空牀無影燈火微

二十年来郷里に帰る
旧友零落（レイラク）多く非なり。
夢は破る上方金鐘（ジャウハウキンショウ）の暁（あかあつき）
空牀（クウシャウ）影無く燈火微（かすか）なり。

良寛三十九歳の三月ついに帰郷を果たすが、直ちに出雲崎の実家を訪ねることはなく、郷本や中山の周辺の廃屋や空庵を転々としていた。

「海浜郷本といへる所に空庵ありしが、一夕旅僧一人来って隣家に申し、彼空庵に宿ス。翌日近村に托鉢して、其日の食に足るときハ即帰る。食あまる時ハ、乞食鳥獣にわかちあたふ。如此事半年、諸人其奇を称じ、道徳を尊んで、衣服を送るものあり。即ちうけて、あまるものはまた寒子にあたふ。其居出雲崎を去ること纔（わずか）に三里、時に知る人在、必橘氏某ならんことを以、予が兄彦山（けんざん）に告ぐ、彦山即郷本の海浜に尋ねて、かの空庵を窺（うかが）ふに不居、只柴扉（さいひ）鎖すことなく、薜蘿（へきら）相まとふのミ、内にいりて是を見れバ、机上一硯筆、炉中土鍋一ツあり、壁上皆詩を題しぬ。これを読に、塵外仙客の情おのづから胸中清月のおもひを生ず、其筆跡まがふ所なき文孝なりしかバ、是を隣人に告て帰る。隣人即出雲崎に言を寄す。爰に家人出て来り、相伴ひかへらんとすれども、了寛不随。又衣食を贈れども用ゆる所なしとして、其余りを返す。後行く所をしらず、年を経てかの五合庵に住す」

引用は橘崑崙（こんろん）の有名な『北越奇談』からのもので「橘崑崙は名は茂世（しげよ）、字は伯桂（はくけい）。寺泊当新田の出身で詩書にすぐれ亀田鵬斎らと交わる。兄の彦山は大森子陽の狭川塾で良寛と共に学ぶ」（武田鏡村）とあり、『北越奇談』は全六巻、序文は柳亭種彦、挿画は葛飾北斎（同前）である。

「生涯懶立身」

良寛が帰郷して第一回目の五合庵に落ち着くまで、実家からの申し出も断って、周辺の空庵や廃庵を托鉢して回っていたのは、自らが自らを問いつめるための孤独な闘いであった。あえて白眼視される郷里において負の覚悟にどこまで耐え得るかが進退を極める唯一の賭でもあったのだ。

生涯懶立身　生涯身を立つるに懶(ものう)く
騰々任天真　騰々(トウトウ)天真に任す。
嚢中三升米　嚢中(ナウチウ)三升の米
炉辺一束薪　炉辺(ロヘン)一束(ソク)の薪(たきぎ)。
誰問迷悟跡　誰れか問はん迷悟(メイゴ)の跡(あと)
何知名利塵　何ぞ知らん名利(ミヤウリ)の塵(ちり)。
夜雨草庵裡　夜雨草庵(サウアン)の裡(うち)
双脚等閑伸　双脚(サウキャク)等閑に伸ばす。

良寛の詩のなかでもっとも広く、もっとも親しく読まれている有名な詩である。わかりやすく、しかも格調たかく悟達の境地を表現しており、良寛の代表作である。そして私が最高に、「ひどく気になる詩」である。

私の尊敬する唐木順三のすぐれた名著『良寛』（筑摩書房）は、第一頁、この詩から始まる。そしてまず、唐木がいちばんすぐれているとする吉野秀雄の現代語訳が紹介される。

「世の中に身を立てて、何事をか仕出かすといふことがいやで、ぼんやりとして、あるがままの天然自然の真理に、自分を任せきつてゐる。頭陀袋の中には托鉢でえた三升の米があり、囲炉裏のそばには一たばの燃し木がある。米と燃し木、この外に何が要らうか。迷ひだ、悟りだといふやうなことは、もはや自分にはどうでもいい世界だし、まして名誉や利益など、自分の関はり知つたことではない。夜の雨ふる静かな庵の内に、二本の足を所在なく伸ばしてゐるだけだ。」

このあと唐木は、「良寛の右の詩は、良寛その人の履歴や生き方、暮し方を示してゐるとともに、その本来の面目をも示してゐる。この一篇を詳しく説けば良寛といふ人の半分以上を明らかにすることができる程である」と述べ、唐木独自の良寛論を展開している。その思惟、その論調、その格調ともに見事である。

私が良寛を書くきっかけとなったのは唐木順三の『良寛』であった。私はいつ書くともなく唐木良寛の魅力に惹かれながら伝記や資料を読んでいるうちに、私にとって「ひどく気になる」この詩が筆を取らせてしまった。というわけで私もまた、この詩から良寛を書くようになったが書き始めて一年半、この詩において唐木良寛との違いに気付いたのである。したがって大先輩の胸を借りるつもりで、以下この詩についての私の解釈と見解を述べてみたい。

私がまず、この詩につまずいたのは第一行目の「生涯懶立身」と、終行の「双脚等閒伸」の二つの詩句である。当然、私の愛誦詩であるが第一回目に読んだときの直感的な違和感が、何度となく読んでいるうちに、いつもの良寛でない口調の外れがだんだんに深まっていったのである。そしてその違和感が「立身」と「懶」であることに気付いたのである。

そこで第一番目に問題にしておきたいのは、この詩の詩作の時期である。柳田聖山は円通寺時代（『沙門良寛』人文書院）、唐木順三は五合庵晩年、長谷川洋三は単に五合庵時代（『良寛禅師の悟境と風光』大法輪閣）と人によってさまざまであるが、私は五合庵入庵の直前としたい。それは後述の終行とも関連してくるからである。

「立身」とは「①立派な人になる。〔孝経、開宗明義章〕身ヲ立テ道ヲ行ヒ、名ヲ後世ニ揚グ②出世すること。立身出世」（『広漢和辞典』）とあるとおり、名を揚げて立派な人になることである。良寛もかつては「立身」の夢を見過ぎるぐらいに見たはずである。しかしここで時期を帰郷後の五合庵時代とみれば、「身を立つるに懶く」という表現はどこかそらぞらしく、未練がましい。というのも良寛の五合庵時代というのは、良寛最高最良の充実時代といえるからで、この表現は不自然である。

右のようなことから私の「立身」の意は、辞典の『孝経』の「開宗明義章第一」にある「身体髪膚（はっぷ）、これを父母に受く。敢て毀傷（きしょう）せざるは、孝の始めなり。身を立て道を行ひ、名を後世に揚げ、以て父母を顕（あら）はすは、孝の終りなり。それ孝は親に事（つか）ふるに始まり、君に事ふるに中（ちゅう）し、身を立つるに終る」（原漢文）にもとづいたものであるとする。

七歳の頃から儒者大森子陽のもとで儒学を学んだ良寛であってみれば、父母への孝、とくに父以南に対する孝の思いは尋常ではなかったであろう。私でさえ、中学一年生の時に暗誦させられたこの一節は、いまでも心の奥底に深く刻み込まれていて、六十年経った今でも一字一句間違えることなくいうことができる。皮膚にまで染みついているのである。したがって私の見解は、良寛の「立身」にこめられている意味は、「孝の始めと終わり」を実現することができなかったこと、つまり「家出」「出家」さらに「出家からの出家」の親不孝を愧じたものである、となる。

「立身」を、「少年父を捨てて他国に奔る、辛苦虎を描いても猫もならず」という親不孝への悔悟と反省とすれば「懶」の意味をどう解釈すればいいのか。

「懶」は「おこたる、ものうい、なまける」の意であるが、「懶」を良寛にあてはめて考えるときそれはまったく不適格であり、見当違いも甚だしいのである。その理由は明白で、円通寺時代の「入室敢て後(おく)るるに非ず、朝参(ちょうさん)常に徒(と)に先んず」というひたむきな精進ぶり、「正師を求めて」の行脚の姿、「貧なるべし」の徹底修行、読書、詩作、書の手習い、そのいずれをとっても克己努力の姿をみることはあっても、「懶」の姿をみることはない。

たとえ動作の緩慢が懶うく見えることがあったとしても、それは単なる外見上のこと、本質において「懶」は認めなれない。むしろ欠点として、神経質、強情、潔癖などの資質のほうがあげられるほどである。

とすれば、良寛の「懶」とは何か。私はズバリ、良寛の「懶」とは「仮面」であると答えたい。父を捨て故郷を捨てて二十年、親不孝のまま帰郷した良寛は帰ってみれば、たとえ墨染めの衣を着ていても地縁血縁がらみの橘屋山本家の長男である。しかも、帰郷したとき弟由之が良寛の代りに継いだ橘屋は、零落の一途を辿りながらもまだ健在であったのだ。恩師も、旧友もほとんど亡く、良寛は実家の周辺をただ転々とするほかなかった。

還郷

出家離国尋知識　　家を出で（い）国を離れて知識を尋（たづ）ぬ
一衲一鉢几幾春　　一衲（ナフ）と一鉢（バツ）と凡（およそ）幾春ぞ。
今日還郷問旧友　　今日郷に還って旧友（キウイウ）を問（と）へば
多是名残苔下人　　多くは是れ名を苔下（タイカ）に残すの人。

昨日出城市　　昨日城市に出でて
乞食西又東　　食を乞ふ西又東。
肩痩覚嚢重　　肩は痩せて嚢（ふくろ）の重きを覚え
衣単知霜濃　　衣は単（ひとへ）にして霜の濃きを知る。
旧友何処去　　旧友何処（いづこ）にか去れる
新知少相逢　　新知（シンチ）相逢ふ少なし。
行到行楽地　　行きて行楽（カウラク）の地に到れば

松柏多悲風　松柏悲風多し。

良寛が帰郷で思い知ったのは徹底した孤独と無常の自覚である。それ故にこそ良寛の素直はこの時期、この故郷で立ち直ったのだ、と私は考える。そしてそれが「懶」という「仮面」の発見につながっていくのである。

だが、徹底した孤独と無常の自覚が「懶」につながるには、もうひとつの必然的な過程があったのである。それは良寛の禅が、宗門の争いと堕落をきっかけとして仏経（禅宗では所依の経典がないのがたてまえであるが、道元はすぐれて経典を重視した禅者であった。竹村牧男『良寛の詩と道元禅』大蔵出版）への転化をみせはじめていたことによる。その例として、前章で紹介した近藤万丈の『寝覚の友』の記述のなかに、何ひとつたくわえのないのに文二巻だけが小机の上にあり「このふみ何の書にやとひらき見れば唐刻の荘子なり」とあるように、「荘子」への傾倒はかなり深いものがあったからだ。また、「寒山詩」への造詣もきわめて深かったことから、それはいみじくも良寛の詩心の変化と重なりあってみえるのである。つまり、漢詩→俳句→短歌への転化が、儒→禅→経というように転じているのである。そしてその転機において良寛は「懶」の「仮面」を発見したといえるのである。

仏経への転機をあたえたのは『法華経』である。道元が「法華経これ大王なり、大師なり。余経、余法は、みなこれ法華経の臣民なり、眷属なり」（「帰依仏法僧宝」・竹村牧男）とさえ評するほどの『法華経』であってみれば、「出家からの出家」を決意させる動機となったことは十二分に考えられる。後に良寛は『法華経』の二十八品すべてに讃を施している。

『法華経』が「仏教における最高の経典として古来からほめたたえられてきたのは、綜合統一的な真理観・世界観ないし人生観がうちたてられている」（『日本の仏典』中公新書）からであり、「現実の人間的活動（菩薩行道）が、種々の美しいたとえやフィクションをまじえながら」（同前）説き明かされているからである。まさに、宗教としても文学としても魅力満点の経なのである。

なかでも良寛がもっとも心を惹かれたのは第四章の「信解品」のなかの「長者窮子の喩え」と、第二十章の「常不軽菩薩品」の二つである。以下、鎌田茂雄の『法華経を読む』（講談社学術文庫）を参考とする。

「長者窮子の喩え」とは、幼いとき父の家から逃げ出し他国で貧乏暮らしをしていた男の話である。その貧しい男があるとき、大金持ちの父の家の門前に仕事を求めてやってくるが、父の家とは気づかず、あまりの立派さに驚いて逃げてしまう。だが、五十年の間行方を探していた父親は一目で我が子とわかり、使いの者に呼び戻させて家で使うことにする。父は卑屈になって恐れおののく子に「心配しなくていい。お前は今日からわしの実子と同じだよ」とそれとなくいうが、賤しくなった心はなかなか素直に応じようとはしない。しかし何年か経つうちに卑しかった子の心も落着をとりもどし、態度も立派になったので父は死の直前に皆に「この子はわたしの息子です。財産のすべてを渡します」と宣言する。その時、子ははじめて長者を父と知り「財産などもらう気はまったくなかったのに、ひとりでに自分のものになってしまった」と思う、という喩えである。良寛の讃は次のとおりである。

信解品

捨父逃逝凡幾年　父を捨てて逃逝(テウセイ)すること、凡そ幾年
伶俜辛苦送此躬　伶俜(リャウシャウ)辛苦此の躬(み)を送る。
尚到城中止門外　尚(なほ)城中に到って門外に止まる
苦数涅槃一日功　苦(ねんごろ)に数(かぞ)ふ涅槃(ネハン)一日の功。

「常不軽菩薩品」とは、時代が正法(しょうほう)（仏の正しい教えが行われていること）から像法(ぞうほう)（仏の教えをその通り実行するのがうとましくなり、理屈(りくつ)ばかりがまかり通ること）へ移った時、増上慢(ぞうじょうまん)の比丘(びく)のなかに、一人だけ違った人がいた。この人は途中で行き会う人がいると、どんな人に対しても礼拝し、讃嘆して「私はあなたたちを心から敬っています。決して軽んじません。あなたたちは必ず仏になれます」と言うのである。馬鹿にした人々からどんなに悪口を言われ罵られても、怒り狂った人々から杖や瓦や石で打たれても、なお声高に真心からこれらの人々を敬ったのである。この人は経典を読誦することをせず、ただ礼拝だけを行ったので「常不軽菩薩」と呼ばれたのである。良寛の讃は次のとおりである。

常不軽菩薩品

朝行礼拝暮礼拝　　朝に礼拝(ライハイ)を行じ暮に礼拝
但行礼拝送此身　　但(ただ)礼拝を行じて此の身を送る。
南無帰命常不軽　　南無帰命常不軽(ジャウフギャウ)
天上天下唯一人　　天上天下唯(ユイ)一人。

『法華経』のこの二つは良寛の失意の心を鞭打ち、これからの方向に明かりをともしたことだろう。そしてそれが苦渋に満ちたものであるとはいえ、「懶」という「仮面」の発見にむすびつき、終行の「双脚等閒伸」にまで到達したのではないか。

「双脚等閒伸」は表現も単純明快、意も単純明快である。だが私にとっての「等閒」となると、そう簡単に単純明快と割り切るわけにはいかないのである。

唐木良寛は「等閒」（閑）について、東郷訳「気まま気ずい」、大島訳「心のどかに」、吉野訳「所在なく」をあげ、「それはさうである。然しそれで十分かといへばさうとはいへない」として、「元来は、物事から等しく離れて在ること、隙（距離）を明けておくことを意味した」ことから「それが即ち悠々であり、優游、騰々、或ひは、無心に、のどかに」という解釈をあたえている。

私の場合は、唐木良寛の「物事から等しく離れて在ること」の意をもっとも重くみて、「双脚等閒」

を「双脚平行」と捉えるのである。夜の雨音を聞きながら草庵で「無心に」「のどかに」「悠々」と両脚を伸ばしている姿ではなく、「きっちり」と「平行」に両脚を伸ばしている姿を思い描くのである。良寛の両脚が幾何学的平行線として私の視野に入ってくるのだ。つまり「等閒」には、良寛の「意志としての認識」が緊張している、ということをいいたいのである。

良寛の「意志としての認識」とは、是非二元の問題である。是非二元論をどう解決するかということが、「等閒」つまり両脚の左右二元論とも重なりあってくるのである。良寛がこうして取り組んだのは、二元論の克服であったのだ。

そもそも二元の思考は、大自然を畏敬する古代信仰から発生したものである。天と地、昼と夜、生と死……それが次第に人間の精神構造と結びつき「陰と陽」の対観念を生みだすのである。だがここからが大問題であり、民族間の捉え方によっては収拾のつかないものとなることは現代をみれば一目瞭然である。

良寛はまず、儒において二元思考を「対待（たいたい）の対（つい）思考」として学んだであろう。「対待の対思考」というのは、金谷治がいう一種の「両面思考」であり、「ものごとを一面的に見ない、逆の方からも見る」「一方がなければ、他方も存在しない」（『中国思想を考える』中公新書）という相対的なものの思考方法である。そして良寛が次に学んだのは禅からの「一如」という一元論であろう。「万物一体」の思想にもとづく「物心一如」「生死一如」という二元の世界を超越する思考方法である。日本の場合、近代化以前は中国の相対的二元論、または超越的一元論による思考方法が主体である。西洋の二元論は基本的に、

「二元対立」の立場をとり、「善と悪」「罪と罰」「天国と地獄」というようにつねに二者択一を突き付けるのである。

では、良寛によってこの二元論はどう克服されたのであろうか。

私は良寛の解決は「双脚等閒」によって「是は是」「右は右」、「非は非」「左は左」と解決された、と考える。つまり、良寛は「等閒」を「平行」と解釈したのであり、平行であるが故に「二つは交わらない」と悟ったのである。それは「是がある故に非がある」という相対思考でもなく、「是非一如」という超越思考でもなかったのである。「是はあくまでも是として存在し、非にならず、非と交わることもない」としたのだ。「双脚等閒」を「きっちり」「平行」に見つめることによって、「右足はあくまでも右足であって左足ではない」と知ったのである。良寛の二元論の克服は、こうして「二元平行論」の発見となったのである。

以上みてきたように、私は「生涯懶立身」の詩を、「懶」と「立身」と「等閒」の葛藤のドラマとして読み解いたのである。というのも、この詩によって良寛のいままでの苦渋が表白されたと、深く感じたからである。かつて排除した故郷によって、良寛は無常の自覚としての「懶」という「仮面」と、「双脚等閒」という「二元平行論」を発見したのである。

我従住此中　　我れ此の中に住してより
不知幾箇時　　知らず幾箇の時。

困来伸足睡
健則著履之
従他世人讃
任儞世人嗤
父母所生身
随縁須自怡

困（くるしみ）来たれば足を伸ばして睡（ねむ）り
健（すこやか）なれば則履（り）を著（つ）けて行く。
従（さもあらばあれ）他世人の讃（サン）
任（さもあらばあれ）儞世人の嗤（わらひ）。
父母所生の身（み）
縁に随って須（すべからく）自怡（よろこ）ぶべし。

ここにはもう、苦渋も悲痛もない。晴れ晴れとした心境があるばかりだ。良寛出家してから二十年、三十九歳にしてはじめてひとつの境地に達することができたのである。排除した故郷が、「双脚等閒」によって回帰する故郷として甦ったのである。

『正法眼蔵』の「菩提薩埵四摂法（ぼだいさったしせふほふ）」に、「道を道にまかすとき、得道す。得道のときは、道かならず道にまかせられゆくなり」とあるのを、唐木良寛は、「道についての我見、おもわくを捨てて、道にまかせて行くとき反（かへ）つて道を得る。これが学道から得道への道である」（『良寛』）という。まさに、良寛もこの詩において学道から得道、つまり学問だけの修行から生身の修行へと転じたのである。

あしひきの岩間をつたふ苔水のかすかにわれはすみわたるかも

この歌は、このあと良寛が五合庵へ入庵したことの意味を、「漂泊放浪から隠遁定住」への転機として暗示するものである。

良寛游擬㈦

人は自己の存在を自他にむかって確認証明するためには、あえて自己を中心とする「任意の一点」を創出しなければならない。したがって、自己中心の「任意の一点」は、一方では自己内での中心点となり、他方では自己外への中心点ともなり、二重構造を構成する自らの「視点」となる。この自らの「視点」の二重構造は、自己内においては容易に一つの世界を現前させることができるが、自己外においては、自己内の限界を「境界」として設定しなければ他の世界（自己内の世界をも含む）を現前させることはできないのである。つまり、自己中心の「任意の一点」を創出することは、「境界」によって自己内、自己外の世界を現出させることであり、自らの「視点」に自己内、自己外の二重構造の知覚を裏付けさせることに外ならないのである。

任意の一点を中心とし、任意の半径を以て円周を描く。そうすると、円周を境界として、全体概念は二つの領域に分かたれる。境界はこの二つの領域のいずれかに属さねばならぬ。境界がそれに属せざるところの領域を内部といい、境界がそれに属するところの領域を外部という。

森敦『意味の変容』ちくま文庫

つづけて森は、「内部＋境界＋外部で、全体概念をなすことは言うまでもない。しかし、内部は境界がそれに属せざる領域だから、無辺際の領域として、これも全体概念をなす。したがって、内部＋境界＋外部がなすところの全体概念を、おなじ全体概念をなすところの内部に、実現することができる。つまり壺中の天でも、まさに天だ」（同前）という。

森のいう「全体概念」は、私の「自己内の世界をも含む他の世界」と同じ概念である。だから、自己中心の「任意の一点」という「視点」に、「内部」と「境界＋外部」という二重構造の「視点」がなかったら、自己の存在は完結したものにはなるが、それは「壺中の天」に過ぎず、「境界」を超出する自己外の世界を現出させることはできないのである。

このようにしてこの二重構造の「視点」は、自己確認と自己証明を自他にむかっておこなう時、「見ることによって見られる」という構造を持つのである。

文化のプラクシスの中に生きて、これを疑わない人間の世界像は、多かれ少なかれ、己れを中心とした同心円を形成しており、当然のことながら境界を円周として持っている。中心はもちろん円心と重なる「私」であり、この「私」は「彼」、「我々」に対する「彼ら」、「この世界」に対する「彼方の世界」という外で意識化される円周およびその彼方の部分に対置する形で、世界の像を描く。

山口昌男『文化と両義性』岩波書店

自己確認と自己証明のための自己中心の「任意の一点」は、こうして自己を中心とした同心円を作ることによって、そこからの「視点」に「見ることによって見られる」という二重構造のパースペクティヴを持たざるを得なくなるのである。なぜなら、自己内の自己を見つめる「視点」と同時に、自己の「境界」を超出した自己外の自己と自己外の他の世界をも見つめる「視点」を持たされるからである。「持たされる」というのは、「存在」や「意識」の二重構造に由来するもので、「視点」の二重構造もまったく同じ原理によるものであるからだ。

私は《世界＝のなかにある＝存在》として、世界と内面的かつ逆説的な関係でむすばれている。私の知覚は世界の特定の状況に制約された特定の知覚であり、私の世界は特定の視点からとらえられた特定のパースペクティヴである。……このように、なかば私のものであり、なかば私のものではない無数のパースペクティヴ（過去・他者・制度・慣習など）のなかで私は生きている。消極的にしろ私の生は、他者の、したがってまた社会のパースペクティヴのうちにある。

山崎正一＋市川浩編『新・哲学入門』講談社現代新書

「知覚がつねに何かについての知覚であり、その何かが知覚ではない何かであるということは、知覚がつねに外へ、世界へ開かれているということを意味する」（同前）のと同様に、「視点」の志向性も自己を超出していく。まさにその時である。「われわれは知覚することによって世界をあらわれさせつつ、同時に、知覚されることに還元されえない不透明な世界のなかに投げ出されていることを発見する。知覚は世界をあらわれさせるが、その知覚は世界のなかで生起する、というパラドックス」（同前）がここに起こってくるのである。

このことの意味は、ただ単に反射的に「見られる」ということではない。自己の経験や認識のなかで秩序づけられた「視点から見る」ことによって、まったく予想も想像もしなかった「視点から見られる」ことが還ってくるということである。それは、現実の健康な「視点から見る」ことに対して、非現実で破壊的な「視点から見られる」ことが投げ返されてくるということでもある。たとえ自己超出の「視点」によって発見した世界であっても、はね返ってくるものによって自己が崩壊させられることが容赦なく起こり得る、ということである。

更につけ加えておきたいのは、この二重構造の「視点」は、「同心円のなかの」自己中心点ではあっても、固定することのない「任意の一点」として、それは絶えず移動しその位置を変化させているということだ。したがって、円周である「境界」や円周外の「他の世界」とのパースペクティヴも、その都度変化していくということである。

山口昌男は著書『文化と両義性』において、「中心と周縁」の問題をとりあげ、「争闘神話」に起源をもつ西欧文明の根幹ともいうべき二項対立の思考をその呪縛から解放してみせた。とくに、「中心」志向という思考の硬直性を「周縁」が孕みもつ多義・多元性という「両義性」の視点から解放し、二項対立の行きづまりを「対立」から「寛容」へと導いたことは、多様な現実世界の表現に一つの指針を示したともいえよう。

そもそも二項対立の思考は、一方的論理の世界であって、山口が「争闘神話」にその起源をみるように、それは勝者の、つまり征服者、権力者の論理である。それだけならまだしもその論理の裏付けのためには、自らを「正」とするための卑劣極まりない「排除」の論理が、当然のごとく捏造されつづけねばならないとう残忍性が組み込まれているのだ。つまり、絶えず「排除としての敵」をつくりあげねばならない論理なのである。失敗すれば、たちまち自らが「排除としての敵」にならざるを得ないからだ。

興味深いのは、我々の概念は、文化の中心に位置する、または近い事象であればあるほど一元的であって、差異性の強調がなされる。それに対して、周縁的な事物についの概念は、それが明確な意識から遠ざかっているゆえに、「曖昧性」を帯びている。曖昧というのは多義的であるということに他ならない。多義性は、そこで、分割するより綜合、新しい結びつきを可能にする。

山口昌男『文化と両義性』岩波書店

「中心と周縁」の図式を二項対立思考でおし進めると、全体世界は明確な相剋の論理に還元されてしまう。つまり善と悪、秩序と混沌、存在と非在、生と死というように、「正」を肯定するために「負」

の否定を前提とする西欧の争闘の論理となって自らを呪縛してしまうのである。

ところが、東洋における「一即多、多即一」や「相対的な両端を必ず同時に視野に入れて考える」（金谷治『中国思想を考える』中公新書）両面思考は、「対立」を「対応」へとみちびき意味の世界に「幅」をあたえる。その「幅」こそ、「両義性」とよばれ、また「多義性」「曖昧性」として、意味の平等性や意識の変換性、融合性を自在に受け入れる論理となるのである。

かくして「中心と周縁」は二項対立の呪縛から解放され、線的な「境界」から「幅」をもった「周縁」へと意味の世界を広げると同時に、意識の自在な変換、融合をも可能にするのである。そしてそれは、「曖昧性」と「多義性」のなかで幅ひろい時空間を獲得したが故に、この「周縁」は「中心」とは対立せず、「対応」という関係で「中心」を支え「中心」からも支えられるのである。山口昌男はこのことを「境界の持つ両義的性格」として次のように捉える。

境界は多義的であるゆえ、そこには日常生活の中では位置を与えられないイメージが立ち現われる可能性を持つ。二つの矛盾するものが同時に現われることができる。そこでは、イメージおよび象徴が、言葉になる以前に絶えず立ち現われ、増殖し、新しい統合をとげる。

境界の「幅」を簡単に説明するれば、この「良寛游擬」の冒頭で述べた「幕間」の概念に相当する。幕と幕の間にあって、「余韻と余兆の交錯する『空白』と、その『空白』に渦巻き逆流する人間意識の葛藤の『ズレ』」を表出するトポスということである。それはとりもなおさず「歴史の無意識」であり、私たちが見過ごしてきた歴史の切断された時間でもあるのだ。

境界の「幅」としての「周縁」は、「それが秘める反社会性のゆえに、発生状態においては、周縁的部分に押しやられるが、絶えざる記号の増殖作用のゆえに、中心部を生気づけている」（同前）ものとして生きている。それはまた、「民俗において、境界というのは、意味出現直前または消滅寸前の混沌の表現であるといえよう。混沌は、好ましからぬ要素で生活の秩序には入ってきてもらいたくはないが、時と場所を限定して意識、話題にのぼることが秘かに望まれる要素」（同前）をその内部に孕んでいるのだ。

こうして境界の「幅」としての「周縁」は、秩序と混沌の入れ混じるトポスとなる。そこでは、挑発・転回・反転・裏切り・起死回生などのドラマが、絶え間なく発生し演じられているのである。「カーニヴァルの祝祭は、本質的に、転換の意識に付随する両義的な世界感覚の表現である」と山口昌男がいうように、そこはまさに、カーニヴァルのトポスである。

再び「生涯懶立身」

生涯懶立身　　生涯身を立つるに懶く
騰々任天真　　騰々天真に任す。

囊中三升米　囊中三升の米
炉辺一束薪　炉辺一束の薪。
誰問迷悟跡　誰れか問はん迷悟の跡
何知名利塵　何ぞ知らん名利の塵。
夜雨草庵裡　夜雨草庵の裡
双脚等閒伸　双脚等閒に伸ばす。

前章でこの詩の第一行「生涯懶立身」と、終行の「双脚等閒伸」について書いたが、やや足早に過ぎた感があり、もう一度この「懶」と「等閒」にもどってみたい。

私は良寛の「立身」を普通一般の「出世」ではなく儒学の「孝」の意とし、「懶」を「仮面」とした。その理由は江戸時代の儒学においては「孝が道徳の根本とされ」（福永光司『世界大百科事典』平凡社）、とくに親子の関係を規範化することによって家族道徳から国家道徳までを確立していたからだ。「儒家において、孝は家族の秩序維持の原理であるとともに、国家社会の秩序維持の原理でもあり、道徳の原理であるとともに、政治の原理でもあるという性格をもつ」（同前）ものとして、「孝」は人間道徳の根本原理であった。

とくに家長権が重視された江戸時代は、封建制度の基礎固めを儒教によっておこなったため、「孝」＝「忠」は武士道とともに日本精神の規範となった。だが、そもそもは「それ孝は親に事ふるに始まり、君に事ふるに中し、身を立つるに終る」と『孝経』にあるように、「立身」とは、「修養して一人前になる。立派な人間になる」（林秀一『孝経』明徳出版社）という意味で、世間でいう名誉の出世ではなかったのである。

良寛は、両親を捨て、家族兄弟を捨て、「孝」という人間道徳の原理を捨て、なおかつ「修養して一人前の立派な人間」にもなれなかったのを愧じたのである。「少年父を捨てて他国に奔る、辛苦虎を描いても猫もならず」と愧じながらも、おめおめと破産寸前の生家のある故郷に帰ってこざるを得なかった不甲斐なさを、さらに愧じたのである。

良寛は故郷に帰りながらも誰にも会わず、空庵や廃庵を転々とした。良寛はこの時、自らの判断の甘さ、挫折しかできなかった自らの意志の弱さと、面と向きあったのである。「孤立無援。正師もなし。弟子もなし」である。

良寛は、絶望と孤独まみれのどん底のなかから、ここに至って遂に、「懶」という「仮面」を掘り起こし、手にしたのである。

〈おもて〉〈仮面〉とは、自我と世界、自己と他者との一切の意味づけの失われるわたしたちの存在の場の根源的な不安のただなかから、はじめて同一性と差異性とが、意味と方向づけとが、〈かたどり〉を得、〈かたり〉出されてくる、まさにそのはざまの別名にほかならない。

坂部恵『仮面の解釈学』東大出版会

良寛の仮面は、自他にむかって自己の存在を確認証明するための自己中心の「任意の一点」が失われる寸前の「はざま」において、発見されたのである。いままで信じてきた「壺中の天」からの二重構造の「視点」が、非現実で破壊的な「視点から見られる」ことによって、自己崩壊の直前まで追い込まれたのである。そして「見ること」と「見られること」との「はざま」に、「原初の混沌と不安のカオスの中からはじめて意味づけをえたコスモスがたちあらわれてくる始源の方向づけをかたどり出す」（同前）「仮面」を発見することができたのである。

その「仮面」こそ、自己の不甲斐なさと、世間の不透明さに対する意味づけとなる「懶」であった。「懶」の「仮面」の発見によって「双脚等閒伸」への思考は必然的に導き出されたといえる。二元論の克服である。自己中心の「任意の一点」から半径を描くことを止めたのである。したがって自己中心の「任意の一点」からの「周縁」（線的境界）も消滅したのである。「見ることによって見られる」二重構造の視点も、意識の底に沈んだのである。「対立」思考から「対応」思考への転換である。いってみれば、「是と非」「善と悪」「罪と罰」からの解放である。「双脚等閒」は、「右は右、左は左」の相互自由を両立させることによって、両者は交錯することなく「二元平行」の存在を獲得するのである。

念のため、私の「生涯懶立身」の解釈はこうである。第一行目は、対世間意識を消すために「懶」の仮面をつける。第二行目は、仮面によって「騰々天真」の世界がひらける。だが実際の良寛の生き方のなかには、このような超越的自己の展開はほとんどみられない。第三、四行は、仮面の効果で生活の満足感が述べられる。ところが、安心感からか第五、六行で仮面がいったん外される。途端に、対世間意識が良寛を襲い、良寛は狼狽する。慌てた良寛は言い訳をしながら仮面をつけ、第七、終行に至る、というものだ。

「懶」の「仮面」は、良寛の潔癖、強情、神経質というひたむきな精神を、徐々に「異」にむかって変容させていくのである。

「索々五合庵」

良寛は「周縁」へ帰ったのである。いや、意識して「周縁」へ回帰したのである。自己中心の「任意の一点」からの構造は「二元平行論」によって解体され、ただの「任意の一点」となって、境界の「幅」としての「周縁」へ回帰したのである。時に、良寛四十歳の、意識の逆転劇であった。

五合庵

索々五合庵　　索々(サクサク)たる五合庵
室如懸磬然　　室は懸磬(ケンセイ)の如く然り。
戸外杉千株　　戸外(コグワイ) 杉千株(シュ)
壁上偈数篇　　壁上(ヘキジョウ)偈(ゲ)数篇。

釜中時有塵　　釜中時に塵有り
甑裏更無烟　　甑裏(ソウリ)更に烟(けむり)無し。
唯有東村叟　　唯東村の叟(ソウ)あり
時敲月下門　　時に敲(たた)く月下の門。

「五合庵」国上山西阪の中腹にあり。万元和尚が旧知良長を尋ねて国上山に来て庵を結ぶ、良長が日に、米五合を贈ったので庵名とした。「索々」わびしきこと。物さびし。「室」家資の空しきを言ふ。「偈」仏の功徳を讃美する頌詩。多くは四句を用ふ。

五合庵は木造萱葺き、六帖一間の粗末な庵である。庵というより小屋に近く、床は板張りで形ばかりの炉が切ってあり、板壁の隙間からひっきりなしに雨、風、雪の吹き込みがあったであろう。私は訪ねてみてはじめて、風雪によく耐えたその壮絶ぶりに直面し、思わず感動した。

板張りに筵敷き無一物に近い五合庵での生活は、自己中心なき「任意の一点」との、更なる格闘であった。「孤峰独宿(ドクシュク)の夜、雨雪思(おもひ)悄然たり」「衣は実に風霜(フウソウ)に朽ち、食は纔(わずか)に路辺(ロヘン)に乞ふ」「終夜榾柮(コットツ)を焼(た)き、静に古人の詩を読む」「終身粗布(ソフ)の衣(イ)、生ずるに任す口辺(クヘン)の醭(ボク)（白きかび）、掃(はら)ふに懶し頭上の灰」「心流俗を逐(お)ふ無く、人の獃痴(ガイチ)（おろか）と呼ぶに任す」。良寛は次第に放浪漂泊から、隠遁定住への歩みを自覚していった。

寛政九年（一七九七）四十歳で五合庵に入った良寛は、享和二年（一八〇二）四十五歳の時、国上寺住職義苗が隠居したため一旦五合庵を出るが、文化元年（一八〇四）義苗が没し再び五合庵に入る。以後、文政九年（一八二六）六十九歳まで乙子神社草庵への移住を含めて二十九年間を国上寺の草庵で過ごすことになる。

その間、弟（四男）香の自死。弟（三男）宥澄の死。弟（次男）澹由之の追放、橘屋の消滅。妹（次女）たかの死。妹（長女）むらの死と不幸が相次ぐが、良寛の詩歌に対する精進は充溢しており、文化十一年（一八一四）五十四歳で自筆詩稿『草堂貫華』、翌十二年自筆歌稿『ふるさと』を制作、文化十三年には鈴木隆造校・鈴木文台序の良寛詩集『草堂集』が成り、文政元年（一八一八）六十一歳の時大関文仲の『良寛禅師伝』が上梓されるなど、その成果は目をみはるものがある。

良寛の五合庵入庵は、わが国隠遁の歴史とその系譜を変えるに充分な異質性をもったものであった。それは、彼岸に超越的な「こころ」を見出し道心を磨いた西行、個人の主体を「数奇と草庵」に求めた長明、人間存在の無常感を「無常観」として批評精神を確立した兼好、詩体験の孤高を「旅と作品」に結実させた芭蕉たちのいずれの系譜にも属さないものであった。

良寛隠遁の異質性の要因の一つは、「周縁」意識の自覚であり、もう一つの要因は文学に淫しなかったこと、日常性への憧憬に「遊び」意識を積極的にとり込んだことである。良寛は放浪漂泊の過程で、「中心」から遠去けられてきた村落共同体の在り様を、身体にしみ込ませていたからだった。生まれ故郷の越後出雲崎への回帰も、そこが「江戸」や「文化」からの「周縁」であったからである。

一茶が唾を飛ばすように詠んだ「雪行け〳〵都のたはけ待ちおらん」（『七番日記』）という句。鈴木牧之が『北越雪譜』で、くり返し「暖国暖地」の積雪知らずに辛口で語った「全く雪中に蟄（こも）るは半年也。……雪中には一点の野菜もなければ……。雪中に籠り居て朝夕をなすものは人と熊也」などの文言。更にまた、昭和三十五年代（一九六〇）まで日本の近代化促進のなかで表日本に対して「裏日本」（古厩忠夫『裏日本』岩波新書）と呼ばれていた北陸、山陰は、私たちの記憶にも「周縁」の地として刻み込まれていたのではなかったか。良寛はそのような遠去けられた「周縁」に故郷を再確認し、回帰隠遁したのである。

> 境界には、日常生活の現実には収まり切らないが、人が秘かに培養することを欲する様々のイメージが仮託されてきた。これらのイメージは、日常生活を構成する見慣れた記号と較べて、絶えず発生し、変形を行う状態にあるので生き生きとしてる。……人は、自らを、特定の時間の中で境界の上または中に置くことによって、日常生活の効用性に支配された時間、空間の軛から自らを解き放ち、自らの行為、言語が潜在的に持っている意味作用と直面し、「生まれ変わる」といった体験を持つことができる。……文化の中の挑発的な部分は、それが秘める反社会性のゆえに、発生状態においては、周縁的部分に押しやられるが、絶えざる記号の増殖作用のゆえに、中心部分を生気づけている。
>
> 山口昌男『文化と両義性』岩波書店

山口は同書で、社会学者三橋修の異和空間としての「散所」をとりあげ、そこは「ひまな、あるいは役に立たない所」「拘束されない場所」「もともと生産物を出さない、聖なる＝けがれた場所」であったと紹介しているが、良寛の五合庵もまさに「散所」（「境界の幅としての周縁」）とよぶに相応しい草庵であった。したがって五合庵は、数奇による「わび住まい」としての草庵ではなく、意のままに生活ができる場であり、世間からも束縛されない自由を約束された聖域でもあったのだ。

良寛は「懶の仮面」と「双脚等閒」の覚悟によって「境界の幅としての周縁」を現実のものとした。そして良寛の「任意の一点」もまた自在を獲得したのである。以来、良寛の思考行動のなかで、事物はその曖昧性と多義性を、意味はその変換性と融合性を自由自在に振る舞うと同時に、聖とけがれ、善と悪、生と死の差別をも消滅させたのである。良寛は、実に生き生きと「懶の仮面」をおもてに付けては里に出掛け、一日一日の日常性の手応えを楽しみ、実に生き生きと「懶の仮面」をおもてから外しては帰途につくのであった。

「周縁」としての五合庵は、こうして良寛の日常と聖域である非日常とのつながりを現実のものとした。そしてそれが、もう一つの要因である「遊び」意識とも容易につながりをみせることができたのは、当然、「周縁」がもっている祝祭・演劇の要素、つまりカーニヴァルの意識とぴったり重なるからである。

日本の「遊び」は、律令制の時代から奔放な精神の自由が奪われ、西村清和がいう「真剣な日常生活の現実性からすれば、その埒外にあって、これとは無縁な、無意味で無用で、無秩序な現象」「それは本気ではない、それゆえ、一種のフィクションであり、仮象のみかけ」「つまり、非日常、非現実な仮象の意識」（『遊びの現象学』勁草書房）として、昭和一桁の私たち世代まで勤勉日本の負の精神であると教え込まれてきたのであった。

良寛は日本における「遊び」の負の価値観を、里の子等と遊ぶことによって「無心」の境地にまで高め、遊び本来の「遊びの目的は遊びの行為そのもののなかにある」（ホイジンガ『ホモ・ルーデンス』）という自由奔放の世界をとりもどしたのである。ただし、そのためには「子供」に対する呵責なき精神が必要であったことを、私たちは決して見逃してはならない。なぜなら一九六〇年のアリエス『〈子供〉の誕生』まで、新しい人間としての「子供の発見」はなかったからである。

「子供」たちは決して幼稚な大人ではない。「小さい大人、若い大人」（中村雄二郎『術語集』岩波新書）ではない。中村が同書で紹介するように、「子供は私たち大人にとって、その他者性をあらわにする。というのも、子供たちはおのずからの反秩序性の体現者であり、いわば文化の外にある存在として、その存在自体が秩序を問いかえしているからである。子供の逸脱的な在り様が人々を脅かし、大人たちを正体不明の不安に陥れる」（本田和子『異文化としての子ども』）存在なのだ。私たち大人が本当に「子供」を理解しようとするとき「むしろ必要なのは、子供をはっきり他者あるいは異文化として見なす」（中村）苛酷な姿勢が問われるのである。良寛は何度も何度も「子供」たちから馬鹿にされ、相手にされなかった。「子供」たちは一目で、良寛の素性や心のなかを読み取ることができたからである。

良寛がはじめて「子供」たちを一人前の他者として理解できたときから、「遊び」は本来の世界をとり戻し「子供」たちとも心が通じあうようになったのである。終日「子供」たちと遊び戯れる良寛を見て、訝り怪しむ大人たちの目には、良寛のほうがむしろ得体の知れない異人とうつった。しかも、あろうことか飢餓の最中に、あるいは貧しさのために売られていく「子供」たちと知りながら……という思いが至る所で良寛に投げかけられたであろう。しかし良寛はただ笑うだけで「箇中の意を知らんと要せば、元来　只　這れ是れ」と自答するだけであった。

「我生何処来」

我生何処来　我が生何処より来り
去而何処之　去って何処にか之く。
独坐蓬窗下　独　蓬窗の下に坐して
兀々静尋思　兀々静に尋思す。
尋思不知始　尋思するも始めを知らず
焉能知其終　焉　能く其の終を知らん。
現在亦復然　現在亦復然り
展転総是空　展転総て是れ空。
空中且有我　空中　且　我れ有り
況有是与非　況　是と非と有らんや。

不知容些子　　些子を容るるを知らず
随縁且従容　　縁に随って且に従容。

「蓬窗」草ぶきのつまらぬ家の窗。「兀々」動かざる貌。「展転」ねがへりすること。「空」因縁所生の法、究竟して実体なきをいふ。「従容」ゆったりとした貌。

私は第一章で、良寛の「忸怩たる思い」を家に対する負い目と、自分の生に対するいわれのない不安と憤りの近代自我意識だと書いた。また、良寛の「非俗非沙門」の「非」を他人や世間に対しての「否」ではなく、自分自身にむけられた「負の非」であるとした。そして良寛の放浪漂泊の姿を「乞食はいずこともなく共同体を訪れてくる来訪神であり客神」（山折哲雄）であった「まれびと」として捉え、そこに良寛の「異」を見出し、「『異』のもつあらゆる性質（属性）を全面的に背負った（所有）人、さらにいえば、『異』の性格を全身に背負わされると同時に、積極的に自ら背負うことを覚悟した『異の人』とよぶのである」と記した。

良寛は五合庵において、自らの「異」を積極的に背負った。そして、磨いた。良寛の隠遁が文学に淫しなかった理由である。

誰我詩謂詩　　誰れか我が詩を詩と謂う
我詩是非詩　　我が詩は是れ詩に非ず。

知我詩非詩　我が詩の詩に非ざるを知って
始可与言詩　始めて与(とも)に詩を言うべし。

五合庵時代の良寛の詩歌は、水を得た魚のように縦横無尽の意欲をみせ、作品は透明感をましていった。そのため良寛の詩は、偈ともみられ、詩偈混合とも、歌謡頌賦ともみられている（『良寛詩集』岩波書店）。また良寛の詩に対する姿勢は「詩を作るに声病（詩賦の平仄）を避けず人之れを議すれば曰く、我れ吾が言はんと欲する所を道ふのみ」（大関文仲『良寛伝』）であり、「貧道（自分）の嗜まざる所三有り、曰く詩人之詩、書家の書、庖人之饌是也」（『良寛道人略伝』）といった毅然としたものであった。これには道元の「無常迅速なり。生死事大なり。……文筆詩歌等其の詮なき事なれば捨つべき道理なり」（『正法眼蔵随聞記』第一）や、「語言文章はいかにもあれ、思ふ儘の理を顆々と書きたらんは、後来も文はわろしと思ふとも、理だにも聞ゐたらば道のためには大切なり」（同前第二）という言葉が心底に残っていたからではなかろうか。

風まじり　雪は降り来ぬ　雪まじり　風は吹き来ぬ
このゆふべ　起きゐて聞けば　かりがねも　天つみ空を　なづみつつゆく
ひさかたの雲居をわたる雁がねも羽しろたへに雪や降るらむ

「展転総て是れ空。空中且我れ有り」。「異の人」良寛はこの詩境において無限の空中に身を委ねることができたのである。

　沫雪の中にたちたる三千大千世界（みちあふち）またその中に沫雪ぞ降る

　降りしきる沫雪のなかにじっと立って雪を見つめている良寛。どれくらいの時間が経ったのであろうか。気がつくと、いつの間にか良寛は沫雪となって空中に舞いあがっていく。ごく自然に、最初からそうであったように。良寛は空中を浮遊しながら一粒一粒の沫雪のなかに、それぞれの三千大千世界を見ている。そして良寛が見ているその三千大千世界のなかにも沫雪が降っているのである。

　三千大千世界とは、小世界が千あつまって小千世界となり、小千世界が千あつまって中千世界となり、中千世界が千あつまって大千世界となり、大千世界が三乗されてやっとできあがる世界のことである。

　良寛は更に上昇をつづける。なんと、途方もなく壮大に荘厳された、美しい光景であろう。「無限」という世界が、具体的に、眼前に立ち現われたことを実感する。

　私の目には、もう、天空を無心に舞う、沫雪となった良寛しか見えない。

檀一雄小論

檀一雄に捧げる鎮魂歌

――激しさは花ニ埋もれて微笑まん

花の薫り
天に溢れ
潮に満ちて
能古は馨し

人の賑ひ
野に麗しく
季節（とき）は春
なべて優し

天然の旅情
寂寞の涙
煌めきて
獨り和むか

現し世に
激し生きざま
放下して
獨り憩ふか

魂よ　魂よ
風となれ
雲となれ
光となれ

魂よ　魂よ
露となれ
星となれ
月となれ

海　凪げり
能古は幽玄
モガリ笛鎮もりて
花　天に還る

風の想い

――まさに、変幻自在の風であった。檀さんの風姿は、時に烈風であり、時に疾風、時に微風となり、その吹く処を得て豪放、闊達、瓢逸、優雅であった。いや、仔細に身を凝らしてみれば、幻妖、幽玄、気が遠くなる程の、顫風であった。

檀さんと私とは、点と点というより外はないお付合いであったが、その都度、檀さんの光輝に触れ、根源的今風の実存に接し得たことは生涯忘れることのできない想いとなった。

「風が止マレバ
風デハナイ」

風が、風であるためには、吹き続けねばならない。分りきったことである。しかし、この明白な事実に気付く人は、尠い。なるほど、人間の生死を風に譬えることは容易い。が、それはあくまで仮託の形相であり、己れ自身を風としての真実とは、程遠いものである。檀さんは、まさに、風自身であった。「止マルコトノデキナイ」風であった。行手にどれ程の真実があろうが、虚構があろうが、瞬時も止まることはできないのである。ただ、ひたすらに突き抜け、吹き抜けていかねばならない。生身の人間にとって、これ程、切ない真実はないのである。無常迅速の風姿に、変幻自在の表情が煌めく時、私は錐のような孤独の痛みを覚え、戦慄するのである。

「アハハハ、何ば云いよるとナ。」

突然、檀さんの哄笑が響いた。いきなり、風が身を黐したのである。

檀さんと初めてお逢いしたのは、昭和四九年の五月中旬、能古島が晩春から初夏へと、その色彩を移行し始めた頃であった。当時私はD社に勤務していて、N社の社史づくりを最後の仕事としていた。社史の巻頭に檀さんのエッセイを……という案が決まって、私は同じD社のカメラマンである岩田君に檀さんを紹介して貰った。岩田君は、志村氏の従兄弟で、以前から檀さんとは親しい間柄であった。

「檀です。」檀さんの第一声は、颯爽と響いた。端正な風姿は、偉丈夫のそれであり、美男子のそれであった。私は一瞬にして魅了されてしまった。檀さんはすぐさま、井戸水で冷やした冷え加減上々のビールを「さあ、どうぞ」と、鮮やかな手付きで注いで下さった。肝臓を悪くして只今静養中とのことを伺っていたので、お身体の工合を心配すると、「アハハハ、心配いりませんよ。これがないと生きてる心地がしませんからね」と、すでに手元のコップは空であった。私は、檀さんの心遣いを気に留めながらも、完全に「檀一雄」の世界に拉致されていた。檀さんは始終、颯爽とした口振りで話され、「アハハハ」の哄笑を惜し気もなく、天空(そら)へ放擲されるのであった。

話は、檀さんの面目躍如たるもので、気宇壮大、ビールの洗礼を受けて、時空に飛翔するかと思えば、忽ち洋上に漂うといった様相でポルトガルの想い出から遂に、能古王国論にまで発展するのである。

「ハア、今度は能古島ば買うて、大統領に就任します。そして、日本国に独立宣言ばします。」

「それは素晴らしか。日本国が腰ば抜かして、大騒ぎですバイ。」

「アハハハ、ザマミロですタイ。さしずめ船着場が税関です。大統領の許可なしでは、誰も入国できんとです。……税金の代わりに、魚や貝、野菜、果物ばウンと貰うて、大統領は朝から、酒と料理ですタイ。」

「檀さん、能古島を『ダン王国』と命名しまっしょう。それに、お金はあったほうがいいから、金持の入国者から遠慮せず貰うて……日本円を『ダン円』に換金させまっしょう。王国の名誉にかけて『一ダン』を十万円位にすると、いちだんと国威があがりますよ。」

「アハハハ、それはいい。その代わり美女の入国は無制限、王様は毎日美女に囲まれて……」

「檀さん、すぐに実現しまっしょう。」

「ハア、それにしては、少しお金が足りませんから……S社とY社と……あとはフミの貯金を借りましょう。」

『ダン王国論』は、ここで終った。しかし眼前の檀さんは、すでに能古王国の王様であった。檀さんの嗤った目が船着場へ向けられると無許可で入国する美女の群れや、日本円を『ダン円』に換金する旅行者達のざわめきが現実の動きとして目に映るから不思議である。

それから三度、檀さんの元気な風姿に接したが、初対面のこの時程、潑溂としたものはなかった。玄海の荒海を背に、博多の街と背振の山を正面に見据えた檀さんの姿は、王者の風格充分であった。檀さん逝かれて二ヵ月。天空(そら)を見上げれば、変幻自在の風は、ますます鮮やかに吹いている。いま、沈丁花の蕾を眺め、風に包まれて世阿弥の言葉を噛みしめている。

「童形なれば、何としたるも幽玄なり。」

詩人　檀　一雄

檀一雄の鎮魂の場は、つねに、詩作の場であった。

迸る生命の旺盛さが織りなす、その煌めきや逸脱を慰め鎮めることができるのは、たとえそれが「坪にも足りぬ仮現の憩ひ」（「わが為に薦むる鎮魂歌」）の場であっても、詩人としての自覚が確立できる、その場でしかなかった。

檀一雄はなによりも、作家であるより詩人であった。

『能古島通信第三集』は、はからずも『檀一雄追悼号』になってしまったが、私はその追悼のなかで檀一雄を変幻自在の「風そのもの」として捉えた。

「時に烈風、時に疾風、その吹く処を得て豪放、闊達、飄逸、優雅、仔細に身を凝らしてみれば、幻妖、幽玄、気が遠くなる程の、顫風でもある。然し、風が風であるためには吹き続けねばならない。『風ガ止マレバ、風デハナイ』のである。行く手にどれほどの真実があろうが、虚構があろうが、瞬時も止まることはできない。ただひたすらに突き抜け、吹き抜けていかねばならない。生身の人間にとって、これ程、切ない真実はないのである」として、「止マルコトガデキナイ風」への想いを書いた。

私のこの想いは、今でも変わらない。人間の生き方を「風」に譬えるのは容易い。だがその「風」が、単なる現象的なものや擬態的なものでなかったとしたら、そして、人間が「風」本来の在りように深く目覚めたとしたら、その生きざまは、どのようになるのであろうか。いや、どのようにすべきか。

昭和二十一年の『午前』（八〜九月号）に発表された「詩人と死」というエッセイがある。妻リツ子の死から四ヶ月後の作品であるが、私はここに、「風」として生きることを選びとった檀一雄の、凄まじいまでの意志と詩魂を読み取ることができる。

それは檀一雄が、妻の死を含めて「二年間に行き会うた」、数多くの非情な「現実の死」を目撃したからである。それらの「現実の死」は、檀一雄の前に、「童話風の幻想」から、いきなり、「個体の単純な解体と消滅……蛆がわき、糜爛し、解体する」死の姿をつきつけたのである。

そのことによって文学的な「死」から豁然と目覚めた檀一雄は、同時に、「現実の生」に対して目眩くほどの自覚を、実感として体験した。

「この死の正確な現実の相を以て、生の側の着実な再建を試みなければならない。生命の狼火として打上げる詩歌の当然あらねばならぬ骨格と、不動の根拠を考えたまでのことである。……凡ゆる人類の課題は総てその生の側に於てのみ当然の意義を帯びるのである」(「詩人と死」)。

檀一雄は、この「死と生」への同時覚醒によって、敢然として「生の側」に立つことを決意した。そしてそれは、かつてニーチェを始めて読んだ時の興奮、「自分の生命を、はじめて我が手に奪回したと、その誇らしさは限りなかった」(「ニーチェ『この人を見よ』」)という、「心の躍動と緊張」と同等の感動であったろう。

人並み外れた強靭な体力を持つ檀一雄は、然しこの時はっきりと、「並みはずれた健康の過剰」と「妄動の体質」を諸手に摑み、真っ正面から「生の側」へ立ち向かったのだ。

太宰治への想い、それは檀一雄が天才と称したほどの資質に対する畏怖の念ではなかったろうか。檀一雄は太宰治との「狂乱怒濤」の日々のなかで、詩人檀一雄の自負よりもまえに、作家太宰治の才能を信じて疑わなかった。それは、友情をはるかに凌駕した、文学者同志の熾烈な資質の闘いでもあったろう。

それ故に、檀一雄が「生の側」に立った時、檀一雄は太宰治との決定的な資質の違いを明瞭に理解し、納得したと思うのである。つまり、「死の側」に立つ作家太宰治に対して、「生の側」に立つ詩人檀一雄が、この時点に於て誕生したのである。

以来、「無頼派」と呼ばれ、「破滅型」と称される文学者のなかで、檀一雄はひとり己れを詩人と信じ、

「自己表出を願ってやまぬ、本能的な欲求」に従っては、破滅すら懼れず、実に堂々と「生の側」の闘いに全身を賭け、一歩たりとも退かなかったのである。

詩人として「生の側」に立つことが如何に至難の業であったかは、「火宅の人」の凄絶な完結にみるとおりであり、それ故の「止マルコトガデキナイ風」の由来も、またここにあると思う。


檀一雄を詩人として高く評価したのは、佐藤春夫と保田與重郎であった。そして檀一雄もまた、この二人を「詩の本質を古代の日から今日迄伝え来たった」詩人として生涯敬愛しつづけた。

太宰治との出逢いまでは、太宰とは「異質の作家」という思いが強かったであろうし、檀一雄自身、作家よりも詩人としての思いはまだ漠然とあったに過ぎなかっただろう。

然し、太宰治より一ヶ月後の佐藤春夫との出逢いは、生涯に於てもっとも強烈であったに違いない。檀一雄は、その出逢いの瞬間、佐藤春夫の詩人の魂に、激しく震憾させられたであろう。だが同時にまた、己れ自身も詩人であったことに確信を持ち得たであろう。

詩人が詩人と出逢う。

詩人が詩人を認めあう。

それは、まわりの空気が震えるほどの凄気が響きあったはずだ。心と心の琴線に稲光が煌めきわたったに違いない。詩人檀一雄の自覚は、この時から不動のものとなり、佐藤春夫を生涯の師と仰がしめ、思慕の念を絶やすことはなかった。「わが拙き詩業はことごとく亡師への帰依也思慕也」とは、詩「花の下」の献辞であるが、その畏敬の念は檀一雄のあらゆる作品の、いたるところに鏤められている。

昭和十四年、第一詩集『虚空象嵌』を佐藤春夫の装幀で出版するが、その詩情詩魂は佐藤春夫の詩作品とよく響きあうものである。そして檀一雄は佐藤春夫の詩の憂欝を、「ゆがんだ人間の性を、再び自然と等量のとめどのない連還の諸相に帰したいと願う」祈願のように、また「それは殆ど自然と等量の力に満ち満ちた美しい連還の諸相を描きつくして、読み終っても、読み終らない、無類の感銘」(「佐藤春夫の憂欝」)として承けとっている。

檀一雄にとっての詩は、「瞬時の生命の跳躍」であり、「不滅のものとしてではなく、必滅の遺品として」あるもので、「詩はその生命の瞬時にのみ重大な意義を帯びる」ことによって、「自然と人格とが連還していく」ものなのである。

私は檀一雄を、現代ではもっとも芭蕉に近い詩人だと思って止まない。それは詩が、作品に対する姿勢だけの問題に止まらず、詩人としての自覚と覚悟の問題でもあるからだ。

保田與重郎の視点もまた、詩人芭蕉、檀一雄への認識と共感は同じであったと思われる。そのことは、「我国の詩人の生き方の系譜を正し、我国の詩の創造力の根源を指し示した」著書『芭蕉』に対する、檀一雄の並々ならぬ尊敬の論評がよく語っている。そういう意味で、檀一雄も保田與重郎も現代にあって詩人芭蕉に近づき得た詩人といえる。

「詩の本来の力は氏（保田）が云う通り、文学者の誠実の偉大さとをこころのあり方によって、形の上の生命を思わずに、大事に当る者の絶対感を鼓舞するものでなければなるまい」（「保田與重郎『芭蕉』」)。

『「造化にかへる」といふ真髄は、この国ぶりにあるのであつて、ある観念上の形でなく、丈夫の雄心の極致に於て、生も死も思はず、しかも旺盛な創造の状態に、心があることを云ふのである』(保田與重郎)。

二人の感激と共感は、「詩形を絶した芭蕉の志の道の上に詩人の生き方と、その創造力の根源を汲み取る」(檀一雄)ことであり、それは詩精神の志の高さに於てであった。

私がまた、檀一雄を芭蕉にもっとも近い詩人というときも、その「志の高さ」と、「己の亡びやすい肉のなかに不易の詩魂」の確立を願った生き方を指しているのだ。「己の肉体を鍛冶して、森羅の姿をこの異常なトランスによって圧縮する。彼(芭蕉)が不易というたのは、人が到達し得るこの異常な生命の創建の規模にかかわる安堵であった」(「詩人と死」)。

「生の側」に立ち向かった檀一雄は、孤軍奮闘、「生の豊饒と己の肉感の情」に翻弄されながらも、忠実に、真摯に、「止マルコトガデキナイ風」の意志として、生の終焉に向かって吹きつづけねばならなかったのである。

檀一雄は、その「志の高さ」に於て、無気力な現実、卑屈な精神、簡便な生活、堕俗な風物、亜流の人工思想を徹底して排した。

檀一雄の「志の高さ」は、「人間と云うものが、絶えず自己教化出来る何物かであると云うこと――人間の描く生命と云うものが、如何ように美しく、豊饒に、育成出来るかと云う信仰――」、「天然が我々を投擲した素朴な意味に精励して、人体を本来の意味に返す」（「教育について」）ことであり、そのために、「自分の人生を、まぎれることなく、自分の人生と感じとって、自分を鼓舞激励すること」（「無限の自由と悲しみを手に――成人の日によせて――」）そして、「爽やかな、生の意味から逸脱しようとする、無気力、怠惰、自己放棄を駆逐して、己の傾斜をただし、更に発言し、戦うこと」（「わたしは発言する」）であった。

檀一雄の、亡びやすい自分の心と体を、絶えず鼓舞激励し、誘導育成し、美しく保持するという祈願は、全作品に繰り返し鳴り響く主題音である。

檀一雄は、全身全霊をこの主題音に向かって傾けた。現実に於ては、欲情、妄動、逸脱、惑乱に傷つきながらも、敢然と詩人の確立に立ち向かっていった。私はその詩魂の在りように芭蕉を重ね、求道者としての詩人の姿を思い見るのである。

芭蕉は「高く心を悟りて俗に帰るべし」と教えたが、檀一雄の場合は、むしろ「俗にまみれて高く心を悟る」ことに全力を尽くしたのである。然し、いずれにしても二人の詩人は、己れの心を責めつくすことに於て、凄まじいまでの詩精神の確立を願ったのであった。

そして、二人の詩人にとっての「旅」は、「風雅のまこと」「詩のまこと」を責めるための、克己の旅であった。芭蕉の「片雲の風にさそはれて」は、檀一雄の「天然の旅情」であり、それは旅の次元をはるかに超えた大自然との厳しい対峙であり、修業僧以上の荒行であった。

檀一雄の苦行は、互いに矛盾し反発しあう並みはずれた己れの「肉体」と「精神」をいかに鍛冶し、投擲されたままの天然の生命をいかに全うするか、ということであった。

私は、檀一雄の「肉体」を「生活」として、「精神」を「文学」として感受する。

更に、檀一雄の「肉体」を「散文」として、「精神」を「詩」として受け取る。

そして、「生の側」に立ったが故の檀一雄の闘いを、「詩」と「散文」の壮絶な闘いではなかったか、と。

それ故に、檀一雄が「火宅の人」の完結で示したあの凄絶な執念こそ、私は、「散文」への訣別であり、「詩」への回帰であるとみて疑わない。

「能古島時代」を築きたいと希い、能古島を「終の栖」と希った檀一雄の心に、沸々と滾る「詩人檀一雄」としての決意を読み取るのは、私ひとりであろうか。

私は最後にもう一度、昭和二十一年に発表されたエッセイ「詩人と死」から、檀一雄の詩への想いを引用して、現代の詩人たちにその評価を問うてみたいのである。


「我国の今日に於ては一人の詩人が一人の詩人にひそかな影響を与えることすら困難である。……だから一人の詩人が一人の詩人に、息吹のように甘い切ない耳語を語り伝え得るような環境を作りたまえ。承け、承け渡してゆく生粋の詩人の系譜を作りたまえ。やがて五十年後の君等の議場演説に、壮大な文明が語られ、同時にその文明がささえられている小さな数限りのない星と菫の詩人達の交友が編みこまれることを切望しよう」。

一九八九・一一・二〇

檀さん、残影—檀一雄没後三十年

お礼のことば

お蔭様で「檀一雄没後三十年・花逢忌」を恙無く挙行できましたことを、心から厚く御礼申あげます。

簡単にご報告しますと、福岡市文学館に於ける「にんげん檀一雄展」六日間で約七三〇名、前日の「トーク」会場で約一〇〇名、当日の「文芸講演会」で約一〇〇名、碑前催事で約二五〇名という驚異的なご参加を戴きました。しかもその年齢層は、中学生から八十歳のお年寄りまでという幅の広さでありました。

改めてここに、ご協力くださいました関係各位の方々とともに、ご参加の皆様方にも深く感謝の御礼を申しあげます。

檀さん、残影。

檀さん逝いて三十年、光陰の矢に射竦められて最初に考えたことは、檀さんの核心に在るものは何かということであった。もともと私は、檀さんの文学に傾倒するものでもないし、檀文学の信奉者でもない。私はただ、檀さんとの初対面でその風姿と全人格に一目惚れしただけである。いつも云っていることだが、私と檀さんの関係は「一目惚れ」という一語に尽きる。従って今年の「没後三十年・花逢忌」では、その「一目惚れ」の奥に在るものをたぐってみたかったのである。

そのことからもテーマは、「檀文学」ではなく「にんげん檀一雄」が最も相応しいのではないかと思い至った。そして「檀文学」は東京におまかせするのが最適ではないか、と。

ところが、聖人君子でない「にんげん檀一雄」を、無頼派の「にんげん性」を具体的にどう表現すればいいか。思い悩むにも時間の制限があり、私は結論として、檀さんの人生エピソードを集めることにその方向性を決定した。それも、綿密より雑駁、緻密より粗雑がいいと一人合点したのであるが、「旅」と「酒」と「料理」のポイントだけは何等かのかたちで押さえておきたかった。なぜならその三点は、「にんげん檀一雄」の元型となる人生スケールであるからだ、檀さんの生涯を展開させたコンパスであったからだ。

「旅は、生まれる……、死ぬ……、と同じようなものでありたい」(「紫の老紳士」)

「天と地と私の鼎談には、絶えず海の伴奏がともなった」(「天の賜暇」)

「あるものだけで結構だ。……無いものは、無くてすませるに限る」(「檀流クッキング」)

檀さんは三つのコンパスを自在に駆使して、己れを鞭打ち人々を楽しませて世界中を駈け巡ったのである。

また、檀さんは逢う度に「歌仙を巻きたい」とよく云っておられた。当時の私には「歌仙」の知識などまったくなく、いつも曖昧な返事ばかりをしていた。だが、没後三十年の歳月を振り返りながらよく考えてみると、「そうか、檀さんの一生はまるで歌仙そのものではなかったか」と、不覚にも思い至るのである。なるほど、檀さんは放浪し、料理をし、酒宴を開き、世界の至る所で「人生の歌仙」を巻きながら、生を輝かしていたのである。ひとり孤心に耐えながら、である。

してみれば「花逢忌」当日、長野秀樹氏（長崎純心女子大学教授）が「文芸講演会」で語ってくれた檀文学の三本の柱、つまり「花筐」・「リツ子・その愛」「リツ子・その死」・「火宅の人」がそのまま檀さんの三大歌仙に相当する。そして数々のエピソードがその三大歌仙を彩る小歌仙となるわけである。

歌仙とは連句の形式（三十六句）であり、連句とは二人以上の数人（連衆）が座となって歌仙を巻く（句会を行なう）のである。

「俳諧の座は、元来自由狼籍の世界」（山本健吉）であり、「歌仙は三十六歩なり、一歩もあとに帰る心なし、行に従ひ心のあらたまるは只先へ行心なればなり」（『白冊子』）とあるように、一句で自己完結してはならない。「前句が後句を呼び、後句がさらに前句を生かすといった附合の発想」（広末保）によって「未知の時間・空間へ向かってダイナミックに展開してゆく」（同前）ものなのである。云ってみれば、それは即興と偶然と飛躍に満ちた人生ドラマの「句ものがたり」なのだ。

また歌仙には、さまざまな約束事（式目）があるが、なかでも「月の座」、「花の座」、「恋の座」というのが決められていて、いかにも人生模様の機微を暗示しているようで面白い。このような連句の座に於ける変化と多様性こそ、檀さん自らが選び取った己れの生涯そのものではなかったか。

「目前刻下、自分がうろついているところが、自分の居場所なのであり、私にとって、家はその居場所以上の意味が少ないのである」（「家出のすすめ」）とあるように、檀さんはその行く先々が世界の果てであろうとも、つねに其処が自分の「座」であったのだ。

それ故に檀さんはその都度、「座」の主人の立場に立って「一味同心としての心縁関係」を客と結ばねばならなかったのである。

檀さんの主人ぶりは既に多くの人々が語っているように、酒と料理の大胆かつ繊細、多種多彩のもてなしという心配りの最たるものであった。時として、それは客を喜ばせるために、自らの心労を犠牲にしてまでの大饗宴ともなった。だがそこには「月の座」、「花の座」、「恋の座」のドラマもあったのである。

昭和五十一年（一九七六）一月二日、檀さんは歌仙の挙句（最終句）「モガリ笛いく夜もがらせ花ニ逢はん」を詠んで、享年六十三歳の生涯を閉じたのである。

没後三十年の「花逢忌」では、皆様の協力のもと一〇〇〇名を超える参加者を得たが、私の驚きは、生前の檀さんを知らない人達が今なお、このように集まってくださることの不思議であった。

展覧会の会場で八十歳のお婆さんが、あまりにも熱心に展示をご覧になっているので、「檀さんとご縁のある方ですか」と尋ねたところ、「いいえ、私は檀さんを知りません。でも紹介の新聞記事を読んで興味をもち、全集を買って全部読みました」とのご返事。また、高校生に、「檀さんは知らないでしょう」と訊ねたら、「ハイ知りません。でも『リツ子・その愛』『リツ子・その死』を読んで、とても親しみがわきました」ということであった。私はいずれも胸が熱くなった。

私はいま、「花逢忌」の報告とお礼のことばを書きながら、私のまったく知らないところで「にんげん檀一雄」と「文学者檀一雄」の的確な合致像があることに、今更のように深い感動を覚えたのである。

山本健吉が云うように「座」とは、「社会的強制を含まない精神的関係であるから、土地を越え、階級を越えて、どこまでも拡がって行き……個であるために全体を見失なうこともなく、全体であるために個が消え失せることもない、言わば個と全とのバランスの上に、生きることができた」(「座の文学」)精神共同体なのである。

またそこには、主人と客の密接な遊びと緊張関係が息づいており、日本伝統の文化に根づいた作者と読者、或いは演者と観客の直接交流が身心を通じておこなわれ、近代芸術が切り捨ててしまった「声」や「感覚」が生々しく甦ってくるのである。

檀さんは全身全霊をもって、吹き止めば死ぬ「凧」のごとく、「一歩もあとに帰る心なし」の「歌仙」のごとく、「自分自身を誘導する方法は、与えられた状況より、より豊かに、より柔軟に、自分の限界を超えるこころみに近づきたいものだ」(「凧上とゆれる心情と」)として、一歩もたじろがず、一歩も退かず、自分の生涯を全うしたのである。

そしてその言動のすべてが、その精神の象徴が「にんげん檀一雄」と「文学者檀一雄」の核心であるが故に、没後三十年のいまでも、これだけ多くの人々に親しみを投げかけ、感激を与え得るのではないだろうか。

私の心にいままた、「文学は伝承です」と云われた檀さんの声が甦り響き渡ってくる。

没後三十年に至るまで「文学伝承」の意味がよくわからなかった私自身を恥ながら、この度の「花逢忌」に於いて、やっとその意味の重みを全身で実感することができたのである。

とくに、現代に於ける文学の在りようは、作品の商品化と作者のタレント化現象によって、精神の矮小化、卑猥化をもたらし、過剰であるが故の魂の腐敗化を引きおこしている。文学に限らず芸術全般、いや、私を含めての人間そのものまでもが、無自覚の現代病という癌に犯されてしまっているのだ。

しかし、私は今年の「花逢忌」を通じて滔々と流れる大河に出会った。現代病の癌などというチャチな死など、どこ吹く風かといった哄笑に魂が洗われたのである。黙々と、脈々と引き渡されてゆく日本の伝統と文化の命脈に鼓舞激励されたのである。

檀さんがきっぱり云った「伝承」の意味を、そして承け承け渡していくという人間の智恵を、世代を超え、時代を超えて、深く深く、熱く熱く、実感したのである。合掌。

二〇〇六・八・一五

檀さん、花影──檀一雄生誕百年

入院中の檀さんの口癖はいつも、「退院したら盛大な花見の宴バ開きましょう。東京から森敦をはじめ大勢呼んで、能古島の山の中にある大きな桜の木の下で、大宴会バやりましょう」というものであった。

檀さんは大きく目を見開き、顔を紅潮させて、明日にでも実現できるかのような燥(はしゃ)ぎようであった。恐らく、見舞い客と言う見舞い客にはそうして話してあったに違いない。いかにも嬉しそうに、いかにも楽しそうに、である。

それは昭和五十年（一九七五）十二月の始め頃であったが、激痛に耐えながらの本心であったろうし、檀さん自身にとっては、「最後の花の宴」になるかも知れないという思いのこもった覚悟でもあっただろう。しかし、あくまで表情は明るく、心配かけたくない見舞い客へのサービス精神まる出しの挨拶でもあった。

だが、その夢は遂に実現することはなかった。私はそれでも、十二月三十一日をひとつの死線だと考えていて、その死線さえ越せれば年も改まることだし、「不沈艦ダン」は必ず甦ると信じ祈っていた。

明けて元旦、何事ごともなく「やっぱり大丈夫だった」と安堵の胸を撫で下ろしたのだが、二日の午前十時、太郎君から「いま、父が亡くなりました」との電話を受け、絶句した。そして期待と絶望が私のなかで悲しみと怒りに変わった。

モガリ笛いく夜もがらせ花ニ逢はん

檀さんが病床で書き残した最後の句である。没後、「花」についての論議が何年か続いたがいつしかその熱も冷め、昨年は平成十八年（二〇〇六）、光陰矢の如しでもう没後三十年を迎えたのである。私もすでに七十七歳、当時檀さんと親しかった先輩、同輩、そして友人知人の殆どの方々が他界されている。したがっていま、天国は大賑わい、連日の大宴会が開かれているに違いなく、羨ましい限りである。

それにしても、檀さんの絶筆となった「花」は何の花であったのだろう。私の想いのなかにいつも熱く甦ってくる「花」、それと檀さんの熱き想いであった「花」は重ならないだろうか。いや、重ならなくてもいいが、これ以上怠惰な時を過ごすわけにはいかぬという私自身への叱咤もあって、二つの「花」への想いを重ねてみたくなったのである。

私は「詩人檀一雄」のなかで、檀さんの詩人としての生き方である自覚と覚悟を、つまり「志の高さ」を芭蕉に比したが、「花」への憧憬の詩情は芭蕉を超えて、西行の夢とロマンに肉迫するものであったと信じている。とすれば当然、檀さんの「花」は「桜」であり、それはやはり日本古来からの文芸に咲きつづけてきた「山桜」でなければならなかった。

山田孝雄は『桜史』（桜書房）の冒頭に「桜花はわが国民の性情の権化なり」と記し、「桜はわが国自生の樹木なれば太古よりありしこと疑ふべからず」と述べている。

また、小川和佑の『桜の文学史』（文春新書）には「わたしたちの桜美の発見は五世紀初頭の古墳文化時代の中ごろ、記紀の中で『桜』という文字が使われたことをもって最初としたい」とし、「少なくともこれらの記紀の編纂された八世紀、奈良朝時代の初期には、私たちのさくらの花への美意識は充分養われていたに違いない」「そのさくらはすべて野生のさくら――それもヤマザクラを主にしたさくらだった」と記している。

念の為、小川和佑の随筆『日本の桜、歴史の桜』（NHKライブラリー）によると「遣唐使たちによって持ち帰られた桃や梅と違って、大和の丘陵に縄文時代から咲いていた桜は食品として栽培されたものではない。その花の美しさのみを万葉人は愛したのだ。これはもう文化としかいいようがない」と書いている（川本三郎『あのエッセイ　この随筆』よりの孫引き）。

いずれにしても、古代よりわが国に於ける「花」とは「桜」であり、「桜」といえば古代から自生する野趣に富んだ「山桜」であり、ひたすらにその美しさのみを愛され、文芸の核心に咲きつづけた「文化」としての「花」である。

掬花

あたら桜のあたら桜の、とがは散るぞ恨みなる、花も憂し風もつらし、散ればぞ誘ふ、誘へばぞ散る花かづら、かけてのみながめしは、なほ青柳の糸桜、霞のまには、樺桜、雲と見しは、みよし野の、みよし野の、川淀滝つ波の、花をすくはばもし、国栖いをやかからまし、又は桜いをと、聞くもなつかしや、いづれも白妙の、花も桜も、雪も波もみながらに、すくひ集めもちたれども、是は木々の花、誠は我尋ぬる、桜子ぞ恋しき、我桜子ぞ恋しき

花はありあり俺の思念のなかで散るが
この旅情はいつも俺の魚眼のそとにある
俺がそなたを見忘るるその瞬時
そなたを念ずるこの不思議
花散るやうづもるる淵に我もゐて

昭和十一年（一九三六）『日本浪曼派』八月号に発表された檀さん二十四歳のときの詩である。因みにこの年は、一月「虚空象嵌」を『日本浪曼派』に発表、「夕張胡亭塾景観」が第二回芥川賞候補となり、三月東京帝国大学経済学部卒業、五月「花筐」を『文芸春秋』に発表、太宰治との異常な生活、八月中

国を放浪という、青春真っ只中の疾風怒濤の時代であった。(石川弘編「檀一雄年譜」日外アソシエーツ)
だからこそ、このような激しくも美しく、切なくも逞しき作品となって迸ったのではなかろうか。

花見ればそのいはれとはなけれども
心のうちぞ苦しかりける

春風の花を散らすと見る夢は
さめても胸のさわぐなりけり

西行が終生あこがれつづけ、身も心も奪われることを念じた桜への詩心が、「掬花」に重なるのである。それほどまでに「憧れる」心とは、人間の奥底深くに住みつく孤心の渇きであろう。救い難き孤愁、悟りてなお悟りえぬ生身の淋しさ、生身であるが故の救いようのない煩悩、つまり「生と性の貪欲」な執念である。
そして檀さんには、もう一つの詩がある。

花の下
わが拙き詩業はことごとく亡師への帰依也思慕也

大人去りて七年経ぬる葉と桜

この　自分ひとりで　咲き満ちる
爛漫を信ずるほかに
何がありましょう

あなたは　今でも
ひそかに
私の息吹の中や
私の血管のなかに　コトコトと
生きて　流れていると思うのに

いいえ　それは　幻聴
あれは　サクラ鳥の　啼き声でした
まだらに散り敷く
花の名残の　木末をついばむ
あれは

サクラ鳥の　訛み声

ええ　私は信じているのです
私の遍満を
私の自在を
その故に
あなたを　とうとう
見忘れてしまったのでした

雨がしとどに降っています
いま　泥土がよごれ
私の足許に
濡れ　流れて　あるのです

しかし　もし
人気のない　山奥の花の下で
独楽ひとつが　クルクルと

　　あてどもなく　廻っているとしたら
　　どんなものでしょう

この詩は昭和四十五年（一九七〇）六月に『ポリタイア』第三巻第一号に発表されたもので、新潮社『檀一雄全集』第八巻「全詩　エッセイ」に収められている。いうまでもなく檀さんの師とは佐藤春夫である。

私はこの詩が大好きで、読むたびに檀さんの在りし日の姿がまざまざと甦ってくる。あの颯爽とした振る舞い、繊細を秘めながらの豪快さ、そして無上に明るい丈夫ぶり。それらのことごとくが限りなく深い孤独に裏打ちされながらも、表情や行動には微塵の影もなく屈託もなく、私たちへの心遣いへと変わるのである。特に詩の最終行には、師を喪った深い悲しみをとおした孤独のなかに、そしてまた、花の爛漫のなかに己の遍満と自在という生の充実が輝いているにもかかわらず、檀さんと言うより、「男」の孤独の本質が透明な美(かな)しさで表現されている。

檀さんの生を妖しく掻きたて、激しく揺さぶり誘導する「花」の面影を追っていると、まったくの偶然に、梶井基次郎の「桜の樹の下には」に出会ったのである。そしてそれがまた小川和佑の『桜の文学史』（前出）のなかの第十一章「死と再生の花――梶井基次郎」へと一直線に繋がったのである。

小川は「『桜の樹の下には屍体が埋まつてゐる！』というこの一行が、昭和文学を戦慄させた……この一行はあまりに詩的にすぎたために、以後、多くの誤解をも生んだようだ」として、「梶井はさくらに死を見たのではない。咲き極まったさくらに生の輝きの極点を見たのだった」と鋭い指摘をしている。私にとってもこの指摘は突如、意表を衝かれたものだったが成る程、梶井の書き出しの一行に衝撃を受けた私もまた今日までかなりの誤読をしていた。

一体どんな樹の花でも、所謂（いわゆる）真っ盛りという状態に達すると、あたりの空気のなかへ一種神秘な雰囲気を撒き散らすものだ。それは、よく廻った独楽が完全な静止に澄むように、また、音楽の上手な演奏がきまってなにかの幻覚を伴うように、灼熱した生殖の幻覚させる後光のようなものだ。それは人の心を撲（う）たずにはおかない、不思議な、生き生きとした、美しさだ。

「桜の樹の下には」

私はここに信じ難いほどの一致点を実感したのである。「花」、それも特に桜の花が誘い誘われた人間に示す、生と死の矛盾と必然をふんだんに織り込んだ魔の意匠を、である。「生の側に立った」檀さんと、「生の輝きの極点を見た」梶井の心象風景が「山奥の花の下であてどもなく廻っている独楽」であり、「灼熱した生殖の幻覚させる後光のようなよく廻った独楽」であるこの不思議な光景の一致は、「花」のみが導くことのできる「にんげんたましい」の原点と一致するものではなかろうか。それはまた、燃え尽きようとする生のエネルギーと、死んでなお永らえようとする死のエネルギーとのせめぎ合う姿でもある。

「花」が誘い誘うもののもう一つの必然には、人を集め、宴を催させ、賑わいを盛りあげるという摩訶不思議な霊力がある。そしてそれらの「花の宴」は、神亀（七二四）・天平（七四九）時代から貴族たちのサロンによって盛んに催され、「『万葉』のさくら――あるいは天平のさくらは日本の桜文化の基層をなすもの」（『桜の文学史』）として、ひろく詩歌文芸の世界をつくりあげていったのである。

檀さんは賑やかなお祭りが好き、宴会が大好きであった。人を集め、人が集まれば歌仙を巻き、その宴は古代人のごとく限りなく続くのである。私の無念はただ一つ、檀さんとの出会いが遅くその宴席に一度も参加できなかったことである。とは云え、檀さんが死の間際まであのように憧れ夢見ていた「花の宴」の姿には、「モガリ」に重なる「花」への強烈な思念があったと思えてならないのだ。

それは乱世に頂点をきわめた和歌と、肩を並べて自由奔放な表現を展開させた連歌の世界である。なかでも南北朝連歌は、「二条良基らの堂上（宮廷）連歌と救済らの地下（じげ）連歌が接近した形でピークをむかえ准勅撰の『菟玖波集』（一三五七）の成立」を実現したのであるが（松岡心平『宴の身体』岩波現代文庫）、その原動力となったのが「花の下（もと）連歌」であった。

花の下連歌というのは、春、桜（しだれ桜）の花咲く時期に花の下で興行された連歌会のことである。冥土の往来の入口と考えられた花の下において、葬送儀礼に深いかかわりあいをもつ念仏聖が連衆（れんじゅ）となって座を動かし、一般大衆は投句する際、笠（神の依代（よりしろ）でありまた異形のシンボルである）を着て匿名で付合（つけあい）に参加する……つまり冥府への入口で挙行される言語による鎮魂の祭儀であること、座という集団において他者と身体的に共感し合いながら一つの昂揚した言語的世界を築いていくこと、大勢の観客を前にした興行であること等において、まさに静かなる踊り念仏だったのだ。

松岡心平『宴の身体』

「花の下連歌」はまた「歌舞熱狂のパフォーマンスによる御霊鎮魂の祭りに対し、言語の熱狂による花鎮めの行事として、十三世紀中葉から約百年間盛んに行なわれた」（前出）のであった。乱世の光と陰が織りなし創りあげる修羅と文芸文化のエネルギーは、人間の生と死のせめぎあうエネルギーであり、日本文芸の根源に渦巻く負を背負った、「花」の妖しさがもつ無頼のエネルギーでもあろう。

檀さんの激しい生きざまのなかにも当然、無頼の血は燃えたぎっており、「この旅情はいつも俺の魚眼のそとにある」（「擲花」）「天然の旅情」となって、檀さんを鼓舞し誘導し続けたのである。

昭和四十九年（一九七四）檀さんは終の栖家となる家を能古島に購入、ポルトガル帰国後の体調は相当に悪かったが、自らを「能古尊王」と称して「日本国に独立宣言バします」と意気壮んであった。その姿は颯爽としてバサラ大名佐々木道誉を思わせるに充分だった。檀さんはここで大伴旅人の大長編ロマンを書きあげ「能古島時代」をつくりあげたいと、その夢は大きく膨らむばかりであった。「花の宴」も最初からの予定に入っていて、それはきっと、道誉が都の芸人をひとり残らず呼び集め、一族郎党をひきつれて大原野の西行桜の下でくりひろげた前代未聞の「花の宴」（一三六六）と同じスケールのものであったに違いない。能古島と、能古の山の中にある山桜の古木とは、その「花の宴」にぴったりの舞台でもあったから。

しかし、やがて檀さんは入院、「花」への熱き想いを残したまま不帰の人となった。檀さんが「モガリ笛」で想い願った「花」は。檀さんが最後の「花の宴」に託した覚悟とは。

「あたら桜のあたら桜の……桜子ぞ恋しき、我桜子ぞ恋しき」(「掬花」)。何度も朗読しながら文士としての檀さんの「花」は「桜」であり、しかも「山桜」であったと私は確信する。そして病床から「花の宴」に託した覚悟とは、「花の下連歌」における冥界の入口での「一味同心」を集めての「花鎮め」を行うことであった、と確信する。

「自然」によって「ことば」が生みだされ、生みだされた「ことば」が人間の感応と触れ合い響き合うことによって「かたち」となり、それぞれの風景が「こころ」の奥底に焼きつけられて日本文化が形成されたこと。その中心に「花」があり、「花」は「自然」と、「自然」は「花」と一体となり、万葉びとから西行、芭蕉、檀一雄まで途切れることなくその「志」が伝承され受け渡されてきたことの不思議。そのことに改めて驚愕する。

「花」は「桜」――檀さんにとってそれは、必然の花であった。

「大風」となった檀さん

「檀デス」

出合いの瞬間の、檀さんの名乗りである。

音吐朗朗、なんと大らか、なんと爽やか、背筋の伸びたその風姿は、まるで合戦場における若武者の名乗りそのものである。

「こんど能古島バ買うて、日本に独立宣言バしようと思うとります。アハハ」

これまたなんと壮大な話ではないか。昭和四十九年（一九七四）の初対面に於て、私は檀さんに一目惚れしてしまったのである。

以来、檀さんとは点と点のお付合いでしかなかったが、颯爽としたその若武者振りは今でも私のなかで生き続けている。

その年の十月頃ふらりと、当時二日市の我が家を訪問、正座のまま手づかみで「辛子めんたい」を喰べられ、太宰府、都府楼跡、観世音寺を散策、「私が能古島バ買うたら、ここに通うて来て、旅人（たびと）の大ロマンバ書きたか」と真剣に云われたのが印象深かった。

また十二月には、私が開店した珈琲亭「ぼんくら」を四、五人連れで直撃、コーヒーを出すと「これはヨカ店、アタシが貰おう、アハハ」、そして「これから大演説バするとタイ」と云うと、あっという間に出て行かれた。ソフトにレインコート姿の檀さんは、瀟洒な一陣の風であった。

昭和五十年（一九七五）三月中旬、突然の電話で「いま近くの背の高い病院（柳沢病院）に居ると。お見舞いの花バいっぱい貰うて、入れもンの無かケン早う持って来て」とのこと。

早速、星野の壺を持ってお見舞に駈け付けると、「ダンはおねだり上手ですからね」とヨソ子夫人からのお言葉をいただいた。

二、三度お見舞の後退院。当時すでに買われていた能古島「月壺洞」まで車で送って行くと、博多が一望できるご自慢の庭へ案内、「ここから私の青春時代が一望できると。そしてここで能古島時代バ築きたか」と嬉しそうに云われた。また、ヨソ子夫人とご一緒に、小田の浜の見える能古島一番のお気に入りの場所を案内された。いま、糸島半島を背負って「モガリ笛」の文学碑が建っている。

その後、九大病院に入院され三度ほどお見舞に行ったがその都度檀さんは、「オッカン、羽織を」といってベッドに起き上がられるのだった。「どうぞそのまま、横になられたままで」と云っても、痛みを抑えての精一杯の優しき心遣いは変わらなかった。

一度目はご機嫌で、出来上がったばかりの五月書房『檀一雄詩集』の扉に篆刻印を一冊一冊、はしゃぐような手付きで押されていた。二度目の時は、「今日は猿飛佐助になったバイ、アハハ」と笑われ、コバルト照射の苛酷な状況を説明された。三度目は『火宅の人』が出版され、あっという間に増刷された五、六刷目かを届けた時だった。「よかった、よかった」と子供のように喜ばれた姿は、まるで「虚空天使」のようであった。

「九十歳のヒッピー」を目指し、「不沈艦ダン」を自負していた檀さんが天に還られてから三十六年、今年は生誕百年を迎える。

檀さんは「風の詩人」であった。風は吹き止めば風ではない。詩も詩いつづけなければ詩ではない。風も詩も、瞬時も休むことなく、たとえ己れの犠牲を払ってでも、「魂を鼓舞」し続けることでしかその生命を全うすることはできない。

檀さんは、己れを含めての人間が大好きであった。檀さんは風となっては世界中を駈け巡り、詩となっては酒と料理をこよなく愛した。

そして、「花逢忌」の聖五月は、まぎれもなく檀さんの季節となった。目に青葉、初夏の海、野苺、卯木、蜜柑の花が全島を彩り輝くのである。福岡市内から僅か十分の船旅ではあるが、俗塵を海に流して島へ渡る気分は最高に清々しい。

毎年五月第三日曜日午後二時から、「檀晴れ」の天上には大凪が舞っている。

初出一覧

「言語風景論」
『海』8号（平成元年・一九八九）～30号（平成七年・一九九五）連載
第二十五回福岡市文学賞（平成六年・一九九四）

「良寛游擬」
『海』45号（平成十年・一九九八）～51号（平成十二年・二〇〇〇）連載

檀一雄小論

「檀一雄に捧げる鎮魂歌」
昭和五十六年（一九八一）作曲・今村幸平
毎年五月第三日曜日能古の島「花逢忌」に於て、九大男声合唱団コールアカデミー三〇数名によって歌い継がれている。

「風の想い」
『能古島通信』追悼号（昭和五十一年・一九七六）
※原文「先生」の表記をすべて「檀さん」に改めた。

「檀一雄小論」
野田宇太郎文学資料館ブックレット3
『檀一雄　文学の故郷』に掲載（平成六年・一九九四）

「檀さん、残映」―没後三十年
『海』63号（平成十八年・二〇〇六）

「檀さん、花影」―生誕百年
『海』65号（平成十九年・二〇〇七）

「『大風』となった檀さん」
〈図録〉生誕一〇〇年檀一雄展・公益財団法人
練馬区文化振興会（平成二十四年・二〇一二）

織坂幸治小論――『畸言塵考』のために

坂口　博

はじめに

私たちは、存在だけを知って、読めずにいる文学作品を、必ずかかえている。幼少のころに、ふと目にして興味を持つも題名も忘れたものや、何かで知って関心を持ち、読みたいと思いながら機会を逸したままのもの、そして、作品名が強烈に印象に残り、いつか読もうと期したもの。織坂幸治「言語風景論」は、私にとって、その三番目にあたる作品、題名が鮮明に記憶に残った作品だった。ようやく、その全貌を読むことができる。もちろん、初出の同人誌「海」バックナンバーを辿っていくことも可能ではあったが、やはり一冊の本にまとまったかたちで通読したかったのだ。その期待は裏切らないだろう。

一、「言語風景論」の魅力

六年にわたって書き継がれた「言語風景論」は、いわゆる「論文」ではない。ありきたりの「評論」ではない。そのことは作者も、「そういった意味で学問ではない。……どの学問の分野にも属したくない論」と、当初に断わっている。では、何なのか?もっとも適切な回答は、「試論」（エセー）であろう。「『言葉』は人間にとって『風景』である。『風景』が破壊されれば『言葉』も破壊される。人間も滅亡する」という、冒頭の一節をめぐる、果てしない「問い」の試みである。詩人の直感／直観をたよりに、古今東西の文献を旅した報告書である。

私たちは、この長い旅に付き合うことで、さまざまな「発見」に遭遇する。かつて見知った事柄も、新たな視点で読み直すことになる。

井筒俊彦はじめ、ウェーバー学者の内田芳明や臨床哲学の木村敏など、かつて少しは読んだことがあるが、再読の必要を感じる。アニミズムを語る岩田慶治やB・ボークンなどは、本書によらなければ、手に取ることもなかったかも知れない。心理学の小沢直宏や身体哲学の市川浩も、織坂の思考／試行をふまえて、読み進めたいと思う。

また、ところどころに、ふと触れられる作者自身の体験にも興味を魅かれる。

たとえば、「一月経っても泣きやまなかった」嬰児から「泣き虫」の幼年時代（14章）、「海軍の甲種飛行予科練習生を志願、入隊した」中学時代（7章）、予科練から復員・復学後に、友人たちと始めた同人誌「ロゴス」の話（2章）、その一九四七年から四十六年後、詩人は熊本県小国町、大分県との県境の杖立温泉に暮らしている。そこで、集中豪雨による崖崩れで、あわや生き埋めになるところであった（16章）。私も当時、福岡から九重山系への登山に自家用車で通う道としていたので、長いあいだの不通、そして温泉街を抜ける狭い道路に代えての対岸のトンネル・バイパス路開通など、よく覚えている。また、ここに「良寛游擬」三章の「たまたま長男であったばかりに、『家を継ぐこと』を物心つく頃から徹底的に教えこまれた」も加えておこう。

作者は、自らの身体感覚を離れることなく、思索を進める。「言語風景論」だけでも、軽く二百点（本書全体では三百点）をこえる参考文献が渉猟されているが、決して衒学的な展開にならないのは、この身体性であろう。どのような基本文献であろうと、自らの身心に響かないものは、あっさり捨てられる。廣松渉『もの・こと・ことば』しかり、柄谷行人『日本近代文学の起源』しかり。それでいいのだ。無理して彼らの言説に付き合う必要はなかろう。能力のない学者に見られがちな、空疎な思弁の展開は、ここでは無縁である。

逆に、空海、道元、夢野久作、和辻哲郎、唐木順三、奥野健男などは、繰り返し出てくる。空海「声字実相義」「秘蔵宝鑰」「秘密曼荼羅十住心論」、道元「正法眼蔵」、和辻哲郎「風土」は、深く学んだとは言えないにしても、ここでの展開には納得する。夢野久作は「ドグラ・マグラ」以下の小説、奥野健男は「太宰治」「坂口安吾」から「三島由紀夫」に至る評論に親しんできたので、懐かしい世界に出会った喜びも感じた。

そして、無頼派に親しんできた作者らしく、石原吉郎（1章）、萩原朔太郎（「父は永遠に悲壮である」6章、「良寛游擬」三章）、太宰治（「家庭の幸福は諸悪の本」同・二章）、中原中也（同・五章）の言葉が、実に印象的に紹介されていく。吉郎も朔太郎も、一般的には「無頼派」とはされないにしても、その生き方、こころ根は無頼そのものと言えよう。

さて、あらためてロゴスについて考えてみよう。

作者は、「ヨハネ福音書」冒頭の「太初(はじめ)に言(ロゴス)あり」に、繰り返し戻る。引用は、いわゆる日本聖書協会の文語訳「太初(はじめ)に言(ことば)あり、言は神と偕(とも)にあり、言は神なりき」が採用された。

もちろん、ギリシア語「ロゴス」は、簡単に「言」となったわけではない。日本語だけではない、ドイツ語でも同様だったことは、ゲーテ「ファウスト」の次の一節が、明確に物語っている。


神聖な本文をわが愛するドイツ語に訳してみよう。

こう書いてある。「初めに言葉ありき。」ここで、もうおれはつかえる。どうしたらこれが切り抜けられるか。（中略）

これはどうだ。「初めに思いありき。」筆があまく軽くすべらぬよう、第一行に念を入れることだ。いっさいのものを創り、うごかすのは、「思い」だろうか。

これはこう置くべきだ。「初めに力ありき。」だが、こう書いているうちにもう、これではまだ物足らぬとささやく声がする。

あっ、霊のたすけだ。とっさに考えが浮かんで、おれは確信をもって書く。「初めに行為ありき。」（手塚富雄訳）

著名な森鷗外訳では、原文Wortは「語（ことば）」、Sinnは「意（こころ）」、Kraftは「力」、Tatは「業（わざ）」となっている。英訳ならば、Word、Mind、Power、Actと訳されるところだ。アンドレ・モーロワは、ゲーテに因んで「初めに行動があった」とした。

漢訳「聖書」は、長く「道」と訳してきた。日本語訳でも、漢訳に影響を受けて明治初期には「太初（はじめ）に道（ことば）あり、道（ことば）は神と偕にあり、道（ことば）は即ち神なり」（神戸・大英国北英国聖書会社訳）と訳されていた。

道・言（語・言葉）・心（意・思い）・力・業（行為・行動）。未だに「ことば」がロゴスの絶対的な訳語とは思えない。もっとも作者は、「と偕に」に着目することで、「ロゴス＝神」の矛盾を解き明かす。なお、古代ギリシア哲学から、ロゴス（論理）はパトス（情熱）の対称語とされるが、「ヨハネ福音書」では隔絶した言葉となっている。私など、このロゴスをさらに「存在の肯定」と分節して受容している。

新約聖書の「初めにロゴスあり」はおいて、どうしても受け入れ難いのは、旧約聖書「創世記」のアダム・エバと神の関係だ。神は楽園追放にあたって、アダムに「労働の苦しみ」を、エバに「産みの苦しみ」を与える。ここは、どう考えてもおかしい。それぞれ「労働の愉しみ」「産みの愉しみ」でなくてはならないのに、倒錯している。もちろん、楽園は別世界にあるのではなく、同時に現世にもある。ユダヤ＝キリスト教は、唯一神と同じく、この教義を変えることが出来ないはずだ。

いささか、「言語風景論」の主旨からはずれた。その魅力に戻ろう。

人は初対面で、意気投合することもあれば、理由もなく何となく気が合わないまま過ごすこともある。それこそ、人と人との「あいだ」の問題であろうが、私にとって（そして織坂さんにとっても、と勝手に判断＝注・ここだけは敬称で呼ぶ）、織坂さんは、もちろん前者であった。大先輩にもかかわらず、気のおけない同好の士として親しくさせていただいている。

その訳を、本書を読み進める過程で、随所で納得できたのはありがたいことだった。

例えば、「文化は差別」（4章）や、「『環境』。何と厚顔無恥、傲岸無礼な言葉」（17章）に、思わず相槌を打つ私がいるのだ。ああ、織坂さんもそのように考えてきたのか。こうした共通する視点が、語らずともお互いに評価する基盤となっていたのだ。「文化＝差別」について語るのは長くなるのでさておき、「環境」は、失われて初めて課題となるのだった。あらゆる「法律」も同じだ。必要とされてくるのは、進化ではなく、退化である。同様のことは、近年、大災害のたびに喧伝される「絆」にも言える。私にとっては、積極的・肯定的に使えない言葉の一つになってしまった。

二、詩人としての歩み

私たちが知っていた織坂幸治の文学的な出発点は、ガリ版刷の同人詩誌「三半器官」であった。一九五一年九月創刊で、第七号（52・7）から「海図」と改題されて、通巻十五冊ほどが、五三年末まで続いた。同時期には、星野胤弘らの「ＶＡＮ」（全４冊、51・9〜52・3）にも参加していた。その後、板橋謙吉の下で、鈴木召平らと「詩科」を、五四年五月に創刊する。「詩科」は五九年八月まで十八冊が出された。「詩科」については、福岡市文学館の館報にて、「福岡の文学雑誌」の一環で、二回にわたって紹介したことがある（「文学館倶楽部」18〜19号、２０１４・3〜10）。

そこでも指摘したことだが、昨今の同人詩誌と比較するなら、①サークル誌などとの交流、②療養所の詩サークルなど新人育成、③画家との協力による街頭詩画展の開催といった特色を見る。近年では、美術集団「九州派」との関係が注目され、その③の側面からの再評価が進んでいる。黒木耀治・寺田健一郎が描いた表紙は、福岡市文学館の図録『POLYPHONY』（16・3）に、全点がカラーで掲載された。

ただ、「三半器官」「VAN」以前に、前述した「ロゴス」や「浮彫」「ペンナイフ」といった西南学院（専門部）関係の詩誌にも参加していた。

織坂は、一九六四年一月に創刊号だけに終えた詩誌「薔薇」も編集発行している。薔薇の会からは、詩集『石』（65・3）、詩集『壺』（67・7）、ミニ・ロマン集『消し算』の初版（69・1）も出した。『消し算』は復刻版（花書院、04・5）から、『ミニロマンとぼんくら談義』（花書院、18・1）にも再録された。もっとも、織坂の第一詩集は『RHUAのためのANDANTE』（自家版、51・6）で、『花の数珠』（自家版、52・6）、『十字街』（詩科の会、57・5）、『掌のなかのひらがなの街 掌ノナカノカタカナノ街』（自家版、61・8）が続く。また、一九七〇年一一月の詩誌「パルナシウス」創刊にも参加して、『恋愛詩集 風』（パルナシウスの会、71・11）もある。織坂は、一九七一年までに八冊の個人詩集と作品集を出してきた。

「詩科」第11号（56・11）まで発行人を担った織坂は、勤務先の鹿児島転勤により、福岡での文学活動からは、一時離れている。再び、活火山のような情熱で活躍を始めるのは、一九八七年九月の同人文芸誌「海」創刊からである。「海図」の復活であり、発行所は海図出版の名称にした。当時、「西日本新聞」夕刊に寄せた「近況」がある。

最近、「海」という季刊の文芸誌を、昔の仲間を中心に創刊しました。昔の、というのは、昭和二十年代半ばに出していた「海図」のことで、山口要、黄村葉、荒木力、赤沼章さん。それに、日ごろから文学論を交わしている宝生房子、徳永恭子、月岡祥郎、兼川晋、田代茂さんが加わりました。評論、詩、随筆、小説で構成します。

私たちは、太宰治や檀一雄など、戦後すぐの文学を呼吸しながら出発しました。そのころに比べると、芥川賞作品ひとつをみても、ずいぶんと文学の質が変わってきましたね。文学を志す若い人たちに教えてもらいたいこともあるし、またものを言いたい気持ちもある。まあ、飲んでしゃべっているだけではつまらなく思えてきて、平均年齢五十五歳くらいの「場」ができたわけです。

創刊号では、黄村さんが百二十枚の「内田百閒論」を執筆。次号では宝生さんの川端康成論を予定しています。（87・10・13）

詩歌句、小説など創作中心の文芸同人誌に対して、最初から評論を中軸に置くことを目的とした。織坂が当時、博多区祇園町で営んでいた喫茶店「ぼんくら」に集まる文学好きな仲間と始めたのだ。文学理論を持たない、単なる「主我」表現としての創作を忌避し、幅広く共有できる文学の場所を求めたのだ。織坂、五十七歳の「青春のはぎしり」であった。主宰者として「有言実行」したのが、「言語風景論」の長期連載である。その後も、「海」（第一期は第67号＝08・12＝で終刊。現在の第二期「海」は、編集発行人に有森信二が就き、年2回の定期刊行が続いている。最新は第24号＝20・7＝である）には、杉山武子「夢とうつせみ」（樋口一葉）「壮烈な花火」（矢山哲治）といった優れた評伝が連載され、それぞれ単行本となっている。

三、「言語風景論」後、良寛そして檀一雄

織坂幸治にとって、「言語風景論」を書くことは、その詩の世界をいっそう深めることになった。

既刊詩集から抄録した詩篇と、「天景」詩篇等で構成した詩集『天景』（花書院、97・4）に顕著だが、詩集『石』あたりからの簡潔な詩句は、さらに切り詰められ、「風景」を課題にしていく。その極限ともいえる作品は、「大空に捧げる鎮魂譜」である。

風景が
一直線に
伸びる。

その
涯の
海。

その
涯の
空。

ひたすら
飛ぶこと
ひたすら

死ぬこと。

搭乗員、整列。

伸びきった
風景を
切り裂いて
惑いなし。

総員、帽振れ。

それまでの
青春
そこまでの
命。

いま
風景が
哭く。

そして、私も泣く。

十三年前に、八十歳で亡くなった叔父を想う。二十歳代で両親を相次いで失った私を、親代わりに支え続けてくれた叔父夫婦を想う。放埒に生きる私と、その所為で苦労する家族を、物心に止まらず、援助を惜しまなかった。時には苦言を呈しながらも、優しく見守ってくれた。

幼時から、叔父には可愛がってもらい、その話をよく聞いた。ある意味では、父以上に言葉を交わし、その影響を受けた。一九二七年生まれの叔父も海軍予科練、特攻隊の生き残り。織坂より二学年上になる。

いつの時代も、そうであろうが、幼少時の学年差は絶対である。ましてや戦時下、それも敗戦間際の時季、その体験は隔絶している。

それでも、叔父は、早くから戦争体験を、ことあるごとに伝えようとした。中国大陸の戦地を転戦した父が、いっさい戦場を語らなかったことと、余りにも対照的であった。晩年の叔父が語ったことで、記憶にとどめた二つの事柄がある。鹿屋の航空隊基地での話だった。

一つは、「人格も学力も、すばらしい人たちから、先に死んでいった」。もう一つは、「ハンモック生活のなかで、死ぬ前にもう一度、おふくろと畳の上で寝たいと、切実に思った」。

先の詩が、海軍航空隊「特別攻撃」のために、「ひたすら　飛ぶこと　ひたすら　死ぬこと」のために、飛び立っていく隊員を見送る情景であることは、説明を要しない。「風景が　哭く」、したがって、私もあなたも泣く。

もちろん、神風特攻が「外道」とされ、加えて海軍兵学校出身の職業軍人を温存するためにも、大学や専門学校の学徒動員によって、指揮官（隊長）となる速成士官を養成したことは知られている。さらに、下級兵士（一般隊員）として、叔父や織坂の世代も予科練として集められていく。叔父が伝えたのは、大学出身の上官たちから、率先して飛び立っていったことだった。いや、そのように強制された。後に続けか、生きて後をたのむか、死者の意思はわからない。

　さて、織坂は、一行詩へと歩みを進める。無季不定型の俳句と見做してもかまわないだろう。「天の川」の俳人・吉岡禅寺洞が、俳句を何よりも「現代の詩」であると、主張していたことと合致する。それは、一行詩一行句集の『詩句發句』（花書院、03・8）、『詩句折々』（花書院、11・12）にまとめられる。

『詩句發句』には、母への追悼十二句がある。

まだ熱き母の骨なり寒北斗
美しきものばかり見ゆ母逝きて
おともなし面影ばかり雪明り
あの世からこの世から出逢ふ雪見かな
降る雪の億兆母に遍満す
爛漫ハ微笑菩薩の華浄土
花冷や母なきあとの茶香焚く
形見分け忘れし庭の葱坊主
炎天や塵ひとつなき母の庭
みずひきのるるとはなはははに似て

読経あと正面に立つ冬の虹
亡き母の悼句となるや初硯

最後の二句は「一周忌」に際してのもの。「微笑菩薩」は、戒名「微笑院捨身盡賢命大姉」による。もっとも、この戒名は自身の「加笛（カフエ）院呑呆（どんぼう）亭梵苦楽（ぼんくら）居士」と同じく、織坂が与えたものに違いない。二〇一〇年十二月には盛大な「生前葬」も済ませ、はや七回忌を過ぎて、十三回忌も近い。

ところで、本書『畸言塵考』は、三部構成である。分量的には「言語風景論」が三分の二を占めて圧倒的だが、「良寛游擬」も「檀一雄小論」も、作者のなかでは等価である。いや、良寛や檀一雄を、より深く理解するための序奏・助走として「言語風景論」があるのかも知れない。「良寛游擬」は、「良寛は『異の人』である」の一言を論ずるために、やはり多数の文献を渉猟して歩く。私は、これまで吉本隆明や地元・新潟からの良寛論など、いくつかを読む機会があったが、この「良寛游擬」をとおして、初めて良寛自身の詩作品を読もうと思った。

檀一雄と織坂幸治の関係については、縷々説明する必要はあるまい。長年、檀が終の棲家とした能古島での「花逢忌」を主宰してきた。残念ながら、二〇一〇年は新型コロナ・ウィルス禍のため中止せざるを得なかったにしても、「花逢忌」は後継者を得て、今後も長く続くことだろう。

おわりに

織坂幸治は、「言語風景論」で、一九九四年度第二十五回福岡市文学賞を受賞している。一九七〇年度からの福岡市文学賞は、小説（評論・ノンフィクションを含む）・現代詩・短歌・俳句・川柳の五部門で、毎年の受賞者を選んできた。小説部門には、第一回に白石一郎、あと夏樹静子・石沢英太郎・杉本章子・片山恭一と錚々たる人気作家が並ぶ。

基本的に年に一人の選出で、「評論」として受賞したのは、織坂までには大塚幸男（第7回・フランス文学者）、河野信子（第11回・女性史学者）、佐渡谷重信（第15回・アメリカ文学者）、重松泰雄（第22回・日本近代文学者）といった、いずれも斯界の泰斗だった。

なお、その後、「海」同人からは、「夢とうつせみ」の杉山武子（第30回）、有森信二（第35回）、井本元義（第35回・詩部門）と受賞が続いている。

織坂の受賞は、連載の完結前であった。受賞記念作品集『福岡'94文学賞』（福岡市、95・3）には、1章・3章・4章・7章・8章・10章・11章・19章・21章から、一部が抄録された。とても全貌が窺える分量ではない。

小説部門の選考委員は、中村光至・明石善之助・土井敦子の三名で、候補作としてほかに小説五篇が選ばれている。「しかし、小説から選ぶにはいずれの作品もそれぞれ巧緻ではあっても、テーマの選出に新鮮味にとぼしく、いずれも小粒で、特に秀れたものは見当たらなかった。これらの著作の中で、唯一の評論「言語風景論」のみは、その意図「人間にとって言語をもう一度風景へ回復させ、人間の心を取り戻さねばならない現代である」として、文学論、絵画論、作家論等を織りまぜながら、すでに二十一回に亘って書き継いでいて、壮大である。あと一回で終結する予定で、これだけの評論を展開した作者には目を見はるものがあった。詩人として出発しながら、評論に道を拓いた努力を多としたい。今年度の文学賞にふさわしいとして、受賞を決定した」（文責・中村光至）という評価であった。

はじめに述べたように、私にとって「言語風景論」は、福岡市文学賞の受賞作として知り、作品名が鮮烈な印象を与えたのだった。その連載開始から三十年以上、「良寛游擬」の完結から二十年が経っても、本書は、期待に充分に応える内容であることを記して、この小論を終えたい。

あとがき

「畸言塵考」とは、私の造語である。「畸」とは、福永武彦さんの「バランスのとれてない、半ぱな、ピントの狂っている」（『荘子』内篇・朝日文庫）という意。「塵」は、空海さんの『声字実相義』の頌にある「六塵ことごとく文字なり」に因る。「六塵」とは「色・声・香・味・触・法」のことで、「心を汚す六識の対象」（『広辞苑』）である。

もともと私は十五歳の復員直後から小説家志望で、特に戦後の無頼派の織田作之助、坂口安吾、太宰治、檀一雄の生き方にひどく共感を憶えた。今にして思えば、それは海軍予科練に於ける「死」からの解放感で、特に安吾の「イノチガケ」精神への憧れであった。――が、無頼派滅後、私はすべての現代文学に興味を喪った。

私は四十五歳で一切の仕事を止め、『ぼんくら』という珈琲亭を始めた。ところが集まってくる連中は、大酒呑みの詩人や小説家ばかり。遂に文芸同人誌『海』を発刊する破目となったが、それには「評論中心の同人誌」であることを第一義の条件とした。創刊号から黄村葉の「内田百閒論」は好評で、東京の沖積舎社長から出版の誘いまであった。然し、それ以降の評論の発表は無く、繋ぎとして止むなく私が書かざるを得なくなったのである。生まれて初めての評論らしきものを、である。五十過ぎての手習というか、「盲、蛇に怯じず」である。一回が四百字詰原稿用紙で三十枚前後の書き下しで年四回。方法も方向も全くわからなかったが、今までの「引用はしない」方針を逆に、「引用を積極的に用い、その発見と紹介の面白さを中心に展開すること」にしたのである。そしてなんと、それは六年間にも及んだ。

更に更に、その後の「良寛游擬」も二年間に至った。「游擬」も私の造語で、「もどき遊び」の意を込めている。良寛さんの本は数え切れないほどあり、私が書くなどはとんでもないこと、もっての他のことである。が、それにしてもその殆どが「日当りのいい良寛さん」である。ということもあって、「日当りの悪い良寛さんと遊んでみたい」と思ったのである。良寛さんからの不快は十二分に分かっているが、これもまた「盲、蛇に怯じず」である。

「檀一雄小論」は檀さんへの思いを纒めたものである。

出版に際して、評論家の坂口博氏（「火野葦平資料館」館長）に、本文の校正は勿論のこと、引用文に於る誤字脱字、送りがなに至るまで、徹底した厳格緻密な校閲を戴いた。更に、願ってもない「織坂幸治小論」の執筆までも戴き、身に余る喜びを感じています。

改めて、感謝の念を捧げます。

令和二年一月一日

卆寿を迎えて　　織坂　幸治

〈著者略歴〉

織坂幸治（おざか　こうじ）

昭和5年（1930）年1月1日生まれ。昭和17年福岡中学入学。昭和20年海軍甲種飛行予科練習生16期入隊、復学4年卒業。昭和23年西南英文科2年中退。昭和27年詩誌「三半器官」を「海図」と改題発行。昭和29年詩誌「詩科」を板橋謙吉氏と創刊。昭和49年詩誌「パルナシウス」を高松文樹氏と創刊。昭和62年文芸同人誌「海」第1期を創刊。平成7年「言語風景論」で第25回福岡市文学賞受賞。

〈著書〉

平成9年（1997）自選詩集「天景」花書院

平成15年（2003）一行詩一行句「詩句発句」花書院

平成23年（2011）一行詩一行句「詩句折々」花書院

平成28年（2016）自選詩集「掌景」花書院

平成30年（2018）散文集「ミニロマンとぼんくら談義」花書院

畸言塵考（きげんじんこう）

2020年8月3日　初版発行

著　者　織　坂　幸　治
発行者　仲　西　佳　文
発行所　（有）花　書　院

〒810-0012　福岡市中央区白金2-9-6
TEL　092（526）0287
FAX　092（524）4411

印刷・製本　城島印刷株式会社